国际政治经济学（第三版）

International Political Economy

朱文莉 著

图书在版编目(CIP)数据

国际政治经济学/朱文莉著.—3 版.—北京：北京大学出版社,2021.9
21 世纪政治学规划教材.国际政治系列
ISBN 978-7-301-32563-6

Ⅰ.①国… Ⅱ.①朱… Ⅲ.①世界经济政治学—高等学校—教材 Ⅳ.①F11-0

中国版本图书馆 CIP 数据核字(2021)第 194921 号

书　　名	国际政治经济学(第三版)
	GUOJI ZHENGZHI JINGJIXUE(DI-SAN BAN)
著作责任者	朱文莉　著
责任编辑	徐少燕(shaoyan_xu@163.com)
标准书号	ISBN 978-7-301-32563-6
出版发行	北京大学出版社
地　　址	北京市海淀区成府路 205 号　100871
网　　址	http://www.pup.cn
新浪微博	@北京大学出版社　　@未名社科-北大图书
微信公众号	ss_book
电子信箱	ss@pup.pku.edu.cn
电　　话	邮购部 010-62752015　发行部 010-62750672
	编辑部 010-62753121
印　刷　者	北京圣夫亚美印刷有限公司
经　销　者	新华书店
	730 毫米×980 毫米　16 开本　22 印张　350 千字
	2004 年 4 月第 1 版　2009 年 3 月第 2 版
	2021 年 9 月第 3 版　2021 年 9 月第 1 次印刷
定　　价	59.00 元

未经许可，不得以任何方式复制或抄袭本书之部分或全部内容。
版权所有，侵权必究
举报电话：010-62752024　电子信箱：fd@pup.pku.edu.cn
图书如有印装质量问题，请与出版部联系，电话：010-62756370

第三版前言

时光荏苒,距离本书首次出版已经过去 17 年时间。当时的责任编辑与我讨论本书的英文名称,我主张用 economy 而非 economics,意在表明作为国际关系学科的分支,国际政治经济学的追求是用跨学科研究视角与工具补充、加强对国际问题的理解与分析。作为国内首批国际政治经济学教科书,本书的目的在于鼓励和引导学生关注国际政治经济领域的实际变化、政策影响、焦点课题。对于当时国际学术界的相关讨论,本书选择其中已经被普遍关注的代表性观点进行介绍评析,但不以灰色的理论框定丰富多彩的现实,希望激发同学们的兴趣与求知欲,展示这一新兴学科的活力与吸引力。

出于这种考虑,本书参考经济学教科书的做法,借鉴国际通行的教科书体例,进行了若干创意尝试。一是有意识地细化节目标题,尽量突出重要概念,便于学生查找和掌握;二是设置"阅读材料"环节,转载相关学者经典著作中的论述,鼓励学生阅读原著,引导他们接触严谨理论思辨;三是设置"案例"环节,选取重要的国际政治经济现象作为实例展示,帮助学生理解相关分析,同时培养他们以事实为依据的讨论习惯和收集处理数据的基本能力。

这些年在北京大学的课堂上,这本教科书很好地实现了作者的初衷;从出版社获得的全国各院校使用反馈来看,也对本学科的推广起到了推动作用。2008年北京大学的"国际政治经济学"本科课程被评为国家精品课程,2009年本书修订再版。十年之后,作为北京大学教材建设项目的支持对象,本书的第三版修订提上日程。

恰在此十年间,国际政治经济形势发生了戏剧性的变化。曾经高歌猛进、势不可挡的全球化浪潮在2008年世界金融危机之后遭遇逆流,新兴经济体的发展壮大改变了国家间竞争的局势,民粹政治、民族主义思潮、宗教极端势力的活跃破坏了国家间合作的气氛,这些现实变化为国际政治经济学研究提供了新的课题,也成为国际关系领域的关注焦点。作者秉持一贯的求实求新精神,此次修订做了以下增改:在第三章补充了对2011—2015年欧洲债务危机的介绍;在第四章增补了对2008年全球金融海啸及其后果的分析;在第五章增加了对欧盟合作进程遭遇波折的讨论;在第六章新增一节,全面涉及2009年以来全球化进入第二阶段出现的关键变化和重大课题。这样一方面保持基本学术逻辑和分析框架的稳定与延续,另一方面及时跟进和面对国际政治经济现实问题的挑战。此外,为了帮助读者更好地理解有关概念和原理,在第一章和第六章增加了几个视频,读者可以扫描书中的二维码,在手机上观看。

与本书首次出版时相比,国内高校教材的编写更加注重学术规范,素以严谨著称的北京大学出版社更是精益求精。在信息时代强大数字工具的帮助下,作者在修订过程中对全书的表述引证进行了全面核查。在进一步提高标准化要求的同时,本书也坚持了一些个性化特点,为方便使用者阅读查证,在此做以下说明:

(1) 书中的"阅读材料"大多为相关经典著作原文引用,出处版本都已经随文注释。

(2) 书中的"案例"为辅助正文分析的国际政治经济史实陈述,由本书作者根据史实资料整理编写,参照国际关系史教科书体例,未选择存在较大争议的史实案例,对公认历史过程的记录则不再一一注明出处来源。

(3) 书中各章结尾部分的参考文献按照正文中涉及的顺序排列,意在方便学生在教学过程中阅读参考，因此未按照当前通行做法依著作者姓名中英文分别重新排序。

  本书修订第三版在新冠疫情中展开，工作量和挑战程度均超出预期。在此过程中，北京大学出版社社会科学编辑室主任徐少燕女士展现了一丝不苟的工作态度，北京大学国际关系学院博士生曾楚媛等多位同学不辞辛劳协助完成烦琐的文献查证工作，在此向他们表达诚挚的感谢！另外，还要感谢近20年来在北大的各类课堂上参与国际政治经济学课程学习的青年学子，他们的热情、率真、聪慧、坚定始终是对课程建设和学科发展最有力的支撑。

朱文莉

2021年6月

序

2003年春天，当朱文莉的《国际政治经济学》一书完稿之际，她找到我，问我能否为她写一个序，我欣然同意了。但是在提笔时，又不知道该如何努力，才能不辜负这本厚重的学术著作。

国际政治经济学作为国际关系学的一个重要分支，兴起于20世纪70年代的西方国际政治学界。当时正值国际上冷战阴云密布之际，西方国际政治学界盛行着各种相关的实力政治理论。它们多是以古典西方政治理论为基础依托，再加上美苏冷战中的一些实例，进行着理论上的自我丰富和完善。

当时美苏两个超级大国的冷战争斗毕竟不是人类社会活动的全部内容。歌德说："理论都是灰色的，生命之树常青。"一些西方政治学者发现，国家间的经济活动正在相互渗透，并日益深刻地影响到国家之间的政治关系。欧洲经济共同体的建立和发展、布雷顿森林体系的崩溃、石油输出国组织以提高石油价格向发达国家发起挑战等均是具体的体现。与此同时，一个日益相互依存的全球大市场正在形成。跨国公司的出现，国家间贸易摩擦的不断，也说明了一个基本事实，即在冷战军事对峙的表象下，国际往来还有着更为丰富生动的活力和内容，也许后者更接近国际关系的常态。早在1848年，马克思和恩格斯就在《共产党宣言》中指出，"过去那种地方的和民族的自给自足和闭关自守状态，被各民族的各方面的互相往来和各方面的互相依赖所代替了。物质的生产是如此，精神的生产也是如此。各民族的精神产品成了公共的财产。民族的片面性和局限性日益成为不可能"。①

"春江水暖鸭先知"。20世纪70年代,一批敏感的西方青年政治学者不再满足于冷战格局所形成的思维定式,开始了对国际关系的生动内涵的创新性研究。他们的工作为今天我们所接触到的国际政治经济学奠定了基础。他们研究的对象实际上就是我们现在经常讲的经济全球化。

历史的巧合是,20世纪最后二十年在神州大地上涌动的改革开放热潮与世界上的这一主要潮流完全合拍。中国需要更多地了解世界。1991年夏天,我在北京大学组织了"面向21世纪的挑战:中国国际关系学科的发展"国际学术研讨会。会议议程上专门设立了"国际政治经济学"的专题。普林斯顿大学讲座教授罗伯特·吉尔平应邀与会并在会上宣读了题为《经济区域主义的挑战》的论文。吉尔平教授是西方国际政治经济学的奠基者之一,是一位公认的学术大家。我至今不但记得他的论文的中心观点,更记得他发表这篇论文前一天的一个场景:当时北京正下着瓢泼大雨,为了抓紧时间充实论文,他不顾旁人劝阻,毅然脱掉皮鞋,高高挽起裤腿,光着双脚淌着大水走回宾馆。这位美国学者用他特有的举动向人们展示了人生的一个侧面:有时做学问的扎实和做人的朴实是一致的。当年吉尔平教授在北京做这场学术报告时,朱文莉还在攻读硕士研究生。在那次国际会议上,她也只能坐在后排旁听。物换星移,一晃十二年过去了。吉尔平教授已从普林斯顿大学退休。而朱文莉已是北京大学国际关系学院的青年骨干教师。她所开设的"国际政治经济学"是学院最受学生欢迎的课程之一。现在她在历年讲授这门课程的基础上,凝神静思、呕心沥血地完成了这本专著,作为教材奉献给大家,同时也在国际政治经济学这一源起于西方的学术园地中,当之无愧地留下了又一位中国青年学者的名字。

我有幸先读到本书的原稿。我必须承认,对书中许多具体内容,我只有虚心学习和努力理解,因为它们已远远超出我现有的知识范围。但是,

---

① 《马克思恩格斯选集》第1卷,人民出版社1995年版,第276页。

多年与国际学术界交往的经历还是帮助我在内心建立了一些认识和审视学术成果的标尺。一部优秀的论述国际问题的作品,应当反映出开阔的视野、时代的气息、哲理的思考、人文的底蕴。我承认,这本书给了我这样的印象。同时,这本书是作为教材来写的,但我认为它不是一本普通教材,而是一本跨学科的研究型教科书。我们现在经常说要办世界一流大学,一流大学应当出精品教材。学生们从精品教材中最后得到的不应是狭隘的令人不得要领的知识罗列,而是知识被综合升华后的一种精神境界,一种集大气和灵气于一体的人文修养,一种对世事和人生的观察和感悟。

袁 明

2003 年 11 月

目 录

第一章 学科概论 ... 1

第一节 国际政治经济学的起源 ... 1
- 政治学与经济学的分离 ... 2
- 新政治经济学的出现 ... 3
- 国际关系中的变革 ... 5
- 国际政治经济学诞生 ... 6

第二节 国际政治经济学的核心概念 ... 7
- 民族国家与世界市场地位的确立 ... 8
- 国际关系的发展动力 ... 11
- 国家与市场的紧张关系 ... 11

第三节 主流思想体系 ... 12
- 自由主义 ... 13
- 现实主义 ... 16
- 激进主义 ... 20

第四节 国际政治经济学的研究框架 ... 23
- 研究范式的突破 ... 23
- 宏观角度与微观角度 ... 25
- 本书的结构安排 ... 28

参考文献 ... 29

第二章　国际贸易体系 …… 30

第一节　现代国际贸易的动力 …… 30
　　绝对优势 …… 31
　　比较优势 …… 32
　　机会成本 …… 34

第二节　现代国际贸易体系的起源（18世纪中期—19世纪中期）…… 35
　　现代国际贸易与早期国际贸易的区别 …… 35
　　各国对国际贸易变革的反应 …… 36
　　国际贸易体系的建立 …… 38

第三节　第一次相互依存时代（1873—1914）…… 41
　　相互依存的扩展 …… 42
　　相互依存的深化 …… 43
　　相互依存的脆弱性 …… 44

第四节　两次大战与贸易保护主义 …… 47
　　第一次世界大战的后果 …… 47
　　贸易保护政策 …… 48

第五节　第二次相互依存时代（1945—1989）…… 50
　　第二次世界大战的后果与影响 …… 50
　　体制设计与建立 …… 52
　　体制的实践效果 …… 55

第六节　贸易理论的发展 …… 59
　　特定要素模型 …… 60
　　赫克歇尔-奥林模型 …… 67
　　规模经济效应 …… 73

第七节　围绕贸易政策的争论 …… 85
　　保护贸易的逻辑 …… 86
　　贸易保护手段 …… 89
　　支持自由贸易的逻辑 …… 91
　　重压之下的世界贸易体系 …… 98

参考文献 …… 99

第三章　国际货币体系 ... 100

第一节　货币与货币政策 ... 100
从金银到纸币 ... 100
货币乘数 ... 105
货币政策手段 ... 107

第二节　汇率与国际收支 ... 109
汇　率 ... 109
汇率与国际贸易 ... 111
汇率与资本流动 ... 113
储备货币 ... 115

第三节　国际货币领域国家与市场的关系 ... 116
金融决策的政治学 ... 116
国家的政策目标 ... 118
国家的政策手段 ... 119
汇率制度与国际体系 ... 121

第四节　金本位体系 ... 123
金本位制度的理论基础 ... 123
金本位体系的建立 ... 125
金本位体系的规则 ... 129
金本位体系的瓦解 ... 131

第五节　布雷顿森林体系（1944—1971） ... 134
布雷顿森林体系的设计与建立 ... 134
布雷顿森林体系的运作 ... 138
布雷顿森林体系的结构特点 ... 140
布雷顿森林体系的瓦解 ... 143

第六节　浮动汇率制度（1976年至今） ... 145
浮动汇率制度的形成 ... 145
货币电子化与浮动制度的确立 ... 147
浮动汇率的内外平衡实践 ... 149

　　　　浮动汇率的利弊 ························· 153
　第七节　浮动汇率的风险：拉美债务危机 ········ 154
　　　　危机的根源 ··························· 155
　　　　危机处理方案 ························· 157
　第八节　浮动汇率的风险：亚洲金融危机 ········ 158
　　　　夹缝中的新兴经济体 ··················· 160
　　　　市场与国家关系失衡 ··················· 163
　第九节　改革的努力：欧元诞生 ················ 165
　　　　从固定汇率到单一货币 ················· 165
　　　　欧元与最优货币区 ····················· 167
　　　　欧元区的运行 ························· 170
　参考文献 ······································· 173

第四章　国家间的竞争 ························· 174
　第一节　竞赛规则与标准 ······················ 174
　　　　相对获益与绝对获益 ··················· 175
　　　　GNP 与 GDP ··························· 178
　　　　可持续增长指标 ······················· 179
　　　　经济周期与霸权周期 ··················· 181
　第二节　国力盛衰的根源 ······················ 184
　　　　人口、资源与资本 ····················· 184
　　　　技术创新 ····························· 187
　　　　制度环境 ····························· 189
　　　　文化与经济模式 ······················· 192
　第三节　计划经济体制 ························ 194
　　　　计划经济的运作与弊病 ················· 194
　　　　经济转轨 ····························· 197
　第四节　发展战略与发展体制 ·················· 200
　　　　现代化理论 ··························· 200

　　　　依附论……………………………………………………………… 202
　　　　东亚模式……………………………………………………………… 205
　　第五节　自由市场体制——莱茵模式…………………………………… 208
　　　　模式特点……………………………………………………………… 209
　　　　挑战与革新…………………………………………………………… 213
　　第六节　自由市场体制——盎格鲁-撒克逊模式………………………… 215
　　　　基本观念……………………………………………………………… 215
　　　　新经济现象…………………………………………………………… 217
　　　　大衰退………………………………………………………………… 221
　　　　模式优势与缺点……………………………………………………… 224
　　参考文献…………………………………………………………………… 227

第五章　国家间的合作……………………………………………………… 229
　　第一节　国际社会与国际合作…………………………………………… 229
　　　　从无政府状态到国际社会…………………………………………… 229
　　　　国际合作的利益基础………………………………………………… 232
　　　　国际合作的制度环境………………………………………………… 236
　　　　国际组织与国际机制………………………………………………… 241
　　第二节　国际合作的成功与失败………………………………………… 244
　　　　成功合作的案例——欧洲联盟……………………………………… 244
　　　　失败合作的案例——经济互助委员会……………………………… 252
　　　　决定成败的关键因素………………………………………………… 256
　　第三节　世界体系中的霸权与合作……………………………………… 260
　　　　大集团合作的难题…………………………………………………… 260
　　　　霸权稳定论…………………………………………………………… 262
　　　　霸权稳定论批判……………………………………………………… 264
　　　　维也纳体系…………………………………………………………… 266
　　　　凡尔赛体系…………………………………………………………… 270
　　　　雅尔塔体系…………………………………………………………… 274

　　参考文献…………………………………………………………………… 277

第六章 全球化时代的经济与政治……278
第一节 全球化浪潮……278
何谓全球化……278
全球化的动力……280
全球化生产与跨国公司……283
贸易全球化……287
金融全球化……290
文化全球化……293
全球性问题……297

第二节 新时代的竞争……299
夹缝中的国家政府……299
调整竞争模式……303
北欧现象……307

第三节 新时代的合作……309
全球管理……309
区域合作……311
反全球化运动……317

第四节 全球化遭遇逆风……320
全球金融危机……321
欧洲债务危机……322
经济分化与政治动荡……325

参考文献……329

案例目录

案例 2-1	马来亚殖民地的建立	42
案例 2-2	法属非洲的独立过程	51
案例 2-3	日本开放大米市场	57
案例 2-4	美国限制食糖进口的政策	65
案例 2-5	市场一体化的假想事例	80
案例 2-6	日美汽车贸易协议	90
案例 2-7	共同农业政策	94
案例 3-1	美联储的公开市场操作	108
案例 3-2	宝马终结英国梦	115
案例 3-3	强美元？弱美元？	117
案例 3-4	美元化货币制度	122
案例 3-5	货币危机与戴高乐下野	140
案例 3-6	货币电子化与资金流动	148
案例 5-1	联合国官方资本转移制度	238
案例 5-2	商业捕鲸问题	240
案例 5-3	麦克纳马拉与世界银行	242
案例 5-4	1820—1821年的欧洲协调	267
案例 6-1	全球网络中的产品与交易	285

案例 6-2　加拿大投资政策调整 …………………………………………… 291
案例 6-3　电视全球化的起步 ……………………………………………… 295
案例 6-4　瑞典税收制度的变革 …………………………………………… 299
案例 6-5　1995 年法国大罢工 …………………………………………… 306
案例 6-6　区域合作与全球合作的双重博弈 ……………………………… 316

阅读材料目录

阅读材料 1-1	世界市场的兴起	9
阅读材料 1-2	1500—1700 年欧洲国家的竞争	10
阅读材料 1-3	现实主义和复合相互依赖条件之下的政治进程	15
阅读材料 1-4	李斯特的生产力理论	17
阅读材料 1-5	战略贸易概念	19
阅读材料 1-6	世界体系的起源与结构	22
阅读材料 1-7	经济决策中的政治因素	26
阅读材料 2-1	第一次相互依存时代的理想主义色彩	44
阅读材料 2-2	关贸总协定的基本框架	54
阅读材料 2-3	贸易对要素所有者收入的影响	69
阅读材料 2-4	布兰德-斯潘塞分析	87
阅读材料 3-1	现代资本市场的出现	102
阅读材料 3-2	国际货币基金组织的决策方式	135
阅读材料 3-3	世界银行	137
阅读材料 3-4	弗里德曼论浮动汇率	146
阅读材料 3-5	外国投资与贸易逆差的形成	162
阅读材料 3-6	固定汇率的成本	169
阅读材料 4-1	传统帝国的兴衰周期	185

阅读材料 4-2　航海计时钟的发明 ···································· 190
阅读材料 4-3　理性选择与历史选择 ································ 192
阅读材料 4-4　苏联的生产计划过程 ································ 194
阅读材料 4-5　新古典主义的发展战略 ······························ 201
阅读材料 4-6　跨国公司的利益冲突 ································ 204
阅读材料 4-7　德国人的金钱观念 ···································· 212
阅读材料 4-8　正反馈效应与垄断竞争 ······························ 220
阅读材料 5-1　国际政治的无政府状态 ······························ 229
阅读材料 5-2　科斯定理 ·· 236
阅读材料 5-3　集体行动的逻辑 ·· 261
阅读材料 5-4　霸权国领导与金融合作 ······························ 262
阅读材料 5-5　集体安全与结盟 ·· 272
阅读材料 6-1　技术变革与全球化 ···································· 281
阅读材料 6-2　全球化与社会分裂 ···································· 302
阅读材料 6-3　国际卫士还是杀人庸医？ ··························· 309
阅读材料 6-4　贸易创造与贸易转移 ································· 313

第一章
学科概论

第一节 国际政治经济学的起源

国际政治经济学是国际关系研究的一个分支,也有人称之为次学科。它可以说是在政治、经济、国际关系三个本源学科的联系和碰撞中诞生的。一方面,国际政治经济学涉及三大学科的研究领域,关注的范围极广;另一方面,就其诞生的时间而言,它又是绝对的后生晚辈。政治学的历史同人类社会组织的历史一样漫长,经济学的鼻祖可追溯到工业革命萌芽阶段。国际关系学相形见绌,但也自称有百年历史。而人们一般认为,直到20世纪70年代,国际政治经济学才脱颖而出。

那么为什么在国际关系学科形成后半个多世纪的时间里,国际政治经济学没有成为独立的研究领域?为什么到了20世纪70年代这个学科会异军突起?又是什么原因使这个后起学科发展如此顺利,迅速成为西方大学的必开之课,为国际关系学界提供了一个又一个热门话题?

我们可以从两种力量当中找到这些问题的答案。一是人文社会科学领域学术潮流的变化,它提供了智力基础,可以被描述为推力;二是国际关系议题的变化,它提供了实践基础,可以说是拉力。它们的相互作用决定了国际政治经济学的发展历程。

政治学与经济学的分离

现代国际关系理论的产生正值政治学与经济学分道扬镳之时，这是在国际研究中政治经济长期分离的关键原因。在十八九世纪，经济学研究刚刚起步的时候，政治经济研究是一体的。自 1767 年詹姆斯·斯图亚特（James D. Steuart）使用"政治经济学"一词命名自己的著作之后，西方学者，无论是亚当·斯密（Adam Smith）、大卫·李嘉图（David Ricardo），还是约翰·穆勒（John S. Mill）、弗里德里希·李斯特（Friedrich List）、卡尔·马克思，都把自己的学术领域称为政治经济学。他们很自然地用经济学理论解释政治社会现象，或者探讨政治变化对经济活动的影响。不过，到了 19 世纪后半期，政治与经济研究渐行渐远，逐渐分离成两大门类。

造成这一分离的原因主要是当时席卷人文社会研究领域的专门化趋势。自然科学大发展，特别是达尔文《物种起源》的发表，强烈地震撼和深深地吸引着观察人类社会的学者们，使他们以加入真正的科学的行列为荣。关于社会研究方法论的阐述应运而生，提醒大家模仿自然学科成功的先例，从建立一个单纯的分析对象做起，各自发展一套基本概念，分析它们的因果关系，以求得真正的社会科学。在科学化的道路上，经济学做得最彻底，也最有效。经济学界不仅放弃了历史分析和制度分析，把这些工作留给史学界和社会学界，而且有意识地与政治划清界限。19 世纪 80 年代，"经济学"（economics）一词悄然出现。1890 年阿尔弗雷德·马歇尔（Alfred Marshall）出版《经济学原理》这本集大成之作，正式放弃"政治"这个形容词。

自此之后，西方的主流经济学者有意识地把经济现象从纷繁的人类活动中隔离出来，假设一个纯粹的经济时空作为分析对象。在这个空间里的活动者（或称经济人）有如下特征：首先，他们完全自由自主，只根据个体利益对市场信号做出反应；其次，他们性质均一，因社会地位、文化环境、人类组织而产生的差异被认为是细枝末节，不会影响他们的行动方式；最后，由这些自由且一致的活动者组成的经济结构同样是灵活的，只是按照个体选择的结果被动地变化。这个纯粹的空间排除了其他社会因素的干扰，尤其不考虑政治因素的影响。以此为基础形成的现代经济学发展出了众多的理论模型，并且从自然科学特别是数学中借鉴分析方法,与政治学日益形同陌路。经济学家也不再承认洛克的思想为古典经济学之源泉,而只奉斯密为开山鼻祖。这样也就放弃了与政治学共享的智力渊源。

不过,推动西方经济学者对政治学采取决绝态度还有一个微妙的因素,即马克思的影子。如我们所熟知的,马克思主义以强调政治经济相互作用而见长,也正因为如此,它很快走出书斋,在改造社会的运动中锋芒毕露。主流的西方学者不愿牵扯到实际的政治斗争中。他们虽不至于排斥马克思的研究成果,但对于他的研究思路却避之犹恐不及。很长一段时间,"政治经济学"这个词遭到冷落,它似乎成了公开认同马克思主义的学者的标记。也只有他们由于仍然坚持政治经济结合的分析方法,而被学术界主流严格排斥在经济学界的核心之外。美国经济学家保罗·萨缪尔森(Paul A. Samuelson)曾被问到他最有影响的教科书《经济学》中省略了什么东西,他的回答是"阶级斗争"。① 这反映了西方学者刻意回避政治经济学方法的心态。

政治学与经济学的分离对国际关系研究的影响是显而易见的。早期国际关系学的研究对象可以用当时最有影响的汉斯·摩根索(Hans J. Morgenthau)的著作名称——《国家间政治》说明,即只有主权国家被视为国际行为体,它们的政治活动才有分析价值。学者们习惯于从经典的政治哲学论著里寻找灵感,对经济学的各种成果漠不关心。由于20世纪世界不断面临全面战争的威胁,因此战争与和平成为国际关系学的核心问题。与此直接关联的军事安全、意识形态冲突被国际关系学界称为高政治议题,是分析讨论的焦点所在。相形之下,经济、文化、科技等被视为低政治议题,很少得到系统研究。这种状况一直持续到20世纪60年代。

新政治经济学的出现

20世纪60年代人文社会科学领域的学术潮流发生了逆转,由推崇专门化分散研究变为追求跨学科或交叉学科的碰撞,以寻求新的学术突破点。经

---

① 参见〔美〕罗伯特·吉尔平:《国际关系政治经济学》,杨宇光等译,经济科学出版社1989年版,第28页。

济学和政治学在分离多年之后，分别建立了若干基本模型，但在用来解释和预测实际的时候却往往有所欠缺。即便是成绩斐然的经济学者也承认，自己建造的理论模型日益简洁和具有数学的美感，但因为不考虑经济利益以外的政治、社会、心理因素，与实际的经济活动相去甚远。

一批对此感到不满的经济学者开始重新采用制度分析和历史分析的方法，并且把政治活动纳入视野。以詹姆斯·布坎南(James M. Buchanan, Jr.)、安东尼·唐斯(Anthony Downs)、戈登·塔洛克(Gordon Tullock)为代表的公共选择学派尤其强调要打破政治经济研究之间的界限。他们指出所谓"经济人"和"政治人"其实就是同一个人，设想前者只在市场上活动并追求私利、后者只在公共舞台上活动并追求公共利益是不合理的。他们宣称要回归托马斯·霍布斯(Thomas Hobbes)和巴鲁赫·德·斯宾诺莎(Baruch de Spinoza)的政治哲学传统，追溯詹姆斯·麦迪逊(James Madison)和阿历克西·德·托克维尔(Alexis de Tocqueville)的政治学源流，把经济学方法运用于政治分析。①

采用跨学科方法使经济学领域出现了充满活力的分支学科，除公共选择学派之外，还形成了法律经济学、产权经济学、新制度经济学、新经济史学，它们一致主张结束政治经济研究的分离状态，因此被统称为新政治经济学。新政治经济学的出现标志着政治经济结合的研究方法开始走出马克思主义者的圈子，为主流学术界重新采用。

人文社会科学领域学术潮流的变化、政治学与经济学的重新结合对国际关系学者产生了重要影响。他们开始尝试借鉴新政治经济学的成果分析国际贸易和货币金融体系的历史，并且很快就取得了引人注目的成绩。理查德·库珀(Richard N. Cooper)在1968年的著作《相互依存经济学：大西洋社会的经济政策》中提出了相互依存的概念，查尔斯·金德尔伯格(Charles P. Kindleberger)在1970年出版的《权力与金钱：国际政治的经济学和国际经济的政治学》一书中则初步探讨了霸权稳定问题。国际政治经济学当中最有影响力的假说已经成形，为学科的诞生奠定了基础。

---

① 参见〔美〕丹尼斯·缪勒：《公共选择理论》，杨春学等译，中国社会科学出版社1999年版，第3—4页。

国际关系中的变革

直接催生国际政治经济学的是20世纪60年代末70年代初在国际关系中接连发生的三个戏剧性事件。它们使原来的低政治课题逐步从边缘进入国际关系的核心,引起了越来越多的学者关注。

首先是欧洲经济共同体的成功扩展。它促使学者去探讨为什么西欧国家的整合获得了成功,而几乎同时进行的东非、拉美国家之间的合作却受挫。他们认识到欧洲领导人的决定是政治、经济、国际环境三方面的力量相互推动的结果。西欧国家希望在美苏两极之间保持独立地位,希望能够在安全领域相互支持,这促使它们在经济谈判中采取妥协和合作的态度。而经济合作的成功反过来又增强了它们的相互信任,形成了联合自强的势头,并扩展到政治安全领域。相比之下,拉美和非洲国家没有感受到沉重的安全压力,仅仅是经贸利益互惠不足以推动它们的经济合作,而未能获得经济合作的成果又阻碍了一体化的全面展开。这些解释形成了一体化理论。它的许多具体假设后来没有得到实践的进一步支持,但它及时发现了世界事务中正在发生的重大变化,即政治和经济的交融。

其次是布雷顿森林体系的崩溃。这个国际金融体制是美国在第二次世界大战结束时设计的,在其运行过程当中美国也一直处于主导地位,1971年8月美国尼克松政府单方面地宣告了它的终结。对于尼克松总统的决定,仅从国际政治或者是国际经济的角度都不能找到令人信服的解释。就国际政治而言,美元在金融体系中的主导地位是美国霸权的支柱,美国领导人为什么要自毁长城呢?就国际经济而言,现代金融活动的关键是信心和信用问题,破坏信用很容易,而树立和维持投资者的信心则需要时间,在没有就新体制做出任何安排的情况下,尼克松政府为什么要武断行事呢?只有结合国际和国内、政治和经济多方面的因素,才能理解尼克松的决策。他的政策选择按单一的标准衡量不是最优的,但综合起来看可能又是最现实的选择。

最后是1973年第一次石油危机的爆发。在整个危机过程当中,国际政治和经济关系始终交织在一起。中东产油国决定提高石油价格既是为了对西方国家施加政治压力,让它们放弃亲以色列的政策,也是为了提高自己的经济收益。而它们的行动既改变了地缘政治关系,也改变了世界经济的面貌,使各国政府重新认识权力和财富之间的联系。

国际政治经济学诞生

上述三个事件存在惊人的相似之处,那就是各国领导人出于国内政治考虑做出经济决定,而这些决定不仅改变了世界经济的面貌,还改变了国家间关系和国际格局。政治、经济、国际关系之间千丝万缕的联系迅速明朗化,不仅使不少经济学家为之动容,而且震动了持传统观念的国际关系学者。

1970年,伦敦政治经济学院的教授苏珊·斯特兰奇(Susan Strange)发表了广受关注的文章《相互忽视的国际经济学和国际关系研究》,明确地批评了国际问题研究中政治经济分离的现象。同年6月,哈佛大学国际问题研究中心组织了关于跨国关系的讨论会,后来主导国际政治经济学发展的约瑟夫·奈(Joseph S. Nye, Jr.)、罗伯特·吉尔平(Robert Gilpin)、罗伯特·基欧汉(Robert O. Keohane)等人都参加了会议。这可以说是标志国际政治经济学成形的一次讨论。参与者并未提出系统的理论,学术渊源和理论倾向也各不相同。但他们一致主张抛弃以国家为中心的观察角度,将视野扩大到跨国层次和非政府层次,并且预言未来的焦点问题将是经济技术发展对国际政治的冲击,经济技术变革将左右国家的相互关系,经济问题既影响国家的外交政策,也将冲击整个国际结构,因此开创国际关系研究的新领域已经势在必行。① 1971年,《国际组织》以一期特辑发表了他们的观点。这些最初的呼声后来被编辑为《跨国关系与世界政治》一书。它可以说是最早的国际政治经济学著作。

由于国际政治经济学顺应了学术潮流的变化,又直接面对国际关系当中

---

① 参见 Peter J. Katzenstain, Robert O. Keohane and Stephen D. Krasner, "International Organization and the Study of World Politics", *International Organization*, Vol. 52, No. 4, Autumn 1998, pp. 645–685.

的现实问题,所以发展相当迅速。不过十余年,相关学者已经完成了对基本概念的讨论,发展出各成系统的假说,提出了一批影响深远的理论。苏联解体、东欧剧变和冷战结束后国际关系的发展,一再验证了这个新生学科的预见性,使它成为目前国际关系研究中最有活力的门类之一。

国际政治经济学的学科特点

第二节　国际政治经济学的核心概念

因为国际政治经济学是新生的充满活力的学科,它的外延至今在不断变化,它的内部包含了众多即生即灭的假说。其中许多经受了实践检验的假说已经为其他的国际关系分支领域共同使用,或是成为国家外交政策的一部分。凡此种种,经常使涉足国际政治经济学的学生感到眼花缭乱。其实这些丰富多样的成果有着共同的本源,即国际政治经济学学者经过反复讨论确定的一对核心概念,或者叫一对基本矛盾。它使国际政治经济学得以区别于政治学、经济学或是国际关系的其他分支。这就是民族国家与世界市场。也可以说国际政治经济学就是在全球范围内探讨国家与市场、权力与财富关系的一门学问。

如我们前面所谈到的,现代经济学纯粹以市场为研究对象,它的基本假设是经济活动由市场力量通过价格机制完成,不必考虑以国家为代表的政治力量的干预。政治学则着眼于权力,以最具代表性的权力机构——国家为核心,分析权力如何影响资源和财富的分配。纯粹的政治学领域假设国家仅仅根据社会和政治目标,通过行政决定分配(如预算),对市场作用忽略不计。简单地讲,有市场无国家,属经济学范畴;有国家无市场,属政治学范畴。国际经济研究建立在经济学理论基础上,集中讨论国家边界造成的经济要素不可流动性及其后果,其着眼点在于世界市场。国际政治研究建立在政治学基础上,讨论在世界范围的无政府状态下国家之间如何进行权力竞争。二者依然是泾渭分明。而国际政治经济学的核心概念表明,它不仅同时研究全球背景下的国家和市场,而且以二者关系为研究重点。

国际政治经济学的基本观念,用吉尔平的话来说就是:"两种对立的社会组织形式——国家与市场——交织在一起,贯穿着数百年来的历史①,它们的相互作用日益增强,逐渐成为决定现代世界国际关系性质与动力的关键因素。"②这个简短的表述包含了三层意思。

民族国家与世界市场地位的确立

吉尔平的这个表述解释了为什么选择民族国家与市场作为关注的焦点。的确,在市场经济之外,存在其他组织经济、分配财富的方式。例如:(1)原始村社经济。它按照传统习俗运行,保持简单有效的互惠安排。每个成员在其中都扮演固定的角色,承担一定的任务,并获得相应的权益。这种组织覆盖的范围很小,和外界几乎没有什么联系。在孤立的状态下,可以长时间地维持内部均衡。(2)奴隶经济。奴隶必须严格按照指令进行生产,交纳贡赋。因为有可靠的安排,交换范围可以迅速扩大。但是,奴隶生产的效率低下又限制了组织的扩张。(3)封建经济。君主在原则上主持再分配,附庸们层层纳贡,但各级封建领主在当中上下其手,结果生产和交换安排介于正式和非正式之间,基本上是地方化的。(4)帝国统治经济。专制君主全面控制着经济,依靠官僚机构或强大的军队发号施令,监督生产,收取赋税。它面临的问题是随着帝国的扩张,经济收益往往不足以支持民政或军政开支,依靠命令进行交换会变得越来越没有效率。③

16世纪之前,市场经济和这些经济形式并存,而且影响范围相对狭小。工业革命前后,市场经济发生了实质性的变化。现代意义上的世界市场开始形成,并逐步取代了其他的生产和交换方式,成为组织经济关系的基本形式。吉尔平对这个过程做了准确的概述。

与此类似,在民族国家出现之前,存在各种政治组织方式。从原始的氏族部落到古希腊和欧洲中世纪的城市国家,从中等规模的王朝国家到庞大的帝国等。而16世纪以来,民族国家后来居上,逐渐成为普遍的政治组织形式。

---

① 这里指的是国际关系史。
② 〔美〕罗伯特·吉尔平:《国际关系政治经济学》,第9页。
③ 参见〔英〕约翰·希克斯:《经济史理论》,厉以平译,商务印书馆1987年版,第14—22页。

阅读材料 1-1　世界市场的兴起

世界性市场经济的兴起是众多因素的结果,例如通信和交通的戏剧性和急骤的改善、新兴中产阶级的胜利、新大陆的发现。还应当强调另外三个因素,因为它们对国际关系的性质具有重要影响,这就是:经济关系的货币化、私有财产权的"变革"、欧洲国家体系的结构。

……

市场经济之所以兴起和扩散以及它之所以具有影响的一个更深刻的原因,在于交易成本降低,尤其是规定和执行财产权的成本的降低。在前现代,不是以价格为基础的货物和服务的分配较为有效,因为实施财产权的成本超过了收益。据此,交换的互惠性和分配形式占据了主导地位。运输条件的改进、军事的革命、货币供应的增长,使创立新形式的财产权的成本下降,收益得以增加。这一发展反过来使在自由竞争的市场中组织经济交易成为可能(例如,在价格基础上交换货物和服务的财产权)。这种交换形式的巨大效益刺激了经济增长并取代了前现代非价格基础的交换体系。

资料来源:〔美〕罗伯特·吉尔平:《世界政治中的战争与变革》,武军、杜建平、松宁译,中国人民大学出版社1994年版,第131—133页。

当时正值世界市场开始形成,欧洲国家为控制财富和权力展开激烈竞争。其中西班牙和法国试图通过建立传统式帝国来达到称霸目的,而尼德兰和英格兰则在探索新的组织方式,并最终建立了民族国家。在两种政治组织的竞争中,帝国起初占尽优势。西班牙的查理五世加冕为神圣罗马帝国皇帝,其领地遍布欧洲,控制着意大利、南德意志、佛兰德地区的商业中心城市,而且掌握了庞大的美洲帝国。它所聚集的经济资源和军事力量令尼德兰和英格兰望尘莫及。但在不到四十年的时间内,西班牙帝国却因财政危机而宣告破产,领土四分五裂。富庶的尼德兰地区乘机独立,建立北方联省共和国,

一跃成为"欧洲经济的三重中心：商品市场、转运中心、资本市场"。①

道格拉斯·诺思（Douglass C. North）、罗伯特·托马斯（Robert Thomas）指出，民族国家之所以能够脱颖而出，是因为在当时的条件下，它能够最有效地把财政力量和军事力量结合起来，为民众提供福利和安全保障。②

阅读材料 1-2　1500—1700年欧洲国家的竞争

西欧的许多政治单位在一个阴谋充斥、战乱频仍的世界经历了无止境的扩张、联盟和合并。甚至在主要的民族国家出现以后，和平时期仍不断地被打断。总之，这是一个扩大战争、施展外交手腕和玩弄阴谋的时代。费用之剧增令人惊愕。……每个发展中的政治单位不仅遇到令人困扰的财政问题，而且遇到了与野心勃勃的对手不可避免的竞争，因而要卷入无休止的政治结盟、合并、阴谋乃至战争之中。无论以何种途径进行合并和扩张，其费用都将大大超过传统的封建岁入。……那些相对更有效地解决了其财政问题的政治单位得以存在下去，而相对无效的政治单位则被对手吞并。

无论是法国还是西班牙，尽管它们宫廷宏伟、雄心勃勃，却不能与尼德兰和英格兰一争高下。这两个专制君主国家在被卷入争夺政治统治的斗争中不能创建一套提高经济效率的所有权，它们的经济结果陷入了停顿。

尼德兰不是依靠自然的恩赐，而是发展了比其对手有效的经济组织，并在这样做的过程中获得了在经济上和政治上都与其国家之小规模不相称的重要性。

资料来源：〔美〕道格拉斯·诺思、罗伯特·托马斯：《西方世界的兴起》，第122—123、150、165页。

民族国家与世界市场地位的确立和现代国际关系的产生发展是同步的，应当是国际研究的出发点。这是第一层意思。

---

① 参见〔美〕伊曼纽尔·沃勒斯坦：《现代世界体系》第1卷，尤来寅等译，高等教育出版社1998年版，第215—244页。
② 参见〔美〕道格拉斯·诺思、罗伯特·托马斯：《西方世界的兴起》，厉以平、蔡磊译，华夏出版社1999年版。

国际关系的发展动力

国际政治经济学认为现代国际关系发展的动力是国家与市场的相互作用。这是第二层意思。民族国家、世界市场与现代国际体系同时产生并不是巧合。可以说是科技突破推动了世界市场的扩张,而市场发展所创造的财富推动了民族国家之间的竞争,国际体系则是政治经济竞争的结果。

只是在世界市场出现之后,人们才习惯了迅速的经济变化,并且以持续的经济进步作为理想。在此前的自然经济状态下,经济繁荣的标准是静止的。市场经济的出现改变了数千年延续的模式。特别是在资本主义跨越国界、形成世界体系之后,快速增长的观念开始流行。政府必须保证生产扩大、福利提高,争取领先其他国家。于是,在世界经济整体增长的同时,国家之间的竞争也日益激烈,要分出上下高低。国家经济水平的相对差距日益扩大,能否保证国民经济增长、保证增长成果的公平分配逐渐成为衡量执政成败的关键。这是世界经济形成前从未有过的概念。

凯恩斯经济学的出现加速了观念的变化。公众认识到政治问题包含着经济内容,开始把收入、就业、通货膨胀等问题同样看成政治活动的后果,而不再相信它们是某些不可抗拒的经济规律的必然产物。他们认为,国家可以影响市场,可以改变经济活动的结果。于是能否有效管理资金流动、生产转移等成了衡量国家能力的关键指标。国家的命运同市场的功能与效果紧密联系在一起。各国在国际体系中的地位最终取决于它管理经济、应对世界市场的能力。这个主题在三百余年的国际关系史中反复出现,却一再被持传统观点的研究者所忽略,而国际政治经济学学者给自己规定的任务就是发掘并阐明这个主题,从中寻找解释和预测国际关系的钥匙。

国家与市场的紧张关系

从国际政治经济学的角度来看,民族国家与世界市场相互关系的性质是什么?吉尔平用两个词概括了他的理解。一是"交织"。国家作为政治力量的代表,市场作为经济力量的代表,各有其势力范围,但它们不可能互不干涉地独立运作。国家的政治决策、政治活动影响着市场的运行,市场力量同样决定着国家的实力和地位。仅仅国家不是主要的,仅仅市场也不是主要的,"至关重要的是它们的相互作用、相互关系及其周而复始的变化"①。

另一个,也是更重要的定义词是"对立"。它强调国家与市场遵循截然不同的组织原则和运行逻辑,因而必然发生冲突。首先,国家存在的理由是它可以为你在弱肉强食的世界里提供最后一道安全防线,无论是经济上、肉体上还是心理上的。而市场的口号是为你提供公平竞争、自由发展的空间,它的基本规则就是优胜劣汰。从这个意义上讲,市场不由自主地制造动荡,正是国家权力要提防抵御的对象。

其次,按照社会契约论,国家是各种利益集团妥协的产物。利益集团对国家表示忠诚和认同,出让一些权力,换取国家的承诺——运用国家集权维持利益分配协定。相比之下,市场提供的契约索取的较少,回报则不确定。游戏者只要遵守竞争规则,尽可自由发挥。无论最终产生什么样的利益分配结果,只要过程公正,市场就尽力维护。那么,当国家为兑现承诺强行更改竞争结果的时候,必然遭到市场的抵制。

最后,如斯密提出、现代经济学家分析论证的,市场经济依赖于规模效应,具有收益递增的趋势。这意味着一旦市场得以建立,它进一步扩张所需的成本很低,而带来的回报很大,因此它具有天然的扩张倾向。世界市场既在社会意义上扩张,把所有的社会集团纳入势力范围;也在地理意义上扩张,尽力把影响扩大到全球各个角落,以取得最高效率。而固定的领土边界是民族国家存在的前提,它要在此范围内行使它的管辖权。

总之,市场的逻辑是自由、变革、脱离控制和无限扩张,国家的逻辑则是安定、维持平衡和内外有别。不是说二者没有一致之处或妥协可能,而是它们的矛盾和对立更引人注目,特别是在全球范围内。这是第三层意思。

第三节 主流思想体系

国际政治经济学的核心概念同时构成了它的基本问题,即应当如何处理

---

① 〔美〕罗伯特·吉尔平:《国际关系政治经济学》,第14页。

国家与市场的对立关系。对此问题的回答也就成了区分国际政治经济学流派的主要标准。对于国家与市场的关系，国际政治经济学学者中存在各种各样的理解。其中比较系统、能够自成一体的是自由主义、现实主义、激进主义三个流派。它们对于国际政治经济关系的性质、动力、历史、前景有相当不同的看法，而且各自在政治学、经济学、国际关系学界拥有深厚的理论渊源和众多的支持者，所以占据了国际政治经济学的主要舞台。

自由主义

国际政治经济学当中的自由主义流派是市场力量最强有力的支持者。它所承袭的主要是西方主流的经济学思想和政治学、国际关系学中的理想主义传统。

自由主义者认为人归根结底是一种经济动物。如斯密所说，贸易、买卖和交换是人的天性。市场是为了满足和发展这种天性而产生的，所以它是最基本也是最有活力的人类组织形式，占据左右一切的地位。多数自由主义者对市场给予高度评价，信奉三个基本假设：（1）市场具有内在的稳定性，可以自动校正波动、实现自我平衡。（2）市场活动的参与者的根本利益是协调一致的。他们声称，每个人尽可追求自己的私利，而大家的行动自然可以导致效益最大化，使经济全面增长，使社会在整体上日益富裕。（3）经济增长的自然规律是渐进、连续、线性的。也就是说，在不受外力干扰的情况下，经济力量将根据人口、资源的投入持续稳定地增长。

在他们看来，社会的基础是参加经济活动的个体，如个人、家庭、公司等，国家等政治组织是第二位的。一般情况下，国家不应干预经济过程，而只是为经济秩序提供最后的保证，或者受个体的委托提供一些公共服务。当然，经济增长的主要目的应当是增进个体福利，而不是增强国家的实力和地位。自由主义者更强调民富，而非国强。

在自由主义者眼中，国际关系的发展就是市场进化的历史，就是现代市场从欧洲的西北一隅逐步向全球扩展的过程。17世纪以来的世界大势可以简单地描述为"高效淘汰低效"，也就是两种经济组织的竞赛过程。一个是现代部门，拥有高效率的生产，支持经济一体化；另一个是传统部门，采用落后的低效生产，支持自给自足。在市场力量的左右下，现代部门诞生发展，并不断改造传统部门,把它结合到自己的体系中。这个改造过程包括政治、经济、社会全方位的现代化。从全球的角度来看,现代部门先是在西欧国家中诞生,改造了自己国家的传统部门;然后随着殖民过程向其他地区扩展。一些反应适当的国家或地区很快发展了自己的现代部门,与西欧的先行者结合起来,冲击传统部门,完成现代化;做出错误反应的国家则被欧洲的现代部门所压制,长期处于劣势。他们认为,当前的世界体系是全球性的现代化进程塑造的,而不是西方国家凭借武力或经济优势地位制造和维持的。

因此,改变世界面貌的主要是:(1)经济力量,即开发市场、利用新资源的能力。(2)技术力量,诸如通信、运输、制造等的革新。(3)组织力量,即管理经济活动的方式,比如现代金融、审计、仲裁制度等。国家所能做的就是对这三种力量推动的市场化进程做出灵活反应。一国政府可能出于政治或社会考虑选择对抗变革的压力,从而在短期内更改历史进程。但自由主义者坚持认为,市场的扩展是不可抗拒的,而且全球市场越接近于完成,抵制市场力量就越危险。未来的生活方式不由国家政府决定,它们的反应只能决定自己在未来世界结构中的地位,或者是左右逢源,或者是处处被动。

在自由主义者看来,20世纪的最后二十年中,市场战胜国家的趋势越来越明显。斯特兰奇称之为"国家的退却"。由于技术和金融变革,各国经济加速汇入全球统一大市场,所有国家,无论大小强弱,政府的权力都在流失。国家的权力一部分被比它高层的跨国实体所侵蚀,另一部分被原来受它辖制的国内个体接收,所以国家不再独占世界事务的核心。他们相信,市场力量占上风有利于促进国际合作。因为经济人以理性选择为基础,能够忽略相对获益的不均衡,重视远远高出以往的绝对获益。

自由主义者在国际政治经济学领域提出了有广泛影响的三种学说。第一,相互依存理论。如前所述,相互依存的概念由库珀提出,罗伯特·基欧汉和约瑟夫·奈做了比较全面的分析和阐述。他们指出,世界市场的扩张使货币、商品、人员、信息的跨国界流通急剧增加,各国的利益交错、难以割裂,事实上处于相互依存的网络当中。这种相互依存的状态既影响了世界政治,也改变着国家的行为方式,从而促成了新的政治模式。

阅读材料 1-3　现实主义和复合相互依赖条件之下的政治进程

	现实主义条件之下	复合相互依赖条件之下
行为体的目标	军事安全将是首要的国家目标。	国家的目标因问题领域而异。跨政府政治的存在，导致目标难以确定。跨国行为体将追求自身的目标。
政府的政策工具	军事力量是最为有效的政策工具，尽管也采用经济手段及其他政策工具。	适用于具体问题领域的权力资源最为相关。相互依赖、国际组织和跨国行为体的管理将是主要的手段。
议程形成	势力均衡的潜在转变和安全威胁将确定高度政治领域的议程，并将对其他议程产生重大影响。	议程受到如下因素的影响：各问题领域内权力资源分配的变化；国际机制地位的变化；跨国行为体重要性的变化；与其他问题的联系以及敏感性相互依赖增强而导致的政治化等。
问题的联系	联系将降低问题领域间后果的差别，增强国际等级区分。	由于武力的效用难以发挥，强国实行联系战略将愈加困难。弱国通过国际组织推行联系战略将削弱而非增强国际等级区分。
国际组织的作用	由于国家权力和军事力量的重要性，国际组织的作用有限。	国际组织将设置议程，促动联盟的建立，并为弱国的政治活动提供场所。选择处理某问题的组织论坛并争取支持票的能力将是重要的政治资源。

资料来源：〔美〕罗伯特·基欧汉、约瑟夫·奈：《权力与相互依赖（第四版）》，门洪华译，北京大学出版社 2012 年版，第 35 页。

第二，贸易和平与民主和平理论。对贸易联系会减少冲突的猜测早已有之。有学者对这个猜想进行了量化和实证分析，指出贸易往来与敌对行为之间存在负相关关系。也就是说，国家之间的贸易联系越密切，它们之间爆发冲突的可能性越小。[①] 在试图解释这个现象的时候，康德在

---

① 参见〔瑞士〕布鲁诺·S. 弗雷：《国际政治经济学》，吴元湛、何欣、刘学中译，重庆出版社 1987 年版。

18世纪末提出的"民主主义和平"设想再度引起了重视。一个简单的逻辑是:贸易促进民主,民主保障和平。即现代经济发展在各国内部导致中产阶级的出现,而中产阶级是组成市民社会、支持宪政民主的核心力量,中产阶级势力的扩展终将促使国家政治制度民主化。而根据历史经验,成熟的民主国家之间没有发生过战争。有意思的是,早期的西方思想家,如孟德斯鸠和麦迪逊,持论恰恰相反。他们认为,有公民军队的共和国是天生的扩张主义者。[1]

第三,国际机制理论。约翰·鲁杰(John G. Ruggie)最早从国际法研究中借用了"国际机制"这个词,强调国家之间既存在正式的制度安排,也存在非正式的行为规则。国际机制虽然貌似脆弱,但却可以影响国家的行为模式。这个概念很快被国际政治经济学学者广泛使用,尤其在对国际合作的分析当中起到关键作用。在这个概念的基础上,发展出了对国际制度和跨国治理的研究。我们在后面的章节中会对它进行进一步的讨论。

现实主义

在民族国家与世界市场的冲突当中,国际政治经济学的现实主义者站在国家的一边。他们承认市场的作用,承认经济力量的影响上升,但坚持认为国家是世界事务的主角,一体化经济或全球市场不过是国家竞争的新重点。在经济学领域,他们从重商主义、德国历史学派、战略贸易学说(或称新重商主义)获得理论支持;在政治学和国际关系学领域,他们以现实主义理论为根基。

现实主义最核心的假设,也是和自由主义最根本的区别,在于强调相对获益的重要性超过绝对获益。特别是在弱肉强食的世界舞台上,国家之间的竞争永远是有胜负之分的。自己的国家到底是领先还是落后,比全球财富增长的快慢要重要得多。用吉尔平的话说:"实力生来就是一种相对的东西。

---

[1] 参见 Bruce M. Russett, *Grasping the Democratic Peace: Principles for a Post-Cold War World*, Princeton, N. J.: Princeton University Press, 1995; Bruce Russett and John Oneal, "The Classical Liberals Were Right: Democracy, Interdependence and Conflict, 1950–1985", *International Studies Quarterly*, Vol. 41, No. 2, Summer 1997, pp. 267–294。

一个国家实力的获得必然是另一个国家实力的损失。这一事实构成了实力增长不平衡规律及其重要性的基础。"①

现实主义者认为市场有助于创造财富,但不能公平地分配财富;市场经济在全球的扩展只能加剧国家实力的差距。国家间的相互依存在加深,但依存是不对称的。依赖他国的国家,政策亦受制于人;被依赖的国家则享有种种便利。国家为了维护自己的地位必须竭尽所能,运用权力或影响力改变经济往来的规则,使它有利于自己,以便积累比他国更多的财富。

经济学领域的主流观点与现实主义者意见相左,但也先后出现了一些有影响的经济学说,为现实主义提供理论支持。十六七世纪的古典重商主义者曾经主张,国家应当鼓励出口、约束进口,一方面以高关税保护国内市场,另一方面扶植有竞争能力的出口工业,建立专营海外贸易的公司,争取在贸易中保持顺差,以积聚金银。他们关注的焦点是贸易盈余,通过积累顺差来增加本国的财富。

到了19世纪40年代,在德国出现了以李斯特为首的历史学派,他们强调各国经济发展水平的差异,认为各民族国家都应当寻找自己发展经济的特殊道路。在这个意义上,他们拒绝斯密和李嘉图等主流经济学家提出的经济发展的普遍规则,特别是自由放任思想,而重视国家在经济发展中的决定性作用。他们认为像德国这样当时相对落后的国家应当实行高关税政策,忍受暂时的牺牲,拒绝外国的廉价商品,以期本国幼稚工业得以成长,使国家最终走向强大。历史学派关注的焦点是提高"国民生产力",主要是国家的工业生产能力。

阅读材料 1-4 李斯特的生产力理论

任何一种工业,靠了勤奋、技术和节约,不久总有所成就,总有利可图的;任何一个在农业上、文化上已经有了发展的国家,其幼稚的工业如能加以适当的保护,不论开始时怎样缺点累累、成本高昂,通过实践、经验与国内竞争,

---

① 〔美〕罗伯特·吉尔平:《世界政治中的战争与变革》,第96页。

其产品一定能够在任何方面与国外竞争者的老牌产品相匹比而毫无愧色;任何一种工业的成功总不是孤立的,总是与许多别的工业的成就相辅相依的;任何一个国家,对于工业如果能代代相传,历久不懈,把前一代留下的工作由后一代紧接着继续下去,这个国家的生产力就必然会发展——如果还有人不相信这些,或者对于这些情况完全无知,那么在他大胆建立自己的理论体系以前,或者在他向操着国家祸福之权的执政诸公献策以前,我们敢请他先读一读英国工业发展的历史。……

按照他们(亚当·斯密和萨依)的说法,英国应当到能够按最低价格供应最高质量的商品的那些地方,去采购它所需要的东西。它以较高代价来自己制造那些它可以在别处买得到的东西,同时却把那部分利益让给大陆各国,这分明是件傻事。

但是按照我们的理论,情形却适得其反;这个理论我们把它叫作"生产力理论"(the Theory of the Powers of Production)。英国执政者对于这个理论所依据的基础并未加以审察,然而当他们执行着输入天然产物、输出纺织品的原则时,实际上却采用了这个理论。

英国执政者所注意的并不是价格低廉、经久存在的那些工业品的取得,而是代价虽较高却能够长期存在的制造力的取得。……

事实的确是这样。力量的确比财富更加重要。为什么呢?只是因为国家力量是一种动力,新的生产资源可以由此获得开发,因为生产力是树之本,可以由此产生财富的果实,因为结果子的树比果实本身价值更大。力量比财富更加重要,因为力量的反面——软弱无能——足以使我们丧失所有的一切,不但使我们既得的财富难以保持,就是我们的生产力量、我们的文化、我们的自由,还不仅是这些,甚至我们国家的独立自主,都会落到在力量上胜过我们的那些国家的手里;这种情况在历史上已经有了充分证明,意大利共和国、汉撒同盟、比利时、荷兰、西班牙、葡萄牙都是前车之鉴。

资料来源:〔德〕弗里德里希·李斯特:《政治经济学的国民体系》,陈万煦译,商务印书馆1961年版,第40、44、46—47页。

20世纪80年代,在美国又出现了战略贸易理论。持这种观点的学者有感于当时贸易保护主义的抬头,有感于美国国际经济地位的相对下降,对传统的自由贸易模式提出了质疑。

阅读材料1-5　战略贸易概念

经济中是否存在劳动和资本能直接获得比它们在其他地方更高的报酬,或者给经济的其他部门带来特殊利益的"战略性"活动呢?这是新旧两种观点的分歧所在。

传统的观点认为不存在"战略"部门,竞争会使任何不同部门之间同质的劳动或资本所获得的报酬不可能有太大的差别。引导资源分配的市场价格是社会回报率非常好的指示器,能使生产者获得的报酬与其产出价值基本上一致。

新的观点则提出了战略性部门存在的可能性。由于当今规模经济、经验优势以及创新在解释贸易模式中的作用日益重要,租越来越不可能因竞争而完全消失,也就是说,在一些产业,资本或劳动有时会获得比其他产业高得多的回报。因为技术竞争越来越重要,某些产业将产生重要的外部经济的观点也已变得越来越有道理。在这种情况下,生产者们为社会创造的价值并没有得到完全的报酬。

所有这些说明,极端支持自由贸易的观点——即市场已运作得非常好,不可能再对它做任何改进了——是站不住脚的。从这个意义上讲,国际贸易的新思想为美国政府转向更积极的贸易政策提供了有力的理论依据。

资料来源:〔美〕保罗·克鲁格曼主编:《战略性贸易政策与新国际经济学》,海闻等译,中国人民大学出版社、北京大学出版社2000年版,第21页。

部分支持战略贸易理论的学者建议美国政府向日本政府学习,推行产业政策,特别是要鼓励对技术研究发展的投资,扶植运用高技术的产业部门,因为先进的生产技术和高附加值的生产部门是21世纪的制高点。他们中的一些人,如劳拉·泰森(Laura Tyson)、艾拉·马加齐纳(Ira Magaziner)、罗伯

特·赖克(Robert Reich)后来加入克林顿政府,对美国的经济和贸易政策产生了直接影响。

总之,现实主义者并不接受自由主义者关于国际贸易培育和平与合作的判断,而是认为国际经济关系的本质仍然是相互冲突,国家为争夺经济资源和财富的斗争同样激烈,仍然要求各国全力竞争。市场经济力量要按照民族国家的逻辑活动,为国家的整体目标和利益服务,即保证民族的独立和安全。与自由主义者从市场出发观察民族国家的思路相反,现实主义者以民族国家为核心,考察它们的相互关系,考察它们建立的结构体系如何左右全球市场的运行。

根据这种思路,他们提出了很有影响力的霸权稳定论。简单地说,该理论断言,一个信奉自由主义原则的霸权国的存在是国际市场充分发展的必要条件。"要使世界经济处于稳定状态,就必须有起稳定作用的国家,而且只能有一个这样的国家。"① 在他们看来,1815—1914 年、1945 年至今两个自由市场经济大发展的时期和霸权国家的作用是分不开的。对霸权稳定论,我们将在第五章做进一步的分析。

激进主义

国际政治经济学当中所谓的激进主义内容复杂,派别林林总总,包括依附论、世界体系理论、葛兰西学派、女权主义、生态主义等。似乎所有被西方主流学术界视为边缘学说的都被加上这个名号。它们与自由主义、现实主义最重要的区别是,认为无论是在自由市场还是在民族国家当中都存在着导致自己灭亡的重大缺陷,只有向更完善的人类组织过渡才能建立公正、稳定的国际体系。不管它们自己是否承认,各种激进主义学说都受到了马克思的哲学、政治经济学理论的滋养,拥有共同的智力渊源。

激进主义者对自由市场经济和国家政府的批判极其相似,但对未来发展的设想却大不相同。以激进主义中影响最大的依附论和世界体系理论为例:

---

① 〔美〕查尔斯·P. 金德尔伯格:《1929—1939 年世界经济萧条》,宋承先、洪文达译,上海译文出版社 1986 年版,第 365 页。

依附论是从列宁对殖民帝国和被压迫民族的分析向前迈出一步而形成的。它把世界划分为中心和外围地区,即发达的欧美国家和不发达的第三世界。外围地区内又存在自己的中心和外围地区(一些畸形发展的都市和广阔贫穷的农村)。农村依附于外围地区的中心运行,这些中心则依附于发达的宗主国经济。它指出,这种格局已经维持了两个世纪,在此期间第三世界国家始终追求现代化,但始终远远落后于西方强国。所以第三世界贫穷的根源在于国际结构,而不是自身因素。中心国家剥夺外围国家的财富,用于自己的发展。它们还在外围经济中制造和维持同国际秩序类似的贫富分化、剥削与被剥削关系。外围国家既无法进行发展所需的积累,又受制于国内的经济和社会矛盾,被固定在不发达地位上不得翻身。世界市场越进步,不发达国家越难发展。

依附论者不相信市场,不同意自由主义关于市场可以自行带来进步的判断,自由主义者推崇的贸易、资本、跨国生产、文化交流在依附论者看来都是压制发展中国家的工具,不但不能促进发展,反而会加深依赖;他们也不相信国家,不接受现实主义者提出的霸权稳定论,理由是发达国家竭尽全力维持自己已有的优势地位,而不发达国家的政府为中心城市所控制,以剥夺自己的外围地区为能事,国家的作为只会加剧市场的不公。他们认为,只有彻底改变国际政治经济秩序,才能实现普遍发展。

而伊曼纽尔·沃勒斯坦(Immanuel Wallerstein)描述的世界体系则由中心国家、半边缘地区和边缘地区三部分组成。它们分别承担特定的经济角色,发展出不同的阶级结构,因此从世界经济体系运转中的获利也不平等。"世界经济体的发展进程趋向于在本身发展过程中扩大不同地区间的经济和社会差距。……在现代世界体系的整个历史中,中心国家的各种优势一直在扩大。"[①]这些分析同依附论的判断基本符合,但两种理论的相似之处也就到此为止。在对世界体系的深入考察当中,沃勒斯坦更强调历史角度和实证依据。

---

① 参见〔美〕伊曼纽尔·沃勒斯坦:《现代世界体系》第1卷,第464页。

阅读材料 1-6　世界体系的起源与结构

迄今为止只存在过两种不同的世界体系：一种是世界帝国，在这些世界帝国中，存在一个控制大片地域的单一政治体系，不论其有效控制程度减弱到什么程度；而在另一类体系中，在其所有的或几乎所有的空间不存在这样的单一政治体系。为了方便也由于没有更合适的术语，我们用"世界经济体"描述后者。

在现代之前，各个世界经济体是极度不稳定的结构，不是转变成各种帝国就是解体了。有一个世界经济体已经存在了500年仍没有转变成一个世界帝国，这是现代世界体系的独特性——这种独特性就是其力量的秘密所在。

这种独特性就是被称作资本主义的经济组织的政治方面。资本主义能够一直兴旺，正是因为这个世界经济体范围之内存在的不是一个，而是多个政治体系。

……

世界经济体划分为中心国家与边缘地区。我不说边缘国家乃是因为边缘地区的一个特征就是本土国家很虚弱，这包括根本不存在的国家（指处于殖民地状态）到自立程度很低的国家（指处于新殖民地状态）。

根据一系列衡量标准，诸如各种经济活动的复杂性、国家机器的实力以及文化的完整性等，在中心和边缘之间还存在着半边缘地区。这些区域中有些在某个世界经济体曾属于早期类型的中心区域。有些过去是边缘地区，后来上升为半边缘地区，可以说它们是不断扩张的世界经济体中地缘政治变化的结果。

资料来源：〔美〕伊曼纽尔·沃勒斯坦：《现代世界体系》第1卷，第461—463页。

与依附论者不同，沃勒斯坦重视中心国家之间争夺统治地位的斗争，认为这对整个体系的影响最大。他还断言，半边缘地区的利益集团很难实现政治联合，因为它们不能登上中心政治舞台。他把改造体系的希望寄托在阶级和"身份集团"身上，认为它们对利益分配的争夺"将引起政治和经济决策层的重新整合",以在保持高水平生产率的前提下,建立更公平的分配制度。沃勒斯坦期待的似乎是"一个社会主义的世界政府",而不是平等的民族国家的联合体。①

第四节 国际政治经济学的研究框架

> 框架像语言一样,可能是障碍;但是相异的框架正像一种外国语,并不是绝对的障碍。突破语言障碍十分困难但非常值得去做,很可能不仅通过开阔我们的知识视野,而且通过给我们许多乐趣来给我们的努力以报偿,突破框架的障碍也恰恰如此。
>
> ——卡尔·波普尔②

研究范式的突破

相对于传统的国际关系研究而言,国际政治经济学的出现多少意味着研究范式(paradigm)的改变。按照托马斯·库恩的经典定义,范式应当包括:(1)一组思想,确定研究的范畴;(2)一种定义或假说,提出合乎逻辑的问题;(3)一种普遍接受的惯例和观点,作为基本的出发点;(4)一套筛选需要解决的问题的标准;(5)一套科学实证的规则和标准。范式之内的问题是某个学科的成员共同感兴趣并且认为有意义、有分析价值的课题。而"其他问题被视为只与其他学科有关,或者太晦涩、太形而上学,不值得花费时间"③。范式的建立可以帮助一个学科向深度发展,获得可以建立联系、可以累积的成果。不过,当这个学科开始不断遇到难以解释的现象或者感到理论上难以自圆其说的时候,可能就意味着它现有的范式需要调整。

如前所述,国际政治经济学就是在20世纪60年代国际关系遇到异常现

---

① 参见〔美〕伊曼纽尔·沃勒斯坦:《现代世界体系》第1卷,第464页。
② 〔英〕卡尔·波普尔:《通过知识获得解放》,范景中、李本正译,中国美术学院出版社1996年版,第93—94页。
③ Thomas S. Kuhn, *The Structure of Scientific Revolutions*, Chicago: University of Chicago Press, 1962, p. 37.

象的时候应运而生的。它提出了新的范畴、新的问题和筛选课题的新标准,并使用了新的研究工具,从而突破了传统的国际关系研究范式。

首先,就研究范围来看。对于传统的国际关系学学者而言,国际事务的研究范畴应当是政治安全领域,以战争与和平为焦点,以国家为中心。而国际政治经济学学者关注的领域更宽广,关注和分析的对象和课题也更加多样化。他们主张抛弃国家中心的视角。凡能够有效地提出要求的实体,都应当被视为国际关系中的行为者。① 无论是国际组织或者跨国实体,还是社会团体乃至个人,只要它们的相互关系对世界事务产生了影响,就应当纳入考察的范围。比如20世纪80年代的拉美债务危机,是美国的私人银行同拉美各国政府的纠葛。1999年年底在西雅图世界贸易组织会议期间发生的对抗,是各国的劳工、人权、环保团体同世界贸易组织的冲突。对冲基金的操纵者和策划"9·11"事件的恐怖组织都证明了,可以在国际舞台上提出和坚持自己的要求的行为者越来越多样化。所以,国际关系研究不仅应当探讨主权国家之间的行为规则,也应当关注国家政府与新生的行为体如何进行对话和互相影响。应当承认,它们之间的话题既包括政治和安全事务,也包括经济和文化交流。

为此,国际政治经济学主张从两个方向突破过去的研究范畴。一是打破国际政治与经济研究的界线,二是打破国内和国际问题研究的界线。

其次,关于国际关系的核心概念。传统的观点是应当聚焦于利益和权力,确切地说是民族国家的利益和掌握在国家政府手中的权力。明确了这两个概念就找到了解读国际关系的钥匙,因为国际政治无非是各国维护和扩张国家利益的争斗,而决定胜负的是各国的实力。国际政治经济学学者认为这种解读是片面的。它最大的问题在于完全忽视了世界舞台上另一个举足轻重的力量——世界市场。有越来越多的迹象显示,决定国家兴衰的不只是它们与其他国家斗争的结果,还要看它们能否适应世界市场的发展变迁。而且就长期而言,国家与市场的关系可能比国与国之间的关系更关键。

基于这种认识,国际政治经济学主张把民族国家和世界市场作为新的核

---

① 参见〔美〕罗伯特·吉尔平:《世界政治中的战争与变革》,第18页。

心概念,在全球范围内探讨国家与市场、权力与财富的联系。它认为现代国际关系发展的动力是国家与市场的相互作用。科技突破推动了世界市场的扩张,而市场发展所创造的财富推动了民族国家的竞争,国际体系则是政治经济竞争的结果。国家的命运同市场的功能与效果紧密联系在一起。各国在国际体系中的地位最终取决于它管理经济、应对世界市场的能力。因此,应当从民族国家与世界市场的相互作用当中寻找解释和预测国际关系的钥匙。

最后,关于研究的出发点和分析工具。传统理论从战争与和平入手,遵循政治学的逻辑和方法。国际政治经济学则以合作与冲突为切入点,关心的是国际活动的参与者在什么情况下可以达成妥协进行合作,在什么情况下会选择冲突对抗。两相比较可以发现,战争只是冲突的极端形式。鉴于核威慑大行其道,大国之间的全面战争越来越难以想象,国际政治经济学的出发点可能更接近现实。另一方面,成功合作又比简单的和平共处要复杂。它对于信息交流、制度和模式的建设提出了更严格的要求,国际政治经济学也正是以此为分析重点。

在具体的分析思路上,国际政治经济学强调借鉴新政治经济学的研究方法,特别是其理性选择模式。它认为,国际行为体与所谓经济人的行为方式没有重大区别,它们都追求效用和利益的最大化,并根据自己的偏好和环境条件制定策略。在此基础上,它们交流信息和形成信任,建立规则与制度,积累历史经验并形成预期。所以,分析世界事务不应仅观察现象与趋势,关键在于寻找相关的模式。真正有说服力的模式不仅适用于解释国际经济行为,也可以说明国际行为体的文化倾向、政治与意识形态选择及其安全政策。这与国际政治经济学扩大视野的主张是完全一致的。

宏观角度与微观角度

国际政治经济学在两个方向上进行突破范式的努力,效果不尽相同。融合政治和经济分析方法比较成功,而统一国际和国内视角进展相对缓慢。其实,打破国际、国内界线不仅对国际政治经济学是一个考验,对整个国际关系研究乃至其他社会科学学科都是一个尚待解决的难题。一些学者希望通过由内向外的分析,从观察国内事务入手;而另一些学者试图通过由外向内的分析,从观察国际体系入手。虽然他们最终的目标是一致的,但两方面的努力至今还没有完全汇合到一起。

在国际政治经济学文献当中,仍可以明显地看到两个不同的视角——宏观角度和微观角度。前者首先假设国家行为是不变的常量,集中注意力在国际体系和制度层次。站在这个角度的学者更多地借鉴经济学的思路和方法,以提出理论假说见长。站在微观角度的学者则更多地借鉴社会学和比较政治的方法,注重实证分析和历史分析。因为本书将以讨论宏观层次的成果为主,所以在这里先对微观角度的研究做一个概括性的介绍。

采用微观角度的学者有一个基本的判断:国内政治决定了国家的政策和行为,进而塑造了国际关系。国际环境自然会对国内政治过程产生影响,但直接决定政策的还是国内因素。比如同样面对世界性的经济衰退,各国的应对措施可能大相径庭。劳工势力强大的国家会发起公共工程,以保证就业为主;以企业集团为支柱的国家会减轻税收、发放贷款,以保证生产为主;金融集团占优势的国家会维持货币的坚挺,以保护投资为主。当然,各个集团还会合纵连横,争取对自己有利的政策。所以分析和研究的对象应当是各国经济政策的决策过程,是各种政治团体和社会团体在其中扮演的角色。

阅读材料 1-7　经济决策中的政治因素

政客们和其他在体制中有一席之地的人做出最终的政策选择。他们的权力来自现存制度。不过政治领导人总得想办法谋得职位并且保住它。所以当他们做决定的时候,他们希望能从受影响的劳工、投资者、消费者那里得到认可,最好是得到欢迎。他们的政策抉择必须能够动员或维持政治支持。政客们必须推动官僚、党团领袖、社会经济团体形成一致意见。当国家面临国际经济的严重动荡、需要做出政策抉择的时候,围绕不同的方案会形成不同的支持力量。我的目标就是描述其模式。……

(政策联盟)包括哪些人?他们对贸易政策有什么基本的一致意见?他们是如何联合在一起的,主要是政治领袖的推动,还是为自己打算的个人团结起来了？其他组合能否行得通，比如现有的联盟会不会支持其他的政策，其他形式的联盟也会产生同样的政策效果吗？政策联盟、政治结构和政策方案能很好地结合在一起吗？

对过去的政策联盟的分析能够揭示决策当中的政治因素。若干因素的相互作用决定了联盟的形成和解体。在经济危机时刻，处境不同的社会团体评估各种政策选择，考虑其收益和成本。政治经济分析的一个重要思路，就是考察社会团体的经济处境，以解释它们的政治立场。

资料来源：Peter Gourevitch, *Politics in Hard Times: Comparative Responses to International Economic Crisis*, Ithaca: Cornell University Press, 1986, pp. 20-21.

观察国内事务面临的一个关键问题就是如何看待国家的作用。对此持微观视角的学者意见并不相同，他们分别提出了多元主义的解释和国家主义的解释。赞成多元主义解释的研究者把国家看成一个舞台和竞技场，个人、政党、社会组织、经济实体在上面各展所能，最终的政策在它们的竞争和妥协中产生。他们对各个角色的利益、它们如何组织自己的力量以及如何适应或改变现有体制做出了详细的分析。赞成国家主义的研究者则认为国家也是游戏的参与者之一，而且在大众利益与特殊利益、国际环境与国内社会力量之间发挥关键的中介作用。因此，他们考察政府的选举、立法过程、官僚机构的运作等，讨论政府如何从整体上维护国家的稳定和保证全民的福利。

我们可以很容易地发现，微观层次上的学术分歧与宏观层次以及国际政治经济学整体上的流派分歧是对应的。持自由主义观点的学者一般在宏观层次上赞同制度分析，在微观层次上赞同多元分析。持现实主义观点的人往往支持结构分析和微观层次上的国家中心论。相似的分析方法和观点经常相互支持，在研究中始终存在自然的融合趋势，事实上也有不少学者提出了结合宏观与微观视角的设想。例如，罗伯特·帕特南（Robert D. Putnam）提议使用"双层博弈"的概念。他指出，各国的领导人都是同时在下国内、国际两盘棋，成功的国际协议必须既使国际伙伴感到满意，也能获得国内民众的支持。有一些手段巧妙的领导人常常设法利用这种局面,以动员国内支持为理由要求别国首先做出让步,或是以维持国际合作为理由压制国内的反对意见。① 而海伦·米尔纳(Helen Milner)指出,两个层次考察的对象其实是一致的,即利益、制度和信息交流。国际环境的变化通过传递新的信息改变国内团体的利益偏好,改变国内制度安排,反之亦然。利用这三个概念可以把两个视角联系起来。②

坚持微观视角的学者通过对贸易、金融、福利决策过程的分析得到了引人注目的成果。他们在选举过程对经济周期的影响、中央银行独立性与货币政策的关系、工会力量与汇率制度的选择、经济开放程度对政治体制的影响等问题上,提出了有说服力的解释。不过,与宏观视角的研究相比,他们的理论还缺乏系统性;而且多数假说是通过分析西方发达国家的情况而形成的,是否在全球各种类型、水平的社会经济中都适用还不能确定。加强对东亚、拉美的新兴经济和东欧地区的转型经济的实证研究,或许是取得新的突破和进展的可行路径。

本书的结构安排

在全面介绍了国际政治经济学作为一个学科的历史和内容之后,下面的讨论将围绕其核心概念——世界市场与民族国家的相互作用来进行。第二章和第三章的重点是考察世界市场体系,考察它在贸易领域和货币领域的表现,如何依靠经济与科技的力量不断扩展,又如何为国际政治环境所左右。第四章和第五章的重点转向分析民族国家的行为模式,它们如何为追求相对获益而激烈竞争,又如何为保证绝对获益而密切合作。第六章将讨论21世纪市场与国家的关系,它们的相互作用推动了全球化浪潮,而它们自身也被这股浪潮冲击和改变。

---

① 参见 Robert D. Putnam and Nicholas Bayne, *Hanging Together: The Seven-Power Summits*, Cambridge, Mass.: Harvard University Press, 1984; Robert D. Putnam, "Diplomacy and Domestic Politics: The Logic of Two-Level Games", *International Organization*, Vol. 42, No. 3,1998, pp. 427—460。

② 参见〔美〕海伦·米尔纳:《利益、制度与信息:国内政治与国际关系》,曲博译,上海人民出版社 2015 年版。

参 考 文 献

〔美〕罗伯特·吉尔平:《国际关系政治经济学》,杨宇光等译,经济科学出版社1989年版。

Katzenstain, Peter J., Robert O. Keohane and Stephen D. Krasner, "International Organization and the Study of World Politics", *International Organization*, Vol. 52, No. 4, Autumn 1998, pp. 645-685.

〔美〕伊曼纽尔·沃勒斯坦:《现代世界体系》第1卷,尤来寅等译,高等教育出版社1998年版。

〔美〕罗伯特·基欧汉、约瑟夫·奈:《权力与相互依赖(第四版)》,门洪华译,北京大学出版社2012年版。

Russett, Bruce M., *Grasping the Democratic Peace: Principles for a Post-Cold War World*, Princeton, N. J.: Princeton University Press, 1995.

〔德〕弗里德里希·李斯特:《政治经济学的国民体系》,陈万煦译,商务印书馆1961年版。

〔美〕保罗·克鲁格曼主编:《战略性贸易政策与新国际经济学》,海闻等译,中国人民大学出版社、北京大学出版社2000年版。

〔美〕查尔斯·金德尔伯格:《1929—1939年世界经济萧条》,宋承先、洪文达译,上海译文出版社1986年版。

Gourevitch, Peter, *Politics in the Hard Times: Comparative Responses to International Economic Crises*, Ithaca: Cornell University Press, 1986.

〔美〕海伦·米尔纳:《利益、制度与信息:国内政治与国际关系》,曲博译,上海人民出版社2015年版。

第二章
国际贸易体系

第一节 现代国际贸易的动力

国家之间为什么要进行贸易？这可能是分析国际经济关系首先遇到的问题。对此最朴素的答案是——为了互通有无。因为任何国家都无法自己生产所有物品，所以必须进行交换。随着技术的进步，如果一个国家下决心生产某种物品，它已经可以克服地理环境、人力资源等自然条件的限制，自己制造和生产，不必依赖其他国家。不过迄今为止，还没有哪个国家真的追求完全的自给自足。理由似乎很简单，有些东西自己生产并不合算。

举一个极端的例子。假设一个太平洋岛国的君主喜欢喝香槟酒，他有两个办法得到这种独特的产品。他可以选择在本国建立"生物圈三号"，完全复制法国香槟地区的土质、水质、气候等条件，直到可以自行酿造香槟酒。不过即便这在技术上是可行的，也会占用这个小国所有的人力和财力。生产香槟酒的代价是，其他所有物品的生产必须停止，必须依赖从外国进口。所以任何理智的君主都会选择另一个简单的办法——从法国购买香槟酒。也就是说，他会选择国际贸易而不是自主生产。由此可见，决定现代国际贸易的主要不是生产能力，而是生产效率，是收益与成本的比较。

第二章 国际贸易体系

绝对优势

最早以收益—成本观点讨论贸易问题的是亚当·斯密,他提出了绝对优势(absolute advantage)的概念。它最基本的假设是,就某个具体产品而言,不同国家的生产效率不尽相同,于是产生交换的需要。贸易和交换的结果不仅对双方都有利,而且有利于增加世界总产出。假设世界上只有两个国家——英国和美国,它们生产两种产品——钢铁和小麦,劳动力是唯一的生产要素;假设英国善于生产钢铁,美国善于生产小麦,两国1个劳动者单位时间(1年)的产量如下:

	小麦（吨）	钢铁（吨）
英国	100	250
美国	200	150

如果两国最初都不知道对方的存在,它们必须自己生产所有产品。它们各有200名劳动者,并各自将劳动力平均投入两项生产,则总产量如下:

	小麦（吨）	钢铁（吨）
英国	10 000	25 000
美国	20 000	15 000
世界总产量	30 000	40 000

在这种情况下,如果两国忽然同时发现对方,并了解到对方市场的情况,那么会出现什么变化？在交通和通信费用忽略不计且没有政策制度干扰的前提下,两国平均使用劳动力的状况很快会结束。因为1个英国农民很容易想到,如果他转到钢铁厂工作,他每年可以产出250吨铁,拿到美国市场可以换得333.3吨小麦,比他在本国生产小麦获利多得多。同时,美国工人也会做出相似的判断而转向小麦生产。于是两国的劳动者都将向本国比较擅长的产业聚集,直到转移生产不再增加收益为止。在这个例子里,英国可以把全部劳动者投入钢铁生产,美国可以全部投入小麦生产,而仍在收益价格范

围之内。

那么会带来什么变化呢？首先，英国产出 50 000 吨钢铁，美国产出 40 000 吨小麦。无论是钢铁还是小麦的世界总产量都增加了。其次，两国都可以通过贸易获益。贸易量和价格应当由供需关系决定，严格地说应当引入需求模型和供给模型来讨论。为了分析方便，我们假设两国都可接受的一个合理贸易量：美国以 16 000 吨小麦交换英国 20 000 吨钢铁。于是两国的实际消费量如下：

	小麦（吨）	钢铁（吨）
英国	16 000	30 000
美国	24 000	20 000
世界总产量	40 000	50 000

英国和美国两项产品的消费量都高于没有专业分工和国际贸易的时候。这说明各国利用自己的优势进行生产，然后进行自由贸易，它们的收益都将超过自主生产、不进行贸易的时候，世界经济的总体收益也将提高。而且在这个例子中，个体劳动者的收益同样上升。这是一个皆大欢喜的局面。斯密提出的概念说明了自由贸易和国际分工的好处，对重商主义倾向是有力的反驳。

比较优势

李嘉图在此基础上更进一步提出了比较优势（comparative advantage）概念，更透彻地说明了国际贸易的基本动力和原理。[①] 他在其 1817 年的著作《政治经济学及赋税原理》中阐述了这个概念，从而奠定了国际贸易理论的基础。李嘉图指出，即使某个国家在所有生产部门中都居于绝对劣势，它也依然能够通过贸易获益。仍以英美的钢铁和小麦生产为例，现在假设两国的单位产量如下：

---

① 罗伯特·托伦斯（Robert Torrens）在 1815 年发表的讨论谷物贸易的论文中最早使用了"比较优势"这个词，不过公认完整准确地阐述这个概念的是李嘉图。

	小麦（吨）	钢铁（吨）
英国	500	1 000
美国	200	100

英国劳动者无论在小麦还是钢铁生产效率上都远远超过美国同行。用流行的话来说，美国在所有部门中都难以同英国竞争。那么在这种情况下，还有必要进行国际贸易吗？两国还能通过国际贸易获益吗？答案依然是肯定的。只要两国各部门的劳动生产率存在差异，它们就有机会通过劳动分工和国际贸易获益。

在这个例子里，尽管美国两个部门的绝对生产效率都比不上英国，但它在钢铁生产效率上与英国的差距较大，在小麦生产上与英国的差距较小。就其自身而言，生产小麦的相对效率要比生产钢铁高，也就是说美国在生产小麦上有比较优势。同理，英国劳动者生产钢铁的效率高于他们生产小麦的效率，英国在生产钢铁上拥有比较优势。而国际贸易为两国提供了机会，使它们可以把劳动力集中到生产效率较高的部门，发挥自己的比较优势。

在没有国际贸易和分工的情况下，英美分别生产的情况是：

	小麦（吨）	钢铁（吨）
英国	50 000	100 000
美国	20 000	10 000
世界总产量	70 000	110 000

在国际贸易出现后，美国的工人自然会转向农业生产。而我们假设在需求的约束下，英国没有实现劳动力的完全转移，1/5 的农民（20 人）转移到钢铁生产，钢铁产量增加到 120 000 吨，余下的 80 人仍然生产小麦。重新分工的结果是：

	小麦（吨）	钢铁（吨）
英国	40 000	120 000
美国	40 000	0
世界总产量	80 000	120 000

那么首先可以看到,世界的总产出将超出国际分工之前。假定美国用 12 000 吨小麦向英国交换 18 000 吨钢铁,则双方实际消费量如下:

	小麦(吨)	钢铁(吨)
英国	52 000	102 000
美国	28 000	18 000
总计	80 000	120 000

也就是说,专业分工和国际贸易的结果是,参加贸易的双方都可以获益,对生产效率全面落后的美国而言也是如此。

机会成本

后来,经济学家又引入了机会成本(opportunity cost)概念,进一步论证李嘉图的比较优势理论。[1] 以上面的事例来说,美国在小麦生产上具有比较优势,是因为它在小麦生产上的机会成本比英国低。

就某个劳动者而言,每年开始的时候他都面临着选择生产部门的机会。当他选择了在这一年生产小麦,同时也就意味着他放弃了去生产钢铁。小麦生产的潜在代价是钢铁生产的减少,后者就应当被视为小麦生产的机会成本。在上述事例中,美国劳动者生产 1 吨小麦的机会成本是 0.5 吨钢铁,英国小麦生产的机会成本是 2 吨钢铁,美国的小麦生产机会成本低,所以我们说它生产小麦的相对效率高,它在小麦生产上拥有比较优势。同理,从国际分工的角度看,英国的优势并不体现在两个部门的生产效率绝对高于美国,而是它生产钢铁的机会成本(1 吨钢铁/0.5 吨小麦)低于美国的成本(1 吨钢铁/2 吨小麦)。因为存在机会成本的差异,两国都可以从劳动分工和国际贸易中获益。

借用这个概念,可以对比较优势进行明确的定义。"如果一个国家在本

---

[1] 奥地利经济学家哈伯勒首先在国际贸易分析中使用了机会成本概念。参见 Gottfried von Haberler, *The Theory of International Trade with Its Applications to Commercial Policy*, translated from the German by Alfred Stonier and Frederic Benham, London: W. Hodge, 1936。

国生产一种产品的机会成本(用其他产品来衡量)低于在其他国家生产该种产品的机会成本,则这个国家在生产该产品上就拥有比较优势。"①

李嘉图提出的理论模型准确地指出了现代国际贸易的动力。各国劳动生产率的不同使它们各自拥有比较优势,是比较优势决定了专业分工和国际贸易的发生。国际贸易允许各国把生产能力集中在效率高的部门,从而加快财富的积累。因此,各国都可以从自由贸易中获益,而世界的总体生产水平也可以更快地提高。

第二节 现代国际贸易体系的起源
（18世纪中期—19世纪中期）

现代国际贸易与早期国际贸易的区别

在民族国家和现代市场形成之前,跨越国界的贸易早已存在。不过当时跨国贸易的主要目的还是互通有无,而不是追求合理分工和比较优势。比较优势模型的成立需要两个前提:运输费用低至可忽略不计,有关贸易的信息可以迅速交流和沟通。而这两个条件在16世纪之前并不存在。

由于交通、运输条件的限制,此前的国际贸易成本高昂,收益没有保障。无论是横跨欧亚大陆的山地、沙漠,还是环绕非洲海岸的航行,风险都很大,而需要先期投入的费用惊人。结果,只有相对稀有而且便于携带的商品才会进入国际贸易,比如丝绸、香料、金银,以求一旦交易成功能够最大限度地赚取利润。由于只有很小一部分人买得起这些昂贵的舶来品,跨国贸易对社会经济的影响有限。在上千年的时间里,贸易只是偶尔影响一个社会的风气。更普遍的情况是,国际贸易只能改变上层社会的时尚,平民百姓的生活并不受冲击。各国从跨国贸易中获得的经济收益也不明显。所以明清皇帝可以毫不迟疑地发布禁海令,令日本商人十年一贡,船止两艘,人止二百,违例即

---

① 〔美〕保罗·克鲁格曼、茅瑞斯·奥伯斯法尔德:《国际经济学(第四版)》,海闻等译,中国人民大学出版社1998年版,第12—13页。

以寇论。当日本人请求缩短贡期时,中国官吏指出批准他们定期贸易已经是天朝上国的恩典,他们的倭刀、纸扇对中国而言是可有可无的。

18世纪的工业革命和随之而来的第一次技术革命改变了国际贸易的含义。工业化带来了新产品,并且普遍扩大了生产规模,使以前的奢侈品走进大众市场。不过更为关键的是,新技术带来交通和通信领域的革命,使大规模的定期的国际贸易成为可能。其中最重要的技术变革是蒸汽机在陆海运输当中的应用。19世纪初期,欧美各国开始铺设铁路,快捷的运输网络逐步形成。(参见表2-1)

表2-1　1840—1910年间的铁路里程　　　　单位:万千米

	1840年	1870年	1910年
欧洲	0.26	6.54	21.21
北美洲	0.28	5.54	26.58
拉丁美洲	0.01	0.24	6.07
亚洲	—	0.51	5.95
非洲	—	0.11	2.30
大洋洲	—	0.11	1.93
世界	0.55	13.05	64.04

资料来源:转引自〔澳〕A. G. 肯伍德、A. L. 洛赫德:《国际经济的成长:1820—1990》,王春法译,经济科学出版社1997年版,第7页。

与此同时,轮船与帆船展开了竞争,发起了海上运输的革命。远洋运输费用在1815—1851年间首次出现大幅度的全面下降。现代的运输方式不仅降低了运费,缩短了贸易时间,而且扩大了运货量,提高了运输的安全性。国际贸易的成本降低,涉及的商品也不再仅限于奢侈品,不再仅限于满足上层社会的需求。只要存在比较优势的产品,就能够创造贸易收益。包括农产品在内的日常生活用品成为贸易的主体,贸易对于国民经济开始产生普遍的持久的影响。我们所熟悉的现代意义上的国际贸易出现了。

各国对国际贸易变革的反应

国际贸易的发展必然会相应地改变国际体系,改变市场与国家的关系。

依靠技术创新的支持,市场力量推动国际贸易在世界范围内扩展,跨越国家边界,寻求获益机会。习惯于经济独立、自成一体的国家意外地发现,跨越国界的商品流动正在把它们的命运联系起来。

面对这种挑战,各个国家反应不一,大部分国家难免心存疑虑。它们不愿意对市场力量轻易让步,希望能像以前一样控制贸易的后果。如果贸易能够使本国富足,利润能够按原有的安排分配,保证社会安定繁荣,政府就会积极支持(如果能使竞争对手在贸易中衰落自然更好);如果贸易使本国财富流失、社会动荡、国际地位受损,政府自然会想尽办法加以阻止。事实上,现代国际贸易有一个重要的特性,就是不均衡发展,交易的结果是有人欢乐有人愁。

作为工业革命的发源地,英国在此时的国际贸易中占据无可比拟的优势地位。它拥有当时全球最完善的运输系统、最熟练的技术工人、最先进的生产设备和最合理的银行体系。早在1750年,英国的社会经济已经实现商业化、工业化,在众多的工农业部门都明显占据优势。因此,它顺理成章地成了国际贸易的中心。当时英伦三岛的居民占世界人口的2%不到,但英国的进出口贸易和过境英国的贸易额加起来占到世界贸易额的1/5左右。同时,英国也是从贸易中获益最多的国家。到1801年,出口收益已经占到国民收入的18%,仅棉纺出口一项就提供了7%的国民收入。英国人意识到,贸易在历史上首次成为经济成长的发动机,它使英国人享有当时世界最高的收入水平。[①]英国自然最积极支持国际贸易的扩展。

对其他欧洲国家和少数已经独立的美洲国家而言,国际贸易的发展利弊参半。它们希望扩展对自己有利的东方贸易,赚取利润,但又担心价格低廉的英国货占领自己的国内市场,或者把自己的产品挤出东方市场,所以它们的态度是犹豫和矛盾的。

相比之下,亚非国家还没有感受到国际贸易正在发生的根本变化,它们仍然以不变应万变,坚持以往管理小额奢侈品的贸易政策。比如仍然规定外

---

① 参见 Thomas D. Lairson and David Skidmore, *International Political Economy: The Struggle for Power and Wealth*, Orlando, Florida: Holt, Rinehart and Winston Inc., 1993, p. 40;〔英〕J. F. 佩克:《国际经济关系——1850年以来国际经济体系的演变》,卢明华等译,贵州人民出版社1990年版,第3页。

国商人必须在指定口岸进行贸易,不能直接进入内地市场。早期的跨国贸易涉及的货物少、利润高,所以贸易商可以接受这样的交易制度。而此时依靠廉价、大规模销售的贸易商就认为限制太多,会使他们无法赢利。

总的看来,虽然国际贸易在十七八世纪获得了突破性的进展,但它的政治基础并不牢固,没有得到政策保障。积极支持贸易扩展的国家极少,持消极、疑虑态度的国家居多。关键在于欧洲大陆国家和新独立的美国的态度:如果它们积极发展贸易,尚处于懵懂状态的亚非国家并没有左右大局的力量;如果它们支持限制贸易,英国就会陷于孤立状态。1786年英法签订《艾登条约》,同意相互削减部分产品的关税。但这个刚刚露头的自由贸易趋势很快就被欧洲大陆的革命和动荡打断了。在拿破仑战争期间,后一种可能似乎正成为现实。由于战争,支持法国革命和反对法国革命的欧洲国家相互实施贸易禁运,结果在各国内部都促成若干政治和经济集团,它们因禁运而获得巨大利益(比如英国的地主和法德的工厂主)。在战争结束后,这些利益集团主张继续执行控制贸易的政策。各国虽然取消禁运,但纷纷提高关税,对进出口施加限制,制造各种贸易障碍。

国际贸易体系的建立

扭转这一趋势的是英国政府的行动,英国在19世纪三四十年代的激烈争论之后,选择了贸易自由政策。在此之前,英国虽然在国际贸易中获益最多,但也和其他国家一样想方设法控制进出口,追求相对获益。其政策包括:(1)颁布航海条例,其核心目的是保证英国本土成为殖民地物资的集散地,借助庞大的殖民帝国使英国成为世界贸易的中心。航海条例规定:非经英国政府许可,外国商人不得与英国殖民地通商;外国向英国殖民地出口,必须先将货物运到英国纳税,方可转销;英国殖民地的主要产品,如烟草、蔗糖、原棉等,只能运往英国本土或领地;其他允许殖民地出口的货品,也必须先运至英国纳税,然后转销。此外,航海条例还力保英国航运业的领先地位,希望通过控制远洋运输来操纵国际贸易。它规定英国殖民地向英国出口,必须使用英国船只。所谓英国船只,是指由英国或其殖民地建造,且3/4的船员是英国人。(2)颁布谷物法,限制自欧洲大陆进口谷物,维持国内市场的粮食价格,以保护本国大地主的利益。其中1815年的谷物法最为著名,它规定只有在每夸脱小麦的国内价格超过80先令时,才允许进口。(3)严格限制机器出口,不准熟练工人移居欧洲大陆,以确保自己在工业革命中建立的技术优势。

保护政策意在保持英国的领先地位,同时平衡国内各集团的收益,但是它在国内国际两方面都带来了巨大的风险。国际领域的风险是,它可能使保护主义在欧洲和世界舞台上占上风,那么受打击最重的将是贸易竞争力最强的英国。就国内经济发展而言,保护政策阻碍了工业革命的进程。因为工业革命的后果之一是农业人口向工业部门转移。英国在工业革命中领先,它的劳动力转移也最快。在18世纪末,英国的粮食生产已经无法自给自足,要依靠出口工业制成品的贸易盈余从国外购买粮食。拿破仑战争之后各国纷纷管制国际贸易,英国工业生产能力虽然不断提高,但难以进入国外市场,出口增长缓慢。英国的粮食明显供不应求,粮价上涨,甚至发生饥荒,造成社会动荡。经济学家纷纷直言保护政策走进了死胡同。

李嘉图的比较优势理论就是在这种背景下出现的。它分析了现代国际贸易的规律,证明参与世界贸易和国际分工总会对国家有利。对经济先进的英国而言,开放自己的市场会带来一定的损失,但如果能换取海外市场的开放,最终的收益肯定更大。支持自由贸易的力量在这个旗帜下联合起来。1838年,曼彻斯特的工厂主理查德·科布登(Richard Cobden)和约翰·布赖特(John Bright)发起了反谷物法同盟,要求废除谷物法,实现完全自由的贸易。在辩论和政治较量中,新兴的工厂主和商业资本家占据上风。英国于1846年废除了谷物法,1849年废除大部分航海条例;同时,取消对技术交流的限制,主动降低1 500多种产品的关税(1841—1881年间,其关税下降幅度接近21%)。[1] 到1860年,英国制定了第一个体现自由贸易原则的预算。其中大部分粮食关税被废除,总的关税税目压缩到48个,英国殖民地享有的特惠税率也被取消了。它标志着英国正式选择自由贸易作为国家政策。[2]

可以说,英国的选择确定了现代国际贸易体系的基调,那就是谋求绝对

---

[1] 参见〔英〕J. F. 佩克:《国际经济关系——1850年以来国际经济体系的演变》,第57页。
[2] 参见〔澳〕A. G. 肯伍德、A. L. 洛赫德:《国际经济的成长:1820—1990》,第56页。

获益,鼓励自由贸易。作为当时世界上经济最强大、技术最先进的国家,它通过两种方式把其他国家纳入这个贸易体系。

对欧洲其他国家和美国,它发挥着示范和引导的作用。欧美各国都希望进入英国市场、获得英国技术,而英国政府坚持以降低关税、支持自由贸易为前提。事实证明,英国市场的吸引力相当强大,战胜了其他国家保护国内市场的本能。欧洲各主要国家先后同英国达成了削减关税、支持自由贸易的协定。其中1860年英法之间达成的《科布登-谢瓦利埃条约》最为著名。英国在条约中承诺废除所有的制成品关税,大幅度降低酒类的进口税。法国则同意对来自英国的各种制成品和煤炭、焦炭等工业原料降低关税。引人注目的是,英国在这个条约中创立了"最惠国待遇"概念。法国削减关税的政策只针对英国一国,而英国承诺的关税减让将自动扩大到其他国家。最惠国条款很快成为贸易协定必不可少的部分。举个简单的例子,假设荷兰与英、法、德、美都相互保证给予最惠国待遇,那么当荷兰在英国的压力下把对英国钢铁产品的关税从20%降到10%的时候,法、德、美向荷兰出口钢铁时就可以自动交纳10%而不是20%的关税。最惠国条款的出现对自由贸易原则在国际关系中的推广起到至关重要的作用。一方面,它有效地限制了贸易歧视;另一方面,它使支持自由贸易的力量很容易在国际谈判中占上风。如果两个国家就关税水平发生争执,要求减少关税的国家可以得到其他国家的普遍支持,因为降低关税的好处大家可以共享,这样坚持高关税的国家就将面临联合压力。

与此同时,英国依靠军事技术优势,以武力迫使亚非国家接受它的贸易政策。它在非洲和东南亚沿海建立一系列殖民地,以控制商路和东方市场;并对印度和中国发动了大规模的侵略战争,企图打开两国庞大的市场。我们所说的两次鸦片战争,在有些英国人看来是两次通商战争,他们当然是在逃避贩毒的恶名,但也说出了一些实情。英国政府不会仅仅为维护一些鸦片贩子的利益而与清政府作战,把它推上战场的是更强大、更有政治影响力的利益集团,如纺织品出口商、工业制造商、控制海路的船主等,他们一直对庞大的中国市场抱有幻想,认为只是腐败愚昧的清政府阻止他们到中国发财。他们最看重的是降低关税和开放通商口岸。清政府的无知表现在它宁愿割地、接受外国人管理关税,也要减少开放口岸。清廷上下把西方人出现在内地、登上庙堂看成最大的灾难。而从现代的观点看,失去关税控制权才是致命的损失。看印度的例子,在英国吞并印度之前,印度是棉布出口国,孟加拉的农民在农闲(旱季)时家家以织布为业,产品质量和规模都使英国出口商相形见绌。如果借助关税保护,印度的纺织业有可能为工业化提供必要的启动资金,并且维持过渡时期的社会稳定。而英国控制印度之后,英国的廉价纺织品不受阻碍地大量倾销,印度手工织布作坊成片倒闭,印度成了英国棉布的最大市场。

到了19世纪六七十年代,全球各地众多的国家都卷入了国际贸易活动,形成了现代意义上的国际贸易体系。后面的章节还会陆续介绍一些贸易、金融领域内的国际体系,它们的建立过程有明显的相似之处。先是生产或者流通、消费领域发生技术革新,引起经济活动的变化;接着会出现解释变革、提出对策的经济理论;然后,这些理论在经济科技领先的国家中赢得政治支持,成为先进国家、核心国家的经济政策;最后,核心国家或者通过示范引导,或者通过外交活动,甚至军事征服,使其他国家效仿自己。

回顾贸易体系的形成,先是运输技术的革新降低了贸易成本,使大规模、大众化的贸易成为可能;接着出现比较优势理论,打破重商主义的桎梏,主张贸易自由;而后自由贸易主张在英国国内政治斗争中获胜,成为政府政策;然后英国软硬兼施,使其他国家接受或至少在表面上认同自由贸易的原则。

第三节 第一次相互依存时代(1873—1914)

贸易体系形成之后,国际贸易实现了前所未有的高速度成长。1800—1913年间,人均世界贸易值以每十年33%的速度增长。其中1840—1870年的高峰期,曾经达到每十年53%的增长率。[①] 贸易增长的速度首次超过了世界生产增长的速度,标志着国际贸易成为经济增长的关键因素。千丝万缕的贸易联系给参与国带来明显收益,也促使国际体系在广度和深度两方面不断拓展。

---

① 参见〔澳〕A. G. 肯伍德、A. L. 洛赫德:《国际经济的成长:1820—1990》,第60页。

相互依存的扩展

从广度上看，获得独立的拉美国家纷纷加入体系，其中部分国家依靠国际贸易迅速致富。以阿根廷为例，因为土地辽阔、气候温和适宜，它向欧洲大量出口羊毛、谷物和肉类产品，到19世纪末其人均收入已经高于西班牙、意大利，与德国和荷兰处于同一水平。① 同时，英法德等西欧国家不再只满足于控制贸易港，而争相向亚非内陆扩张殖民帝国。促使它们态度变化的主要是多种经济作物跨区域移植成功。特别是热带地区，原本森林密布，既难以进入，又缺乏有贸易价值的产出，而在19世纪后半期却陆续发现了适宜当地气候的作物，例如橡胶从巴西移植到马来西亚（时称马来亚），茶叶从中国移植到斯里兰卡（时称锡兰），可可被引入加纳（原称黄金海岸）。这些国家的经济价值迅速提升，也被西方殖民者拉入国际贸易体系当中。

案例2-1 马来亚殖民地的建立

1541年，葡萄牙殖民者首先占领马六甲。1641年，荷兰殖民者夺取了这个据点。拿破仑战争期间，英荷结为盟友，英国人为防止法国入侵而接管马六甲，答应在战争结束后归还给荷兰。1817年，英国人托马斯·莱佛士不顾他所属的东印度公司的反对，在新加坡建立殖民地。经过他的上下活动，该殖民地得到了英国和荷兰政府的认可。不过直到此时，欧洲列强的目的都是控制马六甲海峡，保证通往南洋群岛和中国的商路。英国的官方文件最初将其称为海峡殖民地。在英国政府看来，"海峡极其重要，而马来亚腹地毫无价值。终年炎热潮湿，野草丛生，人烟稀少，是绿色荒原"。

改变情况的是19世纪后半期的两大突破。一是在马来亚发现了锡矿。二是橡胶树移植成功。最早的橡胶种子是从巴西被带回英国，安置在伦敦热带植物馆。1877年，休·洛爵士将树种带到马来亚。与南美相似的热带雨林气候使橡胶种植大获成功。

---

① 参见〔英〕J. F. 佩克：《国际经济关系——1850年以来国际经济体系的演变》，第105页。

人工合成技术的进展使锡和橡胶都成了热门的战略资源。英国人决心清除林地,开矿、建设种植园,并雇用华工从事这些艰苦劳动。当地的马来人对此十分反感,经常与英国业主或华工发生冲突。英国殖民者要求政府保护他们的投资利益。1874年又发生了新加坡商人在马来亚内地遇害的事件。海峡殖民地总督借机召集马来亚苏丹会议,迫使他们接纳英国使节进驻宫廷。在除宗教之外的所有问题上,苏丹们都必须"征求并遵循他们的建议"。1895年,马来亚被正式纳入英国的殖民帝国。

资料来源:〔英〕布赖恩·拉平:《帝国斜阳》,钱乘旦等译,上海人民出版社1996年版,第181—187页。经过改写。

相互依存的深化

在国际贸易体系不断扩张的同时,位于体系核心的西方各国交往日益频繁,其国民经济前所未有地紧密交织在一起。这种密切联系表现为:第一,各国相互投资规模迅速扩大,出现了真正意义上的国际资本流动。在此之前,国际投资数量微乎其微,对资本输出国和输入国的经济几乎毫无影响。19世纪前五十年,累计国际投资额仅为4.2亿英镑。从1850年到1870年,这个数字翻了三番。到1900年已经增加到47.5亿英镑,到1914年更达到了95亿英镑。[①] 跨国投资在国民经济增长中的作用日益突出。外国投资成为本国发展的动力,本国同样利用海外投资机会获取利益,加速财富积累。

第二,西方各国都开启了工业化进程,它们之间形成了各式各样的生产分工。19世纪初期那种英国向欧洲大陆出口制成品,其他欧洲国家向英国提供农产品的模式完全被打破。新的分工出现在初级生产和制造业之间,前者包括原材料加工、木制品、陶瓷制造等,后者则是在此基础上进行的金属制成品、机械产品、化工产品生产。成熟制造业内部的分工则更加细致,跨越国界的生产已经很常见。

[①] 参见〔澳〕A. G. 肯伍德、A. L. 洛赫德:《国际经济的成长:1820—1990》,第21页。

第三,劳动力日益频繁地跨越国界。在1821—1915年间,4 400万欧洲人加入了移民行列。① 在移民当中,了解工业技术的熟练工人占的比例不高,但他们对技术扩散的推动作用相当明显,他们的到来为后起的工业化国家模仿发展提供了机会。欧美各国开始有意识地学习别人的科技成果,来提高自己的生产水平。

当然,相互依存最突出的标志是各国的价格相互影响、同步波动,出现了相似的经济周期。也可以说,欧美经济在向一荣俱荣、一损俱损的方向发展,经济活动的相互联系、相互依赖越来越明显。因此,这一时期可以称为国际经济当中的第一次相互依存时代。

相互依存的脆弱性

当时欧美知识界为乐观情绪所笼罩,多数人相信经济相互依存消除了国际冲突的根源。他们认为,既然国家利益相互交织,各国政府在制定外交政策时就必然会更理智地考虑和判断;而且各国交往越多,各国人民越相互了解,世界和平就越有保障。甚至有人预言世界大同已经指日可待。

阅读材料2-1　第一次相互依存时代的理想主义色彩

19世纪……理想主义真诚地相信自己正沿着一条万无一失的平坦大道走向"最美好的世界"。人们用蔑视的眼光看待从前充满战争、饥馑和动乱的时代,认为那是人类尚未成熟和不够开化的时代;而现在,一切邪恶和暴虐均已彻底消灭,这也只不过是几十年的事。对这种不可阻挡的持续"进步"所抱的信念是那个时代的真正信仰力量;人们相信这种"进步"已超过圣经,而且他们这样的神圣信条看来止在被每天每日科学技术的新奇迹雄辩地证实。事实上,在这个和平的世纪即将结束的时候,普遍的繁荣变得愈来愈明显、愈来愈迅速、愈来愈丰富多彩。……这个世纪为自己所取得的成就而自豪,并

---

① 参见 Imre Ferenczi and Walter F. Willcox, *International Migration*, Vol. 1, New York: NBER, 1929, pp. 236-288。

觉得每隔十年便标志着更上一层楼的进步,又有什么可奇怪的呢?人们不相信还会有像在欧洲各族人民之间发生战争这样野蛮的倒退,就像不相信还会有女巫和幽灵一样;我们的父辈们始终不渝地深信容忍与和睦是不可缺少的约束力。他们真心实意地以为,各国和各教派之间的界线与分歧将会在共同的友善中逐渐消失,因而整个人类也将享有最宝贵的财富——安宁与太平。

资料来源:〔奥〕斯蒂芬·茨威格:《昨日的世界:一个欧洲人的回忆》,舒昌善等译,生活·读书·新知三联书店1991年版,第3—4页。

在普遍的乐观气氛下,很少有人注意到相互依存体系存在的缺陷,意识到国际经济和贸易结构的脆弱性。我们现在有了更多的经验,也不再有百年前的兴奋情绪及对新生事物的宽容和期待,回顾历史自然洞若观火。

首先,第一次相互依存的政治基础相当薄弱,无论是在国内政治方面,还是国际政治方面,都是如此。众多的亚非国家被欧美殖民者以武力胁迫加入贸易分工,历史传统受到严重冲击,社会动荡分化,大多数国民并没有分享到贸易收益而成为绝对的受损者。对他们而言,这样的依存并不是相互的,而是亚非国家完全听命于西方,被迫出卖自己的权益。部分欧洲国家接受相互依存时也是三心二意。比如,法国在与英国签署《科布登-谢瓦利埃条约》时主要是出于政治考虑,而并非真心认同自由贸易原则。当时法皇拿破仑三世打算对奥匈帝国开战,迫使它退出意大利。而英国一直反对法国动武。法皇即以同意互相降低关税为代价,换取英国人默许其对意政策。在工业化起步时期,欧美各国社会经济的不平等现象相当严重,劳工的权益没有得到保护,他们并未分享到经贸发展的成果,对各国相互依存也谈不上有好感。

其次,相互依存既促进了西方经济的普遍发展,也加剧了各国经济实力不均衡的现象。用国际政治经济学的术语来说,既提高了绝对获益水平,也扩大了相对获益的差距。英国、法国从19世纪初的领先地位滑落,德国、美国则在工农业各部门奋起直追,这就是霍布斯和列宁总结的列强不平衡发展现象。各国内部注重相对获益的人自然不会放过这个题目,于是大谈别国的经济侵略和本国衰落的风险。在英国,1896 年出版了《德国制造》一书,渲染德国的商品倾销;1901 年又出版了《世界的美国化》,称美国货大批涌入将导致英国的衰退。恐慌和猜疑一直在侵蚀理性政策的基础。更关键的是,英国地位下降、美德实力上升对贸易体系的管理产生了微妙的影响。经济力量最强的国家采取的政策往往起到风向标的作用,而美国、德国与英国的贸易政策有明显差异。总体上看,英国仍然是最坚持自由贸易的国家,可是此时它迫使别国接受自己意见的能力不如以往。在美国和德国内部,支持经济民族主义的势力非常强大,两国政府也习惯于在自由贸易和贸易保护之间摇摆。特别是美国,国内生产者提高关税的请求总是能得到国会的支持。1864 年,羊毛生产者获得了 40% 的保护性关税;1877 年,钢铁生产者获得的关税实际达到了 100%,当时 1 吨钢在英国售价为 36 美元,而在美售价高达 67 美元。对美德来说,保护本国企业的利益肯定比维护自由贸易原则更重要。

最后,相互依存体系的思想基础并不稳固。自由贸易政策、比较优势理论有相当一批拥护者,但也面临强有力的思想挑战,如前面提到的主张国家主义的李斯特及其历史学派,还有 19 世纪末兴盛一时的社会达尔文主义等。在政治经济学界,很多人并不认为前所未有的经济进步应当归功于国际合作或自由贸易原则。有些人认为是国家领导勇于维护本国利益的结果,有些人认为是本民族的竞争能力强,也就是所谓优胜劣汰。

事实证明,在缺乏政治基础和思想支持的情况下,密切的经济联系不一定会加深各国的相互理解和信赖,反而会制造比较多的摩擦机会,使国际关系趋向紧张。这一时期,西方列强之间的安全危机不断,各国动辄以武力相威胁,紧密的经济联系没有起到制约和抑制冲突的作用。欧美各国一面享有相互依存带来的种种好处,一面在破坏相互依存的基础。直到第一次世界大战爆发,相互依存的经济体系土崩瓦解。

第四节 两次大战与贸易保护主义

第一次世界大战的后果

第一次世界大战震撼了国际政治经济秩序,从国际贸易的角度看,至少造成了四个方面的变化和若干亟待解决的问题。

其一,战争的结果没有反映战前形成的经济力量对比。迅速崛起的德国战败;停滞不前的英法获胜,而且掌握了战后和谈的主导权,使同为战胜国的美国相形见绌。实际上,美国的经济实力和发展潜力此时居各国之首(参见表2-2)。战争与和谈带来了一个关系全局的问题:核心国家如何处理它们之间的关系?是允许市场力量矫正战争的结果,还是以政治安排约束经济发展?

表2-2 1913—1938年间世界制造业生产的分布　　　　单位:%

时期	美国	德国	英国	法国	苏联	日本	其他地区	世界
1913年	35.8	14.3	14.1	7.0	4.4	1.2	23.2	100.0
1926—1929年	42.2	11.6	9.4	6.6	4.3	2.5	23.4	100.0
1936—1938年	32.2	10.7	9.2	4.5	18.5	3.5	21.4	100.0

说明:1. 1913年数字按照一战后调整的边界计算。

2. 本书引用时取消了对印度和瑞典的单列,归入其他地区。

资料来源:〔澳〕A. G. 肯伍德、A. L. 洛赫德:《国际经济的成长:1820—1990》,第167页,表15。

其二,随着奥匈帝国、奥斯曼帝国和沙皇俄国的瓦解,在中东欧和中东地区出现了一批新兴的民族国家,仅欧洲各国的边境就增加了1.2万千米。美国总统威尔逊在其"十四点和平计划"中倡议实践民族自决原则,英法吸取了维也纳体系的教训,也决定支持这些国家的独立。毫无疑问,一战之后的凡尔赛体系比起拿破仑战争后建立的维也纳体系在政治上要进步和开明,更能够保证中东和东欧的稳定。但在原有的三大帝国内突然出现众多的国家边界,以前的国内经济联系现在成了国际经济活动,必将对生产要素和产品的流动产生影响。新生国家如何处理国家与市场的关系相当引人关注。

其三,工业制成品的供求关系发生了变化。战前,欧洲国家与美国垄断了工业制成品市场。1914年后,欧洲各国集中力量生产军火,并且相互进行潜艇战、封锁对方海上运输线。欧洲对外出口急剧下降,以前依赖欧洲产品的亚非拉各国开始自主生产,民族企业在战时获得很大发展。另有一部分原属欧洲的市场份额被美国、加拿大、澳大利亚的企业获得。战前技术领先的英国出口能力下降最明显。1913年日本进口制成品的一半以上来自英国,到1929年已下降到25%;同期,英国产品占印度进口的比例下降了75%。[①] 欧洲国家,特别是作为主要战胜国的英法,能否接受这种市场损失?亚非拉国家是否愿意让欧洲产品重新进入自己的市场、恢复在战时失去的份额?

其四,20世纪初期的科技进步改变了初级产品的贸易地位。一方面,农业开始实现机械化,各国的农业生产能力普遍提高。拖拉机、联合收割机等大型机械出现,化肥普遍使用,粮食的运输和保管设施也更先进,使得农产品的供应不断增加。另一方面,一些廉价人造产品的出现对原材料生产构成了冲击。铝材可以代替木材,原油中提炼的合成橡胶可以代替天然橡胶,人造纤维可以代替棉花,香料和染料也有了人工合成的替代品。对初级产品的需求明显下降。供求相互作用使初级产品价格一路下跌,其赢利能力开始明显落后于工业制成品。事实上,也就是在这一时期出现了"初级产品"这个概念,并且有分析家断言:依赖初级产品出口的国家无法实现现代化。这对发展中国家特别是一度富足的拉美国家是个沉重的打击,使它们对自己在国际贸易体系中的地位产生了疑问。

贸易保护政策

现在看来,上述挑战可以归结为一个原则性问题:新的国际经贸体系将会有什么样的风格?是鼓励各国继续合作、重视绝对收益,还是允许各国以自身利益为重、强调相对收益?在面对挑战时,多数国家选择了后者,使得贸易保护主义成为这一时期国际经济关系的特点。

[①] 参见〔英〕J. F. 佩克:《国际经济关系——1850年以来国际经济体系的演变》,第215—218页。

首先,主要战胜国坚持维护自己的优势地位。美国要求欧洲国家偿还在一战中欠下的巨额债务,英法给德国规定了规模惊人的战争赔偿,同时又设法抵制美国资本的扩张。例如在中东地区,英法以委任统治的名义牢牢控制了阿拉伯国家,企图独占当地的石油开采权,排斥美国资本。美孚公司在战前已经在巴勒斯坦地区进行勘探,做好开采石油的准备工作,但英国获得委任统治权之后,却不再批准该公司入境,引起了美国政府的抗议。核心国家之间互不相让,带头展开不留情面的竞争。

其次,三大帝国废墟上建立的新生国家也选择了画地为牢,而非统一合作。这要归咎于英法美所犯的严重错误。它们在分配旧帝国财产时漫不经心,不考虑生产和贸易的实际需要,只是简单地按照地域把经济实体划分给新生国家。以奥匈帝国为例,它的煤矿给了波兰和捷克,而煤矿的主要客户——炼铁厂分给了奥地利。小麦的主要产地在波兰,从事加工的面粉厂在匈牙利,而面包的主要消费市场在奥地利。过去长期保持的经济联系现在被国家边界层层分割。有些经济学家认为这不是什么大问题,他们预言新生国家会理智地选择秩序和合作。但经验证明,刚刚获得国家主权的民族总是把维护独立自主放在首位,对原来的帝国伙伴特别是原来的统治民族充满戒心。各种贸易和投资壁垒纷纷建立,旧帝国的经济联系被抛弃,新的合作关系却迟迟没有进展。

最后,制成品和初级产品市场上的竞争更是激烈,各国政府采取各种政策手段保护自己的市场,同时鼓励出口,扩张在别国市场上的份额。美国、澳大利亚、印度相继提高制成品关税,保护钢铁、机械、纺织、化学等新兴工业部门,抵制欧洲产品的进入。其中美国在1922年制定的《福特纳-麦库伯关税法案》,把关税提高到了历史最高水平。拉美国家试图组织生产联盟,共同减少初级产品的产量,以维持其价格。英法则利用对殖民地的控制,以高价向当地出口工业产品,以低价收购初级产品,把其他国家排斥在外。

20世纪二三十年代可以说是政治决策制约经济活动、国家权力左右市场竞争的时期。各种形式的贸易战此起彼伏,贸易对于经济成长的贡献率明显下降。1913—1937年间,人均世界贸易每十年的增长率仅为3%。在20世纪20年代,国际贸易的增长勉强与世界生产的增长持平。到了20世纪30年代,贸易已经明显落后于生产的恢复和增长。① 在这一时期,国际贸易已经不是世界经济的发动机,而成了导致经济萧条的因素之一。

乍看起来,德奥等战败国、印度和中国等亚非国家因为国际政治地位低,是贸易战的输家。其实长期贸易战的结果已经影响到世界经济的增长速度,任何国家最终都无法获益。20 世纪 30 年代大萧条爆发后,仅有的一些国际合作安排也土崩瓦解。经济形势恶化从根本上破坏了国际政治的稳定,德日等国试图以武力改变不利的处境,导致了第二次世界大战的爆发。以贸易保护为基调的国际体系以彻底的失败告终。

第五节　第二次相互依存时代(1945—1989)

第二次世界大战的后果与影响

第二次世界大战使世界经济在三十年内再次面临重建秩序的任务,而此时各国的经验比一战之后要丰富多了。人们既经历过注重绝对获益的合作时代,也经历了注重相对获益的竞争时代,对两种选择的利弊都有了切身体验。当时的西方舆论明显怀念 19 世纪后半期的相互依存,而战争给国际经济联系带来的变化也支持这个选择,这与一战之后的情况有很大的不同。

首先,就核心国家而言,二战的结果与战前的经济发展趋势基本相符。战前发展相对顺利的美国和苏联成为最主要的战胜国。英法依靠对殖民地的控制勉强维持强国的地位,但在战胜国中已沦为二流角色。

其次,二战后出现了更多的新生民族国家,不过与一战后不同,它们是欧洲殖民帝国削弱的结果,而非帝国战败瓦解的产物。其宗主国,无论是英国、法国,还是比利时、葡萄牙,在新国家的发展方向问题上多少享有发言权。它们往往以放弃政治控制为代价,换取维持传统的经济联系。所以这次独立浪潮中新生国家边界分割市场的现象不那么突出。

---

① 参见 Simon Kuznets, "Quantitative Aspects of the Economic Growth of Nations: X. Level and Structure of Foreign Trade: Long-term Trends", *Economic Development and Cultural Change*, Vol. 15, No. 2, 1967, p. 4。

案例 2-2　法属非洲的独立过程

法国在撒哈拉以南的非洲地区原有13个殖民地。在第二次世界大战当中，这些殖民地大多支持反抗德国占领的自由法国运动。在战争胜利后作为补偿，法国修改了宪法，成立法兰西联邦，给予殖民地人民法国公民身份，但仍保持法国的宗主国地位。在20世纪50年代的民族独立浪潮中，这种安排遭到强烈冲击。法属各殖民地的代表召开民主非洲人大会，提出法国—非洲共同体概念，要求完全独立自治并获得与法国平等的地位。1958年戴高乐执政后接受了这个想法，提议成立法兰西共同体来代替法兰西联邦。加入共同体的殖民地可以获得政治独立，其首脑与相关部长组成共同体执行委员会，议员代表组成共同体参议院，审议有关外交、防务、财政和经济政策。但共同体事务的决策权和实际立法权仍由法国控制。戴高乐要求各殖民地做出明确选择：要么在独立的同时加入法兰西共同体，以继续获得法国的经济和军事援助；要么立即完全独立并拒绝加入共同体，法国将停止对该地的各种支持。塞古·杜尔领导的几内亚通过公民投票选择了完全独立，戴高乐马上终止了所有援助项目，并剥夺了几内亚的关税优惠待遇。其他12个殖民地虽然不满法国在共同体中的特权地位，但出于维持传统经济联系的考虑，选择加入共同体。

在共同体框架下，非洲国家不断努力摆脱法国对其独立主权的控制。它们的外交、司法、教育系统逐步脱离所谓共同体事务领域，得以自成体系。面对非洲国家的抗争，戴高乐表示只要不影响"法非实质性团结"，可以接受对共同体做形式上的改革。1960年，法国支持塞内加尔和象牙海岸发起成立"法语非洲国家会议"，次年又发展成"非洲—马尔加什—毛里求斯共同组织"，包括13个非洲成员国，实际上取代了法兰西共同体。与共同体的权力结构相比，新组织当中法国的政治特权明显淡化，法非关系的重点转向维持合作和协调关系，特别是经济联系。原法属非洲地区使用非洲法郎作为流通货币，并同法国保持互惠贸易关系，法国保持了在当地的传统经贸利益。作为交换，法国继续提供经济、技术和财政援助，帮助它们平衡预算。法国还说服其他欧洲共同体国家,允许法语非洲的农产品出口享受优惠关税,以支持其农产品价格的稳定。

资料来源:〔美〕沃夫曼·汉里德、格雷米·奥顿:《西德、法国和英国的外交政策》,徐宗士等译,商务印书馆1989年版,第176—198页;张锡昌、周剑卿:《战后法国外交史》,世界知识出版社1993年版,第115—146页。经过改写。

最后,制成品与初级产品的贸易结构没有发生区域性的变化。未直接卷入世界大战的国家大多在非洲和拉美,它们在战前主要生产初级产品,并且一度面临贸易条件恶化的威胁。战争期间,初级产品很快出现供不应求的局面,价格高涨。非洲和拉美国家满足于大宗出口订单,没有什么动力转向制成品生产。欧洲国家空出的制成品出口份额大多由美国和加拿大填补,而美加在战前已经是重要的工业产品生产国。

总之,二战之后,无论是国家之间还是地区之间,利益失衡的情况都不像一战后那么严重。这使得多数国家比较容易接受市场力量的要求,放宽对国际贸易的控制。

体制设计与建立

在战后国际合作中扮演核心角色的是美国。当时的美国实力超群,又对大萧条和国际经济中的恶性竞争记忆犹新,有能力也有决心推行自由贸易原则。战事仍很激烈的时候,美国已经开始和英国就战后的国际经济秩序安排进行协调。美国领导人认为美英对20世纪二三十年代国际合作的失败负有责任,美国的错误是坚持收回欧洲各国的欠债,英国的错误是把其他国家排斥在帝国市场之外,直接刺激德日铤而走险。要保证新制度成功,美英一定不能重蹈覆辙。在罗斯福总统的坚持下,美英1942年达成的互助协定载明:美国将在战争胜利后取消互助账目[①],同时承诺取消保护性的高关税;英国则

[①] 互助账目记录了美国在战争期间对其盟国的援助,其中援助英国的物资为主要部分。正式的取消援助账目协议在1945年12月达成,美国共勾销了220亿美元的租借项目和12亿美元的援助项目,其中英国一国就占160亿美元左右。罗斯福总统表示:"不应使任何国家因其盟国的战争努力而致富。"

保证取消英联邦特惠制。这表明了两国一致支持自由贸易的基本态度。

美英互助协定构成了此后一系列双边谈判的基础。也可以说,第二次相互依存体系是两国经济官员共同设计的产物。美国坚持"多边和无歧视"的原则,即支持自由贸易的国家将在统一的国际组织框架内集体谈判,而不是像第一次相互依存时期以双边协议为主。战争期间美英交涉的重点是货币制度,但两国政府同时也就许多贸易领域的原则性问题达成一致,比如应当在战后立即着手削减关税,取消贸易中的歧视待遇,授权未来的国际组织解释贸易规则并裁决争端等。

二战结束后,在美国的倡议下,参与组织联合国的 50 多个国家从 1946 年起在伦敦、日内瓦、哈瓦那等地连续举行贸易会议。它们首先于 1947 年 10 月完成了削减关税的第一轮谈判,23 个国家签订了《关税及贸易总协定》(简称《关贸总协定》),确认了若干贸易规则和首批减税的范围。减让关税涉及 4.5 万个小项、100 亿美元的贸易货物,占当时世界贸易额的 1/5 左右。① 而后,联合国经济及社会理事会的成员国又于 1948 年 3 月制定了《国际贸易组织宪章》,亦称《哈瓦那宪章》,确定了国际贸易管理的正式框架。各国最初的设想是,《关贸总协定》将在宪章正式生效之前发挥过渡作用。《哈瓦那宪章》得到各国批准以后,国际贸易组织应当作为管理国际经贸的核心机构来运行。

但此时美国国内的政治形势发生了变化,继罗斯福之后担任总统的杜鲁门威信不高,共和党人借国际贸易问题批评他无力维护美国权益,国会中保护主义呼声高涨。直到 1948 年杜鲁门在大选中获胜之后,才决定把《国际贸易组织宪章》提交国会讨论。但美国国会拒绝把它列入议程。1950 年杜鲁门政府宣布不再请求国会批准宪章,宪章的批准程序终止。由于缺乏核心国家的支持,国际贸易组织胎死腹中。不过比起一战后的国联章程也算是幸运,因为美国国会毕竟没有否决宪章或协定。这样,美国总统可以利用贸易法案的常规授权,在关贸总协定框架内发起减免关税的谈判。临时性的关贸总协定阴差阳错地成为第二次相互依存时期的核心贸易体制。

---

① 参见钟兴国、林忠、单文华编著:《世界贸易组织——国际贸易新体制》,北京大学出版社 1997 年版,第 9 页。

阅读材料 2—2　关贸总协定的基本框架

关贸总协定的目的和宗旨：

缔约方在处理贸易和经济事务的关系方面，应以提高生活水平，保证充分就业，保证实际收入和有效需求的巨大持续增长，扩大世界资源的充分利用，以及发展商品的生产和交换为目的。通过大幅度削减关税和排除其他贸易障碍，取消国际贸易中的歧视待遇，对上述目的做出贡献。

关贸总协定的主要原则：

一、多边和非歧视原则。禁止签署旨在使一国受益而其他国家受损的特惠贸易协定。缔约方在实施某种限制或禁止措施时，不得对其他缔约方实行歧视待遇。

二、互惠原则。缔约方相互给予贸易优惠待遇。某缔约方给予任何第三国的优惠和减免待遇，也应给予所有其他缔约方。

三、关税减让原则。缔约方以贸易的完全自由化为目标，通过多边谈判，本着互惠精神，逐步降低关税。征收任何新关税或者提高税率必须通过相应的关税削减加以抵消。

四、透明度原则。缔约方应及时公开与经贸活动有关的数据、法规、政策决定，防止歧视性贸易安排。

五、国民待遇原则。缔约国相互保证在本国境内给予对方的公民、法人和商船与本国公民、法人和商船同等的待遇。

六、消除贸易壁垒原则。缔约方不得实行进口配额、出口补贴等贸易管制措施，并努力消除其他非关税壁垒。

关贸总协定的争端协调程序：

缔约方发生贸易争端时应首先争取协商解决。在无法达成一致的情况下，可以将争端提交全体缔约方共同处理。关贸总协定秘书处应成立专家工作组对案情进行调查，负责向关贸总协定理事会提出报告，并提交解决方案。方案经理事会认可，交全体缔约方讨论并形成决议。决议应体现当事方权利与义务的平衡，体现各方认可的解决办法。

资料来源：关贸总协定的目的和宗旨，见《关税及贸易总协定资料汇典》编写组编：《关税及贸易总协定资料汇典》，社会科学文献出版社 1992 年版，第 2 页。关贸总协定的主要原则与争端协调程序由本书作者根据该书收录的基本文件整理归纳。

体制的实践效果

可以说,二战后的自由贸易安排无名有实。虽然最初设计的管理组织未能成立,但关贸总协定代替它发挥了大部分作用。美国国内政治的干扰一度为国际贸易的发展蒙上阴影,但美国政府在欧洲复兴计划(即著名的马歇尔计划)实施过程中表现积极,从而消除了其他国家的疑虑。从1948年4月到1951年年底,美国按照该计划的安排向16个欧洲国家提供了超过110亿美元的援助,及时避免了国际贸易和支付体系的危机,也稳定了世界经济的基础。各国经济迅速从战争创伤中恢复,并进入高速增长时期。

20世纪60年代初,美国的肯尼迪政府针对日益复杂的国际贸易发起了力度空前的关税谈判,涉及70%的农产品和2/3的工业制成品贸易,工业制成品关税降低近一半。在谈判当中还首次讨论了非关税壁垒问题。此后又进行过东京回合和乌拉圭回合谈判,参与的经济体不断增多,谈判内容也日趋复杂。(参见表2-3)

表2-3 关贸总协定的贸易谈判回合

时间	名称	主题	参与方总数
1947年	日内瓦回合	关税减免	23
1949年	安纳西回合	关税减免	13
1950—1951年	托奎回合	关税减免	38
1956年	日内瓦回合	关税减免	26
1960—1962年	狄龙回合	关税减免	26
1964—1967年	肯尼迪回合	减让关税及反倾销	62
1973—1979年	东京回合	关税与非关税壁垒、框架协议	102
1986—1993年	乌拉圭回合	关税与非关税壁垒、服务贸易、知识产权保护等	123

资料来源:转引自钟兴国、林忠、单文华编著:《世界贸易组织——国际贸易新体制》,第55页。托奎回合与狄龙回合时间为本书作者查证后调整。

在关贸总协定体制下共进行了八次关税减免,体系内国家的平均关税水平从20世纪40年代的接近40%降到20世纪80年代末的5%左右。国际贸易和世界经济因此获益匪浅。1950—1988年间,世界贸易只有三年(1958、1975、1982)出现了下降。国际贸易的增长速度每年都高于生产的增长速度。1953—1963年间,初级产品贸易增长44%,制成品贸易增长83%,而同期农业生产仅增长22%,制造业产出也只增加了54%。1963—1988年间,世界生产总计增长150%,而同期国际贸易总计增长了275%。① 国际贸易再次成为世界经济发展的主要动力。第二次相互依存体系获得了很大的成功。

从国际关系的角度看,第二次相互依存体系的成功之处在于它解决了前一个体系的两大难题——政治基础和思想观念问题。像前面分析过的,第一次相互依存体系范围虽广但根基不稳。在19世纪末的技术条件限制下,广大的亚非内陆地区并未卷入国际化的生产和贸易活动。许多亚非国家完全是被欧洲列强武力胁迫,不得已才接受了各种经贸制度的约束。它们自然会利用一切机会,反抗强加于自己的不公平待遇。除英国之外,欧美其他国家在加入体系的时候也是三心二意。这些国家内部没有像英国那样发生理论交锋或激烈的政策辩论,因此未能形成支持贸易自由的稳固根基。特别是德国和美国两个重要国家,贸易保护主义势力仍然很强大,很容易带来政策的倒退和逆转。

相比之下,第二个体系范围缩小,但基础要稳固得多。加入体系的国家都是自愿选择相互依存,都认识到支持自由贸易有利于自己的发展。体系内的国家数量一开始并不多(关贸总协定创始会员国23个,到1952年增加到34个),但它们代表了世界经济的主体(34个国家控制世界贸易的80%)。② 所以,第二个体系的吸引力和影响力比起前一个体系有增无减,它的实际成就也超过了前一个体系。

从国际政治经济学的角度看,关贸总协定体制成功的基础是其一揽子谈判机制,即我们所熟知的各个贸易谈判回合。由于有众多国家参与,包括很多议题,每个回合都历时甚久,这种多边协商过程比双边条约体系更有利于促进国际合作。第一,通过把各种议题放在一起讨论,各方都认为自己有讨

---

① 参见〔澳〕A. G. 肯伍德、A. L. 洛赫德:《国际经济的成长:1820—1990》,第288页。
② 参见〔英〕J. F. 佩克:《国际经济体系——1850年以来国际经济体系的演变》,第279页。

价还价的余地。如李嘉图模型所显示的,几乎没有哪个国家是在任何部门中都没有比较优势的。涉及的部门和议题越多,各国越容易发现自己的优势所在,产生获益的期望,也就愿意认真谈判,谋求达成国际协议。

第二,一揽子妥协方案体现了国际国内双层博弈的思路。它通过在各国内部制造受益者,改变了贸易决策中的政治格局,增强主动支持自由贸易的力量。比如乌拉圭回合协议使美国的纺织业、制衣行业等遭受损失,但农业、金融等行业获益。获益者自动组织起来游说国会,支持协议的通过。而没有协议的时候,国会议员在贸易立法过程中只是受到贸易受损者的单方面压力,因为他们组织良好,而且政治行动意愿较强。(我们在后面的章节还会进一步分析这个问题。)多边协议通过重建国内政治平衡,有效地抑制了贸易保护主义倾向。

第三,多边协商使发展中国家处于相对有利的谈判地位。借助多边体制提供的场合和环境,弱小国家可以相互接触,方便地组织各种联盟,共同维护自己的利益。相比之下,通过单边外交活动要达到同样的效果,需要投入相当规模的人力、物力,而这往往是弱小国家难以负担的。发展中国家在国际组织中互相支持,在与发达国家的交涉中,地位和力量比双边谈判场合强得多。因此,亚非新兴国家都很积极地加入,使《关贸总协定》缔约方不断增加。

第四,一揽子谈判为一些敏感议题提供了解决的机会,比如农产品补贴、服务贸易、知识产权保护等。这些领域的改革经常意味着社会经济的痛苦动荡,即便是非常必要,一国政府也难以下决心实施单方面的调整。而关贸总协定体制为执政者提供了必要的掩护。他们可以强调国际舆论的趋势,强调多边条约的限制,以最大限度地转移政治压力,说服国民从宏观的角度、以长远的眼光看问题,接受政策调整。

案例 2-3 日本开放大米市场

1962—1992 年,日本限制进口的农产品品种从 103 种减少到 12 种。与此同时,大米进口一直受到严格限制。日本的稻米生产都是由小农场进行的,其平均面积仅为 2 英亩,生产效率低下,结果日本米价往往是同期世界市场价格的 7—12 倍。而且为了维持国内大米供应价格,日本政府背负着沉重的财政负担。1971—1974 年第一次处理过剩大米,日本政府出资 1 万亿日元。1979—1986 年第二次处理过剩大米,政府拨款达到 2 万亿日元。日本企业界认为政府应当允许大米进口,以提高农业生产效率,减少同外国的贸易摩擦。

但执政的自民党长时间不能下决心开放市场。因为大米生产牵涉日本 80% 以上的农户、一半以上的农业用地和 1/3 的农业收入,可以说是日本农业的支柱。如果任其在国际竞争中崩溃,会动摇日本农业的根基。而且日本农民组织严密,99% 以上的农业生产者都加入了日本农协,使农协成为日本最大的社会组织和自民党的关键票源。自民党能够在 38 年的时间里独自执政,同农协的坚定支持是分不开的。失去农村地区选票可能意味着失去政权。

关贸总协定乌拉圭回合谈判迫使自民党改变了对大米进口的政策,于 1993 年 9 月决定紧急进口大米,累计进口量占当年日本大米产量的 1/4。在乌拉圭回合最终协定中,日本政府承诺从 1995 年开始逐步开放大米市场,到 2001 年达到至少进口年消费量的 8%。面对农协的激烈批评,自民党解释说这是美欧日全面妥协的一部分,不只是日本对美国、澳大利亚等农产品出口国做了让步,法国、德国等欧盟国家也同意减少补贴,韩国等东亚新兴经济体也同意开放进口。乌拉圭回合谈判已经因农产品问题在 1990 年和 1992 年两次搁浅,如果此时因日本拒不妥协而再次失败,关贸总协定体制将岌岌可危。

资料来源:金文成:《日本开放大米市场和农业产业化》,《日本学刊》1995 年第 3 期,第 83—96 页;Robert W. Bullock, "Market Opening in Japan: Deregulation, Reregulation, and Cross-Sectoral Variation", in Gerald L. Curtis, ed., *New Perspectives on US-Japan Relations*, New York: Japan Center for International Exchange, 2000, pp. 39-82。经过改写。

虽然第二次相互依存体系获得了很大的成功,但在其存在的四十余年里,对它的挑战、对自由贸易原则的质疑从未停止过。这些问题和挑战主要来自三个方面。其一,因国际贸易和世界经济高速发展而出现的新问题。如在服务贸易、信息产业等新兴部门和领域是否有必要和有可能贯彻自由贸易原则。有相当一部分人认为,国际贸易活动已经具有新的特征,传统的自由贸易理论可能不再适用。其二,由于特定的历史原因,20世纪后半期的国际政治格局与贸易体系并不相称。与第一次相互依存体系相比,第二次体系的范围明显缩小。苏联虽然在一开始参加了关贸总协定和国际贸易组织谈判,但在冷战爆发后决定与西方阵营分庭抗礼,建设"平行市场体系"。同样,多数社会主义国家也没有加入美国领导的经贸体制。当冷战气氛有所缓和时,东欧个别国家部分恢复与西方的贸易联系。例如,波兰参加了肯尼迪回合的谈判,罗马尼亚和匈牙利分别在1971年、1973年加入了关贸总协定。不过东西方经济在根本上是隔绝的。一些新生的亚非国家则在两大阵营间徘徊,与美国主导的体系时分时合。如何处理体系外经济与体系内经济的关系一直是具有潜在爆炸性的问题。其三,如同第一次相互依存体系一样,经济相互依存、共同发展的结果是出现了双重的不平衡局面。一方面,核心国家之间的发展不平衡,联邦德国、日本经济高速成长,而美国一度增长乏力;另一方面,核心国家和地区与发展中国家之间的经济差距越来越明显。

这些挑战既引起了理论上的争议,也引发了政策上的竞争和摩擦,危及整个国际贸易体系的稳定,而且经常使贸易争端成为国际关系中的焦点问题。贸易理论和贸易政策的状况将是下面分析的重点。

第六节 贸易理论的发展

国际贸易体制的成功使世界经济日趋复杂,出现了很多早期贸易理论难以解释的现象。作为分析贸易基础的李嘉图模型面对近两百年后的现实就有明显不足。其一,李嘉图模型忽略了国际贸易对国内收入分配的影响,只强调国家作为一个整体能够通过自由贸易获益。而在实际生活中,因为贸易改变了各国国内的利益分配制度,有可能出现多数人因贸易受损、增加的收益集中在少数人手里的情况。这当然会影响国民对于贸易的政治态度。因此,必须进一步分析贸易往来对不同利益集团的不同影响,分析实际的贸易决策过程。

其二,李嘉图模型假设只存在一种生产要素——劳动力,而忽略了其他资源要素对生产和贸易的作用。于是得出结论说劳动生产率差异是产生贸易的动力。但实际上各国占有的资源(包括自然资源和资本、技术这样的社会资源)不同,势必影响生产条件和贸易往来,成为决定国际贸易结构的重要原因。

其三,李嘉图模型忽视了追求规模经济同样是国际贸易的起因,因此它很难解释为什么生产结构相似的国家之间同样存在大量的贸易往来。比如美国和日本同为经济发达国家,经济结构和技术条件十分接近,同一种产品的生产成本并无明显的差别,但它们互为对方的最大贸易伙伴。比较优势理论不能很好地说明其原因。

现代经济学发展出了丰富的理论解释这些现象,为了更好地理解目前的国际贸易活动和各国的贸易政策动机,这里选择影响最大的三个理论进行介绍。

特定要素模型

这个模型是由保罗·萨缪尔森和罗纳德·琼斯(Ronald Jones)在20世纪70年代初建立和发展起来的。① 和李嘉图模型相同的是,它讨论两个国家之间的贸易关系,假设每个国家都能生产两种产品,劳动力是生产要素,而且它可以在两个生产部门之间自由流动。与李嘉图模型不同的是,它假定在劳动力之外还存在其他生产要素,而这些要素是难以流动的,只被用来生产特定产品,所以这个模型被称为特定要素模型。

它的具体假设如下:世界上只有两个国家——本国和外国,每个国家都拥有三种生产要素——劳动力(L)、资本(K)、土地(T),每个国家都能生产两种产品——工业制成品(M)和粮食(F)。生产制成品需要投入劳动力和资

---

① 最早提出特定要素概念以修正李嘉图模型的是雅各布·维纳(Jacob Viner)。因此,此模型有时也被称为李嘉图-维纳模型。1971年,萨缪尔森和琼斯分别对这个模型进行了数学分析,使其进一步理论化。1974年,迈克尔·穆萨(Michael Mussa)提出了简洁的图表解释,影响广泛。

本,不需要土地;生产粮食需要投入劳动力和土地,不需要资本。换个角度讲,资本只能用于生产制成品,土地只能用于生产粮食,它们是特定要素。而劳动力为两个部门共同需要,劳动者可以选择在哪个部门工作,属于流动要素。当然,在实际经济活动中,特定要素和流动要素之间没有明显界限。没有哪种要素绝对固定在哪个生产部门,比如资本当然可以转入农业生产;同样,也没有可以任意流动的生产要素,比如农民想转为制造业工人或是工人到农村种田总要经过培训。所以特定要素和流动要素只是相对而言的。

报酬递减规律

根据以上假设模型,首先讨论劳动力如何在两个生产部门之间流动。这是特定要素模型的精华部分,也是它超越李嘉图模型的部分。李嘉图假定只存在一种生产要素——劳动力,所以某个部门的产量完全由它雇用的劳动力数量决定。就某个制成品部门——如钢铁生产——来看,产量(Q_M)与劳动力投入(L_M)之间的关系显示为一条直线(见图2-1)。也就是说,如果第一个劳动者从小麦生产转向钢铁生产时能够使钢铁增产200吨,第100个劳动者转移生产部门引起的产量变化仍是如此。这样自然会出现绝对的专业分工,所有的劳动者都转向钢铁业。或者从钢铁业老板的角度看,他愿意雇用尽可能多的劳动力,因为利润率是一定的,劳动力投入越多,他最后的总利润额越大。但我们都知道,经济实际中并未出现绝对的专业分工,这是现代经济学家引入特定要素概念要说明的问题。

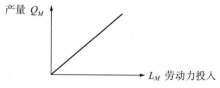

图2-1 李嘉图模型的投入-产出示意图

他们指出,各部门的产量实际上由流动要素和特定要素共同决定,流动要素数量可能剧变,但特定要素的数量是一定的。比如制造业当中,资本总量就保持不变。劳动力向这个部门转移,制造业雇用的劳动者数量增加,但资本并不会增加,那么每个劳动者平均使用的资本额必然下降。这样,制成品增产的速度就不会简单与劳动力增加的速度对应,而是会因人均资本的减少而减速。从上一个例子来看,最初钢铁生产的增量 200 吨可以理解为劳动者工作 100 与单位资本 2 的乘积。当第一个小麦生产者转产时,他带来 200 吨钢的增值;第二个转业者仍可投入 100 个劳动,但可使用的资本会下降到 1.9,他创造的增值减少到 190 吨;第三个人减至 180 吨;第四个人减至 170 吨……这就是所谓的边际报酬递减规律。反映到产量与劳动力投入的关系上,就是一条趋缓的曲线(见图 2-2)。

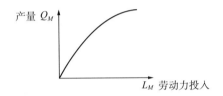

图 2-2　特定要素模型的投入-产出示意图

所以,拥有比较优势的生产部门并不会无限制地增雇劳动者。当新增劳动力创造的产值(所谓边际劳动产值)等于应付给他的报酬时,扩招自然会停止。在上面的例子中,假设钢铁生产者的年工资相当于 50 吨钢,钢铁公司就不会再雇用第 16 名转业者,因为他创造的增值尚不足以支付自己的工资,雇用他等于老板的利润损失。这就是所谓的边际报酬递减规律。它可以被视为特定要素模型的第一个结论,也是特定要素模型与李嘉图模型的区别所在。因为这个规律的存在,各国的劳动力不能完全转移到它拥有比较优势的部门,一部分劳动者被迫固定在居劣势的部门。下面的分析显示,他们有可能成为自由贸易中的受损者。

国际贸易模式

以此为基础,特定要素模型分析本国和外国之间的贸易问题。如上所述,假设两国同样拥有两种特定要素(资本、土地)和一种流动要素(劳动力),两国都可以生产制成品和粮食,且两国的劳动力资源相同,不同的是外国的资本量较大,而本国的土地量较大。为了简化分析,特定要素模型假设在给定相对价格的条件下,两国的需求完全相同,则产量完全由供给决定,而供给由特定要素的投入决定。这意味着在未产生贸易之前,资本丰富的外国会大量生产制成品,土地丰富的本国会更多地生产粮食。在给定的相对价格下,本国粮食的相对产量总会超过外国。把两国的粮食产量图合一,本国的粮食供给曲线应当在外国供给曲线的下方(见图2-3)。

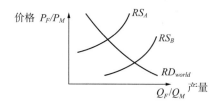

图2-3　国际贸易前

说明:P_F/P_M为粮食相对于工业制成品的价格,Q_F/Q_M为粮食相对于制成品的产量。

RD_{world}代表相对需求曲线,按照假设,本国、外国和世界的需求完全相同。

RS_A为外国的粮食相对供给曲线,RS_B为本国的粮食相对供给曲线。

资料来源:〔美〕保罗·克鲁格曼、茅瑞斯·奥伯斯法尔德:《国际经济学(第四版)》,第49页,图3-11,有改动。

两国贸易之后会发生什么变化?与我们在李嘉图模型中看到的一致,原来差异很大的相对价格最终将趋同。对本国而言,粮食价格上涨,本国的工人转向农业生产,粮食产量增加,本国成为粮食出口国;外国则是粮食价格下跌,制成品价格上升,促使外国农民纷纷转向制造业,外国制成品增加,成为制成品出口国。总的贸易模式是:各国出口其特定要素占优势的产品。贸易和分工之后,新形成的世界粮食供给曲线应当在两国原有的供给曲线之间(见图2-4)。这是特定要素模型的第二个结论。

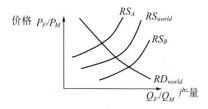

图2-4　国际贸易后

说明:RS_{world}为世界粮食供给曲线。

资料来源:〔美〕保罗·克鲁格曼、茅瑞斯·奥伯斯法尔德:《国际经济学(第四版)》,第49页,图3-11,有改动。

收益分配与贸易政策的决定

特定要素模型接着讨论了贸易对国家内不同集团收益的影响。在假设的事例中,就是对劳动者、资本所有者、土地所有者三种要素所有者的影响。它得出的第三个结论是:贸易对于国内收入分配的影响是,出口部门特定要素所有者(或称本国丰富要素的所有者)受益,与进口产品竞争的特定要素所有者受损,流动要素的所有者得失情况不确定。这就是自由贸易迟迟不能完全实现的主要原因。虽然国家作为一个整体肯定是通过贸易获益的,但国家内各个集团却是苦乐不均。除非所有生产要素都具有极强的流动性,否则必然会有绝对的输家。生产要素的流动性越差,一旦它所在的部门在国际竞争中处境不利,它就越难以通过纯粹的经济手段摆脱困境。

这时候,贸易竞争的受损者面临两个选择。他们可以努力追求技术突破,以提高生产率和竞争力。不过实现这个设想困难重重,既需要积累,也需要时机。所以他们更有可能转向另一个选择,即通过政治活动保护自己的利益。他们的要求不外乎三类:第一,限制贸易;第二,补偿损失;第三,政府帮助增加要素流动性,即帮助他们由夕阳产业转向新兴产业。

那么政府会怎样反应?应该怎样反应?按照多数经济学家的观点,最好的政策是接受第三项要求,对愿意转产的人进行培训,帮助他们重新起步。不过技术培训总是说起来容易做起来难,而且起步阶段就需要大笔的投入,在政治上并不是很受欢迎的选择。理论上讲,次好的选择是接受第二项要求,从贸易收益中抽取一部分,补偿因贸易而受损者。李嘉图模型和特定要素模型都清楚地显示,国家的整体收益肯定因参与国际贸易而提高,完全有能力平均提高每个人的收益。但在实际的政治过程中,这是极其艰巨复杂的任务。一旦贸易已经进行,要受益者交出既得利益必然经过激烈的正面冲突。相比之下,受损的一方宁可在自由贸易尚未实现之前,选择外国竞争者作为攻击的对象,这样比较容易在国内唤起同情。结果现实当中经常被接受的是第一种要求:对自由贸易施加种种限制,以牺牲潜在收益为代价,控制损失。从经济理论分析来看,这是最不合理的做法。但经济学家通常不是决定经济政策的主力,贸易政策是社会集团利益冲突的结果。实际政策是由政治过程而不是理论推导决定的。

很容易产生的疑问是:既然政府政策是各方较量的结果,从国际贸易中获益的集团自然应该支持贸易自由,它们为何不能抵消贸易受损者的压力呢?现实的政治经验提供了答案,即任何国家当中贸易受损者都是相对集中、比较了解事态发展、政治组织程度比较高的,而贸易受益者在这三个方面上都比不过对方。保罗·克鲁格曼(Paul Krugman)和茅瑞斯·奥伯斯法尔德(Maurice Obstfeld)讨论的美国制糖业的例子就很有代表性。

案例 2-4　美国限制食糖进口的政策

由于美国政府多年来一直限制食糖进口,美国糖价比世界市场高出 40%,估计美国消费者为此每年付出 16.46 亿美元的代价。如果实现食糖自由贸易,每个美国消费者每年可以少花 6 美元左右。这是自由贸易潜在受益者一方。美国的制糖业是自由贸易受损者一方。20 世纪 90 年代初,美国食糖工业的就业人数约 12 000 人,限制糖业贸易每年给他们带来约 10 亿美元的收益。可以清楚地看到,就美国经济整体而言,限制食糖贸易的损失远远超过收益,是典型的不合理政策。

但这个经济上看似荒谬的政策在政治上却稳如泰山。如果允许自由进口,受益的一方虽然人数多、获益总额庞大,但每个人的支出变化微不足道。节省 6 美元不足以鼓动 2.6 亿普通消费者积极采取政治行动。况且这 6 美元收益的大部分还是看不到的,因为它主要分散在各种食品的原材料里面,直接体现在食糖价格上的微乎其微。所以,自由贸易的受益者只能被称为潜在的政治力量。相比之下,受损的一方虽然损失总额小、人数少,但平均得失非常明显。据估算,限制进口等于每年给每个食糖生产者 9 万美元的生产补贴,允许自由进口等于取消这笔补贴,估计将造成 2 000—3 000 人失业,食糖生产者面临的是能否维持生计的问题,所以很容易动员起来表达政治意愿。而且糖业企业之间形成了许多贸易联盟和行业组织,可以有效地收集信息、培植政治关系、协调行动。所以它们是现实有效的政治力量。美国的食糖贸易政策是由它们控制的。

即便是某些政客出于某种目的，愿意投入政治资本，说服并鼓动消费者质疑不合理的食糖贸易政策，与美国的制糖业正面冲突，恐怕结果依然是后者占上风。制糖企业无法对同胞晓之以理，但完全可能动之以情。"如果允许自由进口，你们不过是每年少花 6 美元，相当于一场电影的票价。对于全美的数千名糖厂雇员和他们的家庭却意味着失去唯一的收入来源，不得不依靠社会福利。"恐怕大多数人会同意少看一场电影，来表现自己对同胞的关爱。冷静的经济学分析对此是无能为力的。

资料来源：〔美〕保罗·克鲁格曼、茅瑞斯·奥伯斯法尔德：《国际经济学（第四版）》，第 186—187 页。经过改写。

因此，很多自由贸易的支持者为了实践自己的主张，宁可绕开特定要素模型，回避贸易收入的分配问题，只强调国家的整体收益。这方面的先驱就是李嘉图。他在设计模型阐述比较优势的时候，理论追求是宣扬自由贸易，实际主张是希望英国废除谷物法，允许粮食自由流通。如前所述，英国在工业革命后一直是制成品出口国和粮食进口国。1789 年法国大革命之后，欧陆战事影响了英国的对外贸易，欧洲大陆的粮食因战争封锁无法运抵英国。这样在 1789—1815 年间，英国粮食的相对价格持续上涨，占有土地的旧贵族获利甚丰，新兴的企业主利益受损。滑铁卢一役结束，神圣同盟重新控制欧陆，英国恢复以往的贸易结构，国内的粮食相对价格下跌。旧贵族不甘心利益流失，依靠自己的政治影响力制定了谷物法，规定对进口谷物征收高额关税，以限制粮食进口。李嘉图本人是成功的证券交易商，无论从实践经验还是理论分析上都得出土地贵族迟早没落的结论，断定谷物法逆流而动、极不合理，他决心著书挑战。但他也清楚旧贵族的政治势力仍举足轻重，如果在建立理论模型时，讨论特定要素的影响，必然说明开放自由贸易使英国的企业主受益，而土地所有者受损。这必将引起旧贵族的警觉和反对，增加政治阻力。于是他有意不谈特定要素，不谈贸易对不同资产所有者的不同影响，而强调整个国家因贸易获益。这是出于政治考虑对经济理论的牺牲，而实际效果显著，证明这种办法可以最大限度地聚集支持自由贸易的政治力量，安抚受损一方。

时至今日,效仿李嘉图的策略仍有吸引力。因此在贸易决策过程中,使用特定要素模型经常显得不合时宜。

赫克歇尔-奥林模型

这一模型是由两个瑞典经济学家——伊莱·赫克歇尔(Eli F. Heckscher)和贝蒂尔·奥林(Bertil Ohlin)建立的,经常被略称为 H-O 模型。[①] 它与特定要素模型有很多一致的地方,都强调除了劳动力要素之外,还存在其他生产要素或称资源。所以国际贸易不仅取决于劳动生产率的差异,其他资源配置的差别也对贸易关系起决定性作用。它也假设每个国家都能生产两种产品——棉布(C)和粮食(F),每种生产都需要两种要素。与特定要素模型不同的是,H-O 模型设想两种产品生产所需的要素是相同的,比如棉布和粮食生产都需要劳动力(L)和土地(T),部门之间的差别在于它们需要投入的生产要素比例不同。比如粮食生产需要比较多的土地,需要的劳动力较少;而棉布生产需要比较多的劳动力,需要的土地相对少一些。也可以说,粮食是土地密集型产品,而棉布是劳动密集型产品。

要素比例与生产偏向性效应

很明显,H-O 模型向经济现实更靠近了一步。其一,它取消了对要素的人为划分。像前面已经提到的,特定要素和流动要素之间其实没有明显分野,只不过因环境不同,流动性有所区别而已。越接近现代经济环境,要素的流动性越强,H-O 模型设想存在多个自由流动的要素,更符合实际情况。[②]

---

① 奥林在 1933 年出版的《区际与国际贸易论》一书(Bertil Ohlin, *Interregional and International Trade*, Cambridge, M. A.: Harvard University Press, 1933)被公认为对这个模型最早也是最权威的阐释;奥林自称他于 1919 年受其老师赫克歇尔的影响,注意到生产要素比例与国际贸易的关系。H-O 模型因此得名。萨缪尔森对此模型曾做出若干分析,使其更加精确,因此它有时也被叫作赫克歇尔-奥林-萨缪尔森模型(H-O-S 模型)。

② 也可以把 H-O 模型视为描述长期趋势,特定要素模型为描述短期趋势。在面临重新分工的压力时,几乎所有的要素在短期内都是难以流动的,特定要素模型比较适用。而随着时间的推移,它们的流动性会不断提高。就长期而言,大部分要素都可以实现流动,于是适用 H-O 模型的结论。

其二，它允许生产组织者自由组合生产要素。所谓土地密集型和劳动密集型之分，只是必要条件，是基本的要素配置。每个农场经理可以在此基础上自行决定他实际投入多少要素。比如生产 1 吨粮食的基本要求是每年投入 100 个劳动力和 100 亩土地，经理 A 可能选择雇用 150 个劳动力在这 100 亩土地上工作，这样他可以更好地准备种子、肥料并精耕细作，从而提高粮食产量；经理 B 可能决定只租用 80 亩土地，而雇用 200 个劳动力生产粮食，通过提高单位产量，使总的收获超过每年投入 100 个劳动力和 100 亩土地的产量。因为 H-O 模型允许要素配置的变化，它又被叫作要素比例理论，它的着眼点在于分析投入要素比例的变化如何影响产出、资源配置和贸易。

H-O 模型得出的第一个也是最重要的结论是：各国会倾向于将生产要素供给相对充裕的产品，减少将生产要素供给相对缺乏的产品。资源供给的变化会对生产产生偏向效应。因为波兰经济学家罗勃津斯基曾对此现象做过阐述，所以它也被叫作罗勃津斯基效应。它分析了为什么资源差异会导致生产差异，指出资源不同也是产生国际贸易的基础。在这一点上，它超越了李嘉图的论述，也超越了特定要素模型。生产偏向性效应也可以说是 H-O 模型的精华所在。

贸易模式与收益分配

有关国际贸易模式，H-O 模型的分析同特定要素模型相当一致。依然假设世界上只有两个国家——本国和外国，本国劳动力资源相对丰富，外国土地资源相对丰富。为了简化讨论，依然假设本国和外国对粮食和棉布的需求量和需求比例完全一致，两国粮食和棉布的生产技术水平相等。因为罗勃津斯基效应，贸易之前本国的棉布相对产量高，相对价格低；外国的棉布相对产量低，相对价格高。贸易之后，本国棉布相对价格上升，导致棉布相对产量增加，成为棉布出口国；而外国棉布相对价格下降，棉布产量削减，成为棉布进口国。（参见图 2-5）

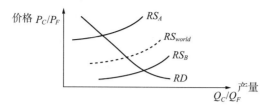

图 2-5 H-O 模型国际贸易模式

说明：P_C/P_F 为棉布相对于粮食的价格，Q_C/Q_F 为棉布相对于粮食的产量。

RD 为棉布的需求曲线，按照假设，本国、外国、世界的需求完全一致。

RS_A 为贸易之前外国的棉布供给曲线，RS_B 为贸易之前本国的棉布供给曲线。

RS_{world} 为通过国际贸易形成的世界棉布供给曲线，它位于本国与外国的供给曲线之间。

资料来源：〔美〕保罗·克鲁格曼、茅瑞斯·奥伯斯法尔德：《国际经济学（第四版）》，第72页，图4-8，有改动。

同理，本国将成为粮食进口国，外国将成为粮食出口国。也就是说，各国将出口资源充裕的产品，或称资源密集型产品。这是 H-O 模型的第二个结论。

H-O 模型的第三个结论涉及贸易导致的收入分配变化。首先看看贸易如何改变本国的收入分配。因为贸易后本国棉布的相对价格上升，本国的工资—地租比也将提高。也可以说，劳动力的相对收入增加，而土地所有者的收入将减少。

阅读材料 2-3　贸易对要素所有者收入的影响

下面是一个经过简化的解释。如图 2-5 显示，一个国家加入国际贸易之后，其出口部门产品价格上升，进口部门产品价格下降。就本国而言，棉布的价格上涨，生产棉布的企业将争取扩大生产；而粮食的价格下跌，生产粮食的部门减少生产，以减轻损失。于是两种要素——劳动力和土地都从粮食生产向棉布生产转移。但问题在于粮食生产是土地密集型，而棉布生产是劳动密集型。从粮食部门流出的要素中，土地相对较多，劳动力相对较少；而棉布生产部门需要相对较多的劳动力和相对较少的土地。这样就很容易出现劳动力的供不应求和土地的供大于求,导致劳动力价格上涨、土地价格下跌,即工资提高,地租下降。需要注意的是,这种工资—地租比的变化在两个部门是相同的。本国的劳动者,不管是在棉布生产部门还是粮食生产部门工作,收入都会上升;相对而言,本国的土地所有者,不管是属于棉布生产部门还是粮食生产部门,收入都会下降。

同理,外国的情况应当是劳动者所得下降,土地所有者所得增加。H-O模型认为贸易对国家内部收入分配的影响是:充裕要素的所有者获益,稀缺要素的所有者受损。

要素价格相等化问题

H-O模型的第四个结论,也是引起极大争议的论断是:贸易会导致各国要素价格趋同,直至完全相等。既然贸易会使两国的相对价格趋向一致,它也会导致两国的工资—地租比率相等化。这为发达国家中反对自由贸易的人士提供了论据。他们引述这个结论,声称:如果同劳动力充裕的发展中国家自由贸易,西方国家劳动者的收入必然会降到第三世界国家的水平,那么欧美的工人将没有失业保险、没有高额退休金、没有带薪假期,失去现有的大部分福利保障。20世纪70年代到90年代初,西方经济中似乎有很多要素相等化的证据。据统计,1970—1989年美国工资收入最高的10%的男性工人实际收入上升15%,而同期工资收入最低的10%男性工人实际收入下降25%。一些经济学者认为这是新兴工业化经济体(NIEs)扩大同欧美的贸易造成的。(参见表2-4)在20世纪70年代之前,南方国家在南北贸易当中普遍以出口农产品和原材料为主。而在此之后,以东亚国家为代表的新兴工业化经济体开始向西方大量出口工业制成品。此时完成的关贸总协定东京回合谈判恰好大幅度降低了制造业产品关税,提供了比较有利于自由贸易的环境。南方国家制造业产品在西方国家市场上所占的份额明显扩大。西方国家的部分政客和利益集团代表就此大声疾呼,要求保护本国市场。他们警告说,如果对进口不加限制,欧美的蓝领阶层收入会越来越低。同时,面向全球市场出口的资产所有者和高技术工人在大发横财。收入差距的扩大将使中产阶级消失殆尽,从而动摇西方的社会和政治制度。

表 2-4 发展中国家制成品出口(占进口国或地区收入的百分比)

	所有工业化国家	欧共体	美国
1970 年	0.24	0.22	0.28
1990 年	1.61	1.30	1.91

资料来源:转引自〔美〕保罗·克鲁格曼、茅瑞斯·奥伯斯法尔德:《国际经济学(第四版)》,第 75 页,表 4-2。

要素价格相等化理论为贸易保护主义提供了依据,使支持 H-O 模型又坚信自由贸易的经济学者颇感尴尬。其中一些人试图为自由贸易辩护,结果其实证分析往往显示 H-O 模型的结论与现实不符,国际贸易实际上没有带来各国要素价格的相等化。比如发达国家一直出口资本密集型产品,进口劳动密集型产品,如果出现要素价格相等化,应当首先发生在劳动价格和资本价格之间,即工人所得减少,资本所有者收入大幅度增加。但 1973—1993 年间,劳动所得占美国国民收入的比例一直保持在 73% 左右,并无大的变化。再者,如果说美国低技术工人收入减少是贸易和要素价格相等化造成的,那么在发展中国家应当有对应趋势出现,即低技术工人收入增加,高技术工人收入减少。但很多实例说明发展中国家正在发生与西方国家相似而不是相反的变化,高技术工人收入同样在上升。还有一些研究表明,尽管发达经济体之间已经进行了长时间、大规模的贸易往来,但这些经济体并未出现要素价格的完全相等(参见表 2-5)。

表 2-5 部分经济体工资率比较(美国=100)

经济体	1992 年的小时工资率
美国	100
德国	160
日本	100
西班牙	83

(续表)

经济体	1992年的小时工资率
希腊	44
韩国	30
中国香港地区	24
中国台湾地区	32

资料来源：转引自〔美〕保罗·克鲁格曼、茅瑞斯·奥伯斯法尔德：《国际经济学（第四版）》，第74页，表4-1。

里昂惕夫悖论

除了要素相等化受到质疑之外，H-O模型还在另一个实证检验中遇挫。经济学家瓦西里·里昂惕夫（Wassily Leontief）分析了美国的进出口模式，得到以下数据（见表2-6）：

表2-6 1962年美国进出口产品包含的要素

	进口	出口
每百万美元产品所含资本（美元）	2 132 000	1 876 000
每百万美元产品所含劳动（人年）	119	131
资本—劳动比率（每个工人占有的美元资本）	17 916	14 321
工人平均受教育年数	9.9	10.1
劳动力中工程师和科学家的比重	0.0189	0.0255

资料来源：转引自〔美〕保罗·克鲁格曼、茅瑞斯·奥伯斯法尔德：《国际经济学（第四版）》，第77页，表4-3。

可以看到，后两行的数据符合H-O模型的结论。美国工人当时受教育程度较高，美国企业中技术人员较多，于是美国出口技术含量高的产品，进口技术含量低的产品。但前三行的数据同H-O模型的设想恰恰相反。当时西欧经济复苏不久，日本经济刚刚起步，美国仍然是毫无争议的资本最充裕的国家。可数据表明，美国进口产品的资本—劳动比高于出口产品，也就是说，美国进口资本密集型产品，出口劳动密集型产品。经济学上称这个与H-O模型矛盾的现象为里昂惕夫悖论。后来又有一些学者将研究范围扩大到更多的国家，并对商品进行了更详细的划分，反复发现了里昂惕夫悖论的存在。

H-O模型一直是国际经济学者最喜爱的模型。他们认为它比李嘉图模型更实用，更适合分析复杂的现代经济；而且使用H-O模型可以同时分析贸易模式和收入分配，似乎也强于特定要素模型。但使他们啼笑皆非的是，简单的李嘉图模型始终得到实证分析的支持，显示了持久的生命力，而接近实际的H-O模型却不断受到经济统计结果的质疑。

目前比较通行的解释是，H-O模型的基本假设需要修改，不能把两个国家的科学技术水平相同当作讨论的前提。由于假设各国科教水平相同，H-O模型认为一个美国工人的生产能力与一个缅甸工人的生产能力没有区别，一些经济学家指出正是这一点严重脱离现实，导致H-O模型的预测错误。他们认为发达国家工人接受教育的年限长、职业培训水平高，发展中国家往往相对落后，这肯定会造成生产能力的差异。这与一国内部大学毕业生工资水平较高、初中毕业生工资水平较低是同一道理。市场给予大学生和初中生不同的工资待遇，主要不是因为前者人数少、后者人数多，而是考虑了他们基本工作能力的差异。这些学者提出应当根据不同的科教水平，对不同国家的劳动力乘以要素系数。比如以美国工人为基数1，英国工人乘0.9，德国工人乘1.1，希腊工人乘0.5，等等。这样调整之后的H-O模型确实更接近经济现实。不过，可能是因为难以确定各国的要素系数，它一直停留在初步设想的阶段。

规模经济效应

规模经济理论意在解释其他模型没有讨论的两个贸易现象：其一，为什么生产能力、资源禀赋、技术条件相似的国家之间会进行贸易？例如，前面提到的美日贸易额明显超过中美或中日之间的双边贸易额。其二，为什么某个国家的某一行业同时在进行进口和出口？按照此前的各个模型，如果这个行业拥有比较优势或者是资源相对充裕的产业，它不应当从相对处于劣势、资源相对匮乏的别国进口同一产业的产品。规模经济理论对此做出了令人满意的解答。

基本假设与贸易模式

规模经济理论建立在一个与众不同的前提基础上,那就是假设收益或报酬递增。李嘉图模型的基本假设是报酬不变,即投入增加 1 倍,产出增加 1 倍。特定要素模型和 H-O 模型的假设是报酬递减,即随着投入增加,边际产出逐步减少。规模经济理论则认为事实上还存在另一种情况:某些行业中增加一倍的投入,可以获得数倍的回报。此时,边际收益是递增的,生产规模越大,生产效率越高。表 2-7 是一个假想的例子:

表 2-7 规模经济的投入产出关系

总劳动投入	产出	平均产出	平均劳动投入
10	5	0.500	2.000
15	10	0.667	1.500
20	15	0.750	1.333
25	20	0.800	1.250
30	25	0.833	1.200
35	30	0.857	1.167

资料来源:〔美〕保罗·克鲁格曼、茅瑞斯·奥伯斯法尔德:《国际经济学(第四版)》,第 114 页,表 6-1。本书引用时加上了"平均产出"一列。

在这里,劳动力投入从 10 增加到 20,扩大 1 倍,产出从 5 增加到 15,扩大 2 倍;而劳动力投入增加 2 倍,达到 30 的时候,产出增加 4 倍,达到 25。同时,生产每件产品所需的平均劳动投入不断减少,平均产出不断增加,生产效率不断提高。这就是所谓的收益递增。它的结论是,生产规模越大,经济效率越高,即发生规模效应。

这个例子可以进一步说明为什么规模效应会引发贸易。假定中美两国都在生产这种产品,最初的产出都是 10 个单位,那么每个国家都需要投入 15 个劳动力。此时世界的总产量是 20 个单位,投入劳动力 30 个。如果生产集中到中国,中国负责投入 30 个劳动力,却可以得到 25 个单位的产出,世界产量增加 25%。不过有得有失,原来在美国 A 产业的 15 个劳动力面临失业。

但他们可以通过两条不同的道路改变命运。一是在 A 产业生产另一种产品，从而促进生产的多样化和消费者选择的多样化，提高社会经济福利。另一个选择是转移到其他产业从事生产。与原来的产业 A 对应，我们称新产业为 B。如果 B 产业也具有规模效应，世界产出同样会增加。我们用一个类似李嘉图模型的例子来说明。假设中美两国的两个产业——钢铁和小麦生产都存在规模效应，两国在两个行业的生产效率是相同的，都按照表 2-7 显示的规律变化。两国都拥有 20 个单位的劳动力，分别投入钢铁和小麦生产。最初，两国之间没有贸易联系，分别生产的产出如下：

	钢铁	小麦
中国	5	5
美国	5	5
总计	10	10

很明显，尽管两国在两个行业之间都不存在生产效率的差异，但是如果两国都能把劳动力集中到一个部门进行生产，发挥规模效应，世界的总产出肯定可以增加。假设中国集中进行钢铁生产，美国集中进行小麦生产，结果如下：

	钢铁	小麦
中国	15	0
美国	0	15
总计	15	15

然后两国进行贸易，中国以 6 个单位的钢铁换取美国 6 个单位的小麦，两国两个行业的获益都会比贸易之前增加。两国在分工和贸易之后的实际所得是：

	钢铁	小麦
中国	9	6
美国	6	9
总计	15	15

总之,规模效应决定了经济结构近似的国家之间也可以而且应当进行贸易。通过国际分工,每个国家集中生产部分产品,各种产品的生产规模都会扩大,世界总产量增加,生产效率也会更高。而分工自然产生交易的需要。只要各国能进行自由贸易,它们的消费种类和消费选择就不会减少。从原则上讲,分工和贸易的结果使世界经济、各国生产者、各国消费者都能受益。

行业内贸易

规模效应超越比较优势概念的地方表现在,它可以清楚地说明行业内贸易的起因。前面在讨论贸易模型时总是设想存在两个国家,都可以从事两个行业,并分析生产要素如何在行业间流动。规模效应模式则指出,无论是制造业还是农业都不止生产一种产品,而是包括众多生产者和众多产品的竞争行业。两个国家都会生产一些制造品和一些农产品,不过它们的产品种类不同,形成了交易的基础。所以,规模效应形成的贸易模式与比较优势下的贸易模式有区别(参见图 2-6)。

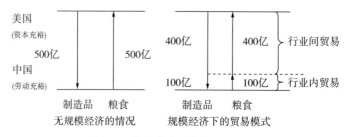

图 2-6 行业内贸易与行业间贸易

在左图不存在规模经济的情况下,两国贸易完全由比较优势和资源差异决定:美国出口制造品,进口粮食;中国出口粮食,进口制造品。在右图中,制造业内出现规模经济效应,中国虽然资本相对缺乏,但是仍然会从事一些种类的制造品生产,并且向美国出口这些制造品。不过比较优势的存在决定了美国总体上是制造品出口国,中国总体上是制造品进口国。从美国的角度看,它出口的制造品总量中,一部分用来交换中国生产的制造品,我们称它为行业内贸易;剩下的仍然用来交换中国生产的粮食,我们称它为行业间贸易。

行业内贸易是比较优势诸模型难以反映出来的,对它的分析是规模经济概念的独到之处。事实上,在20世纪90年代初,世界贸易的1/4强在行业内部进行,特别是在发达国家的工业制成品贸易中,行业内贸易非常活跃。表2-8是美国的情况:

表2-8　1993年美国工业的行业内贸易指数

行业	行业内贸易指数
无机化工	0.99
能源设备	0.97
电气设备	0.96
有机化工	0.91
药品及医疗设备	0.86
办公设备	0.81
通信器材	0.69
运输机械	0.65
钢铁	0.43
服装	0.27
制鞋	0.00

资料来源:〔美〕保罗·克鲁格曼、茅瑞斯·奥伯斯法尔德:《国际经济学(第四版)》,第130页,表6-3。

行业内贸易指数为相关行业的行业内贸易额与总贸易额的比。越接近1,说明该行业进出口值越接近;而另一个极端,如制鞋业,则几乎只有进口,没有出口。由此可以看到,西方国家大部分工业部门的贸易额更多地来自行业内贸易,而且越是制造工艺复杂、精密程度高的产品,越要依赖行业内贸易。而行业内贸易比例低的,都是劳动密集型产品。

规模经济效应下的贸易模式有几个需要强调的地方:(1)行业间贸易部分由比较优势引发和决定,行业内贸易部分由规模效应引发和决定,互不干扰。也可以说,我们前面研究的主要是行业间贸易;而这一节的分析证明,不存在比较优势,规模经济同样可以引发国际贸易。(2)行业内贸易的具体分布几乎是不可预测的。以中美两国的例子来说,只能肯定两国各自承担部分制造品的生产,但某一种制造品的具体生产无法推定。(3)可以推断,经济发展水平接近、生产要素分布相似的国家之间,行业内贸易占多数,因为它们进行贸易主要是为了追求规模效应;生产水平和要素分布差异明显的国家之间,行业间贸易占多数,它们的贸易追求比较优势。这个结论为20世纪后半期西方国家间贸易迅猛发展所证实。日美欧之间的资本—劳动比、技术水平等都极为接近,所以行业间贸易额不大;其贸易额的增加大部分来自行业内贸易。(4)行业内贸易对各国内部收入分配的影响相对较小,它在政治上将是比较受欢迎的选择。这也是从20世纪五六十年代的西方贸易特别是西欧国家的贸易经验中得出的结论。在欧共体成立初期,其内部贸易的发展速度是当时整个世界贸易发展速度的两倍。由于其贸易增长主要来自行业内部,所以既未引起经济混乱,也没有造成国内社会矛盾或国际政治冲突,成为贸易自由化的范例。

内部规模经济效应与垄断竞争

规模经济效应存在内向和外向之分,也称内部规模经济效应和外部规模经济效应。这两种规模效应都是促进国际贸易的重要原因,区别在于它们造成的贸易模式不同。我们首先讨论内部规模经济效应。它假设行业总体规模不变,个体厂商的生产规模扩大,从而提高了生产效率。比如某行业最初有10个厂商,总产出1 000件产品,即每个工厂生产100件,此时单位生产效率10件/人·小时。厂商数量减少到5个,行业总产量仍保持1 000件,意味着每个工厂的产量增加到200件,而单位生产效率提高到15件/人·小时,这就显示了内部规模经济效应的作用。

在这种情况下,厂商规模越大,生产效率越高,越具有竞争优势。于是很容易导致不完全竞争。理论上讲,在极端的情况下,会由一个厂家垄断整个生产。但实践当中这种情况非常少见。更多的情况是经过不断扩并,最终剩下几个大厂,它们的产品价格相当接近,而各有特色。于是,一方面每家都生产有独到之处的产品,因此不担心被对手挤出市场①;另一方面谁都不能通过操纵市场价格,打垮竞争对手。此时,形成垄断竞争的市场结构(参见图2-7)。

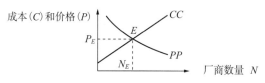

图 2-7 垄断竞争的市场结构

其中 PP 线表示产品价格随着厂商数量的增加而降低,因为厂家越多,竞争越激烈,越会压低产品售价。CC 线表示生产成本随着厂商增多而上涨,因为厂商数量多,每个厂家的销售额会下降。而生产成本实际上由两部分组成:一是厂房、机器等固定支出,它在一段时间内保持不变,与实际产量无关;二是工资、水电等边际支出,它随产量变化,每增加一件产品会增加一单位成本。销售额下降,但固定支出总额不变,结果平均到每件产品的成本反而增加。E 是这个市场的均衡点,此时市场上有 N_E 个厂商,它们的产品价格与平均成本相等。如果厂商数量少于 N_E,产品价格高于 P_E,也就是高于平均成本,会吸引其他厂家参与生产;如果厂商数量超过 N_E,产品价格会低于成本,出现行业亏损,不能支持的厂家自然会退出。这就是经过简化的垄断竞争模型。

一体化问题

这个模型可以说明规模经济效应是鼓励各国市场实现一体化的强大动力。在既定的市场规模下,E 是固定的均衡点。如果市场规模扩大,新的均衡点将移到 E',每个厂商都可以扩大生产,平均成本降低,单位成本也随之降低。也就是说,市场规模扩大后,产品价格有望下跌,可以进入该行业的厂商数量有望增加,生产者和消费者都可以获益。(参见图2-8)

通过自由贸易、实现各国市场的一体化,来建立规模更大的市场,与发展国内经济、拓展国内市场能够达到同样的效果。

---

① 对此的解释是,消费者喜欢有多种选择,而且消费者爱好的组合变化无穷,需要很多样式的产品来满足。

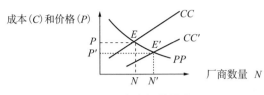

图2-8 大市场的影响

说明：E'为市场扩大之后形成的均衡点。在规模效应作用下，生产成本降低，所以新的成本曲线CC'在原有曲线的下方。扩大的市场中，厂家从N增加到N'，产品价格从P下降到P'。

资料来源：[美]保罗·克鲁格曼、茅瑞斯·奥伯斯法尔德：《国际经济学（第四版）》，第124页，图6-4。

案例2-5 市场一体化的假想事例

以日美货运汽车贸易为例。设想日本和美国的货运汽车行业都存在内部规模经济效应引发的垄断竞争，两国厂商的固定成本都是7.5亿美元，边际成本都是5 000美元。贸易之前，日本的汽车年销售量是90万辆，美国是160万辆。可以推算出日本的均衡点是保留6个汽车厂，每家生产15万辆，每辆售价1万美元。美国的均衡点是保留8个汽车厂，每家生产20万辆，每辆售价8 750美元。

如果两国的汽车市场一体化，将形成年销售额250万辆的大市场。这个市场只需要保留10个汽车厂，但每个厂家的生产额可以扩大到25万辆，而且每辆汽车的售价可以降为8 000美元（见下表）。

市场一体化的收益

	日本市场	美国市场	一体化市场
汽车总销售量（万辆）	90	160	250
厂商数	6	8	10
每个厂商销售量（万辆）	15	20	25
市场价格（美元）	10 000	8 750	8 000
平均成本（美元）	10 000	8 750	8 000
每个厂商销售额（万美元）	15	17.5	20
市场总销售额（万美元）	90	140	200

因为厂商都要追求利润最大化,只有在边际收益已经等于成本时才会停止扩大生产,所以在均衡点上,也就是在它们停止扩大规模的一点上,体现边际收益的价格与平均成本相等。通过这个例子可以发现,一体化可以提高生产效率,提高所有参与生产的厂商的收益,同时有效地降低成本和产品价格,使消费者获益。消费者获益的另一方面是他们可选择的产品种类增加了,日本人可以购买美国款式的汽车,同样美国人可以购买日本汽车。

资料来源:〔美〕保罗·克鲁格曼、茅瑞斯·奥伯斯法尔德:《国际经济学(第四版)》,第125—127页。经过改写。

由此可见,经济力量是推动一体化建设的关键动力,内部规模经济效应可以帮助我们对一体化进程的起因和趋向做出更准确的解释。传统的国际关系分析认为,推动一体化的是政治和安全因素。在冷战时期,是中等国家要在美苏两极之间维持强大地位的意愿,比如西欧国家的一体化;在冷战之后,是对抗美国霸权、追求多极化的意愿。但是这种分析存在明显的不足:比如它不能令人信服地说明,为什么美国自己也成了一体化的推动者,而且不少国家愿意加入美国倡导的一体化进程;比如它难以说明为什么某些地区合作在安全危机时进展缓慢,而局势好转之后反而步伐加快,像欧盟的主要成果就是在20世纪90年代取得的。只有认识到规模经济的要求,才能对一体化的发生和发展做出更完整的解释。

通过对内部规模经济效应的分析,寻找一个两国在政治上都可以接受的一体化方案并不是容易的事情。以假想的美日汽车贸易为例,实现市场一体化的结果是两国总的汽车厂数量将比贸易前(日本6个汽车厂,美国8个汽车厂)减少4个,它们在降低成本的竞争中被迫进行结构调整,从传统产品的角度看,也可以说是被淘汰出局,可以被视为一体化的输家。那么这四个输家如何产生,就成为两国关系和日美两国国内政治中的微妙议题。以下讨论各种一体化方案。

对日本和美国而言,最佳方案都是争取10个厂家都集中到本国。次佳方案则是争取让对方承担所有的调整痛苦。能够接受的方案是两国平均分担损失：或者是两国各减产 15 万美元，或者是两国各裁减 2 个汽车厂。如果本国承担大部分甚至全部损失，则很难动员国内政治力量支持一体化。主要方案对两国经济的影响如表 2-9 所示：

表 2-9　市场一体化得失——国家的角度

方案	国家	厂商数量 10 个	总产量 250 万辆	总产值 200 万美元	贸易前 230 万美元	净变化 −30 万美元
1	日本	10	250	200	90	110
	美国	0	0	0	140	−140
2	日本	6	150	120	90	30
	美国	4	100	80	140	−60
3	日本	3.75	93.75	75	90	−15
	美国	6.25	156.25	125	140	−15
4	日本	4	100	80	90	−10
	美国	6	150	120	140	−20
5	日本	2	50	40	90	−50
	美国	8	200	160	140	20
6	日本	0	0	0	90	−90
	美国	10	250	200	140	60

很明显第 1 个方案在美国不可能通过，同样第 6 个方案在日本难以得到支持。第 5 个方案中，4 个日本厂商遭淘汰，与它们抗衡的支持一体化的厂家只有 2 个，日本仍会拒绝接受。第 2 个方案在日本可以得到支持，在美国命运难卜。4 个美国厂商遭淘汰，它们成为抵制一体化的势力，但毕竟还有 4 个获益的美国厂商与它们抗衡，双方势均力敌。不过按照之前所做的分析，在围绕自由贸易的争论当中，受损者的政治行动意愿一般会超过潜在受益者，因此第 2 个方案在美国被否决的可能性更大。在第 3 个和第 4 个方案中，日本和美国的获益者力量都明显大于受损一方，它们在政治上都是可行的。如果重视控制失业（或转产）的人数，两国会选择第 4 个方案；如果注重减少利润损失，两国

会选择第 3 个方案,争取合资建立一个生产厂。

从上面简单的讨论已经可以发现,一体化进程是复杂而艰难的谈判过程。各国需要不断讨价还价,放弃自己的最优乃至次优选择,而接受妥协方案可能对各国都意味着痛苦的结构调整。谈判能否成功要看它们是否有过一体化的经验以及能不能相互信任和顺利沟通,也就是说主要取决于政治、文化、国际关系等因素,经济考量倒不是最重要的了。

外部规模经济效应

与上面分析的内部规模经济效应相对应的是外部规模经济效应。它假设每个厂商的生产规模保持不变,行业总体规模扩大,导致生产效率提高。沿用前述例子的初始条件,如果后来发生的情况是行业厂商增加到 20 家,总产出扩大到 2 000 件,每个工厂的产量仍是 100 件,而单位生产效率提高到 15 件/人·小时,那么这个行业内就存在外部规模经济效应。

外部规模经济效应常常引起所谓行业地区现象,即行业规模扩大主要集中在某个地区,而这个地区的出现与自然资源的分布无关。比如闻名全球的好莱坞电影业、硅谷计算机产业等。事实上,各厂家是通过相互接近、保持密切联系,建立和维持了可靠的上下游联系,有效地降低了生产环节中的交易成本,从而提高了整个地区行业的生产效率。它的实际效果与建立庞大企业控制上下游产业有异曲同工之处。

19 世纪末马歇尔对此现象做出了经典分析,他提出的三点解释至今仍然成立。行业地区效率的提高得益于:(1)形成专业供应商队伍;(2)劳动力市场共享;(3)专业信息流动。下面以好莱坞为例略加说明。不管喜欢不喜欢,大家都承认好莱坞把电影制作变成了一种复杂精密的工业。汇集在每一部大制作影片后面的都是庞大的专业队伍。队伍中的各个小单位,如某音乐室、动作特技组、电子特技组、道具组、剧本加工等,就是所谓的专业供应商。各种雇员,包括上述专业人员,也包括无数具备相当水准的小演员、经纪人、法律顾问,形成了规模庞大的劳动力市场。无论是供应商还是劳动力,并不固定在某个制片厂,平时只是通过松散的合约联系着,有影片投拍时再组合在一起。一方面,好莱坞的片商依靠这些资源很容易保证影片的水准;另一方面,这些单位或人员得以精细分工,各展所长。如果离开好莱坞,在要求多面手的环境里,他们恐怕时时面临失业的风险。至于专业信息的流通,则体现在圈内人物的各种非正式交流。在电影业人士集中的环境里,自然会听到各种想法、机会、禁忌,由此也就进入了技能学习的过程。

同一体化市场里的厂商分布一样,行业地区也多是偶然的历史产物。事后可以总结出各种基础条件,但它产生的环境和时机是难以复制的,其他地区也很难仿效发展。一旦形成了专业化生产行业地区,它就可以长期占据主导地位,即便在已经失去资本或劳动上的比较优势之后。克鲁格曼和奥伯斯法尔德举了瑞士和泰国的钟表业为例。众所周知,瑞士在几个世纪之前就建立了全球领先的钟表业,而且其生产集中于几个大城市周围,有典型的外部规模经济特征。如果后起的发展中国家,比如泰国,希望凭借低廉的劳动力价格,挤占一部分瑞士控制的市场,它会发现起步是非常困难的。由图2-9可见,如果泰国钟表能够进入市场,因为劳动力价格低,它的成本和总体价格可以明显低于瑞士钟表。但是泰国厂商起始的成本和价格(C_0)远高于目前的瑞士钟表供应价(P_1),而且需要一段时间才能降低到P_1的水平,要实际体现其价格低廉的优势是更遥远的事情。结果是,尽管泰国钟表具备潜在的价格优势,但瑞士人先期占领了市场,其地位很难动摇。

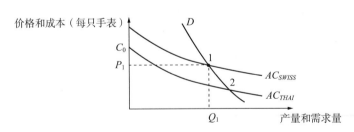

图2-9 外部经济与生产专业化

说明:AC_{SWISS}为瑞士钟表生产的成本曲线,AC_{THAI}为泰国钟表生产的成本曲线。

D为世界对钟表的需求曲线。

资料来源:〔美〕保罗·克鲁格曼、茅瑞斯·奥伯斯法尔德:《国际经济学(第四版)》,第140页,图6-9。

通过这个简单的例子,可以发现外部规模经济效应下的贸易模式存在两个引人注目也颇具争议的地方。其一,它对世界经济和各国福利的影响是不确定的。一方面,它支持集中、专业化生产,有助于增加产品种类,从而使世界经济能更有效率地运作,这些益处和内部规模经济是相同的;另一方面,它阻止更廉价的产品进入市场,未出现行业集中的国家事实上是付出了不必要的高价,福利水平降低了。其二,强烈的外部规模经济效应会使已有的贸易模式固定化。对于大多数试图赶超的国家而言,它肯定不受欢迎。潜在的生产者更会发现,不参与贸易比参与贸易更划算。为了帮助自己的企业加入市场,有些国家转向出口补贴,有些国家转向进口限制。所以从某种意义上讲,外部规模经济效应可能会刺激贸易保护主义倾向。

第七节 围绕贸易政策的争论

二战后世界经济的顺利发展并没有一劳永逸地平息相对获益与绝对获益之间的争论。如特定要素模型和 H-O 模型指出的,随着国际贸易的不断发展、经济相互依存日益深入,各国内部在贸易活动中的得失越多样化,获益者和受损者的政治冲突也越频繁,各国政府支持贸易自由的决心也就由此受到了考验。在国际体系当中,各地区经济不平衡发展的问题一直没有得到解决,初级产品生产者的抗议不断。

到了 20 世纪 70 年代,由于金融体系和能源价格的动荡,世界经济的发展明显减速。在困难的处境当中,各国之间的矛盾和摩擦日益激化。尤其引人注目的是,核心国家经济发展的不平衡非常明显,日本的经济力量节节上升,而美国经济陷入了长达十年的"滞胀"。美国政府屈从于国内利益集团的压力,采取贸易保护政策"敲打日本",并逐步将打击对象扩大到其他新兴工业化经济体。作为第二次相互依存体系的设计者和协调人,美国的动向举足轻重。随着美国政府态度的变化,在各国的学术界和决策圈里,贸易保护主义主张兴盛一时,建立在自由贸易原则之上的相互依存体系面临严峻的考验。

保护贸易的逻辑

反对自由贸易的人士认为,自李嘉图以后主流经济学界一直设想存在运行良好的自由市场,但事实上它从来没有在现实世界中出现过。建立在这个设想基础上的自由贸易政策漏洞百出,与日趋复杂的现代经济尤其不协调。他们相信政府有能力也有义务精心制定贸易政策,推动市场的运作,改变福利分配的不平衡现象,维护本国民众的权益。他们就此进行了一系列理论推导和政策设计,其中三种学说最有影响,产生了实际效果。

其一是所谓次优理论。它最早是由理查德·利普西(Richard Lipsey)和凯尔文·兰开斯特(Kelvin Lancaster)提出的。他们指出,传统的贸易模型只有在其前提条件——所谓均衡条件——得到满足的情况下才能成立。具体到贸易领域,只有在所有市场因素都能正常发挥作用的时候,自由贸易才是最合理的政策,即最优政策。而现实情况是各国都或多或少地面临市场失灵的问题,发展中国家尤甚。比如劳动力市场功能不完善,难以自动实现充分就业;或者价格体系存在重大缺陷,无法合理地配置资源。利普西和兰开斯特证明,当一项均衡条件得不到满足的时候,其他相关条件都会受到影响。

在这种情况下,要想得到最大收益必须另寻方案。而实际环境中产生的最佳方案,肯定不是理想状态下的最优政策,利普西和兰开斯特将其命名为次优选择(second best)。仍以贸易领域为例,他们认为只有政府主动干预,引进或增强激励机制,才能抵消市场失灵的后果。政府插手可能会扭曲经济信号,但如果运用得当,恰好可以平衡失灵的市场结构,此时干预贸易的政策就是次优选择,它比自由贸易更实际也更恰当。

其二是在本书第一章中已经提及的战略贸易理论。它是由加拿大学者詹姆斯·布兰德(James Brander)和芭芭拉·斯潘塞(Barbara Spencer)创立的。他们认为20世纪70年代以后,国际贸易的特征发生了变化。在贸易中,比较优势起的作用越来越小,而争取"租"变得日益重要。[①] 在经济学中,租是

[①] 参见克鲁格曼:《贸易政策的新思路》,载〔美〕保罗·克鲁格曼主编:《战略性贸易政策与新国际经济学》,海闻等译,中国人民大学出版社、北京大学出版社2000年版,第18—19页。

指某种要素投入某个部门的所得高于该要素用于其他用途所获得的收益,可以理解为反常的高收益。比如一批受教育程度和基本技能相同的劳动者分别进入 10 个生产部门,在 9 个部门工作的人收入都不相上下,只有进入 A 部门的劳动者的工资收入高出其他人若干倍,这就表明 A 行业存在租。传统的经济学观点认为,完善的市场可以通过要素流动轻易消除租的问题。如果某个行业的工资和利润奇高,劳动者、资源、资本会纷纷涌向那个部门,反常收益很快会消失。在国际贸易中也是如此,不会有哪个国家可以长期霸占存在租的产业,所以谁获得租并不重要。

如前所述,规模经济理论对此提出了质疑。垄断竞争的现象以及外部规模经济效应导致的贸易模式都证明了现代经济中可能出现这样一些行业,巨额的租在其中长时间存在,不会轻易消失。于是,谁获得了租或者谁占有大部分租,谁就拥有明显的优势。在国际贸易中,率先进入这些行业的企业将排斥其他国家企业的竞争,独占巨额利润。布兰德和斯潘塞分析证明,各国政府应当通过贸易政策,使本国企业获得租,以提高自己的国民收入。

阅读材料 2-4 布兰德-斯潘塞分析

在某些需要高技术或高投入的产业,只有少数企业有能力参与竞争。而能够立足的企业可以获得高额利润,即获得租。在这种情况下,一国政府可以通过向本国企业提供支持,迫使外国企业退出竞争。比如在中型客机的生产当中,假设只有欧洲的空中客车公司和美国的波音公司这两家公司有生产能力,它们面临的选择只有两个——参与竞争或退出市场。它们的选择相互影响,带来以下变化:

		空中客车公司		不生产	
		生产		不生产	
波音公司	生产	-5	-5	100	0
	不生产	0	100	0	0

也就是说，两家公司同时生产将同时受损。而任何一家只要能独占市场就可以获得丰厚利润。在自由竞争的条件下，能够抢先占领市场的公司可以实现独占。假设波音公司领先一步，那么空中客车公司会发现，自己的参与只剩下两种结果，而且哪一种都不能赢利，所以空中客车公司会放弃这个市场。

布兰德和斯潘塞指出，欧洲共同体可以通过实施贸易政策改变竞争结局。如果欧共体承诺，在空中客车公司进入中型客机市场之后，提供25个单位的补贴，那么将出现以下变化：

		空中客车公司			
		生产		不生产	
波音公司	生产	−5	20	100	0
	不生产	0	125	0	0

很明显，空中客车公司肯定选择生产，因为它一定可以获益。而波音公司发现陷入对手此前的困境，自己继续生产只有两种结果，而哪一种都不会赢利，所以它将被迫退出市场。欧共体贸易政策的后果是，外国公司退出，己方公司独占市场并获得125单位的利润，远远超出投入的补贴。

总之，战略性博弈可能产生战略性效益。它意味着国内厂商的利润增加超过政府的补贴数额，厂商的收益超过纳税人的损失。

资料来源：James A. Brander and Barbara J. Spencer, "Tariffs and the Extraction of Foreign Monopoly Rents under Potential Entry", *The Canadian Journal of Economics*, Vol. 14, No. 3, 1981, pp. 371-389；詹姆斯·布兰德：《战略性贸易和产业政策的依据》，载〔美〕保罗·克鲁格曼主编：《战略性贸易政策与新国际经济学》，第32—41页。经过改写。

其三是所谓动态创新和产业政策。它与战略贸易政策联系密切。不过战略贸易政策主要针对不完全竞争的国际市场，而产业政策的重点在争夺未来经济发展的制高点。传统的分析称经济创新可以通过国际贸易迅速扩散，起步晚的国家和企业经过模仿和学习可以跟随技术发展的潮流。创新理论则认为现代科技的复杂性提高了创新的难度，成功的创新要求企业全面掌握相关的研发成果：既要了解过去的经验，也要了解目前的趋势；既要掌握创新的理论基础,也要掌握改进技术的诀窍(know-how)。而这些信息往往不能体现在产品当中,所以国际贸易促进技术交流的作用下降了。

保持技术领先的唯一途径是参与创新的全过程,即鼓励创新活动在本国进行。仅仅依靠私人企业的努力往往做不到这一点,因为进行研究和发展投资风险很大,即使获得成功也难以独占收益,所以企业决策偏于谨慎,本国的创新活动就会进展迟缓。政府的责任是给予本国的关键产业各种优惠待遇。持这种观点的学者一般都看好知识密集的高新技术产业,认为它们不仅自己能创造丰厚的利润,而且可以发挥外溢作用,即通过示范和潜移默化的影响,提高相关行业的效率和收益。政府应当鼓励它们带动国民经济的发展,在国际竞争中保持领先。

贸易保护手段

支持贸易保护的理论层出不穷,改变了国际舆论的倾向。一边倒地赞同自由贸易的局面被打破,推行贸易保护政策具备了一定的合法性。各国一面使用传统的保护手段,一面花样翻新,设计新的贸易壁垒。比较常见的贸易保护政策包括:

(1)保护性关税。关税是最简单也是最古老的贸易政策。它适用于所有的进出口物品。在所得税普及之前,关税是政府税收的主要来源。不过政府征收关税绝不只是为了增加财政收入,它还起着控制贸易的关键作用。对于进口国而言,对某种进口产品征收关税将提高其价格,从而抑制本国的需求,迫使一部分外国商人退出本国市场。事实上,它还会使该产品在国外市场上的价格下跌,使外国生产者蒙受损失。

经过关贸总协定多个回合的谈判,各国政府使用关税手段的自由受到限制,特别是在工业制成品领域。但它们仍在其他贸易领域使用关税,以有效地控制和影响进出口的数量,同时左右国内的价格水平。在两国发生贸易争端的时候,征收报复性关税更是普遍的做法。

(2)出口补贴。即出口商每出口一定数量或一定价值的商品,政府就发给一笔资金,作为支持和奖励。和关税一样,它也会影响出口供给、进口需求和价格平衡。政府发放出口补贴无外乎两种动机:或是冲击其他国家的关税壁垒,补助自己的出口商;或是扶植自己的出口商,占领国外市场。几乎每个国家在发放补贴时都声称自己是被动反应,是为了自保,同时批评别的国家的补贴是攻击行为,彼此争论不休。

（3）进口配额。即对某种商品的进口数量实行限制。多数情况下是向本国的进口商发放进口许可证,没有得到配额的公司不准进口,得到许可证的公司也不准进口超出规定数量的国外产品。另一种做法是把配额的使用权交给外国政府,按国分配配额。美国和西欧一些国家经常采用后一种形式。

与出口补贴一样,进口配额可以通过影响商品的价格,有效地控制贸易往来。各国政府在决定配额数量时,要么根据本国的生产情况,保证进口量明显低于实际需求,使本国的生产商能够稳稳占据多数市场份额;要么迫于某个社会集团的压力,不断调整配额,保证该产品的国内价格高于国际市场价格。像前面提到的美国政府保护制糖业就是采取了这种方法。

（4）自愿出口限制(VER)。即出口国应进口国政府的要求,"自愿"承诺限制出口数量。很明显,这些承诺不可能是真正主动、自愿做出的,而是在政治压力、经济报复的胁迫下不得已而为之。最著名也最具有代表性的是日美贸易谈判中达成的几个VER协议。

案例2-6 日美汽车贸易协议

20世纪70年代的两次石油危机使美国油价居高不下,消费者不得不放弃购买体积庞大、耗油量大的美国汽车,选择体积较小、耗油量小的日本汽车。美国汽车厂商所占的市场份额急剧缩小。它们展开了声势浩大的游说活动,要求政府提供保护。里根政府不愿采取提高关税或发放进口许可证等单方面措施,担心那样做会助长反对自由贸易的风气,因此通过外交渠道要求日本自动减少对美的汽车出口。当时美苏新冷战正达到高峰,东北亚的安全局势相当不稳定,日本严重仰赖美国的军事支持和保护。日本政府担心拒绝美国的要求会损害美日的战略同盟关系。于是双方在1981年签署了第一份VER协议,日本"自愿"把每年对美的汽车出口限制在168万辆以下。

（5）国产化程度要求。即规定最终产品必须有一定比例是在本国制造的。这种规定比直接限制进口合理一些。比如在印度生产的外国汽车厂商，可以大量使用进口零部件，只要它在印度国内同样进行采购、保证最终产值中50%以上在当地产出就可以。

（6）烦琐甚至有意刁难的进口规章制度。比如设置错综复杂的卫生检疫和验关程序，要求外国产品重新通过本国的质量认证，要求外国厂家必须采用本国特殊的度量衡标准等。

支持自由贸易的逻辑

采取贸易保护政策，可以有效地减少国内某些利益集团的损失，甚至使它们扭亏为盈，这是保护政策带来的效益。但要获得这些效益也要付出相应的代价。而大多数经济学者认为贸易保护的成本远远高出它的收益，他们反对对国际贸易施加政策限制，主张完全的自由贸易。

对自由贸易的支持主要建立在经济学的成本—收益分析基础之上。它指出贸易保护事实上是保护了少数人，而牺牲大多数人的利益，对国家的整体福利而言绝对是弊大于利。下面对几种主要保护政策做一个简单的成本—收益分析。

假定本国和外国生产同一种产品——钢铁，而且钢铁业是完全竞争的行业。在发生贸易之前，本国的钢铁价格较高，外国的钢铁价格较低。自由贸易产生之后，本国会成为钢铁进口国，而外国成为出口国，各种贸易成本假定可以忽略不计。

第一种保护政策是关税。如果本国认为从外国进口的钢铁数量过多，而决定对进口钢铁产品征收关税，那么将提高本国的进口价格，降低外国的出口价格，因为价格上升，本国的需求将从D_1减少到D_2，供给将从S_1增加到S_2，如图2-10所示。根据微观经济学的定义，供给曲线上方与对应价格围成的直角梯形反映供应者也就是生产者剩余（我们姑且理解为生产者所得）的变化，而需求曲线下方与对应价格围成的直角梯形反映需求者也就是消费者剩余（我们姑且称之为消费者所得）的变化。关税带来的收益变化用a、b、c、d、e五种面积的组合来表示。

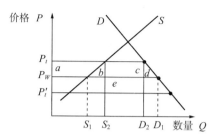

图 2-10 进口国征收关税的成本与收益

说明：S 为本国国内的供给曲线，D 为本国国内的需求曲线。

纵轴 P 反映价格变化。P_W 为征收关税之前该产品的价格，当时本国、外国和国际市场价格是一致的。P_t 为征收关税之后的本国国内价格，P'_t 为征收关税之后外国国内市场的价格。

横轴 Q 反映产品数量的变化。S_1 和 D_1 为征收关税前本国的供给量和需求量，S_2 和 D_2 为征收关税后本国的供给量和需求量。

资料来源：〔美〕保罗·克鲁格曼、茅瑞斯·奥伯斯法尔德：《国际经济学（第四版）》，第 181 页，图 8-9。

征收关税使本国的生产者赢利，他们的收益相当于 a。本国消费者因价格上涨而受损，他们的损失应当是 $a+b+c+d$。此外，本国政府的得失也发生了变化，它获得了可观的关税收入。因为 $P_t-P'_t=t$（关税额），而 D_2-S_2 是征税后的贸易量，政府的收入相当于 $c+e$。这样，关税对本国总体福利的影响可以表示为 $a+(c+e)-(a+b+c+d)=e-(b+d)$。其中，$b$ 可以理解为关税对供给的扭曲，即增加的供应量与提高了的价格的乘积，在自由贸易条件下，本国厂家不会增加这部分生产，也不可能获得这部分收益。同理，d 可以理解为关税对需求的扭曲，即消费者考虑到价格的提高而被迫放弃的那部分需求。b 和 d 反映的是低效率的生产和低效率的消费，此时本国的供需平衡不是经济上最合理、最有效率的方案，整体经济因而受损。e 确实是本国的收益，从图 2-10 中可以看到，它体现为本国征收关税后外国被迫降低出口价格，也就可以理解为外国贸易条件的恶化和本国贸易条件的改善。

关税对本国的影响究竟是好是坏，取决于 e 与 $b+d$ 的差额，而决定这三个面积的实际上是 P_t 和 P'_t 的位置。它们的差距必定等于 t。有些意见认为可以找到对本国有利的关税水平，既不严重扭曲生产和消费，又可以有效达到保护目的,增加政府收入。也就是通过控制关税税率来维护本国利益。

另外一条维护本国利益的思路则是转嫁波动。进出口国价格的差距肯定等于关税,但究竟是本国进口价格上涨的幅度更大,还是外国出口价格下跌的幅度更大,取决于本国影响世界市场的能力。如果本国是个小国,经济力量薄弱,它减少进口需求就不会造成世界总体需求的明显下跌,对世界价格和出口国价格的影响都微乎其微,那么关税带来的价格变化主要表现为 P_t 的提高,极端的情况下 P_t' 几乎无变动。此时,e 几乎消失,而 b、d 面积增大,关税给本国带来的只是生产扭曲和消费扭曲,几乎没有收益。所以对经济小国而言,征收关税是错误的决策。

对本国而言,最理想的是出现另一个极端的情况,即本国是有能力左右供需的经济大国,而出口一方是力量薄弱的小国。这样,价格波动完全由对方承担,本国的生产或消费不受影响,还可以获得巨额关税收入。不过需求上的经济大国在现实中很少见。一个或几个国家可能因为独占资源或者生产技术而垄断供给,成为供给意义上的大国。相比之下,只有特殊的历史文化因素会带来特殊的需求,造成需求上的垄断。可以说在绝大多数情况下,征收关税得不偿失。

第二种保护政策是出口补贴,即一国政府对出口商给予补贴。它对价格的影响与关税的影响方向正好相反。发放出口补贴会提高出口国的国内价格,降低进口国的价格。比如最初的世界价格是 1 000 元,利润是 20%,如果进行钢铁出口的外国政府给予出口商 10% 的从量出口补贴,那么在外国销售每单位可赚取 200 元,在本国销售的利润则是 300 元。外国的商人会减少国外销售,使外国市场供不应求,价格上涨;他们转向本国市场,造成供过于求,本国市场的价格下跌。直到双方市场差价达到 100 元,重新实现平衡。在这种情况下,生产者所得增加了 $a+b+c$,消费者损失了 $a+b$,政府需要发放的出口补贴是新的出口量与单位补贴的乘积:$(S_2-D_2)\times(P_t-P_t')=b+c+d+e+f+g$。补贴给国家带来的成本—收益比是净损失 $b+d+e+f+g$。其中 b 是对消费的扭曲,d 是对生产的扭曲,$e+f+g$ 则是人为降低了本国商品的出口价格而造成的本国贸易条件的恶化。也就是说,无论是大国还是小国,无论 P_t

和 P'_t 哪个变化的幅度更大,发放出口补贴对国家整体而言肯定是弊大于利。(参见图 2-11)

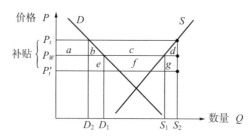

图 2-11 出口补贴的影响

说明:S 为外国国内的供给曲线,D 为外国国内的需求曲线。

纵轴 P 反映价格变化。P_w 为自由贸易时该产品的价格,当时本国、外国和国际市场价格是一致的。P_t 为征收关税之后的外国国内价格,P'_t 为提供补贴之后本国国内市场的价格。

横轴 Q 反映产品数量的变化。S_1 和 D_1 为提供补贴前外国的供给量和需求量,S_2 和 D_2 为提供出口补贴后外国的供给量和需求量。

资料来源:〔美〕保罗·克鲁格曼、茅瑞斯·奥伯斯法尔德:《国际经济学(第四版)》,第 184 页,图 8-11。

案例 2-7 共同农业政策

欧洲经济共同体的共同农业政策是非常典型的出口补贴实例。共同农业政策在推出时,是设定了一个保护价格,保证西欧农民的产品能够获得一定的利润。如果市场价格低于保护价,共同体将收购部分产品,以减少供给,促使价格上升。同时,为了防止其他地区的农产品受到吸引、进入西欧市场,欧共体国家实行了高关税。像成本—收益模型分析的,关税和出口补贴都将明显地扭曲生产和消费信号,而生产者——西欧的农民作为唯一的受益者肯定会不断扩大生产。结果到 20 世纪 70 年代,出现了如下图所显示的情况,西欧的农产品价格不仅高于世界市场价格,而且远远超出不发放补贴时的西欧各国市场价格:

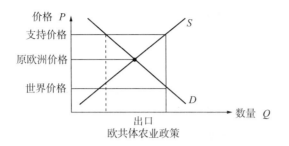

欧共体农业政策

严重扭曲的需求信号促使西欧农民大量增产,欧共体国家二战前本来农产品供不应求,需要从东欧大量进口农产品,此时则变成农产品过剩。为维持内部价格,共同体收购的农产品数量直线上升。到20世纪80年代,西欧各国已经贮存了大量的农产品。

为了减轻负担,欧洲共同体改变了单纯收购的政策,开始通过发放出口补贴,鼓励西欧农民在世界市场上倾销过剩农产品。这自然引起美国、加拿大、澳大利亚等农产品出口国的强烈不满,欧共体国家也发现增加出口补贴并没有解决原有的矛盾,只是增加了新的环节,使矛盾变得更复杂。为了鼓励出口,共同体发放补贴,以弥补支持价格与世界价格之间的差额;而西欧的出口供应增加,会压低世界价格,又会扩大价格差距,形成新的恶性循环。但是由于欧洲农民的强大政治影响,这个损人不利己的政策一直得到维持,并几乎使关贸总协定乌拉圭回合谈判以失败告终。当时美澳要求欧盟在2000年完全取消出口补贴,而法意等国的农民不允许欧盟减少任何一种补贴。最后一刻达成的妥协是:欧盟同意在2000年之前将补贴数量减少1/3。

共同农业政策一直困扰着欧盟,而且影响到欧盟东扩的进程,因为申请加入欧盟的东欧国家是传统上的欧洲粮仓,如果它们在现有政策条件下加入,欧盟财政将因有关农产品出口补贴、进口关税、过剩收购等支出而破产。

第三种贸易保护政策是进口配额。对它的成本—收益分析如图2-12所示。生产者所得是a,消费者损失是$a+b+c+d$,两者之差为$b+c+d$。b仍然是生产扭曲,d是消费扭曲,c则是所谓配额租金。表面上看,进口配额只规定了一个数量指标,但它实际上代表着相应的经济好处,即合法地谋求世界市场与国内市场的差价。这部分租金是由本国的消费者支付的,本国政府则掌握着选择受益者的权力。如果它决定把配额发放给本国的进口商,那么本国的商人获益,本国的成本—收益比表示为 $c-(b+d)$；如果像美国政府控制纺织品贸易那样,把配额交给外国出口商支配,本国净损失为 $b+c+d$。也就是说,在某些情况下,制定进口配额的整体收益可能大于损失。不过它没有也无法反映出由政府批租的政治代价,即可能导致严重的政治腐败。

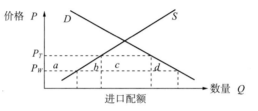

图 2-12 进口配额损益分析

第四种贸易保护政策是自愿出口限制,可以理解为进口配额的特殊形式,即国家把配额交给外国出口商支配。以上的理论分析表明,它使本国蒙受绝对损失。总之,大多数情况下,贸易保护政策给国家带来的损失明显超过收益。贸易保护政策的成本—收益分析见表 2-10。

表 2-10 贸易保护政策的成本—收益分析

	关税	出口补贴	进口配额	自愿出口限制
生产者剩余	增加	增加	增加	增加
消费者剩余	减少	减少	减少	减少
政府收益	增加	减少(政府开支增加)	无变化(商人获得"租")	无变化(外国商人获得"租")
国家综合福利水平	不确定(小国减少)	减少	不确定(小国减少)	减少

资料来源:转引自〔美〕保罗·克鲁格曼、茅瑞斯·奥伯斯法尔德:《国际经济学(第四版)》,第 191 页,表 8-1。

成本—收益分析的结论中,唯一不利于自由贸易主张的是它显示:大国利用经济地位推行保护政策,也许可以获益。但是即便这在经济上是可行的,从国际关系角度看也是危险的。大国通过贸易保护获益,是以众多中小国家的损失为代价的。况且其他大国还可能起而效仿,推行报复性的保护政策。国际贸易结构会被这种恶性竞争所破坏,最终谁都无法成为赢家。

支持自由贸易的学者对赞成贸易保护的理论学说提出了强烈的质疑。针对次优理论,他们指出市场失灵的原因大多在国内经济结构当中,应当通过国内改革纠正,与国际贸易无涉。如果说国际贸易可以起到什么作用的话,最好用它来推动、引导国内改革,减少结构调整的痛苦,而不是保护落后。

针对追求独占"租"的战略贸易主张,他们发展了寻租理论。① 该理论证明,如果政府有意识地创造租并且主导租的分配,本国企业会为了争夺租金投入大量资源。抛开金钱对政治过程的腐蚀作用不谈,资源浪费给国民经济造成的损失将超过租金收益。举一个简单的例子,假设独占某市场可以获得 1 000 万元租金,本国有三个企业希望得到这笔租金,那么每一个企业都愿意付出 900 万元去游说政府官员。最终获胜的企业得到租金,扣除游说投入,其实际收益是 100 万元。就这个企业而言,它仍然认为是值得的。但从整个国民经济的角度看,三个企业投入成本的总和为 2 700 万元,早已超出 1 000 万元的租金收益,肯定是得不偿失。

针对产业政策,他们提出了两点疑问:政府能识别关键产业吗?政府能帮助关键产业获得成功吗?日本和其他东亚国家一向被视为成功推行产业政策的范例。但这些学者经过更广泛地搜集证据和更深入的分析后认为,官僚机构在引导产业发展中起的作用被过分夸大了。产业政策的支持者往往只看到了成功的案例,而忽略失败或是收效不大的政策。比如在 1973—1979 年间,韩国政府实行了雄心勃勃的重工业化政策,确定化工、钢铁、造船、汽车等行业为目标产业,精心加以扶植。在投入大量资金之后,却不得不承认判断有误,放弃了既定的目标。即便是成功发展的产业,到底在多大程度上是政府政策起了作用,在多大程度上是企业努力的结果,也是个问题。政府准确判断出关键产业且确实对该产业发展起了扶植作用的例子只是少数。而判断失误、设计的政策不起作用甚至反而阻碍了产业发展的事例屡见不鲜。

---

① 参见〔美〕丹尼斯·缪勒:《公共选择理论》,杨春学等译,中国社会科学出版社 1999 年版,第 281—288 页。

总之,主流经济学者仍然相信自由贸易是可行的,而且是正确的。他们承认国际贸易活动发生了巨大变化,贸易理论需要更新和调整,但他们认为自由贸易的基础理论,如李嘉图模型,历久弥新,依然是讨论的出发点和决策的基本原则。用克鲁格曼的说法,应当既倒掉贸易知识中的洗澡水,又保留婴儿。[①]

重压之下的世界贸易体系

20世纪80年代末90年代初,第二次相互依存体系的前途很不明朗。它的制度结构本来就不够完善,在各种贸易保护政策的冲击下更显得漏洞百出。西方发达国家的一些政策行为使人联想起20世纪30年代经济危机中以邻为壑、画地为牢的风气。美国政府依据国会通过的《1988年综合贸易法》,动辄指责其他国家存在不公平贸易行为,然后利用各种特别条款施以制裁。日本仍严密保护其国内市场,而欧共体越来越像一致对外的贸易集团。同时,发展中国家尖锐抨击现行的经济秩序,南方国家的不满情绪比第一次相互依存体系下的亚非国家似乎有过之而无不及。

希望维护世界体系的人企图通过行动来扭转局面。他们相信贸易自由化进程符合所谓自行车理论,必须不断向前骑行,速度越快阻力越小,而一旦停滞就有倾倒的危险。1986年,在世界经济普遍复苏的背景下,《关贸总协定》缔约方开始进行第八轮贸易谈判,即著名的乌拉圭回合谈判。谈判伊始就确定了雄心勃勃的目标,把棘手的农产品问题列入议程,而且大胆涉足服务贸易领域,决心清除遍布其中的非关税壁垒。

乌拉圭回合谈判进行得极其艰苦。在强大的国内利益集团的压力下,各国谈判官员发现自己的回旋余地很小,难以达成妥协和交易。谈判原计划在1990年结束,但因未能形成基本文件而被迫延期。关贸总协定谈判首次面临失败的可能。在决策圈有广泛影响的美国学者莱斯特·瑟罗(Lester Thurow)甚至声称:关贸总协定已死。[②]

[①] 参见〔美〕保罗·克鲁格曼:《流行的国际主义》,张兆杰等译,中国人民大学出版社、北京大学出版社2000年版,绪论第5页。

[②] 参见〔美〕杰格迪什·巴格瓦蒂:《风险中的世界贸易体系》,张胜纪、王春育译,商务印书馆1996年版,第6页。

此时,国际关系领域却发生了出人意料的变局,美苏冷战结束,分隔东西方阵营的界线消失,越来越多的国家期望融入世界体系。接着,出现了以信息技术革命为核心的新经济现象,发达国家的竞争局面大为改观。世界贸易体系的命运也随之改变。本书的最后一章将进一步讨论这些变化。

参 考 文 献

〔英〕大卫·李嘉图:《政治经济学及赋税原理》,郭大力、王亚南译,商务印书馆1962年版。

Haberler, Gottfried von, *The Theory of International Trade with Its Applications to Commercial Policy*, translated from the German by Alfred Stonier and Frederic Benham, London: W. Hodge, 1936.

〔美〕保罗·克鲁格曼、茅瑞斯·奥伯斯法尔德:《国际经济学(第四版)》,海闻等译,中国人民大学出版社1998年版。

〔澳〕A. G. 肯伍德、A. L. 洛赫德:《国际经济的成长:1820—1990》,王春法译,经济科学出版社1997年版。

Lairson, Thomas D., and David Skidmore, *International Political Economy: The Struggle for Power and Wealth*, Orlando, Florida: Holt, Rinehart and Winston Inc., 1993.

〔英〕J. F. 佩克:《国际经济关系——1850年以来国际经济体系的演变》,卢明华等译,贵州人民出版社1990年版。

〔美〕杰格迪什·巴格瓦蒂:《风险中的世界贸易体系》,张胜纪、王春育译,商务印书馆1996年版。

第三章
国际货币体系

第一节 货币与货币政策

货币可以说是市场经济的核心和命脉。它在社会经济中承担着三项主要职能。其一,也是最重要的职能,起着交换中介的作用。如果没有货币,大家只能以货易货,进行物物交换。货币的出现简化了交易过程,人们不必等待需求的恰巧匹配,而可以随时交易。自古以来,一般都以当时比较稀有的物品做货币,比如中国的商朝和14—16世纪的东非国家曾使用贝壳。当然,最普遍的还是使用金属货币,用金银铜来铸造。一般认为,人类使用金属货币的历史已经超过4 000年。其二,货币提供一个独立的价值尺度,而且为社会普遍接受。发展到极端就是人的能力和社会地位也可以由年薪或资产来代表,这当然是大家始料不及的。其三,财富储存功能,可以将目前消费不掉的产出妥善保存起来。而币值急剧动荡的时候,首先受损的就是财富储藏作用,人人都不愿保留货币,而急于兑换实物,很容易引起经济的全面崩溃。

从金银到纸币

由于货币的核心作用,控制货币的生产和流通就可以有效地控制和引导经济活动。在使用金银的时期,国家控制铸币权。但私铸活动不断,它们产生成色低的硬币,严重干扰官铸的流通。关于为什么私人铸造的成色低的货币会被更广泛地使用,16世纪的英国王室财政顾问托马斯·格雷欣(Thomas Gresham)提出了著名的定律:劣币驱逐良币。美国经济学家杰弗里·萨克斯(Jeffrey Sachs)和费利普·拉雷恩(Felipe Larrain)举了坦桑尼亚的例子来解释。有一个时期,该国以牛为货币。不久,在交易中充当货币的净是瘦牛、病牛。原因很容易理解,因为交易时只计算多少头牛,等于将优质牛和劣质牛一视同仁。人们自然会留下优质牛帮助自己耕田、拉车或者自己食用,而选择用劣质牛去交换。这就是所谓格雷欣法则,此类现象在整个金属货币时期一直困扰着各国政府。[①]

因为重量和成色千差万别,同一面值的金银币实际价值相去甚远。只有在联系紧密的商业系统(一个地区或一个行业)中,成员们可以相互信任,自觉遵循同样的币值。远距离、大范围的经济往来因而面临许多困难,但很长时间里并没有成熟的金融机构来解决这些问题。比如在中国,最初只有钱庄而无票号。前者的业务大多局限于一地,很少进行地区之间的资金划拨。地区之间的资金结算要通过镖局运送金银,不仅风险大,而且交易不便。票号直到19世纪20年代才正式产生,且最早还是依托商号。例如,最早的票号——山西日升昌本是一家颜料庄,在北京、天津、汉口、重庆等地开设分店,有相当的经营规模,为取悦客户而兼营汇兑。不料汇兑获利甚丰,于是在1821年改为专营汇兑业务的票庄。其他山西商号纷纷跟进,至19世纪60年代形成山西三帮。不过,即便是票号也依然以压平擦色为重要的收入来源,即利用各地金银的成色不同,在汇兑时低收高出,赚取利润。所以在金属货币时代,产生了各式各样的记账结算方法,分别在各个地区通行,限制了市场和经济活动的规模。[②]

---

① 参见〔美〕杰弗里·萨克斯、费利普·拉雷恩:《全球视角的宏观经济学》,费方域等译,上海三联书店、上海人民出版社1997年版,第324—325页。

② 参见许涤新主编:《政治经济学辞典》上册,人民出版社1980年版,第303—305页;〔美〕费正清:《伟大的中国革命(1800—1985年)》,刘尊棋译,世界知识出版社2000年版,第70—75页。

纸币的出现打破了这些局限,为建立现代资本市场奠定了基础。① 由于携带方便、结算简单,货币流通速度加快,而且支持各种新型融资手段。加上通信技术的突破,古老的高利贷者逐渐成为现代的银行家。二者关键的区别在于放贷对象的不同。高利贷者的贷款对象在农业社会经常是处于青黄不接时期的农民,或是权势贵族,贵族有时候用这些资金去进行征伐,但更多的时候是为了满足交际的虚荣心。这些资金投入并不支持生产规模的扩大,或是生产效率的提高,而且很容易产生坏账。因此无论中外,高利贷者都是遭到鄙视和痛恨的。相比之下,银行家则是收集民众当时不用的资本,借贷给急需资金扩大生产的经营者,后来又投资于研究与开发,成为现代经济中资源调配的枢纽。

阅读材料 3-1　现代资本市场的出现

　　资本市场的发展是与商业的兴起和主要民族国家之间不断的冲突分不开的。政府的财政需要是造成对贷款需求的一个原因。资本通常被认为是一种使用年限在一年以上的生产要素。资本使制造商能完成一个比较专门化的运转不息的生产过程,使分工带来的增益得以实现,或使在不同时间里完成的互相补充的生产过程能连接起来。资本的本质就是时间,无论是政府还是单个经济单位,都可以按不同的方式得益,如果它们现在得到资源而稍后偿付的话。要想稍后偿付得越少,现在便应借得越多。也有一些人情愿放弃他们的某些现期资源而要求得到未来的偿付加利息。利息越高,他们便越愿意多出借。这样便出现了两个集团都可以从交易中增益的情形。

　　资本市场将为了达成这种交易的潜在的借方和贷方召到一起。一笔贷款的创造如同任何对双方都有利的自愿交易一样,需要资源。要有搜寻费用,即双方试图就所借款项、借款地点、应付价格以及——对贷款特别重要

---

① 最早的纸币出现在 11 世纪的中国,后来元、明、清三代都曾发行宝钞,但由于始终不能解决滥印滥发的问题,不为民间普遍接受,一直时发时停。17 世纪欧洲私人机构开始发行纸币形式的银行券,但仍属于可以兑现的信用货币。稍后出现的不可兑换的纸币在 18 世纪得以通行,所以一般以 18 世纪为纸币出现的时期。

的——为保证偿还必须提供的担保等项达成一致协议所需费用。贷款不同于对小麦的直接购买,而是在两个不同的时期进行的:贷款出借在一个时期,贷款偿还在另一个时期。这样还需要有实施费用来保证合同的所有条件都履行。

市场越是有效率,创造贷款所需要的搜寻、谈判和实施费用便越低。资本市场是货币市场:货币被借来可用于任何目的,最后还以利息。资本市场在西欧发展的天然地点便是商业中心。欧洲资本市场最初出现于地区集市上,而后在列日、安特卫普相继出现,最后与商业一道转移到阿姆斯特丹。……它摆脱了西班牙的统治,通过运用稳妥的财政措施,建立了一个利率低到3%的有效的长期资本市场。

荷兰资本市场的效率在于它作为西欧的货币市场从一开始便是集中的,对外贸易都集中在那里,这一事实使欧洲资本市场得以创建和扩展。搜寻费用减少了,而基本的和辅助的制度的创立则降低了交易费用。

资料来源:〔美〕道格拉斯·诺思、罗伯特·托马斯:《西方世界的兴起》,厉以平、蔡磊译,华夏出版社1999年版,第173—177页。有删节。

纸币通行之后产生了很多新的融资方式,可以支持更多样的经济活动,使货币流通真正成为经济发展的关键,也导致了货币的多样化。美国联邦政府统计表上的货币类型和流通额见表3-1。从中可以看到,现钞以外的货币形式多种多样,包括支票、活期或定期存款、国库券、汇票等;现钞在整个货币流通中只占很少一部分。

表3-1　美国不同货币的流通额　　　　　　　　　单位:10亿美元

	1960年	1990年
1. 现钞	28.7	244.7
2. 旅行支票	0.4	8.4
3. 活期存款	111.6	277.2
4. 其他支票存款(包括NOW账户)	0.0	292.3
5. $M1$(1+2+3+4)	140.7	822.6

续表

	1960 年	1990 年
6. 隔夜回购协定和隔夜欧洲美元	0.0	77.6
7. 货币市场互助基金(一般目的和经纪商/交易商)	0.0	340.3
8. 货币市场存款账户	0.0	507.0
9. 储蓄存款	159.1	413.8
10. 小面额定期存款	12.5	1 156.0
11. $M2$(5+6+7+8+9+10)	312.4*	3 317.3
12. 货币市场互助基金(只含机构)	0.0	120.1
13. 大面额定期存款	2.0	506.6
14. 定期回购协定	0.0	91.4
15. 定期欧洲美元	0.8	72.6
16. $M3$(11+12+13+14+15)	315.3*	4 108.0
17. 储蓄债券	45.7	125.2
18. 短期国库券	36.7	347.9
19. 银行承兑汇票	0.9	34.0
20. 商业票据	5.1	357.7
21. $M3$ 加其他流动资产(16+17+18+19)	403.7*	4 972.8

资料来源:转引自〔美〕杰弗里·萨克斯、费利普·拉雷恩:《全球视角的宏观经济学》,第 329 页,表 8-1。

注:* 每一子项都进行了修改,合计项是美联储按原数据核算出来的,与相关子项数据之和略有出入。

于是在讨论货币流通的时候,经常需要说明你指的是什么范围内的货币。根据各种货币形式的流动性,即在价值不受损失的前提下迅速兑换成现金的能力,出现了不同种类的货币概念。现钞的流动性最强,被称为高能货币(Mh),包括流通中的现钞和各商业银行保存在中央银行的现金储备。支票与活期存款的流动性仅次于现钞,银行承诺随时兑付现金,它们与现钞合称为 $M1$。表 3-1 中的第 6、7、8 项为货币市场账户,它们主要是工商企业为进行短期资金交易而开设的账户,通常一周或一个月进行一次结算,提取次数相对较少。储蓄存款与支票存款相对,为私人常用的两种账户,比前者相对固定。它们与小面额定期存款一起称为 $M2$。流动性较差的是第 12—15 项。大面额定期存款、定期回购协定、定期欧洲美元不到特殊情况不会提前兑付,以免利息损失。机构多指投资基金,结算周期比一般交易商更长。它们构成 $M3$。还可以根据流动性的减少继续定义,但这三种是比较常用的。

货币乘数

随着现代资本市场的出现,各国先后设立了相对独立的中央银行,负责制定管理货币政策。英国在 19 世纪 40 年代首先设立中央银行,德国和日本的中央银行分别出现在 19 世纪 70 年代和 80 年代。美国的中央银行——联邦储备委员会在发达国家中出现最晚,1913 年才成立。

中央银行的任务用政治术语来说是保持资本市场的健康稳定,用经济术语来说是保持货币总需求与总供给的平衡,也就是通过控制货币流通来左右经济运行。那么中央银行如何控制货币流通呢?一般人都会回答:它垄断着货币印刷权力,自然可以控制一切。但这个说法是不确切的,中央银行直接控制的只是高能货币,包括流通中的现钞和各商业银行保存在中央银行的现金储备。中央银行不能直接控制的货币流通数量更大。那么高能货币与中央银行不能直接控制的货币流量是什么关系呢?下面通过简单推导高能货币与 $M1$ 之间的关系来说明。

首先,$Mh = CU + R$。其中 CU 是流通中的所有货币,包括钞票和硬币;$R = D_c + VC$,D_c 指私人银行在中央银行的储备存款,VC 指私人银行自己保留的库存现金。而 $M1 = CU + D$,即流通中的货币和私人银行的活期存款之和。很容易看出,$M1$ 与 Mh 的区别在于 R 与 D 的区别。用 Mh 除以 $M1$,得到 $\dfrac{CU + D}{CU + R}$,然后将分子、分母同时除以 D,得到 $\dfrac{CU/D + 1}{CU/D + R/D}$。

为了简化分析,我们把私人企业和个人持有货币的选择限定为两种:要么持有现钞,要么持有活期存款。那么 CU/D 表现了私人对这两种选择的偏好,可以称之为通货—存款比率,以 c_d 表示。如果某人得到 1 000 元,他选择保留 800 元现金,将 200 元存入银行,他的 $c_d = 4$;他的配偶正相反,保留 200 元现金,将 800 元存入银行,她的 $c_d = 0.25$。

与私人类似，银行也需要对如何使用收到的存款做出选择：一部分留做储备金，一部分用于投资贷款。储备占整个存款的比例即 R/D，以 r_d 表示。比较谨慎的银行 r_d 数值高，r_d 数值低的银行所冒风险相对大一些。这样，可以对上面的式子进行改写：

$$\frac{CU/D + 1}{CU/D + R/D} = \frac{c_d + 1}{c_d + r_d} = \frac{M1}{Mh}$$

中间的等式表现了 $M1$ 与 Mh 的比例系数，被称为货币乘数。可以看到，r_d 上升会使乘数效应减少，c_d 上升同样会使乘数效应减少。

货币乘数解释了一个现象，即各国的经济活动中 $M1$ 总是大于 Mh。表 3-1 引述的美国统计就是实际的例子。数学的解释很简单，因为 r_d 总是小于 1。那么在实际生活中是如何发生的呢？我们假设在 $c_d = 25\%$，$r_d = 10\%$ 的情况下，中央银行增发 1 亿美元纸币，那么会出现以下变化（见表 3-2）：

表 3-2　货币乘数效应　　　　　　　　单位：百万美元

	$Mh=CU+R$	CU	D	R	loan	$M1=CU+D$
第 1 轮	28.0	20.0	80.0	8.0	72.0	100.0
第 2 轮	20.2	14.4	57.6	5.8	51.8	72.0
第 3 轮	14.5	10.4	41.4	4.1	37.3	51.8
第 4 轮	10.5	7.5	29.8	3.0	26.8	37.3
第 5 轮	7.5	5.4	21.4	2.1	19.3	26.8
第 6 轮	5.4	3.9	15.4	1.5	13.9	19.3
第 7 轮	3.9	2.8	11.1	1.1	10.0	13.9
第 8 轮	2.8	2.0	8.0	0.8	7.2	10.0
第 9 轮	2.0	1.4	5.8	0.6	5.2	7.2
第 10 轮	1.4	1.0	4.2	0.4	3.6	5.2
10 轮累计	96.2	68.8	274.7			343.5

资料来源：〔美〕杰弗里·萨克斯、费利普·拉雷恩：《全球视角的宏观经济学》，第 391 页，表 9-7。经过改写。

理论上讲，这个过程可以无穷尽地进行下去。但若干周期之后，CU、D、$M1$ 的变化已相当小，小到可以忽略不计，这时便可以认为过程业已结束。在这个例子中，当计算到第 10 轮的时候已经可以看到，增加 1 亿美元高能货币，导致

$M1$ 的增加量超过 3.4 亿美元。

通过对货币乘数的分析可以了解,中央银行直接控制的虽然只是高能货币,是货币流通总量的一小部分,但它是一个有效的杠杆。私人银行系统实际上起着放大器的作用,把中央银行发出的信息传到各个经济部门,影响整体经济的运作。当中央银行增加高能货币供应时,私人持有的货币增多,更重要的是商业银行掌握的存款也增加。而商业银行会想方设法把大部分增加的存款放贷出去,于是出现所谓银根松动。打算贷款购买或建设不动产的人可以得到优惠利率,打算分期付款购买汽车、游艇等大宗商品的人可以少付首期,每月的负担也会减轻。这当然会刺激他们消费,需求拉动供给,于是百业兴旺、经济扩张。高能货币供应减少会引发反向运动,银根紧缩,经济增长速度放慢。

货币政策手段

需要说明的是,在实际经济活动中,中央银行不会凭空增印现钞,而是通过调整自己的资产和负债来控制高能货币的数量和流通。以美联储为例(见表 3-3)。美国中央银行掌握的资产由两大部分组成:国库券和由黄金储备、外汇组成的外汇资产。其负债也可分为两大部分:最主要的是联邦储备兑换券,即美元;另一个相对较小的部分是财政部和其他金融机构按照法规要求交给联储的储备金。中央银行的总债务和总资产应当是保持平衡的。

表 3-3　美联储资产负债表　　　　　　　　单位:百万美元

资产		负债	
黄金储备	11 058	联邦储备兑换券	267 000
外汇	32 633	金融机构存款	38 658
对金融机构贷款	190	美国财政部存款	8 960
美国国库券	252 103	其他债务	7 504
其他资产	31 589	净值	4 846
总资产	327 573	总债务和净值	327 573

统计时间:1990 年 12 月。

资料来源:转引自〔美〕杰弗里·萨克斯、费利普·拉雷恩:《全球视角的宏观经济学》,第 373 页,表 9-1。

调整高能货币供给就是调整美元部分。总的来说,中央银行通过购进资产,增加负债,增加经济中的高能货币;反之,通过出卖资产,减少负债,减少经济中的高能货币流通。就具体操作而言,它必然通过调整其他三个部分的资产或负债来实现。这就形成了中央银行干预金融市场的三种途径。第一是公开市场操作和外汇操作。外汇操作因为涉及国际金融流动,将在下一节介绍。公开市场操作具体地说就是中央银行进行买卖国库券的交易,称之为公开指的是中央银行不是同财政部进行国库券买卖,而是在公众参与的国库券市场上交易。当联储打算增加高能货币时,它买进国库券,增加持有的资产,将负债的凭据——美元付给公众,使流通中的美元增加;相反的操作是,联储卖出国库券,收回美元,它的资产和负债同时减少。

案例 3-1　美联储的公开市场操作

1987年10月19日美国股市出现危机,道-琼斯工业指数一日之内下跌508点,跌幅达22.6%,超过1929年黑色星期二日跌幅11.7%的纪录,而众所周知后者是大萧条的开端。为挽回市场信心,美联储紧急行动,采用公开市场操作干预资本市场。通过积极购进政府债券,以所有人都能看得到的方式向金融领域注入资金,显示提供最后清偿能力的决心。第二天交易开始前50分钟,联邦储备委员会主席阿兰·格林斯潘发表了一个一句话的声明:"作为这个国家的中央银行,联储遵从自己的责任,已经确定准备起到清偿力来源的作用,以支持经济和金融体系。"当天指数止跌回升,以高出前日108点收盘。金融崩溃的局面得以避免。

资料来源:〔美〕史蒂文·K.贝克纳:《格林斯潘——谁在主宰世界金融》,戴建中、赵薇、征庚圣译,江苏人民出版社1999年版,第52—75页。经过改写。

中央银行控制货币流通的第二个重要途径是决定法定储备金比例。不过在银行业管理比较完善的发达国家,法定储备率有越来越低的趋势。比如在美国,1991年支票存款法定储备率为12%,小于一年半的定期存款法定储

备率是 3%,长期定期存款为 0。中央银行调整法定储备比例的频率也在降低。

第三个重要途径即操作再贴现率。持有商业票据的个人或公司用尚未到期的票据,向银行要求兑换现金。银行扣去自兑现日至票据到期日的利息之后,支付现金。这个过程叫作贴现。扣除的那部分利息称贴水,扣除利息的比率称贴现率,一般来说与当时的市场利率相当。商业银行持其所有的票据(通常是别人交来贴现的票据),提请中央银行要求兑换现金(即向中央银行要求贴现),称为再贴现。中央银行扣除贴水的比率,称为再贴现率。一般来说,商业银行会将中央银行制定的再贴现率作为市场贷款利率的下限。

因储备—存款比例既受人们的偏好和心理的影响,也受银行利率水平的左右。当银行利率高时,人们会更愿意存款;利率低时,人们比较容易取出存款,持有现金。而商业银行在决定利率和贷款—存款比例时,依据的是成本—收益分析。储备比例过高,导致资金闲置,等于丧失利润;而降低储备比例就必须考虑连带的风险,即如果遭遇临时大笔提款,如何应付。如果出现这种情况,商业银行就只有向两方借贷:或是向其他商业银行贷款,在美国这项利率被称为联邦基金利率;或是直接联系中央银行,贷款利率即中央银行确定的再贴现率。这两个利率都由中央银行规定。当中央银行提高利率时,商业银行随之提高储备比例,以控制万一需要借贷的额外开支;相反,当中央银行降低利率时,商业银行就减少储备比例,因为预期的借贷利息较低。中央银行的行动对商业银行决定存贷款利率的影响与此类似。两项利率提高,商业银行自然提高存贷款利率,私人自然选择增加存款、减少消费;两项利率降低,商业银行自然降低存贷款利率,私人就倾向减少存款、增加消费。

第二节 汇率与国际收支

汇 率

在主要新闻媒体上面,都可以看到当天的外汇牌价,它所表示的就是汇率,即一国货币相对于另一国货币的价格。汇率可以有两种计量方法:一是外国货币的本国价格,比如1美元可以兑换8.2元人民币,这称为直接标价;二是本国货币的外国价格,1元人民币可兑换0.12美元,这称为间接标价。一般使用的是前一种概念,所以汇率也被定义为购买一单位的外国货币所需要的本国货币的数量。

下面我们看看汇率这个耳熟能详的概念到底意味着什么。它的英文表述exchange rate更有助于说明问题,因为各国使用的货币不一样,各种货币之间产生了相互交易的需要,所以出现了以汇率为表现形式的货币价格。如中美之间,一些持有美元的人想要得到人民币,而一些持有人民币的人想要得到美元,于是形成了交换和交换的价格。比如美国人到中国来,无论是旅游、求学或工作,都希望将部分美元换成人民币,以便消费。不过相比之下,更主要的是进行进出口贸易的企业和商家。中国企业将生产的产品在美国市场销售,美国消费者支付给它的是美元,而它付给工人工资和支付厂租、运输费用等要用人民币,于是它要求把美元销售收入兑换成人民币。同样,向中国出口的美国企业会要求把人民币销售收入兑换成美元。假设最初的情况是中国出口商持有100亿美元,美国出口商持有820亿元人民币,他们都选择完全兑换,双方交易的结果就形成了目前的汇率1∶8.2,即1美元兑换8.2元人民币。可见人民币和美元的供需关系决定了二者的汇率。

中国学者陈宝森认为,决定汇率水平的有三方面的因素。第一,各国货币的实际购买力,它体现了各国国内经济的基本面,也是影响汇率的最根本因素。20世纪初,瑞典经济学家古斯塔夫·卡塞尔曾将其概括为购买力平价(PPP)理论。简单地说,就是认为一个国家的价格水平反映其货币的国内购买力,而各国货币的比价(即汇率)应当体现其实际购买力,也就等于两国价格水平之比。[①] 第二,贸易往来及弥补贸易差额的需要。下面将重点讨论这个问题。第三,独立的国际金融活动的趋势。早期的国际金融是基于前两个因素,因为商品流通和在国外投资需要融资。随着交通和通信技术的提高,资本流动的速度越来越快,其提速幅度远远超过投资和贸易的增长幅度,国

---

① 按照PPP理论的推断,国内购买力的下降、国内价格水平的上升应当引起本国货币的贬值,而国内购买力的上升、国内价格水平的降低应当引起本国货币的升值。但在现实当中,汇率变化同PPP理论的预测存在很多矛盾之处。

际金融因而有了自己的规律和趋向,它的变化已经可以反过来左右贸易和资本活动。[①]

汇率与国际贸易

国际贸易活动与汇率的变化是相互影响的。首先来看贸易收支如何左右汇率。仍使用上面的例子作为出发点,假设在 1 美元兑换 8.2 元人民币的汇率下中美贸易完全平衡。在接下来的年度中,中方获得顺差,也就是说中国对美国的出口超过美国对中国的出口。中国出口商在美国市场上销售了 200 亿美元产品,美方仍然只完成了 820 亿元人民币销售额。按照原有比价,美方取得 100 亿美元,中方取得 820 亿元人民币,但仍有 100 亿美元等待兑换。这就出现了多种选择:中国出口商要么持有美国资产(购买美国财政部债券,或购买美国不动产,或保留美元作为储备),要么坚持完全兑换。后一种选择将导致美元的供需状况变化,在两国政府选择不干预的情况下,汇率会变为 1 美元兑换 4.1 元人民币,即人民币升值 50%、美元贬值 50%。

如我们所知,中美贸易不平衡已存在多年,尽管两国政府的统计有明显差异,不过都显示中方拥有贸易顺差。美元对人民币的汇率在此期间也进行过调整,但是都是人民币贬值、美元升值。为什么实际情况与理论不符?最关键的一点是人民币的不可兑换性。衡量某国货币究竟是可兑换还是不可兑换的重要标志之一是官方汇率与黑市汇率之间的差价,或称汇率差额。如果差额非常明显,意味着实际外汇需求大大超过中央银行能够和愿意满足的额度,政府不允许汇率调整,而是通过种种法规限制公民获得外汇,那么该国货币是不可兑换货币。表 3-4 中韩国的水平是一道无形的分界线。高于这个水平的基本上是不可兑换货币。最后三个国家则超过了另一道界线,汇率差价达到相当危险的地步,使整个经济分化:一部分不受政府控制,使用外币(通常是美元),形成地下经济;另一部分遵循已经不现实的国内价格和汇率,而且越来越缺乏生机。

---

① 参见陈宝森:《美国经济与政府政策——从罗斯福到里根》,世界知识出版社 1988 年版,第 871 页。

表 3-4　1988 年 12 月部分国家的官方汇率和黑市汇率之间的差额

国家	官方汇率	黑市汇率	汇率差额(%)
意大利	6.0590	6.1800	1
法国	1 305.8000	1 318.8000	2
韩国	684.1000	752.5000	10
墨西哥	2 281	2 623.1500	15
以色列	1.6850	1.9880	18
巴西	0.7650	1.2010	57
波兰	502.5500	3 201.2400	537
苏联	0.6060	7.2417	1 095
古巴	0.8290	37.3460	4 405

说明：汇率均为本国货币对美元的直接标价。

　　　汇率差额为黑市汇率超出官方汇率的百分比。

资料来源：转引自〔美〕杰弗里·萨克斯、费利普·拉雷恩：《全球视角的宏观经济学》，第 426 页，表 10-3。

通过表 3-4 也可以看到，不可兑换性主要是个程度问题。即便是发达国家的货币也不是可以完全自由兑换的。事实上，《国际货币基金组织协定》规定了货币自由兑换的原则，但并不要求保证资本项目的可兑换性。各国也都限制自己的公民随意购买外国股票、债券、不动产等资产，或随意在外国银行开设账户。该协定对保证经常项目的可兑换性的规定相对严格，但也允许例外。总之，各国政府或多或少地控制着汇率，而不是将它完全交给市场决定。

那么，政府为什么要控制汇率？这涉及我们要讨论的另一方面的问题，即汇率变化对贸易往来的影响。我们使用一个英美计算机贸易的例子进行分析。假设在初始的汇率条件是 1 英镑兑换 2 美元，一个美国企业生产的光盘驱动器在国内的卖价是 500 美元，在这个价格下它可以支付生产成本并获得最低利润。它打算进入英国市场，而且可以自行消化运费并保持竞争力，于是它会将自己的光驱在英国的销售价定为 250 英镑。假设生产相同产品的英国企业也确定了同样的价格（根据它自己的生产成本和最低利润需求），通过竞争，双方各获得 50% 的英国市场份额。

如果英镑升值、美元贬值，汇率变化为 1 英镑兑换 3 美元，会对上述贸易格局产生什么影响？美国厂家可以把光驱在英国的卖价降低到 166.7 英镑，因为在新的汇率下，这个出口价格相当于 500 美元的国内售价。英国竞争者立刻面临两难选择：要么降价，亏本经营；要么坚持原价，丧失市场份额。可见，货币贬值可以使一国在贸易竞争中获得优势。相反，货币升值会使国家在贸易竞争中处于劣势。如果在上例中美元升值，英美货币比价变化成 1∶1，美国光驱生产者将不得不提高自己的产品在英国市场的售价，从 250 英镑增加到 500 英镑，而英国同行保持原价，那么美国人将在英国市场竞争中一败涂地。

以上是从美国的角度使用这个例子，分析了出口的情况。如果从英国的角度理解这个例子，就可以了解汇率变化对进口的影响。即本国货币贬值导致进口产品价格上升，国内对外国产品的需求减少，进口额下降；反之，本国货币升值导致进口产品价格降低，对进口产品的需求增加，进口额上升。把进出口的变化结合起来，就可以得出结论：货币贬值可以增加贸易收入，改善贸易平衡；货币升值的效果则恰恰相反。这是各国政府试图控制汇率变化的重要原因。

汇率与资本流动

下面再简单讨论一下汇率变化对资产项目的影响，也就是汇率调整如何左右国际金融资产的流动。资产归根结底是把购买力从现在转移到将来的手段。人们使用现金购买资产，除了一小部分用来满足衣食住行这些基本需要之外，主要是为了能够在将来获得更多的资金收入。所以，他们在选择购买股票、债券还是期货、不动产时，主要以预期的收益率为依据。比如某人获得 1 万元年终奖金，考虑进行投资。他注意到某种股票当时的价格为 10 元/股，并认为它有希望在第二年年底升值为 11 元/股，那么它的预期收益率为 10%，肯定超过一年期存款利率。同时，他又听说某种邮票很有收藏价值，目前每张价格 100 元，在明年内有望升至 115 元，即预期收益率 15%。他选择了购买邮票 100 张。他的实际收益当然首先取决于他的判断是否正确。可能是15%,也可能是10%(与股票投资收益相同),或者是0(邮票价格没有变化),甚至是-10%(邮票价格下跌到90元/张)。其次取决于第二年的通货膨胀幅度。如果是通货膨胀率为10%,他的实际收益率就会分别变成5%、0、-10%、-20%。在获得实际收益的前提下,他还会考虑相对收益。可能他投资邮票得到了预期的15%利润,但同时发现上述股票的实际收益最终是30%,那么他仍然可能觉得自己的投资失败了。

同样,国际金融市场的参与者也是受预期收益率引导的。他们通过比较不同种类货币的预期收益率,来选择购买何种外币资产。这个收益率主要由两个指标决定。首先是不同国家的利率水平。假设当年美元的预期年利率为10%,意味着兑换10万美元存入银行,年终可获得11万美元。若同期英镑的预期年利率为5%,意味着兑换10万英镑存入银行,年终可获得10.5万英镑。其他形式的金融资产收益更加复杂,但均与基本的存贷款利率相联系。投资者此时还无法做出比较,因为这两个收益率不是以可比的标准计算的。于是需要引入汇率及其变化,预期汇率的改变是决定投资选择的第二个关键指标。

如果汇率保持不变,而美元利率为10%、英镑利率为5%,投资美元的收益率自然比较高。但是假设当年内英镑与美元的兑换比率由1英镑兑2美元变为1英镑兑2.5美元,即英镑升值、美元贬值,年初投入10万英镑购买美元,年底收回的并不是11万英镑,而是8.8万英镑,收益率为-12%,那么投资美元就不如持有英镑合算。当然,如果到年终英镑与美元的兑换比率由1英镑兑2美元变为1英镑兑1.6美元,即英镑贬值、美元升值,那么10万英镑的美元投资将获得13.75万英镑的回报,收益率为37.5%,投资美元就是明智的选择。

于是我们可以得出结论说:投资者的选择和国际金融资产流动的方向由两个因素决定——各国利率对比和汇率的变化。对某个具体国家而言,利率上升或者货币升值有利于吸引国际资金,而利率下调或者货币贬值将导致资金外流。这又提供了政府干预汇率的理由。

案例 3-2　宝马终结英国梦

1994年,德国宝马汽车公司斥资12亿美元从英国宇航公司手中购买了英国老牌汽车公司——罗弗公司。罗弗公司生产的发现系列、山地越野系列等越野车在美国市场相当畅销,德国人希望借此收购拓展国际市场。收购完成后的六年当中,宝马共向罗弗公司注资34亿美元,对其进行管理和技术改造,但一直不能扭转其亏损局面。德方认为原因是英国政府一直拖延加入欧洲单一货币进程,致使其货币汇率经常波动,而英镑对马克定值偏高。1999年,英镑对马克汇价从1英镑兑换2.2马克提高到3.2马克,导致罗弗车出口售价上升,销售量大受打击。当年销售额下降了将近10亿美元,罗弗公司的亏损也从1998年的9.57亿欧元增加到1999年的12亿欧元。由于罗弗公司的拖累,尽管宝马的德国母公司销售和利润逐年增长,但宝马公司整体的财务统计却陷于赤字当中。2000年3月,宝马承认投资英国的决策失败,决定出售罗弗公司在伯明翰的长桥生产厂。罗弗公司的越野车生产分部被宝马公司的竞争对手——美国福特汽车公司获得。

储备货币

在大多数国家使用直接标价的时候,美国和英国的汇率却采用了间接标价的表达方式。即不标明多少美元兑换1日元、多少美元兑换1元人民币,而标明1美元或英镑兑换多少外币。这种现象实际上是多年交易形成的。因为汇率主要受国际贸易往来影响,而过去的英国、后来的美国在国际贸易中的份额特别大,与它们进行贸易的国家比较多,围绕它们的货币进行的交易自然也多,久而久之,美元和英镑成为核心货币。比如某家中国银行受客户委托将一笔人民币资金兑换成冰岛克朗。银行的做法通常是先将人民币兑换成美元,然后将美元兑换成冰岛克朗。这样似乎是自找麻烦,其实是简便易行的做法。因为中国与冰岛的贸易往来规模有限,直接寻找持有人民币、打算兑换克朗的冰岛商人会比较费事。而美国的贸易联系广泛,无论是美国同中国还是美国同冰岛的贸易额都大于中冰两国的直接贸易额,持有美元想兑换人民币或持有冰岛克朗想兑换美元的客户都不难找到。美元和英镑事实上在外汇交易中被当作度量标准，因而拥有了特殊地位，即成为核心货币或称储备货币。

在国际经济活动中，国家作为一个整体经常面临收支失衡的状况。在收支差额不大且并不反映国民经济或国家竞争能力出现结构性问题的情况下，仅仅根据收支差额调整财政或货币政策并不必要，而且会造成宏观经济环境的不稳定。各国政府通常的做法是有意保持一笔官方储备，以弥补差额，平衡国际收支的短期变动，起到稳定和缓冲的作用。这部分储备自然应当是在国际上流动性最强、为大家普遍接受的货币。例如早期的黄金、白银，后来的英镑、美元，它们也被称为国际硬通货。晚近出现的欧元同样被普遍看好。

发行储备货币的国家往往在国际金融活动中居核心地位，享有种种好处。第一，它可以获得额外的铸币税，即通过扩张本币来获取外国资产。铸币税（seigniorage）原意指君主特权，包括特许征收捐税和垄断货币发行的权力。也就是说，统治者可以通过创造货币、调整币值，获得实际购买力。因此铸币税可以被理解为国家政府在发行货币时附加的一种税收。纸币的出现使获取铸币税更加有吸引力，因为相对于其票面价值而言，印刷纸币的成本极低，几乎可以忽略不计。比如21世纪初美国印一张面额为100元的钞票的成本仅为4美分。对大部分国家而言，这笔税收只是向本国人征收。而核心国家的货币被很多其他国家使用，作为储备货币，等于向外国人征收了铸币税。第二，核心国家有能力建立和维持国际货币流动的基本规则。第三，核心国家可以按自己的意愿调整本国的宏观经济结构，而其他国家只能做出被动的反应，或者只能部分实现调整意图。

第三节 国际货币领域国家与市场的关系

金融决策的政治学

在讨论国际贸易问题的时候，我们是从市场的规则和运行情况出发的，观察市场力量怎样塑造贸易结构，分析它有什么优势和缺陷，然后讨论国家干预、政策调节是否可以弥补市场的缺陷，总体上遵循的是从市场到国家的思路。观察国际金融问题的思路则恰好相反,即从国家到市场,首先要明确国家在管理金融活动时有什么目标,它可能选择什么样的政策,各国之间会达成什么样的安排,然后分析市场会如何反应。

为什么会存在如此不同的思路,这也是很有意思的问题。其实无论是在贸易还是在金融问题上,都存在国家与市场的冲突,存在激烈辩论。不过在贸易问题上,经过两百多年的曲折发展,对市场力量的信任成为主流,国家对贸易的干预受到限制。金融问题上遭到质疑和限制的却是市场力量。直到20世纪七八十年代,解除资本控制、允许自由流通的思想才兴盛起来,不过国家调控的理论仍很有势力。潜在的判断是,国际贸易涉及商品的国际流动,国际金融涉及资本的国际流动。而对现代经济而言,资本是经济发展的动力,商品是经济发展的成果,前者直接关系到国家兴衰,更具有政治敏感性,支持国家控制理所当然。

那么,国家使用货币金融政策希望达到哪些目标?上一节的分析表明,各国通过调整利率和汇率追求两个目标:一是改善自己的贸易条件,二是吸引更多的资本。但是很快可以发现,这两个目标是相互冲突的。如果希望促进贸易、扩大出口,应当设法增加高能货币的供给,以促使货币贬值。如果希望吸引外国投资,则应当设法提高利率水平,以提高本国的资产收益率水平,但这样做需要减少高能货币的供给,会引起货币升值。如何在两个目标之间求得平衡,对各国的货币金融决策者来说都是一个考验和挑战。

同贸易政策类似,制定国际金融政策也不是单纯的经济问题,而是利益集团相互角力的政治过程。在各国内部都是既有支持货币贬值的一方,主要是面向世界市场的出口企业及其雇员,也有支持货币升值的一方,包括金融投资机构和广大消费者。日益兴盛的跨国公司则相对中立,追求汇率平衡稳定。在美国总统克林顿的任期内,可以清楚地看到它们之间的争斗和随之而来的政策摇摆。

案例3-3 强美元?弱美元?

1993—1995年间,克林顿政府的国际经济政策为注重贸易的部门主导,商务部长布朗在其中扮演重要角色。作为民主党最有能力的筹款者之一,他对克林顿的当选居功至伟,因而对党内领导层和克林顿本人有不可小视的影响力。布朗领导商务部后,一改该部在国际经济决策中居于二线的传统,积极提倡占领十大新兴市场的主张,要求政府主动出击,指导美国厂商扩大出口。而当时的总统经济顾问委员会主席劳拉·泰森也提出了所谓管理贸易的理论,认为日本等竞争对手的政府和企业相互配合,使美国厂家面临不公平的竞赛场地,所以美国政府应当插手贸易竞争。不过重点不是保护国内市场,而是设法打入外国市场。当时的财政部长劳埃德·本特森也赞同他们的想法,认为扩大出口、占领海外市场是提高美国国际竞争力所必需的。于是他们有意放任甚至鼓励美元贬值,以改善本国的贸易条件。

到了克林顿的第二任期,情况发生逆转。不断爆发的金融危机使金融稳定成为新的焦点,美国金融界指责克林顿政府的政策助长了体系的混乱趋势。共和党控制国会得益于大型跨国公司的全力支持,这些跨国公司也抱怨过度疲软的美元阻碍了它们扩展在海外的投资,也打乱了企业内部——海外分公司与本部之间——的流通秩序。联储主席格林斯潘成了它们的主要代言人,并得到继任财政部长鲁宾的支持。此时布朗已去世,泰森也回到学术界。重贸易与重投资的两种势力此消彼长,克林顿政府转而追求相对坚挺的美元。

国家的政策目标

案例3-3清楚地体现了货币政策制定者面临的困难处境。国家政府必须确定具有包容性的政策目标,才能够协调各方面的利益,引导各个压力集团达成共识。经济学家认为,在货币金融领域国家的核心目标应当是维持宏观经济的稳定。具体地讲,就是要同时实现国民经济的内部平衡和外部平衡。

所谓内部平衡,就是在价格稳定的前提下,实现资源充分合理的配置,也就是保持投资和资源之间的平衡。这里面的资源包括劳动、资本、自然资源和技术资源。资源合理利用实际上包含实现充分就业、合理投资、矿藏适度开采、技术创新等具体指标。过度使用资源会导致经济过热现象,出现通货膨胀形式的价格波动和各式各样的盲目投资,人与人之间的关系、人与自然之间的关系持续紧张。而资源使用不足则导致经济停滞、通货紧缩、失业增加,其痛苦更为人熟知。无论是过热还是停滞,政府都会承受各种政治压力,所以应力求达到内部平衡,实现长期稳定的经济增长,提高国民福利。

所谓外部平衡,简单地说就是要保持国际收支的平衡。注意这里隐含的前提是开放经济,独立于国际体系之外自然可以实现平衡,但由于失去各种贸易、投资、技术交流机会而不可取。而一旦加入国际经济往来,保持外部平衡就是利他亦利己的选择。从利己的角度考虑,谁都不愿意在贸易和投资项目上长期出现赤字,因为它可能意味着国家财富的流失,或是国家经济存在结构性问题。长期贸易赤字很可能由政策误导的高消费、超前消费引起,而投资赤字往往引起对未来偿债能力的担忧。面临双赤字的国家通常都面临调整政策的压力,致力于谋求恢复外部平衡。

现在设想另一种极端情况,本国在贸易和投资领域同时出现大量盈余,这似乎是求之不得的理想状况。但应当认识到,全球范围的资产和贸易流动肯定是平衡的,本国获利必然建立在他国的损失上面。受损国家不会甘于这种局面长期保持,很可能采取限制甚至报复措施,从而引起国际关系的紧张。在这种情况下,本国设法恢复外部平衡是利他,最终也是利己。

总之,只有同时达到内部平衡和外部平衡,才能够保证经济稳定增长和本国国际竞争力的提高。

国家的政策手段

为了维持内外经济平衡,国家可以使用两种工具——货币政策和财政政策。如前所述,货币政策指的是中央银行通过管理货币流通来调整经济发展的活动,包括公开市场操作、外汇操作和操控利率等具体方式。财政政策主要是国家政府调节自己的收支水平的活动,包括其有关预算、税收、官方债务的决策。

传统的西方理财观点强调平衡预算原则,认为政府应当尽量减少对经济的影响。行政部门设计出政府开支方案,经过立法机构增删批准,决定相应的税收水平,保证收支相抵。那时的西方政府没有使用财政政策指导经济运行的打算,因此也可以说真正的财政政策并不存在。如我们所熟知的,大萧条和凯恩斯经济学的诞生改变了这个传统。约翰·梅纳德·凯恩斯(John Maynard Keynes)主张摆脱平衡预算原则的束缚,主动运用财政政策管理经济,以抑制经济周期带来的波动,使经济平稳增长。简单地说,在经济趋向停滞和衰退时,政府应当制定扩张型财政政策,即搞赤字财政,以刺激经济;在经济持续增长并有过热危险时,政府应当制定紧缩型财政政策,追求财政盈余,使经济发展减速。西方国家以此为指导摆脱了经济崩溃的危险,推行积极财政政策也成为传统。

图 3-1 简单显示了国家政府是如何使用货币和财政政策手段,实现经济平衡的目标的。其中纵轴显示汇率变化,代表国家的货币政策。请注意,因为多数国家的汇率采用直接标价,E 上升则本国货币贬值,E 下降则本国货币升值。横轴代表政府的财政政策。财政宽松度高意味着政府执行扩张型财政政策,扩大支出或者降低税收。相应地,财政宽松度低意味着政府执行紧缩型财政政策,削减开支或增加税收。

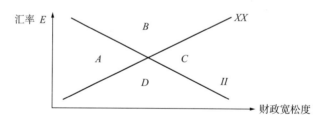

图 3-1 货币、财政政策与国民经济内外平衡

资料来源:〔美〕保罗·克鲁格曼、茅瑞斯·奥伯斯法尔德:《国际经济学(第四版)》,海闻等译,中国人民大学出版社 1998 年版,第 509 页,图 18-2,有改动。

图中的 II 线反映一国的内部平衡情况,XX 线反映它的外部平衡情况。内部均衡有很多指标,这里为了简化分析,以充分就业为衡量内部均衡的主要尺度。也就是说,在 II 线上的各点,国家实现了充分就业,经济达到内部均衡。II 线上方区域意味着过度就业,经济过热;下方区域意味着就业不足,经济停滞。

外部均衡应体现为国际收支相抵。这里不考虑资产项目的复杂变化,以贸易平衡为衡量外部均衡的主要尺度。那么 XX 线上各点都是外部平衡点，进出口相等，贸易收支相抵。XX 线左边区域意味着出口大于进口，经常项目顺差；右边区域意味着进口大于出口，经常项目逆差。

在 II 线与 XX 线的交点上，本国同时达到内外平衡。由 II 线与 XX 线分割成的四个区域内，分别存在四种不同的经济失调。A 区是就业不足，经常项目盈余；B 区是就业过度，经常项目盈余；C 区是经常项目赤字，就业过度；D 区是经常项目赤字，就业不足。

那么 II 线和 XX 线是如何形成的呢？它们说明的是本国政府如何使用汇率与财政政策，追求和维护国内或国际经济平衡。II 线表示为了保持国内均衡，汇率与财政支出必须向相反方向变化。假设最初实现了均衡，而后财政支出减少，这必然带来国内需求的减少。为了维持总需求水平、维持充分就业，就应当使货币相应贬值，这样本国产品相对便宜，外国对本国产品的需求上升，恰好弥补国内需求下降形成的缺口。也就是说，减少财政支出的同时，应当提高汇率。同理，增加财政支出的同时，应当降低汇率。这样就形成了向下倾斜的 II 线。

XX 线则表示外部均衡要求汇率与财政支出同向变化。同样假设最初达到经常项目收支平衡，而后财政支出减少，这意味着本国总需求的下降，那么本国对外国产品的需求也同时下降，进口减少。为维持进出口平衡，此时必须相应减少出口，也就需要使货币升值。也就是说，外部平衡的要求恰恰相反：在减少财政支出的同时，应当降低汇率；在增加财政支出的同时，应当提高汇率。这样形成了向上倾斜的 XX 线。

汇率制度与国际体系

由图 3-1 可见，汇率调整可以帮助国家政府实现经济内外平衡的目标，是关键的政策手段。各国可以选择的汇率管理制度要么是固定汇率，要么是浮动汇率（亦称弹性汇率）。世界主要国家或地区选择的汇率制度也就构成了当时的国际货币体系。

固定汇率制度因建立过程不同，形成了不同的种类。第一，单向钉住，亦称单方面钉住。某个国家单方面宣布与另一个国家（或另一些国家）货币之间的兑换率,并且承诺将它维持在这个水平。被钉的国家并不承担维持汇率的任务,选择单向钉住的国家必须自己应付所有的波动。过去和现在,很多发展中国家都选择这个制度。

案例3-4　美元化货币制度

这里的美元化指的是某些国家在本国经济中把某种外国货币作为合法流通的官方货币,这种外国货币不一定是美元,但实际上以美元居多。到21世纪初,世界上有30多个国家正式实行美元化,涉及人口超过6 000万。其中最大的国家是厄瓜多尔,人口1 700万,国内生产总值超过1 000亿美元。其余大部分国家都很小,如基里巴斯、圣马力诺、帕劳、东帝汶等,只有数万人口。

实行美元化可以被视为单方面钉住发展到极端的形式。在这种制度下,外国货币要么同本国货币一起流通使用,要么作为唯一的官方货币用于支付工资、纳税、储蓄、投资等各种经济活动。这些国家大多拥有非常自由的外贸体制和资本流通、货币兑换制度,同国际贸易和金融体系高度一体化。这些小国家选择美元化所追求的好处是,消除货币兑换成本以增强资本的流动性,鼓励外国资金进入;减少贸易风险,特别是获得在美元区(即该外国货币影响区域)的贸易优势;依靠大国比较成熟的金融管理体制,稳定本国的市场价格。

但美元化的风险和代价也是显而易见的。本国政府不仅放弃了铸币税收入,而且无法有效地制定和实施财政政策,不能保证国家财政的支付能力。在财政危机中必须依赖国际援助,接受别国或国际组织确定的结构调整方案,而这些方案往往无视该国的社会现实,带来痛苦和动荡。因此,美元化制度是限于少数小国的特殊安排。

第二,分别钉住。若干国家分别钉住一种货币或金银等硬通货,这样自然会形成稳定的汇率体系,历史上的金本位体系、布雷顿森林体系都属于这一类。各国分别维护本国货币对黄金或美元的比价,也就相当于共同维护它

们之间的固定汇率。

第三,合作钉住。若干国家经过协商,建立固定的兑换制度,不过不以第三方货币或硬通货为参照。各国分担稳定汇率的责任,称为合作钉住。比较典型的是欧洲经济共同体曾采用的货币体系。

浮动汇率制度也有清洁浮动和肮脏浮动之分。前者是指中央银行完全不干预汇率,任凭市场力量决定本国货币的价格。后者是指有管理的浮动。例如,哥伦比亚、赞比亚等国根据一系列事先确定的指标,随时插手外汇买卖;韩国、葡萄牙等国则根据贸易条件的变化,随时调整汇率。有些国家甚至故意制造多重汇率。比如智利在1973年就形成了15种汇率,最高值是最低值的80倍。政府对最主要的出口商品维持最低汇率,对最主要的进口商品维持最高汇率。这样就提高了进口商品价格,降低了出口商品价格,以保证自己获得贸易顺差。理论上讲,政府可以通过参与外汇市场而不是行政命令制定和维持多重汇率,所以它仍属于有管理的浮动汇率。不过多重汇率因为严重扭曲市场信号,错误引导本国资源的配置,声誉不佳,逐渐为各国所放弃。

第四节 金本位体系

金本位制度的理论基础

金本位体系是第一个完全意义上的国际货币体系。在此之前,货币发行和流通基本上是各国的内部事务。国家之间的贸易往来主要是互通有无,因此数量小,可以采用以货易货的方式。货币结算和兑换虽然很不方便,但对国家经济主体而言是可以忽略的问题。

促使情况发生变化的是工业革命之后各国生产能力的提高和现代国际贸易的出现。在漫长的农业社会中,人类的物质生产就长期而言增长极其缓慢,甚至近乎零增长。所以稀少的金属货币基本上能够满足流通的需要,适应经济的总体规模。工业革命使社会经济进入高速成长的阶段,人们很快感到金银供应的增加跟不上生产扩展的速度,有必要通过发行纸币满足经济需求。在处理纸币与金属货币之间的对应关系方面,各国有不同的做法。衡量各国货币的比价成为相当复杂的问题,只有通过确立大家认可的兑换制度来解决。这可以说是推动国际货币体系出现的第一个动力。

第二个动力来自国际贸易领域。如前所述,17世纪之后,国际贸易由互通有无变为追求比较优势,即通过国际分工和自由贸易获益。专业化生产的结果是,相距遥远的地区和国家之间必须保持经常的贸易往来,而且出现了转口贸易等新的复杂贸易形式,国际贸易迅速货币化。各国货币的兑换结算成为日常活动,国际贸易的发展需要稳定的国际货币体系作为依托。

在这些力量的推动下,金本位体系出现了。它的建立同样遵循各种国际体系建设的典型进程。先是外部条件的变化,产生对制度的需求;接着出现有影响的理论,对形势的变化做出解释,并倡导建立新的制度;而后新思想通过政策争论乃至政治和社会冲突,改变了关键国家的政策;然后这个国家或是主动引导或是通过示范和竞争,向其他主要国家推销普遍的游戏规则;技术和管理制度的变革会加速改造过程,最终产生新的国际体系。

金本位制度的理论基础是苏格兰人大卫·休谟(David Hume)在18世纪中期提出的论述。在此之前,主导欧洲国家国际经济政策的是重商主义学派。它在货币政策领域主张管制货币兑换,不断积聚金银,以增加国家的财富。它认为只要保证出口大于进口,黄金不断流入,本国经济就居于优势地位;而黄金的流失意味着本国财富的流失,会导致本国经济的流通手段不足。休谟对此提出质疑,并推断说允许货币资本自由流动可以自然地实现收支平衡。在贸易失衡、本国出现贸易逆差的情况下,黄金从本国流向外国,本国短期内出现货币供应不足,物价随之下跌,出口物品价格低廉,从而导致出口的扩大。同时,外国黄金增加,物价上涨,外国物品的价格上涨,本国人会减少购买外国物品,因此进口将下降。这两方面的变化推动本国出口扩大、进口减少,消除本国的贸易逆差,从而重新实现贸易平衡,黄金的进出口也随之实现平衡。相反,在本国贸易顺差的情况下,相应的价格变化同样会解决失衡问题,恢复黄金进出口的平衡。所以积累黄金并不能保证本国获益,短期的黄金流失也并不意味着本国受损。从长期看来,贸易和货币的自由流动可以自动实现平衡,限制黄金出口只会给国民经济带来损害。对国家而言,关键是实际生产能力的提高,而不是形式上的货币积累。

休谟的论述被称为硬币—物价—流动机制。后代经济学家通过数理推导证实了他的描述和推理,显示出在其他条件不变的前提下,一国的货币供给数量与其价格水平呈等比例变化。休谟的理论有力地冲击了重商主义货币政策的基础,后来李嘉图模型又破坏了重商主义贸易政策的基础。它们共同构成自由主义经济政策的根基。

金本位体系的建立

一般认为,休谟理论产生政策影响始于1819年的英国。① 当时英国国会颁布了《恢复条令》,要求英格兰银行恢复兑换黄金的业务。在拿破仑战争期间,这项业务曾一度中止。不过条令不只是恢复到战前状态,它正式规定维持英镑与黄金的固定汇率是中央银行的唯一任务。这条法令有两个重大含义。其一,通过规定"中央银行的唯一任务",取消了战前对黄金进出口的各种管制措施,从而接受了硬币—物价—流动机制理论,允许黄金自由流动。其二,它确定纸币发行与黄金挂钩,白银作为黄金的辅币使用。直到18世纪20年代,英国还以白银为主要货币。而在此后的工业生产和贸易扩张中,它逐渐认识到体积小、比价高的黄金更适于远距离、大规模的国际贸易,因而逐步转向黄金本位。《恢复条令》的生效使英国成为第一个建立兑换黄金的固定汇率,也就是采用金本位制度的国家。②

不过在当时的国际货币领域,金本位制度的势力并不强大。在从贵金属货币向纸币过渡的过程中,另外还有三种主要的制度同金本位竞争:浮动汇率制度、银本位制度、金银复本位制度。在世界主要国家当中,俄国、奥匈帝国实行浮动汇率制度,它们发行纸币时不与任何贵金属挂钩;德国、印度、中国实行白银本位,即发行银票;法国实行金银复本位,纸币发行同时与金银挂钩,它还在1865年组织拉丁货币联盟,鼓励比利时、瑞士、意大利和它一样采取复本位制度。新兴的美国则曾经试用各种制度:从1853年之前的复本位到

---

① 1816年英国颁布《金本位法》,规定以黄金为本位货币,但未明确管理办法,特别是未主张黄金的自由进出口。

② 条令正式生效于1821年,也可以说金本位制度此时首次出现。

1853—1862 年的金本位,再到内战期间的浮动制度。

虽然当时英国经济在世界上遥遥领先,但英国并没有力量也没有意图迫使其他强国实行金本位。此时发生的技术革命成了推行金本位制度的客观力量。19 世纪 30—40 年代,欧洲普遍铺设铁路。19 世纪 50—60 年代,铺设陆上和海底电缆;1852 年,伦敦和巴黎首次直通电报;1866 年,横跨大西洋两岸的永久电缆铺设成功;1870 年,连接印度和英国的电缆工程竣工。铁路和电报网把各国的金融市场紧密连接到一起,这在历史上还是第一次。它最主要的影响就是方便了跨国套利行为。

比如国际支付中出现金价下调的压力,英格兰银行及时调整,法兰西银行未能及时反应,两国汇率出现差距。于是自然会有人到英国市场抢购黄金,再到法国兑现,获取利润,直到法国做出反应,降低金价,两国利率统一为止。在交通不便、信息不通畅的时候,套利者承受相当风险。从他获得贷款到在英国市场购得黄金再到抵达法国售出黄金套现,可能需要好几天时间,法国金价很可能在此期间降低,那么他不仅无法获利,还要承担利息和运输费用。这样,跨国套利行为面临种种障碍,而金融制度不完善、管理技术差的国家等于受到层层保护,有相当的回旋余地。铁路和电报网的建立使双方优劣地位互易,制度存在缺陷的国家失去保护,套利者则活动自如。19 世纪 40—60 年代,欧洲各国金融市场剧烈动荡。

套利者出于自身利益的投机活动,事实上推动了优胜劣汰的市场过程。金本位制度的三个竞争对手暴露出各种缺陷,因而先后被淘汰。其一,浮动汇率制度。它暴露的弱点是存在天然的过度贬值倾向。因为政府印行纸币不受任何约束,它们经常不负责任地扩大预算开支,然后通过滥印纸币弥补亏空,造成通货膨胀,或者随意让货币贬值,以扩大出口。结果与实行固定汇率的国家相比,实行浮动汇率的国家政府很快失去信用,不断遭到投机活动的冲击。1844—1880 年,俄国卢布的币值下跌了近 1/3。1870 年,奥匈帝国的弗罗林也贬值 1/6。[①] 美国为支持内战实行浮动汇率制度,也导致了金融动

[①] 参见〔英〕J. F. 佩克:《国际经济关系——1850 年以来国际经济体系的演变》,卢明华等译,贵州人民出版社 1990 年版,第 80 页。

荡。在 1869 年 9 月 22 日的金融危机中,美元与黄金的比价在半小时之内从 1∶1.62 下降到 1∶1.34。美国于 1878 年通过《布兰德法案》,于次年开始将美钞同黄金挂钩。① 奥匈帝国迟至 1892 年才采用金本位。俄国虽然从 1875 年开始向金本位过渡,不过因为三心二意,直至 1897 年才彻底接受金本位。这两个国家因此付出了经济动荡停滞的代价,在迅速发展的欧洲经济中遭到边缘化。

其二,银本位制度。德意志关税同盟选用这个制度,并一度说服奥地利共同使用银马克,以抵制英国银行对国际金融业的控制和操纵。1866 年普奥战争后,德奥货币同盟解体,普鲁士独自与英国抗衡难操胜券。而且普鲁士也逐渐认识到黄金更适于大规模贸易的结算。1871—1873 年间,统一后的德国有计划地从银本位改为金本位。在长期使用白银的亚洲国家中,只有日本对国际潮流做出及时反应,于 1886 年转变为金本位。在中国,清政府一直坚持使用白银;辛亥革命之后,北洋政府 1914 年发布《国币条例》,再次确认银本位制度,统一发行有袁世凯头像的银元;直至 1935 年,国民政府推行法币政策,才正式废除银本位制度。②

其三,金银复本位制度。这种制度的根本缺陷在于金银在供需两方面都不同步。在供应方面,白银产量始终高于黄金产量。在需求方面,黄金更适应现代国际贸易,更为厂商所欢迎。也就是说,黄金会相对地供不应求,而白银供大于求,金银比价存在自然的变化趋势(参见表 3-5)。

---

① 参见〔美〕保罗·克鲁格曼、茅瑞斯·奥伯斯法尔德:《国际经济学(第四版)》,第 496 页。
② 中国传统上使用银两,但中央与各地区之间标准不一。明万历年间(1573—1620)欧洲所铸银币开始流入中国,最著名的是西班牙以墨西哥白银铸造的"鹰洋"。19 世纪银元和银两同时流通,但供需渠道不一,比价经常变动,助长了中国的金融混乱。清政府于宣统二年(1910)颁布《币制则例》,明确规定银本位制度,试图统一币值,以银元代替银两。但未及实施即失去统治权。袁世凯所铸银币形式、成色、重量一致,成为官方的本币。但实际交易当中,仍然是银两和银元共同流通。1933 年,国民政府试图"废两改元",在全国统一发行银币。但美国从 1934 年起提高白银价格,致使中国白银大量流失,动摇了银本位制度的基础。英国乘机插手,帮助国民政府筹划新的货币制度,于 1935 年 11 月公布实施。以当时的中央、中国、交通三大银行发行的纸币为法币,规定以后经济流通当中停止使用白银,一律代之以法币。法币与英镑挂钩,1 法币定值为 1 先令 2.5 便士。白银收归国有,作为官方储备。1936 年 5 月,中美签订《白银协定》,美国承诺以高于国际市场的价格向中国收购白银,中国同意不向其他国家出口白银。法币汇率因而又同美元挂钩,1 法币兑换 0.2975 美元。

表 3-5　19 世纪金银生产与市场价格

时间	银产值与金产值之比	银条平均价格 （便士/盎司）	市场比值
1801—1810 年	3.226∶1	607/16	15.61∶1
1851—1855 年	3.228∶1	613/16	15.41∶1
1856—1860 年	3.292∶1	615/8	15.30∶1
1861—1865 年	3.386∶1	611/4	15.40∶1
1866—1870 年	3.440∶1	605/8	15.55∶1
1871—1875 年	3.710∶1	591/16	15.97∶1
1876—1880 年	3.794∶1	216/15	17.81∶1

资料来源：转引自〔英〕J. F. 佩克：《国际经济关系——1850 年以来国际经济体系的演变》，第 76 页，表 3.2，有改动。

在这种背景下，实行复本位的国家在固定汇率之后很快面临金银套购行为。例如，金银比价最初规定为 1∶4，一段时间之后实际比价变化为 1∶5，白银贬值。投机者可以向官方银行借出 1 000 盎司黄金，在黑市换取 5 000 盎司白银，然后以 4 000 盎司白银向官方银行还贷，结果净赚 1 000 盎司白银。挤兑黄金的活动进一步扩大金银兑换率之间的差异，加剧白银的贬值倾向。为了保证资产价值，在经济活动中人人愿持有黄金，因此格雷欣法则将发挥作用，黄金将在流通中被白银取代。这种情况在实行复本位制度的国家相继发生，19 世纪六七十年代白银产量激增，使局面更加混乱，迫使它们放弃金银复本位制度。荷兰首先于 1874 年停止铸造银币，采用黄金为记账单位。拉丁货币联盟国家也于 1878 年暂停铸造银币，白银不在大规模贸易中使用，它们的货币事实上已经只同黄金挂钩，也就是接受了金本位制度。

总之，到 19 世纪 70 年代，主要经济大国或是出于自愿，或是迫于形势，都已经效仿英国采取金本位，所以一般以此作为国际金本位体系的开始。货币体系的建立使各国货币比价完全固定，也很容易推算，从而为国际贸易的扩展提供了稳定的环境，促使世界经济进入高速成长的阶段。

金本位体系的规则

金本位体系的要求从字面上看只有简单的两条:各国分别确定本国货币与黄金的比价,负责维护这个价格;而且必须允许黄金不受干预地自由进出口。凯恩斯指出,它实际上要求各国遵守相同的游戏规则,即高能货币发行量与黄金储备数量直接挂钩,而不受其他因素的影响。这意味着吸收黄金的贸易顺差国应当同步增加货币供给,使利率下降,产品价格上涨,经常项目和资本项目转盈为亏;流出黄金的贸易逆差国应当同步减少货币供给,使利率上扬,产品价格下跌,经常项目和资本项目扭亏为盈。也就是说,各国政府的政策应当符合硬币—物价—流动机制,从而实现货币体系和世界经济体系的长期平衡。

在总体平衡的情况下,各个国家的政策目标和政策手段又会受到哪些影响呢?我们先来看看在金本位体系下,一国如何实现它的外部平衡。假设某年法国在与德国的贸易中出现逆差,法国国际收支存在赤字。这会自动引起黄金从法国向德国的流动。结果是德国黄金储备增加,如前面分析的,德国的高能货币数量随之增加,而实际产出并无变化,物价普遍上升;相应地,法国黄金储备减少,银根紧缩,物价下降。德法两国的消费者都会减少购买昂贵的德国产品,转向廉价的法国产品。也就是说,法国向德国的出口增加,从德国的进口减少,有助于消除贸易逆差。

金本位体系下中央银行的行动会加速这个进程。比如法兰西银行试图制止黄金外流,理论上讲有三种做法:停止黄金出口,增发纸币平抑金价,吸引黄金回流。根据游戏规则,它不能选择第一个办法;选择第二个办法也违背金本位制的规律,因为在黄金储备减少的情况下增发货币只能带来通货膨胀;于是,它只能提高利率,以吸引黄金流回法国。提高利率等于在国内紧缩银根,使法国的商品和劳务价格进一步降低,有助于改善法国的贸易条件,从根本上消除贸易赤字,使两国恢复收支平衡,黄金流动停止。由此看来,金本位体系内存在自动调节外部平衡的机制,使各国政府在完成这个任务时显得游刃有余。

与实现外部平衡相比,金本位制度下政府实现内部调节的目标则面临种种限制。首先是难以有效地稳定价格。金本位制度下,物价水平与货币供给的等比例变化在世界经济中同样适用,各国的高能货币数量和国内价格同世界黄金总量紧密联系,金矿的发现和开采情况直接左右物价水平。据统计,1816—1849年间,虽然世界经济增长,产出增加,但由于没有新的大金矿出现,黄金总量没有相应扩大,各国物价不断下滑。1849—1870年间,美国加州和澳大利亚连续发现金矿,黄金供应量激增,各国物价随之提高。从1870年到19世纪末,黄金供应再次落后于产出的增长,物价再次下跌。1896—1913年间,南非发现金矿,世界价格水平又一次上升。[①] 对于大多数国家政府而言,这些价格波动超出自己的控制范围。而少数几个黄金出口国,如俄国、南非,却可以从中获益。

其次,内部平衡的困难体现在政府无法有效运用货币政策。设想在金本位制度下,某国中央银行为了增加高能货币的供给,在公开市场上收购债券。这个国家的公民发现自己持有的现钞增加,于是他们决定增购商品和资产。在开放经济的条件下,他们用一部分现钞购买国货,另一部分购买洋货。事实上,由于本国政府放松银根,本国利率下降,外国资产的相对收益率更高,他们会更乐于购买外国资产。在金本位制度下的具体做法是先用本国货币兑换黄金,再用黄金兑换外币,然后收购外国资产。这样就引起黄金外流,本国的储备减少,外国的储备增加。而根据金本位制度的规则,各国高能货币的数量直接由它掌握的黄金储备数量决定,本国储备数量减少必将引起高能货币减少,通货紧缩,利率上升,直到本国和外国的利率重新相等,黄金外流停止。

让我们回顾整个过程,本国的高能货币供应最初增加,后来减少,整体数量不会改变。本国公民获得了外国资产,外国中央银行因而增加了黄金储备。本国的中央银行发现自己的黄金储备减少,据经济学家推算,减少的数额应当恰好等于最初它投入本国市场的现钞数额。其他货币政策和财政政策只会导致同样的结果。也就是说,在金本位制度下,中央银行会发现自己无法控制货币数量,任何增加高能货币的努力只能以减少自己的黄金储备告

[①] 〔美〕杰弗里·萨克斯、费利普·拉雷恩:《全球视角的宏观经济学》,第449页。

终。这意味着政府无法有效地使用货币政策。同时,固定汇率也限制了财政政策的效力,具体情况将在分析布雷顿森林体系时介绍。总之,在金本位制度下,政府调节内部平衡的能力相当有限。

从国家关系的角度而言,金本位体系是相当平等的。从前面对外部平衡的讨论已经可以看出,这个制度下的国际调节具有对称性。硬币—物价—流动机制对当事双方一视同仁。钟爱金本位的人士声称,它具有自动恢复平衡的天然功能。各国分别承担各自的责任义务,任何一个国家都不能享有特权。即便伦敦是当时公认的金融中心,英国也不能因此把汇率调整的负担转嫁给别的国家。持反对意见的学者指出,参加金本位体系的国家并不总按规矩行事。就上个例子而言,出现黄金外流的本国一般积极上调利率,而享有盈余的外国却经常不做反应,不积极抑制黄金流入。所以总是赤字国在负起维护体系的责任,不存在完美的对称平衡。但他们也承认金本位体系的平等性超过其他货币体系。

总之,金本位体系的优势在于帮助各国达成外部平衡,使国际协调变得比较容易。固定汇率使商人能够在一个稳定的环境下从事国际贸易,提高了他们预测成本和利润的能力,减少了汇兑风险。金本位体系加上贸易自由化,使世界经济在1870—1914年间实现前所未有的快速增长。但金本位体系下,各国调节内部平衡关系受到很多限制,而且黄金产量的提高难以满足世界经济增长的需要,给国际支付和结算带来难题。不过在一战之前,欧美各国都奉行古典的财政平衡政策,认为政府应当避免插手经济运行,对内部平衡不负主要责任,所以金本位制度的内在弱点没有暴露。

金本位体系的瓦解

金本位体系的崩溃肇始于第一次世界大战。战争期间,各国虽然没有公开废除金本位,但它们纷纷对黄金流动实行管制,或是背离黄金储备基础、增加货币供应量以支持战争,实际上这违反了体系规则。战争结束后,各国都希望重建金本位体系。但它们没有充分认识到金本位制度的缺点决定了它不能适应战后经济重建的需要。

世界大战既破坏了各国的内部平衡,也破坏了它们的外部平衡。巨额战争开支使各国都面临财政赤字和严重的通货膨胀的局面。战争也改变了国家之间的贸易和投资关系,使传统的出口国变为进口国,债权国变为债务国。在战后恢复重建过程中,各国政府面临棘手难题,因为像前面分析的,金本位无力完成同时创造内外平衡的任务。可以推断的是,如果情况发展到必须在内外平衡中做出选择的关头,各国会毫无例外地以实现内部平衡为先,而保证内部平衡恰是金本位的弱点,那么放弃金本位就是顺理成章的事情了。

当时的核心国家——美国和英国所犯的错误,非但没有改变金本位体系的命运,反而使它解体的过程变得格外动荡和痛苦。美国在一战期间从债务国变为最大的债权国。截止到1914年6月,美国对外投资50亿美元,外国对美投资72亿美元,也就是说当时美国的净债务是22亿美元。而到了1919年,美国对外投资猛增到97亿美元,外国对美投资减少到33亿美元,美国成为拥有64亿美元净债权的重要债权国。① 同时,美国在一战期间还积累了大量的黄金储备,它持有的黄金占世界黄金存量的比例从1913年的24%增加到1923年的44%。因而其金融地位在西方主要国家中是最稳固的。1919年美国率先宣布正式恢复金本位制度。但实际上它却拒绝遵守金本位制度最重要的游戏规则,即按照硬币—物价—流动机制行事。在黄金大量流入的情况下,美国本应当增加高能货币的供给,引起美国产品价格上涨,扩大进口,抑制出口,自动由贸易顺差国变为逆差国。这样,欧洲国家才能够获得必要的黄金储备,以支持经济重建。可是美联储非但没有增加货币供给,反而以防止通货膨胀为理由,减少了货币供应量。同时,它继续以高关税保护本国市场,限制外国产品进入。

在美国拒绝承担责任的情况下,英国出面为协调恢复金本位做出努力。1922年,英、法、意、日等国在热那亚达成全面恢复金本位的协议,声明要相互支持以同步恢复内外平衡。为了解决黄金产量不足的问题,中小国家同意以英镑(而不是黄金)作为自己的部分储备,并且把英镑储备存放在伦敦。② 这

---

① 参见陈宝森:《美国经济与政府政策——从罗斯福到里根》,第887页。
② 因为英镑在这一时期的特殊地位,1919—1929年间的国际货币制度也被称为金汇兑本位制度。

样一来,英国能否成功恢复金本位就成为整个计划能否成功的关键。1925年,在当时的财政大臣温斯顿·丘吉尔的主持下,英国重建金本位制度。丘吉尔坚持把英镑和黄金的比价固定在战前水平,理由是提价或降价都会动摇市场对英国金融体制的信心,也就会动摇整个国际货币制度。凯恩斯公开对此提出质疑,他指出由于英国政府在一战期间大量增印现钞,高能货币供应过度扩张,物价水平已远远高于战前。如果执行丘吉尔计划,强行恢复战前价格水平,英格兰银行就只有奉行提高利率、紧缩银根的政策,这在国内必将引起失业和出口下降,造成经济萧条。①

实际情况证实了凯恩斯的判断,英国经济停滞不前,整个20世纪20年代英国的平均失业率接近10%。② 其他国家对英国的清偿能力越来越失去信心,并且得出结论说恢复金本位无助于重建国内经济。1929年经济危机爆发后,各国纷纷放弃英镑储备,兑换黄金。1931年9月,英国被迫放弃金本位,葡萄牙、爱尔兰、埃及、日本等国随之停止实行金本位制度。

1933年富兰克林·罗斯福出任美国总统,公开主张以恢复内部平衡为先,以出口扩张带动经济复兴。在新政措施见效之后,再考虑国际经济问题。当年4月,美国宣布停止黄金与美元的兑换,禁止美国公民购买或持有金币,同时美元贬值50%。美国国务卿赫尔在当年6月的伦敦世界经济会议上曾同英法代表达成一致意见,准备先稳定三国的货币关系,再逐步恢复主要货币之间的固定汇率。罗斯福对此大为恼火。他在没有通知赫尔的情况下,公开宣称世界经济会议失败,拒绝考虑所有稳定汇率的方案。国际合作的一线希望消失。各国相继宣布货币大幅贬值或自由浮动,同时设法限制资本流动。各种区域性货币体制出现,如英联邦国家围绕英镑形成的英镑集团,美洲国家围绕美元形成的美元集团,德国"记账马克"影响下的东南欧地区等。金本位体系宣告瓦解。

---

① 参见〔英〕R. F. 哈罗德:《凯恩斯传》,刘精香译,商务印书馆1995年版,第386—391页。
② 参见〔美〕马丁·迈耶:《美元的命运》,钟良、赵卫群译,海南出版社、三环出版社2000年版,第33页。

第五节 布雷顿森林体系(1944—1971)

布雷顿森林体系的设计与建立

如果要为布雷顿森林体系的建立确定一个理论基础,那应当是凯恩斯的经济学说。他于1936年发表的《就业、利息与货币通论》提出了建立内部经济平衡的全新理念。在此基础上,他确定了相应的外部平衡条件:"我们需要一种各国普遍接受的国际性货币的工具,以便无需冻结余额和进行双边清算。……我们需要一种有章可循和一致同意的方法,以决定国家货币单位的相对汇值,以避免单边行动和竞争性外汇贬值。……我们需要一种具有内部稳定的机制,借此对与世界其他国家的国际收支差额朝任何一个方向失衡的任何一个国家施加压力,以避免那些必然给邻国造成等量的却是反向的余额需求的运动。……我们需要设立一个纯技术性的、不带政治色彩的中心机构,以援助和支持致力于计划并整顿世界经济生活的其他国际机构。更一般地说,我们需要有恢复危机四伏的世界之安全的手段……"[①]这段话引自他在1941年为当时酝酿中的战后国际清算联盟起草的计划书。很明显,它体现了对20世纪二三十年代国际经济动荡的深刻反省。西方国家在大萧条时期转向区域性的货币制度,削弱国际贸易联系,放弃外部平衡,希望求得内部稳定。而国际经济秩序的混乱不可避免地阻挡了各国经济复兴的步伐。如果不是战争爆发,萧条似乎还会持续。凯恩斯认为必须重建固定汇率制度,不过新制度应当更灵活更有效率。

凯恩斯作为英国财政部的代表直接参加了英美有关战后货币安排的协商。其美国同僚是美财政部官员哈里·怀特,怀特曾在哈佛大学经济系执教,自称是凯恩斯的热烈崇拜者,但亦以击败这位誉满全球的经济学家为荣。贵族气质的凯恩斯和直率固执的怀特在谈判中争执不断。[②] 凯恩斯主张设立

---

① 〔英〕罗伊·福布斯·哈罗德:《凯恩斯传》,第557—558页。
② 同上书,第569、588—592页。

国际清算同盟，发挥某种世界中央银行的作用，由它掌握一种新创立的国际储备货币，其实际价值约相当于1 000亿美元，各国可以依靠它稳定本国的汇率。该银行应当向有贸易顺差的债权国和有贸易逆差的债务国对称地施加压力，迫使它们恢复贸易平衡。怀特则建议成立国际货币稳定基金，由各国出资入股，其资产总额约为50亿美元。出现贸易赤字的国家可以从基金贷款，以通过结构调整恢复贸易平衡，但贷款总额不能超过其基金份额。两相比较，怀特计划设想的管理机构权威较低，掌握的国际储备资金有限，最重要的是在贸易失衡的情况下，调整义务几乎完全由出现赤字的一方承担。①

以在经济学界的影响而言，自然是凯恩斯遥遥领先。可是凯恩斯代表的英国已经从霸主地位滑落，力量不足以贯彻他的主张。在英美两国的讨论中，如果出现意见分歧，大部分情况是怀特计划最终占上风。英国人自我安慰地写了一首小诗说：事实是他们有钱袋，我们有脑袋。② 当然，两国在多数原则问题上观点是一致的。

经过频繁磋商，英美官员制定了战后金融和贸易制度的规则，并于1944年7月在美国新罕布什尔州布雷顿森林召开的国际会议上得到各主要国家的确认，这也是布雷顿森林体系得名的由来。确切地说，这个体制应当被称为以美元为基本储备货币的金汇兑本位制，或简称为黄金—美元本位制。它的基本设想是：美元同黄金挂钩，各国货币同美元挂钩，设立国际货币基金组织和国际复兴开发银行（后改称世界银行）两个国际组织帮助各国维护金融稳定。

阅读材料 3-2　国际货币基金组织的决策方式

国际货币基金组织采用加权投票的方式进行决策。每个成员国实际拥有的投票权根据它认购的基金份额决定，在250票的基础上，每认购10万美元（现为10万特别提款权）可增加1票。而各国所占的份额是根据其国民收入、贸易额、国际储备额及贸易占国民收入的比例核算分配的，原则上每隔五年调整一次。所以，成员国的经济实力决定了它的投票权的多少，也决定了

---

① 参见〔美〕马丁·迈耶：《美元的命运》，第38—44页。
② 参见〔英〕J. F. 佩克：《国际经济关系——1850年以来国际经济体系的演变》，第277页。

它在决策过程中的发言权。美国一直是该组织当中拥有投票权最多的国家,最初其所占份额曾接近23%,后来虽有下降但仍超过18%。相比之下,有将近70个成员国所占的份额不足0.1%。①

按照《国际货币基金组织协定》的规定,该组织的所有政策必须得到50%以上的多数票支持方能通过。而重大政策决定,如增加基金份额、修改基金协定、分配份额、调整汇率等,必须得到70%—85%的特别多数支持。这就意味着掌握大份额的少数国家,尤其是美国,拥有事实上的否决权。而发达国家通过协调配合,就可以决定基金组织的发展方向。②

由于没有随世界经济规模扩大而自动增加基金份额的机制,自20世纪60年代以后,基金份额的增长速度明显低于世界贸易、银行信贷、非黄金储备的增长速度。而份额分配当中,发展中国家所占比例偏低的问题没有得到很好的解决。因此对该组织一些政策是否公平合理存在质疑。

资料来源:参见李庆云:《国际货币制度与发展中国家》,北京大学出版社1988年版,第65—74页。(这里介绍的是国际货币基金组织在布雷顿森林体系时期的决策安排,后续调整请参见第六章。)

布雷顿森林体系的主要安排是:(1)黄金成为单纯的国际结算工具,商品属性受到严格限制,其价格水平不受国际供需关系的影响,而一直固定在35

---

① 发达国家与发展中国家代表性失衡问题日益引起关注。2006年9月国际货币基金组织新加坡年会上通过两阶段改革方案,以提高发展中国家的参与和投票权。第一阶段给中国、韩国、土耳其和墨西哥等四个份额低估程度最严重的国家特别增资,增资总规模为基金组织总份额的1.8%。2008年4月,第二阶段改革方案得到理事会批准,改变了份额分配计算方法。2012年完成第14次份额检查后,决定将总份额增加1倍,同时进一步将6%以上的份额转移给新兴发展中经济体。2016年此轮份额调整完成,中国、印度、巴西、俄罗斯均进入份额最高的前十名国家行列,其中中国份额增加到6.41%,投票权增加到6.08%。参见"IMF Members' Quotas and Voting Power, and IMF Board of Governors", https://www.imf.org/external/np/sec/memdir/members.aspx, 2021年3月1日访问。

② 国际货币基金组织刚成立时,需要特别多数通过的决定规定为9种。1967年第一次修改基金协定,增加为18种,主要目的是允许欧洲经济共同体国家在其关心的问题上享有实际否决权。目前需要70%—85%多数票的特别决定问题为19种。参见"IMF Membership, Quotas, and Allocations of SDRs, as of April 30, 2001", http://www.imf.org/external/pubs/ft/pam/pam45/pdf/append.pdf, 2020年9月1日访问。

美元兑换1盎司黄金的水平上。(2)各国的短期汇率波动受到严格控制,一旦外汇市场汇率变化超过1%,政府就有义务干预。这个规定是要防止各国为了改善贸易条件而进行所谓竞争性贬值。(3)对长期性的汇率波动放宽限制。当各国"出现基本的不平衡时",允许即时浮动10%,然后经过国际货币基金组织讨论协商还可获得10%的浮动幅度。(4)允许各国控制短期资金流动,国际货币基金组织帮助各国解决短期内的信贷困难,稳定汇率。各国向基金借贷的最高限为本国认购基金额的125%,借款的条件是必须接受国际货币基金组织对其国内平衡的严格监督。(5)世界银行负责引导长期投资,以从根本上纠正资源配置不合理现象,避免世界经济的波动。很明显,布雷顿森林体系吸取了金本位体系崩溃的教训,结构上要复杂得多,而且主要体现了美方的设想。

阅读材料 3-3　世界银行

世界银行最初称国际复兴开发银行。当时其首要任务是为战后经济重建筹集资金,协助成员国的复兴和建设,恢复蒙受战争损害的经济,协助它们从战时经济平稳地过渡到平时经济。其首批贷款提供给了法国、荷兰等西欧国家。在战后重建工作步入正轨的情况下,1948年之后世界银行的主要贷款对象变为发展中国家,主要任务也逐步调整,重在协助成员国提高生产能力,促进其国际贸易的平衡发展和国际收支的平衡。它的工作包括为成员国的特别工程项目提供开发贷款,向无法以合理条件在资本市场上借款的私人企业发放贷款,提供技术援助,帮助发展中国家评估考察和准备开发计划等。

世界银行成员国首先必须是国际货币基金组织的成员国。世界银行同国际货币基金组织一样,采用加权投票制度,按照各国认缴的银行股本份额分配投票权。其股本的2%是会员国缴纳的黄金或美元,18%是成员国缴纳的本国货币,其余80%为担保金。不过其大部分贷款是通过发行证券,从国际资本市场筹措的。

世界银行集团现包括国际复兴开发银行(International Bank for Reconstruction and Development,IBRD)、国际开发协会(International Development

Association，IDA)、国际金融公司(International Finance Corporation，IFC)、多边投资担保机构(Multilateral Investment Guarantee Agency，MIGA)、国际投资争端解决中心(International Center for Settlement of Investment Disputes，ICSID)五个主要机构。

资料来源:"我们是谁",https://www.shihang.org/zh/who-we-are,2021年3月1日访问。经过改写。

布雷顿森林体系的运作

作为新体系的主导国家,美国的作为与金本位体系中的英国相比有很多不同之处。美国设计和推行了复杂的制度,一开始就给国际体系确定了理想化的目标。但与此同时,它又拒绝承担更多的责任和义务,几乎使国际货币体系在起步阶段就面临崩溃。

危险来自西欧国家的国际贸易关系为战争所破坏。一方面,战前的贸易和支付体系消失。[①] 欧洲国家对亚洲和拉美的出口锐减,而从美国购买的进口产品激增。它们普遍面临巨额逆差,且无望在短期内消除。另一方面,东西方很快陷入冷战,欧洲内部的贸易联系也无望恢复到战前状态。欧洲国家在双重压力之下,严重缺少国际清偿能力。英国人在战时已经预见到这种情况,当时凯恩斯建议美国向国际货币基金组织提供250亿至1000亿美元的应急资金,使国际支付体系能够起步。但美国最后认缴的份额只有31.75亿美元,整个国际货币基金组织聚集的资金也只有88亿。而仅1947年欧洲国家的贸易逆差就达到71亿美元。1945—1946年间,它们依靠联合国救济署的融资勉强维持,而该机构按计划将于1947年6月30日结束在欧洲的活动,如何创造新的清偿手段立刻成为问题。在此情况下,美国还对欧洲国家施加压力,要求它们加速实现货币自由兑换。它同英国签署了金融协议,向英国提供37.5亿美元贷款,要英国带头取消外汇管制。但英国放宽兑换限制之

[①] 参见陈宝森:《美国经济与政府政策——从罗斯福到里根》,第902—903页。

后,立刻发生抢购美元的风潮,35天之内美国提供的贷款就被用光,英镑重新成为不可兑换货币。① 在马歇尔计划出台之前,布雷顿森林体系的前景相当暗淡。

1947年6月马歇尔计划②的提出及其最终得到国会支持,标志着美国政府态度的转变,它逐渐进入了体系管理者的角色。根据同欧洲国家达成的协议,美国在1948—1952年间共提供了131.5亿美元援助,在1951—1953年间还另外提供了26亿美元的赠送商品。这批援助主要以欧洲急需的商品为主,如初期的食品、化肥、燃料,后期的原材料和机器。虽然援助总额只占受援国国民生产总值的5%③,但是它为西欧国家的战后重建提供了至关重要的支持,保证新的国际支付体系能够运转起来。一方面,它为西欧国家提供了进口所需的美元,使它们可以购买美国的新产品,跟上生产技术的发展;另一方面,它为西欧国家提供了相互贸易的支付手段,结束了战后初期的混乱局面。该计划结束后,美国通过在西欧驻军和对西欧国家进行军事援助,以扩大防务开支、承担国际安全义务的方式,继续向欧洲注入美元。在美国的国际收支平衡表上,为直接军事开支流出的美元在1953年为26.15亿,到1958年增加到34.35亿。④

与此同时,美国政府也接受了大战之后的现实情况,暂时放松对西欧国家的制度约束。1949年9月,经过协商,19个国家的货币对美元贬值近30%。这些国家的对外贸易合计约占当时世界贸易总额的2/3。⑤ 通过调整汇率,它们得以扩大出口,特别是扩大对美国的出口,缩小对美国的贸易逆差。同时,美国还同意其他国家暂缓实施贸易自由化和资本流通自由化。西欧到1949年才开始自由贸易,1958年开始自由汇兑,而日本迟至1964年才实行自由兑

---

① 参见〔英〕J. F. 佩克:《国际经济关系——1850年以来国际经济体系的演变》,第280页。
② 计划的正式名称为欧洲复兴计划。因为由当时担任美国国务卿的乔治·马歇尔提出,所以经常被称为马歇尔计划。计划的实际执行者是美国经济合作署和由16个西欧国家参与的欧洲经济合作组织。
③ 参见〔澳〕A. G. 肯伍德、A. L. 洛赫德:《国际经济的成长:1820—1990》,王春法译,经济科学出版社1997年版,第241页。
④ 参见陈宝森:《美国经济与政府政策——从罗斯福到里根》,第912页。
⑤ 参见〔澳〕A. G. 肯伍德、A. L. 洛赫德:《国际经济的成长:1820—1990》,第241—242页。

换。这使得它们有充裕的时间恢复生产秩序,完成经济重建。可以说,凯恩斯学说帮助欧美重新建立了内部平衡,马歇尔计划帮助它们重建外部平衡,二者缺一不可。

布雷顿森林体系的结构特点

按照经济学术语,布雷顿森林体系是典型的 $N-1$ 体系。假设体系中有 N 个国家,第 N 个国家(在布雷顿森林体系中即美国)的货币被确定为储备货币,其他 $N-1$ 个国家负责维护本国货币同 N 国货币(在布雷顿森林体系中即美元)的比值,则固定汇率形成,N 国无须承担维护国际收支平衡的义务。所以布雷顿森林体系存在根本的不对称,N 国享有种种特权。下面分析一下,它追求内外平衡的做法同其他国家有何差异。

先来看看普通国家。与金本位体系下一样,它们仍然难以使用货币政策达到目的,只不过障碍从黄金变成了美元。本国扩大货币供给,只能以减少美元储备、增加私人掌握的外国资产告终,而不能影响本国的实际货币数量。

案例3-5　货币危机与戴高乐下野

1968年夏季,法国戴高乐政府为了结束大规模的工潮,与各行业工会签署协议,将相关行业工人的工资平均上调13%。其他一些扩张性货币政策也同时出台,以促进经济的恢复和增长。货币流通量增加导致工业成本和生活费用的上升,提高了出口产品的价格。而消费需求的提高又扩大了进口,由此造成黄金和硬通货的外流。6—11月,法国丧失了45亿美元以上的外汇储备;而仅在11月,联邦德国在这种投机性的资金流动中就获得了20亿美元的储备。

戴高乐总统向联邦德国政府施加压力,要求联邦德国马克升值,以制止反常的资金流动。但德国人认为没有理由为了解救出毛病的法郎而使马克升值。他们感到法国的经济和货币政策被戴高乐用来推进其对外政策纲领,而其中很多都是德国人不赞成的,他们尤其不愿意间接为戴高乐耗资巨大的核战略提供资金。波恩指责戴高乐企图把自己的意志强加于人,称应该是法郎贬值,而不是马克升值。当年11月的十国集团财政部长会议对德国人表示支持。

戴高乐总统随即发表声明,拒绝法郎贬值的设想,呼吁采取财政紧缩措施克服危机。其计划包括冻结工资和物价、削减政府开支、对进口商品加收增值税、实施外汇管制等。他还宣布推迟发展洲际弹道导弹和在太平洋进行氢弹试验。这些措施引起了激烈的政治争论,直接威胁了法国的社会稳定。很可能就是这些因素促使戴高乐总统在1969年4月决定辞职。

资料来源:〔美〕W. F. 汉里德、G. P. 奥顿:《西德、法国和英国的外交政策》,徐宗士等译,商务印书馆1989年版,第164—166页。经过改写。

在布雷顿森林体系下,普通国家的财政政策同样受到固定汇率的制约,参见图3-2:

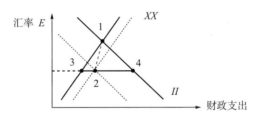

图3-2 布雷顿森林体系下的内外平衡关系

假设某国经济最初在点2实现了平衡。后来由于经济基本面的变化,XX线和II线分别发生移动,点1成为新的同时实现内外平衡的均衡点。继续保持点2的财政和货币政策将意味着其经济失调,面临就业不足和经常项目赤字。于是就会出现政策调整的压力。但要达到点1必须同时调整货币和财政政策,在扩大财政开支的同时,让货币贬值。固定汇率制度的规则使该国无法随意调整汇率,很明显,单独使用财政政策无法同时实现内部和外部平衡。减少财政支出可以达到点3,恢复外部平衡,但代价是就业更加不足,内部失衡更严重;扩大财政开支可以达到点4,恢复内部平衡,但同时外部失衡会更严重,经常项目赤字增加。所以在固定汇率制度下,财政政策不会像货币政策那样完全失效,但也只能达到部分目的,而且无法保证得大于失。

金本位时期，各国政府不大干预国内经济，对政策失效也不大在意。大萧条之后，凯恩斯学说风靡一时，主动调节经济被视为政府的职责，而它们若没有得心应手的政策手段是无法完成任务的。所以布雷顿森林体系的设计者网开一面，允许各国在"出现基本不平衡"的情况下调整汇率。就图3-2反映的情况而言，如果本国经济长期处于 D 区（参见图3-1），可以在增加财政支出的同时，使货币贬值，以增加就业、扩大出口，恢复内外平衡。这是布雷顿森林体系比金本位更灵活的一面，但对体系内的绝大多数国家来说，运用货币政策所受的限制依然存在。

美国的情况则完全不同。作为第 N 个国家，它不仅可以使用财政政策，而且可以有效地使用货币政策，实现调节经济的目标。假设美国联邦储备委员会通过公开市场操作增加高能货币供给，美国的利率就会相对下降，外币（比如说日元）收益率相对提高，美国人会拿着新得到的美元到日本市场兑换日元，造成日元升值的压力。此时，日本银行按照游戏规则，必须出面维持日元汇率，即抛售日元收购美元作为储备，这等于是被迫增加日本国内市场上的高能货币供给。美联储增加货币供给的结果是美国的银根宽松，产出增加；其他国家也被迫增加货币供给，增加产出，等于进口了美国的货币政策。而这很可能不符合各国当时的经济平衡要求。比如说此时的日本可能正处在 B 或 C 区（参见图3-1），应当紧缩货币才对，但却不得不放松银根。这就是所谓第 N 国的特权。

不过第 N 国也面临着与别国不同的货币风险。美国耶鲁大学的罗伯特·特里芬（Robert Triffin）教授在他1959年的著作《黄金与美元危机》中做了准确的推断，指出所谓特里芬困境的存在。他认为，布雷顿森林体系以美元代替黄金同各国货币直接挂钩，主要原因是黄金产量增加的速度跟不上世界经济规模扩大的速度，不能为各国提供足够的储备。但是美元作为汇兑中介，并没有从根本上解决难题，而且将使美国货币当局陷入困境。因为它要同时完成提供世界储备、清偿手段和维持美元—黄金比价两个任务，而这两个任务是相互矛盾的。如果它坚持35美元兑换1盎司黄金的比价，等于让美元供应量与黄金产量挂钩，世界储备仍将不足。如果它满足世界经济需求，按世界经济发展速度供应美元，美元数量增长肯定超过黄金产量增长，美元对黄金的实际比价必然从 35 美元兑 1 盎司的水平下滑。一旦各国银行持有的美元数量超过美国储备的黄金,因为美元的实际比价低,各国对美国遵守原价的诺言就会越来越疑虑,随时可能发生挤兑的危险。可见,美国实际上处于两难困境当中。

总之,布雷顿森林体系保留了金本位制度稳定、自我调节的优点,并且通过新的设计为各国提供了使用财政政策的余地,解决了市场价格受黄金产量左右的问题;加上国际货币基金组织和世界银行的帮助,各国可以更有效地维持内外平衡。但布雷顿森林体系存在根本的不平等,第 N 国的货币政策将影响其他国家的货币供应;而且储备不足的问题没有根本解决,存在挤兑美元的危险。

布雷顿森林体系的瓦解

对于布雷顿森林体系存在的问题,其设计者也不是完全没有察觉。不过,他们认为有双保险保证布雷顿森林体系的稳固。其一,人们会放弃对黄金的非理性依赖。如果个人不打算兑换黄金,各国银行亦无挤兑美元的必要,美元自然稳如泰山。其二,他们设想美国会在很长一段时间内保持生产技术遥遥领先的地位,各国对美国产品的需求弹性小。美国长期享有贸易顺差,同时通过援助或投资保持资产项目逆差,可以随时调整美元的供应,不会自蹈险地。① 但事态的发展证明,双保险不起作用,特里芬的担忧是有道理的。

首先,普通民众对黄金的依赖并未消失。遇到经济波动,特别是汇率不稳的时候,他们还是会选择持有黄金,以保持自己的财产价值。其次,国际关系的变化很快表明,他国中央银行维护美元的承诺并不稳固。戴高乐领导下的法国大张旗鼓地把自己手里的美元兑换成黄金,以示对美国霸权地位的挑战。号称与美国有特殊关系的英国遇到难关也是先顾自己。事实上,美国被迫抛弃布雷顿森林体系也是英格兰银行加了最后一根稻草。最后,美国商品的技术优势迅速消失,原先设想会保持相当长时间的资金环流方式持续了不

---

① 参见〔美〕马丁·迈耶:《美元的命运》,第 8—15 页。

到十年就难以维持了。

不过，既然布雷顿森林体系的弱点与美国的政策立场相关，如果美国能够谨慎制定自己的货币和财政政策，还是能够回避风险，保持体系的稳定的。比如美国货币供应的变动只要规模有限，分散到其他国家市场就不会形成剧烈冲击。如果美国保持适度的财政政策，在长期内维持经常项目收支平衡，别国持有的美元也不会大大超过美国的黄金储备量。

20世纪60年代美国政府的错误决策违背了以上的政策约束，导致了布雷顿森林体系的崩溃。其中影响最大的就是在越南进行战争，同时在国内推行"伟大社会计划"。美国的军费和社会福利开支同时大幅度增加，财政支出迅速膨胀。外国商人手中积攒了大量美元，给日本和西欧国家维持汇率带来很大困难。当时美联储又错误地坚持扩张性的货币政策，造成严重通货膨胀，60年代末美国通货膨胀率接近6%。按照前面的分析，其他国家也被迫放松货币供应，等于进口美国的通货膨胀，它们自然大为不满。

到尼克松总统上台时，要维护布雷顿森林体系只有双管齐下。一方面，实施紧缩性财政政策，配以严格的货币政策，以制止国际收支失衡。这意味着需要迅速结束越南战争，控制和削减福利开支。在外交和内政两条战线上同时进行重大调整，有相当的难度。另一方面，美国应当谋求降低美元对黄金的比价，即允许美元单独贬值，以制止经常项目亏损，缓解挤兑美元的压力。代价改由日本和西欧各国分担，这对美国是有利的，但需要高超的政治技巧和耐心谈判。但是尼克松及其主要顾问都不重视经济问题，不愿为此耗费精力，也就错过了协商安排的最后时机。1969年年底，美国经济转入衰退，尼克松政府不得不坚持扩张型财政，致使美元危机愈演愈烈，最后德意志银行和英格兰银行也加入了挤兑黄金的行列。

1971年8月15日，尼克松总统单方面宣布停止向外国中央银行兑付黄金，并要求主要伙伴国家同意美元单独贬值。在美元—黄金比价下调之前，美将向进口产品征收10%的附加税。这可能是最糟糕的一种政策选择。既然核心国家单方面退出，布雷顿森林体系自然停止运行。此后，欧美日曾经进行过几次恢复固定汇率的尝试，但都在挤兑的压力下宣告失败。国际金融从此进入了浮动汇率的时代。

第六节 浮动汇率制度(1976年至今)

浮动汇率制度的形成

20世纪70年代浮动汇率刚刚出现时,大部分人认为它是过渡性的临时安排。1971—1973年间西方发达国家几次协调行动的失败,使大家意识到恢复固定汇率体系希望渺茫。这时候,一直在为浮动汇率呐喊的货币主义学派才得到认真对待,美国芝加哥大学教授米尔顿·弗里德曼(Milton Friedman)才摆脱了被边缘化的尴尬地位。弗里德曼从50年代就开始抨击布雷顿森林体系,抨击凯恩斯主义的财政和货币政策,主张让汇率自由浮动。但货币主义学派始终是欧美经济学界的少数派,在决策圈内更是受到冷遇,此时才声名大振。

货币主义学派坚信市场力量,反对国家干预,特别是对货币市场的干预。弗里德曼认为由政府调控内部经济平衡只能适得其反,试图控制市场波动只能导致更大的波动,甚至结构根本失衡。政府干预往往成事不足,败事有余,不如干脆罢手。在内部政策上,货币主义者主张实行单一规则的货币政策。国家放弃公开市场操作、再贴现率操作和控制法定准备金等干预市场的政策手段,公开承诺按照一定的速度增加货币供应量。以美国为例,假定由于人口和劳动力增加,每年需要增加的货币供应为1%—2%,而经济正常成长率年均约为3%,则货币供应增长率每年应为4%—5%。国会应通过立法确定这个数字,使之不受各种政治考虑的左右。很明显,单一规则就是要中央银行保证不干预市场,国家政府事实上将失去货币政策工具,放任市场自行寻找内部经济的平衡点。

与此相配合,货币主义学派主张国际货币流通实行完全的浮动汇率。弗里德曼在1953年发表的《浮动汇率问题》一文包含了其基本观点。[1] 他指责

---

[1] 参见 Milton Friedman, "The Case of Flexible Exchange Rates", in *Essays in Positive Economics*, Chicago: University of Chicago Press, 1953;〔美〕米尔顿·弗里德曼:《资本主义与自由》,张瑞玉译,商务印书馆1986年版,第4章"国际金融和贸易安排"。

布雷顿森林体系忽略国际收支的不平衡趋势,坚守固定汇率,必然会引起挤兑,加剧国际金融市场的混乱。各国官僚必须放弃控制汇率的幻想,允许市场自己寻找外部平衡点和合理的汇率水平。货币主义在汇率问题上的具体政策主张可概括为三点:(1)各国政府只根据国内经济需要调节货币供应量;(2)汇率完全交由国际金融市场按照各国货币的供需水平决定;(3)私人金融投机活动应被视为代表市场力量的稳定器,不受政府的控制和干预。

阅读材料 3-4　弗里德曼论浮动汇率

　　汇率不断自行调整,市场力量决定每次变化的程度。没有必要由任何官员决定市场汇率应该涨跌多少。这就是自由市场的方法,我们在提供商品和劳务的私人实体经济中无条件地运用了这个方法。在决定一种货币相对另一种货币的价值时,这种方法的作用也毫不逊色⋯⋯只要所有的国家,而不仅仅是美国,有理由坚信,由于汇率放开而产生的贸易扩张将得到制衡,而且不会影响主要的国内经济目标,它们会很大胆和自信地实现贸易自由化。浮动汇率制,据我所知,只有浮动汇率制能够提供这种信心。它能发挥作用,因为它是一种自动机制,自由化可能使一国国际收支产生严重不平衡,自动机制能使一国经济避免产生这种可能⋯⋯我们将重新成为自己房屋的主人不是浮动汇率制的功劳。

　　资料来源:弗里德曼1963年在罗斯委员会发表演讲的节选。转引自〔美〕马丁·迈耶:《美元的命运》,第218页。

　　尼克松总统宣布放弃布雷顿森林体系之后,西方政界、学术界人士不再排斥货币主义学说,但他们对其实际效用仍然将信将疑。1973年第一次石油危机的爆发,使西方经济陷入混乱,浮动汇率却在衰退和混乱中表现良好。可以说这个世界经济中的突发事件,使浮动汇率制度立住了脚。到了1975年,经济大国纷纷表示接受现实,放弃重建固定汇率的尝试,准备长期实行浮动汇率。欧美日财界领导聚会巴黎郊外,形成朗布依埃决议,要求国际货币基金组织修改章程,承认浮动汇率制度。1976年1月8日,国际货币基金组织理事会通过了《牙买加协定》,正式修订《国际货币基金组织协定》第4条,取消货币平价和中心汇率,允许成员国自行选择汇率制度,实际上确认了浮动汇率的合法性。《牙买加协定》还决定以特别提款权[①]为主要国际储备资产,同时废除黄金的官方价格,各中央银行今后可按照市场价格自由进行黄金交易,各国国际货币基金组织份额的1/4也不必再以黄金交付。

从字面上讲,目前的国际货币体系仍以修改后的《布雷顿森林协定》为指导,有人称之为布雷顿森林体系下的浮动汇率制度,当然这是自相矛盾的。1945年在布雷顿森林建立的固定汇率体系已经消失。根据协定成立的两个主要国际金融管理机构仍然存在,但它们的目标和功能都发生了变化。特别是国际货币基金组织,从维持短期汇率稳定的机构演变为金融市场上的最后贷款者,从固定汇率的管理者变成了浮动汇率下的消防员。

货币电子化与浮动制度的确立

虽然浮动汇率制度得到各国政府的认可,但它的地位并不稳固。有很多人依然怀念固定汇率时代,认为浮动汇率弊病太多,只能是权宜之计,一旦国际价格体系重新稳定,最好还是设法改革。当时甚至出现了重建金本位的呼声。在议论纷纷之时,20世纪80年代中期开始的技术变革为浮动汇率提供了强有力的支持。如果说金本位时期的货币是金银和纸币,布雷顿森林体系时期的货币是纸币和支票,浮动汇率时期的货币则开始迅速电子化。1968年,万事达卡行政总裁曾预言:目前的货币是记录在纸上的字母和数字,将来它会变成以电子和光子表现的数据,按照光速在全球流动。当时多数人听了觉得莫名其妙,不知所云。不过数年之后,美国银行第一次开通计算机支付清算系统,并很快将大多数银行联系起来。到20世纪80年代,信用卡已经在西方消费者中普及,人们只在小额交易时才使用现钞。[②]

货币电子化大大扩展了货币流动的规模,提高了金融交易的速度。20世

---

① 特别提款权为国际货币基金组织于1969年9月创设,其最初目的是帮助美元摆脱特里芬困境,因此被称为纸黄金。起始定值为1单位等于1美元,按货币基金成员国份额分配,允许等比例换取外汇。1974年起改为根据15种货币折算定值,1981年起改为根据美、德、英、法、日5国货币定值,现使用美元、欧元、人民币、日元、英镑定值。

② 参见〔英〕苏珊·斯特兰奇:《疯狂的金钱》,杨雪冬译,中国社会科学出版社2000年版,第30—32页。

纪 90 年代末,一个普通交易日在国际市场上交易的货币总量要超过 1.5 万亿美元,相当于德国全年的产出价值,是世界年均石油开支的 4 倍。以下是德国《明镜》杂志记者描述的一个标准的 20 世纪 90 年代套汇交易,可以看到它与我们在前面讨论的 19 世纪 30 年代的套汇过程已经有了多么大的不同。

案例 3-6　货币电子化与资金流动

　　29 岁的帕特里克·斯洛是货币交易商。他同 400 多位同事一起,每天 10 小时毫不间断地在伦敦巴克利·德·佐特·韦德投资信托银行的交易大厅里,主管瑞士法郎的交易。他的工作岗位是一个不引人注目的、3 米宽的落地式工作台,上面安装着 3 个荧光屏幕和 2 台扩音器,它们用光学和声学手段无休止地提供着各种最新数据。斯洛从他左边的屏幕上随时获悉用瑞士法郎买进德国马克或美元的最高收购价格和最低售出价格,从右上方的屏幕上了解其他货币最近一小时之内的最高或最低汇率以及有关货币领域的最新消息。他自己要每两分钟向外公布一次自己的报价,一次是通过电话,一次通过计算机键盘。

　　在 1996 年 1 月的一天里,斯洛关注的是在法兰克福召开的德国联邦银行董事会会议结果。如果联邦银行继续降低主要利率,美元和法郎可能继续上涨。问题是德国已经负债累累,而德国银行家担心通货膨胀。斯洛判断联邦银行不会调整利率水平。

　　他使用电子笔在工作台上轻触,通过交易大厅内部的电脑网络系统从瑞士银行联合会购买了 7 000 万德国马克,价格是 1 马克兑换 0.81575 瑞士法郎。不久,(由于市场预测德国将下调利率,)马克汇率下跌了 1%,斯洛——目前暂时——损失了 70 万瑞士法郎。而德国联邦银行帮了他的忙,宣布维持利率不变。由于这个消息,德国马克开始升值,在几秒钟之内斯洛的损失又变成双倍的利润。他在核对数字无误之后,抛出那 7 000 万马克,在一分钟之内完成交易,松了一口气。

　　资料来源:[德]汉斯-彼得·马丁、哈拉尔特·舒曼:《全球化陷阱——对民主和福利的进攻》,张世鹏等译,中央编译出版社 1998 年版,第 70—72 页。经过改写。

货币的电子化使套利者得心应手。对他们来说,交通成本和搜集信息的成本已经可以忽略不计,大规模的资金交易能够在分秒之间完成。只要判断准确,就有望获得丰厚的回报。因此,国际金融交易市场吸引了大量资金,并发展出花样繁多的交易手段,其规模和复杂程度已超乎想象。各国政府的力量合在一起,也难以控制如此庞大而变化莫测的市场。电子化的资金流动成了政府的盲区,难以统计跟踪,更难以管理。金融市场最终决定了汇率体制的命运,恢复由各国政府控制的固定汇率体系在近期内几乎是不可能的。

浮动汇率的内外平衡实践

在浮动汇率体系下,各国重新回到了完全平等的地位。而且至少从表面上看,政府控制经济的手段更多也更有效。它们可以配合使用财政政策和汇率调整,实现经济内外平衡。同时,汇率限制解除也解放了货币政策。假设日本银行决定以货币政策刺激经济,它可以通过公开市场操作增加日元供给。在金本位或布雷顿森林体系下,这将导致日本黄金或美元储备的外流,促使日本利率上升,最终使日本银行劳而无功。而在浮动汇率制度下,打算购买外国资产的日本人兑换外币,会使汇率相对上升,日元贬值,日本市场利率下调。日本的需求和产出可以成功地得到刺激。①

浮动汇率制度从根本上讲是无规则的。1976年国际货币基金组织虽然修改了协定条款,认可各成员自由调整汇率的权利,但仍然敦促成员方不要操纵汇率,不要以汇率调整谋取不公平的竞争优势。可是它缺乏相应的政策手段来保证这些目标的实现,这些原则也就流为空文。

各国政府都感到获得了充分的自主权,可以根据本国利益自由调整汇率。可是现实很快证明,各国的政策设计往往相互干扰甚至冲突,结果谁都无法达到初始目标,国际经济不时出现严重失调。金融和货币领域成为经济大国,主要是欧美日三方的角斗场。下面分三个阶段对20世纪70年代中期以来的国际金融关系做个简单的回顾。

第一阶段:清洁浮动时期。从20世纪70年代中期至80年代中期,可以

---

① 当然按照货币主义的主张,各国不应随意使用货币工具,而必须保持固定的货币增长率。

称为最接近清洁浮动汇率的阶段。

此时因为刚刚进入浮动汇率体制,西方国家基本按照货币主义的设想行事,各自调节国内的货币供应和财政收支,让市场自由决定汇率水平。结果国际货币体系经常出现严重的失调和混乱。在1976—1979年间,三方都致力于使用扩张性的财政政策,克服石油危机造成的经济停滞。OECD国家政府支出占国内生产总值(GDP)的比例平均超过40%,政府部门提供了全国1/5以上的就业机会。在这个过程中,美国卡特政府刺激经济的力度明显超过西欧国家和日本,同时美联储又推行扩张性的货币政策,导致投资外流和美元贬值。美元相对于日元和联邦德国马克贬值将近1/3。西欧国家指责美国的政策使通货膨胀日益恶化,美国则抱怨欧日坐视投机者攻击美元。西方经济普遍陷入滞胀的困境。

1979年第二次石油危机爆发,欧美日应付危机的对策也出现变化。保罗·沃尔克出任美国联邦储备委员会主席。他坚决主张以制服通货膨胀为首要任务,转而执行严厉的货币紧缩政策,美国的利率三年内几乎翻了一番,最高的时候曾超过20%,美元也随之迅速升值。西欧各国政府在国内强大的工会势力压力下,仍以增加就业为第一要务,打算适当放宽货币供应。但美国的高利率束缚了它们的手脚,货币贬值又恶化了它们的投资环境。结果西欧经济衰退的时间和强度超过了美日,在这轮调整中损失最大。美国里根政府一方面增加军费开支,一方面大幅度减税,实行了规模庞大的财政扩张。加之货币紧缩在前,财政扩张在后,结果既制服了通货膨胀,也恢复了经济增长。但代价是进口激增,出现巨额贸易赤字。可以说是有得有失。日本成功抓住美元升值的机会,扩大了对美出口,通过贸易盈余首先摆脱衰退,成为最大的赢家。

汇率浮动的前十年,欧美日等于实际演练了一遍囚徒困境,大家都精心设计了货币政策和财政政策的组合,想求得对自己最有利的结果,但往往以普遍失望告终。

第二阶段:大国协调时期。1985—1991年,欧美日开始探讨在浮动的原则下管理汇率的方法。

美国态度的转变是造成局势变化的主要原因。在里根政府的第一任期内,美国首先制服了通货膨胀,而后又成功地恢复了经济增长,从而摆脱了20世纪70年代的滞胀局面。但也为此付出了沉重代价,即高利率引起的贸易逆差和资本项目逆差。到20世纪80年代中期,美国不仅背负巨额贸易赤字,而且变成了世界最大的债务国。此时,反对坚挺美元的呼声逐渐上升。其中不仅有出口厂家,还包括一些试图以战略眼光观察经济问题的政客。他们认为美国的资本市场已经由依赖西欧国家的资金投入转变为依赖石油美元和日本的资金,而中东国家与日本同美国政治文化上的差异使他们感到担心。他们希望通过消除双赤字,弥补美国的战略缺陷。这就需要美国摆脱由市场力量决定汇率的放任状态,引导西方各国干预外汇市场,实现美元贬值的目标。1985年里根在开始第二任期的时候调整了自己的内阁班子,詹姆斯·贝克出任财政部长,标志着美元贬值派掌握了政策权力。在贝克的积极活动之下,西方大国在汇率协调问题上取得了一系列进展。

第一个成果是1985年9月达成的《广场协议》①。当时,英、法、德、日、美五国的财政部长和中央银行行长在纽约广场饭店集会,讨论资本流动和汇率问题。在会后发表的联合宣言中,他们宣称将联合干预国际货币交易,促使美元贬值。此后,美元开始从1美元兑238日元的高点下滑,在三个月内降到1美元兑换200日元。这可以理解为欧美对日本的胜利。美国得到了它想要的东西——日元和马克升值(以便减少贸易逆差);西欧国家也得到了它们想要的东西——美国利率相对下降(以便扩张自己的货币供给);日本则承担主要的经济调整重任,同意改变经济发展战略,从依靠外需(即欧美的财政扩张)刺激经济变成依靠内需增长,同时开放国内市场。不过日本的承诺也不完全是被迫,它体现了当时中曾根政府的雄心,要把埋头发展经济的日本建设成负责任的政治大国,以增加日本在国际事务中的发言权。日本经济从此进入结构性调整。

1986年5月,大国协调产生了第二个成果。西方七国首脑在东京峰会上通过了美国的"贝克货币计划",决定设立西方七国财长会议,通过财政部长和各国中央银行行长的定期集会保持密切的合作关系,与国际货币基金组织

---

① 也被音译为《普拉扎协议》。

一起对参与国的经济政策进行监督和协调。该计划确定了九项经济指标作为监督对象,即各国的经济增长率、通货膨胀率、利率、失业率、财政赤字比率、经常项目和贸易收支、货币增长率、外汇储备和汇率。如果发现各国的宏观经济政策存在严重失调,应当及时采取补救措施。①

1987年2月,三方协调产生了第三个成果,即《卢浮宫协议》。西方财长在公开发表的联合宣言中肯定当时的汇率水平"符合基本经济状况和规律",保证"密切合作促使汇率稳定在现有水平上"(美元对联邦德国马克1∶1.8,美元对日元1∶150)。据说在没有公开的协议中确定了具体的汇率目标,各国同意将汇率的浮动范围控制在2.5%—5%。此时西方大国的政策颇有逐渐恢复固定汇率的趋势,而市场对此存在疑虑。考验美国是否坚守对汇率目标的承诺,成了1987年10月19日股灾的重要起因(参见案例3-1)。

作为对市场的回应,1987年12月,七国集团财政官员召开紧急国际电话会议,并发表联合声明,表明协调管理汇率的决心。该声明也被称为电话协定。一方面,它表示美元已经充分贬值,各国将秉持《卢浮宫协议》的精神,促进汇率稳定;另一方面,它提出将大国协调的重点转向纠正各国经济的基本不平衡,通过加强经济政策的协调,加强实际的经济基础,来实现汇率的长期稳定。为此,美国保证减少财政赤字,日本保证继续增加公共开支以刺激内部需求,联邦德国承诺扩大减税规模。电话协定被认为是大国协调的高潮,集中体现了此前的种种合作共识。

在美日欧三方协调的框架下,还进行了若干双边和多边协商,以协调宏观经济政策。其中最知名的是美日结构性障碍谈判。总之,1985—1991年发达国家一直在试探通过协调管理汇率的可行性。

第三阶段:战略汇率时期。 自20世纪90年代初开始,发达国家开始有意把汇率变化当作竞争工具,争夺在世界经济中的优势地位。

起因是1990年发生的新一轮经济衰退。现在回顾起来已经很明显,三方出现衰退的原因大不相同,确定对策时又夹杂很多国内政治考虑,在政策协调中自然没有多少讨价还价的余地,大国协调的基础亦遭破坏。

---

① 参见陈宝森:《美国经济与政府政策——从罗斯福到里根》,第929页。

规模巨大的国际资本流动使情况更为复杂。各国政府无法独力控制它,又都希望利用它对别国施加压力,达到自己的政策要求。于是出现了1992年欧洲货币的纷纷贬值;1994—1995年日元、马克急剧升值,日元一度突破1美元兑80日元的水平;1995年之后,日元又转头向下,降到1美元兑换130日元。国际金融市场一片混乱。

总的说来,20世纪末的国际货币领域实行的是一种管理浮动体制,不时出现的大国协调和普遍的灵活浮动并存。在这种体制下,最不幸的其实是经济政治实力不足的发展中国家,所以接连发生拉美债务危机、墨西哥比索危机、亚洲金融危机,最不发达国家债务问题更是日益严重。

浮动汇率的利弊

自浮动汇率制度形成以来,对其利弊得失的争议就非常大。货币主义者认为应当实施完全的清洁浮动,摆脱一切政府干预。他们指出浮动制度的优点在于:第一,平等对称,没有国家享有特权。第二,各国可以自主决策,选择自己喜欢的价格和就业目标,同时使用货币、财政、汇率手段稳定经济。第三,市场力量可以自动达到国际稳定,而且调整迅速,不给投机商牟利的时间。他们支持自己论点的最好例证是,浮动汇率制度帮助各国度过了20世纪70年代的石油危机和滞胀危机,而没有重蹈20世纪30年代大萧条的覆辙。他们认为,金融危机不断出现不是市场的问题,而是国家干预造成的。各国政府总是迫于种种压力干预金融活动,从而造成动荡和矛盾。他们声称,如果充分发挥浮动汇率的优势,允许市场自由运作,这些问题可以轻易解决。

反对浮动汇率的意见对这三点优势表示怀疑。关于第一点,自由浮动貌似平等,实际上回到了捉对厮杀、尔虞我诈的无规则状态,对中小国家十分不利。享有政治经济优势的大国则摆脱了束缚,可以为所欲为。关于第二点,各国可以自主决定经济政策只是一个错觉。如欧美日互动的例子所显示的,各国的货币和财政选择肯定会相互影响,很可能会相互抵消或冲突。关于第三点,理论上讲,自由浮动可以促进金融秩序的长期稳定,但却会加剧短期的波动。在固定汇率下,一些短期调整没有机会影响大局。而在浮动汇率下,它们可能被投资者错误理解或有意利用,冲击地区甚至国际经济关系。这些批评者提出各种改进方案,从加强国际协调到建立一个新的固定汇率安排,以便为国际贸易和资本流动提供稳定的环境。

双方的争执并不会有确切结论。浮动汇率下,国际经济确实出现剧烈动荡,但国际贸易和金融也实现了前所未有的增长。各国确实推行过以邻为壑的竞争性政策,但也完成过几次成功的协调。总的说来,西方国家经济增长速度不及布雷顿森林体系时期,但它们度过了结构性危机,顺利进入新的全球经济时代。矛盾的信号和不同的理解,使国际社会缺乏金融制度改革的共识,各国只有设法适应管理浮动的制度。在这个过程中,既有成功的经验,也有失败的教训。

第七节 浮动汇率的风险:拉美债务危机

20 世纪 80 年代初,拉美国家的经济形势急剧恶化。其对外负担的债务额迅速上升,偿还债务的能力却因出口受阻而迅速下降。1982 年拉美各国的债务总额达到 3 335 亿美元,仅当年就需还本付息 321 亿美元,而当年拉美的出口却下降了 7.1%。以几项普遍使用的债务指标衡量,拉美当时的债务情况已极其危险:其负债率达到 331%,远远高于 200% 的安全线;偿债率达到 26%,明显超出国际公认的 20% 的警戒线;拉美各国持有的外汇储备只能满足 2.9 个月的进口需要,低于保证 3 个月进口需要的安全线。

1982 年 8 月,人们普遍担心的债务清偿危机终于爆发了。墨西哥政府因无力支付到期的 268 亿美元债务,请求外国银行准予延期。在遭到拒绝后,墨西哥宣布停止偿还外债,无限期关闭全部外汇市场,国内金融机构中的外汇存款一律转换为本国货币。墨西哥的行动很快影响到其他拉美国家,巴西、阿根廷、智利等国先后宣布暂时终止对外支付,要求同外国债权人重新磋商债务安排。拉美国家的行动引起西方金融界特别是以美国银行为主的拉美债权人的恐慌。经过紧急协调,他们勉强与拉美国家达成延期偿付协议,避免了国际金融秩序的全面崩溃,但拉美的巨额债务问题未能得到根本的解决。20 世纪 80 年代,拉美国家的债务持续增长,不时发生拉美债务国因无力还本付息而被迫停止还债的事件,几乎所有的拉美国家都被债务危机困扰。

危机的根源

酿成这次空前严重的债务危机的原因是多方面的。第一位的也是最直接的起因是 20 世纪 70—80 年代国际金融市场上汇率和利率的急剧变化。拉美国家约 65% 的债务采用浮动利率计算,即偿还利率以债务到期时国际市场的利率为准。20 世纪 70 年代,由于发达国家无一例外地陷入滞胀危机中,其国内投资不振,急于向外输出资金,国际金融市场上出现了供大于求的局面。债权方提供的贷款条件极其优惠,1975—1978 年间国际利率在扣除通货膨胀因素后竟为负数(参见表 3-6)。

表 3-6 1972—1986 年的利率变化　　　　　　　　　　　单位:%

年份	名义利率	出口价格变动率	实际利率
1972	5.4	9.2	-3.5
1973	9.3	33.0	-17.5
1974	11.2	57.5	-29.4
1975	7.6	-5.7	14.1
1976	6.1	8.1	-1.8
1977	6.4	10.6	-3.8
1978	8.3	-3.7	12.5
1979	12.0	21.0	-7.4
1980	14.2	21.2	-5.8
1981	16.5	-2.8	19.9
1982	13.3	-11.2	27.5
1983	9.8	-6.5	17.4
1984	11.2	2.6	8.4
1985	8.6	0.6	9.3
1986	6.7	-12.7	22.2

说明:名义及实际利率为当时伦敦同业拆借利率。

资料来源:〔美〕杰弗里·萨克斯、费利普·拉雷恩:《全球视角的宏观经济学》,第 999 页,表 22-5。

拉美国家正是在此时急剧扩大借债规模。1974年,拉美的债务不过400亿美元左右,到1980年却已负债近2 430亿美元。进入20世纪80年代后,国际货币市场的形势突然逆转。发达国家为制服通货膨胀采取了以高利率为主的紧缩性货币政策,国际贷款利率随之飙升,1980—1989年的实际利率相当于1973—1979年的6倍。拉美国家债务本息负担也直线上升,在这一起一落之间背上了难以摆脱的债务包袱。应当指出的是,因国际金融形势动荡而落入债务陷阱的不仅是拉美诸国,一些非洲国家同样背上了庞大的债务包袱。

第二,国际贸易形势在这段时间里同样发生了不利于拉美国家的变化。西方国家在危机中采取经济紧缩政策,日益明显地奉行贸易保护主义,拉美的制成品出口备受打击。同时,拉美出口的初级产品价格也一路下跌。特别是石油价格出人意料地跌落,给墨西哥、委内瑞拉等拉美石油输出国造成了严重的后果。它们原来估计20世纪80年代油价会继续爬升,是它们取之不竭的财源,因此放手借债,结果却落入了债务陷阱。出口不振使拉美国家无法有效地减少债务,只能借新债还旧债。而新贷款的利率越来越高,贷款条件越来越苛刻,致使其外债总额日益膨胀。

第三,拉美各国的经济发展战略出现了明显失误。20世纪70年代,拉美国家经济起飞时期积累的一些弊病,如社会分配不公、农业发展滞后、国内积累率低等,已经露出苗头。而此时执掌大权的军人政府非但没有把政策重点转向经济调整,反而企图继续以大投入谋求高增长,以大量吸收外国资金掩盖经济结构中的问题。结果不仅酿成债务危机,而且由债务问题引发了经济的全面衰退。再有,拉美国家奉为圭臬的"进口替代战略"也存在着重大缺陷。长期奉行该战略造成对民族工业的过度保护。尤其是占相当比重的国有企业生产效率低、技术落后、管理混乱,而拉美国家大量举债得到的资金很大一部分被它们所吸纳。在20世纪80年代国际经济环境突变的情况下,它们缺乏适应严酷竞争的能力,无法为国家偿债做出贡献。

第四,拉美国家的债务管理举措失当。无控制地借入以浮动利率结算的商业贷款,导致在利率回升时损失惨重;过高估计初级产品价格走向,造成对偿债能力的盲目自信;在债务指标已全面突破警戒线时,仍未收敛,甚至在20

世纪 80 年代初国际经济形势已明显恶化之时，还在大笔借款。所有这些都促成了债务的失控。

危机处理方案

由以上的分析可以看出，拉美债务危机是在从固定汇率向浮动汇率体系转变的过程中形成的。对于浮动制度下的资本流动，无论是资本的管理者——西方银行，还是资本的使用者——拉美各国政府，都缺乏经验。也可以说，债务危机是它们适应浮动汇率时付出的一笔昂贵的学费。

克服这一空前严重的危机既需要拉美国家进行自我调整，也需要国际金融界（主要是拉美的债权方）给予相应的支持，可以说双方合作的诚意是解决问题的关键。但从危机爆发时起，债权方与负债国就产生了意见分歧。拉美国家希望尽量避免债务问题把整个经济都拖入深渊。它们提出应把拉美的债务问题作为一个整体解决，债权方应考虑适当减少债务国的偿债额，以使拉美社会经济恢复良性循环，争取边发展边偿债。而债权国则担心自己的银行因不能收回贷款而倒闭。特别是握有大部分债权的美国，几乎所有的大银行都卷入了 20 世纪 70 年代向拉美投资的热潮，已经因周转不灵被拖到了金融危机的边缘。因此美国带头采取了寸步不让的强硬态度，要求拉美国家以尽快还债为首要任务，实行严厉的经济紧缩政策，而且只同意安排推迟偿债期限，不考虑减免债务。对于敢于提出异议的债务国，债权方联合行动，不支持其经济计划，拒绝提供新贷款，逼其就范。拉美国家不得不按债权国规定的指标，以牺牲经济发展、降低生活水平为代价偿还债务。结果由于国家经济实力严重受损，偿债能力不断下降，债务额反而继续上升。

1984 年 6 月，11 个拉美债务国在哥伦比亚集会，对发达国家在债务危机中所执行的政策表示强烈不满。它们组成了卡塔赫纳集团，要求集体与债权方对话，寻求政治解决。而此时西方经济状况有了明显好转，西方债权国的态度略有变化。1985 年 10 月美国财政部长詹姆斯·贝克在国际货币基金组织和世界银行年会上提出了"美国关于发展中国家持续增长的计划"，承认债务国应通过恢复经济增长提高偿债能力。该计划设想由国际货币基金组织牵头,通过国际金融机构和私人银行在此后的三年内为 15 个债务负担最重的国家提供 290 亿美元贷款,另向其中的低收入国家提供 27 亿美元,支持它们的经济调整。计划涉及的 15 个重债国中有 10 个是拉美国家。贝克计划比起美国此前的僵硬态度有明显进步,但仍避而不谈债务减免问题,对计划的资金支持也语焉不详。该计划终因国际金融形势动荡和里根政府拒绝采取实际的支持措施而流产。拉美国家不得不继续在债务的重负下挣扎。

直至 20 世纪 80 年代末期,美国对拉美债务危机的政策才有了进一步的调整。此时,美国也认识到拉美国家为偿付债务已尽了最大努力。拉美经济如继续被债务问题所困,美国在日益明显的国际经济区域化潮流中将缺少一个稳固的后方,对美国经济的长期发展也是不利的。况且美国银行已基本从 20 世纪 80 年代初的危急状态中摆脱出来,普遍完善了呆账准备金制度,也不再坚持拉美债务国必须按名义价值还债。因此,新上任的美财长尼古拉斯·布雷迪于 1989 年 3 月提出了解决债务问题的新方案,即著名的布雷迪计划。该计划接受了拉美国家减免债务的主张,提出由世界银行和国际货币基金组织负责筹款 200 亿—250 亿美元作为担保,资助债权与债务双方在三年内减免 700 亿美元债务本息。具体减免方式是鼓励私人债权银行按一定的折扣,把旧债券换成新债券,或变成对债务国的直接投资。也就是所谓债务债券化和债务资本化。但债务国必须接受由国际货币基金组织认可的经济调整计划,进行以市场为中心的改革。

布雷迪计划得到了拉美国家的肯定。墨西哥、委内瑞拉、智利等国率先在该计划的框架内同债权方达成了债务减免协议。到 1992 年,最后的两个负债大国巴西和阿根廷也接受了布雷迪计划的安排,同债权方达成新的债务协定。拉美国家的偿债负担逐步得到缓解,资金重新流入拉美地区。

第八节 浮动汇率的风险:亚洲金融危机

第二次世界大战之后,东亚新兴经济体持续高速的经济增长一直令人刮目相看。无论是欧美周期性的经济危机,还是其他发展中经济体的困境,似乎都不能阻止它们迅速发展的势头,以至出现了"亚洲经济奇迹"的说法。但是在浮动汇率制度下的金融动荡当中,东亚地区却未能幸免。

1997年2月开始,泰国货币——泰铢面临强大的贬值压力。泰国中央银行动用上百亿美元的资金干预金融市场,试图平息抛售泰铢的风潮,维护钉住美元的汇率政策。但在损失了大部分外汇储备之后,泰铢对美元的汇率仍一路下滑,泰国政府不得不承认失败。7月3日,它宣布放弃保卫泰铢的努力,允许汇率自由浮动。这成为亚洲金融危机的导火索。其东南亚邻国首先受到冲击,货币大幅度贬值,股价急跌。到了10月,金融动荡开始向东北亚蔓延,新台币和韩元一再贬值,香港和深圳股市下跌。韩国中央银行于11月17日宣布无力维持韩元对美元的比价,建议财政经济院向国际货币基金组织求援。受周边的影响,日本的资本和货币市场也出现混乱,日元对美元比价跌至20世纪90年代的最低点,日本经济陷入衰退。在不到一年的时间内,整个东亚地区都被卷入危机当中。

到1998年年底,金融危机已经对东亚社会经济造成了灾难性的影响。首当其冲的是货币金融体系。从1997年7月到1998年2月,印尼盾贬值80%,泰铢和韩元贬值超过50%,马来西亚林吉特贬值45%。① 同时,东亚股市严重萎缩,其中韩国股市市值下降71%,马来西亚股市财富减少了74%,印尼股市财富减少了88%。据世界银行估计,1997年到1998年东亚地区遭受的财产损失超过了4 000亿美元。② 金融动荡牵累了实体经济。1998年,除中国台湾地区外,东亚新兴经济体普遍陷入经济衰退。新加坡人均GDP下降15%,泰国下降了25%,情况最严重的印尼人均GDP减少了2/3,工人的平均收入倒退回20世纪60年代的水平。③ 各个企业要么裁员自保,要么倒闭,甚至韩国和日本的一些知名跨国公司也面临破产的威胁。东亚社会的失业率激增,

---

① 参见 Alice D. Ba,"Asian Financial Crisis",https://www.britannica.com/event/Asian-financial-crisis,2021年4月6日访问。
② 参见〔英〕斯蒂芬·维恩斯:《危机年代:从经济危机到新千年》,何纵、于镭、李勇译,中国友谊出版公司2000年版,第9—11页。而美国《华尔街日报》的估计远为悲观:东亚地区共有2万亿美元的股票化为乌有,GDP下降3万亿美元。
③ 同上书,第12页。

国民生活水平明显下降,有估计称将近1亿的中产阶级人士滑入贫困阶层。[①] 习惯于经济增长的人民开始对政府失去信心,导致各式各样的社会政治动荡。泰国、日本、韩国相继出现内阁更迭,马来西亚高层领导内讧,印尼为持续不断的示威、暴乱所困,很长时间都不能建立一个稳定的政府。

夹缝中的新兴经济体

东亚金融危机再次暴露了浮动汇率制度的高风险。东亚经济体遭受突如其来的袭击是因为它们未能成功面对浮动制度下的两个考验:一是对发展中经济体的特殊考验,二是涉及所有经济体的普遍问题。

先来看发展中经济体的特殊处境。目前的浮动体系实际上是在两个层次上运行。处于上层的是西方发达经济体,它们相互之间实行有管理的浮动;处于下层的是众多发展中经济体,它们分别选择一种或几种主要货币钉住汇率。如前所述,有少数小经济体干脆实行美元化,也有个别经济体在短期内允许清洁浮动,但没有哪个发展中经济体钉住所有主要货币,因为这从技术上讲过于复杂,不具备可行性。这样,发展中经济体货币对相关发达经济体货币的汇率是固定的,而发达经济体的货币是相对浮动的。当后者的汇率变化时,发展中经济体的经济环境随之改变,更重要的是,它们维持固定汇率的决心往往面临考验。

东亚经济体大多选择以美元为主要参照(参见表3-7)。这当中实行有管理的浮动的经济体均以美元为主要或是唯一的管理目标,中国香港地区的联系汇率也是以美元为联系对象。菲律宾的情况比较特殊。因为政治经济动荡,自20世纪80年代末它已接受国际货币基金组织的援助计划,被迫同意在经济调整期间实行浮动汇率制度。也就是说,除了菲律宾之外,东亚新兴经济体都是对美元维持相对固定的汇率。而日本同样是它们的主要贸易对象和资金来源。所以,保持对美元的固定汇率并不能确保其经济环境的稳定,美元对日元的汇率稳定同样至关重要。但如本章第六节所描述的,美元

---

① 参见甄炳禧:《亚洲金融危机对世界经济影响及其趋势》,《国际问题研究》1999年第1期,第44页。

对日元的汇率在20世纪90年代经历了剧烈变动。这是东亚金融危机的关键起因。

表3-7 东亚经济体的汇率制度

1995年3月31日

汇率安排	经济体
钉住美元	泰国
有管理的浮动	印尼 韩国 马来西亚 新加坡
独立浮动	日本 菲律宾
联系汇率	中国香港地区

资料来源：[美]保罗·克鲁格曼、茅瑞斯·奥伯斯法尔德：《国际经济学（第四版）》，第449—451页，表17-1。本书引用时加上了香港的汇率制度。

  1990—1995年，美元不断贬值，而日元升值。东亚经济体的货币随着美元贬值，使它们得以积极扩大出口。而日本因国内生产成本过高，被迫转向海外建立制造基地，日本资金不断涌入东南亚地区。表面上看，东南亚国家左右逢源，经济全面繁荣。但如克鲁格曼指出的，外部资金的大规模流入与出口竞争力提高是相互冲突的。结果从1994年开始，东盟五国①的经常账户开始出现赤字，并占到其GDP的4%—8%；它们的偿债负担开始迅速上升（参见表3-8）。从1995年中期开始，美元对日元的汇率发生了相反的变动，使东亚经济体的处境更加迅速地恶化。在将近两年的时间里，美元汇率从1美元对80日元上升到1美元对120日元。东亚经济体的货币也随之升值，出口更加困难，进口继续扩张。泰国的出口增长率从1995年的超过25%锐减到1996年的-1.3%。② 到金融危机爆发前，东亚经济体的国际收支状况已经明显恶化。市场普遍预测东南亚经济体将被迫允许货币贬值。资金抽逃和货币投机开始了，实行钉住美元汇率制度的泰国首当其冲。

---

① 指印度尼西亚、马来西亚、菲律宾、新加坡和泰国五个创始成员国。
② 1995—1996年东南亚国家和地区普遍经历了相似的出口下降，以美元计算其平均出口增长率从23%减少到5.6%。[英]苏珊·斯特兰奇：《疯狂的金钱》，第133页。

阅读材料 3-5　外国投资与贸易逆差的形成

我们从一个典型的交易开始:一家日本银行借了一笔钱给一家泰国的"金融公司",后者主要是为外部资金转移到泰国而成立的机构。现在,金融公司持有日元资产,它要以更高的利率将这笔钱贷给一个当地房地产商人。但是,房地产商人需要泰铢而非日元,因为他要用本国货币来买地和支付工人工资。所以,金融公司先到外汇交易市场上,将日元兑换为泰铢,再贷给房地产商。

金融公司需要泰铢,意味着泰铢的汇率面临上升的压力。因为泰国政府承诺维护泰铢对美元的汇率稳定,这种情况下,它就必须增加泰铢的供应,导致泰国经济出现信用扩张。这不仅仅是金融公司贷款直接提供的信用,还有新创造出来的泰铢存入银行造成的信用,以及信用贷出去后再存入银行形成的新信用。如此继续下去,也就是经济学中经典的货币乘数。……到 1996 年年初,泰国经济开始重蹈日本泡沫经济的覆辙。

中央银行防止货币和信贷继续扩张的唯一方法,是停止美元与泰铢之间的固定汇率,让泰铢汇率上升。这也是许多事后诸葛亮说泰国当时应该做的。但在当时,这种想法不可行。强势泰铢将使泰国出口在世界市场上的竞争力减弱(因为以美元计算的工资和其他成本会增加),而且泰国认为汇率稳定有助于维持商业信心,泰国这样的小国无法承受只有美国才可以应付的汇率大幅度波动。

所以,经济高潮继续沿着自己的轨道运行。货币和信用扩张逐渐达到顶峰。狂热的投资以及刚富起来的消费者的巨额花费导致进口猛增;经济膨胀带动工资提升,使泰国出口竞争力降低,出口增长速度下降。结果是出现大量贸易逆差,外资贷款不再被转化为国内货币和信用,而被直接用于进口。

资料来源:〔美〕保罗·克鲁格曼:《萧条经济学的回归》,朱文晖、王玉清译,中国人民大学出版社 1999 年版,第 119—121 页。经过改写。

表 3-8　部分东亚国家经常项目差额/GDP　　　　　　　　单位:%

国　家	1980 年	1996 年
印度尼西亚	-0.6	-3.5
菲律宾	-5.9	-4.2
泰国	-6.4	-7.5
马来西亚	-1.1	-5.6
韩国	-8.3	-23.1

资料来源:转引自戴建中:《拉美债务危机和东南亚金融危机比较研究》,《国际金融研究》1999 年第 8 期。

如果说陷入债务危机的拉美国家的发展战略、债务政策、再分配方式有很多可议论之处的话,直到危机爆发之前,国际舆论还普遍认为东亚新兴经济体的基本结构是健康的,主要是外部环境的动荡导致其货币的脆弱。在发达经济体的汇率频繁调整的情况下,发展中经济体维持固定汇率的努力可能劳而无功,甚至适得其反。

市场与国家关系失衡

金融危机的发生证明东亚经济体也未能通过另一个考验,即在浮动体制下调整市场与国家的平衡关系。技术创新和浮动汇率释放出了规模庞大的市场力量。在 1986—1996 年间,债券发行量增加了 3 倍,股票发行量增加了 10 倍,而外汇日交易量超过 1 万亿美元。[1] 政府既无力控制这个规模惊人的市场,又希望利用其力量更快地积累财富,于是争相解除金融管制,推行金融自由化政策。但是事实告诉我们,金融自由化的步伐必须与国家官僚体系的监督管理能力、金融机构和企业使用资金的效率相配合。如果市场开放不足,国家过于强大,市场力量弱小,该国就无法分享国际资本流动和世界经济增长的好处。相反,如果市场开放过快,资本的力量远远超过国家的控制能力,就有危机和动荡的可能。东亚经济体面临的就是后一种情况。

以泰国为例,自 20 世纪 90 年代开始其政府试图赶上金融自由化的浪潮。

---

[1]　参见〔英〕苏珊·斯特兰奇:《疯狂的金钱》,第 23 页。

1990年5月,它正式接受《国际货币基金组织协定》第8条,取消了对经常项目的外汇管制。1991年开始逐步减少对资本项目的管制。1992年允许国内投资者通过银行直接接受外国贷款。1994年又批准外国银行在泰国设立分支机构,并提高公民出入境携带的外币限额。泰国的这些措施得到国际投资者的热烈欢迎。当时的情况是,拉美债务危机已经得到实质性的缓解,而发达国家经济刚刚经历衰退,无论美日还是德国等西欧国家都面临艰巨的调整任务,国际资金再次将发展中国家作为投资重点。美国克林顿政府将若干发展中国家命名为"十大新兴市场",其中主要是拉美和东亚国家,它们被称为未来贸易和投资的最佳场所。西方的养老和保险基金大规模地进入这些国家,以极具吸引力的利率向它们提供贷款。从1990年到1997年,泰国人所借的外债从200亿美元左右猛增到908亿美元。到1996年年底,日本金融机构在东亚新兴经济体的贷款余额近1 140亿美元,欧洲国家的贷款也达到了1 160亿美元。解除金融管制取得了立竿见影的效果,市场力量大规模地扩张。

相比之下,一些东亚经济体的官僚和社会机构的能力却没有显著提高,它们仍然以封闭状态下形成的传统思路来管理和使用资金。比如选择贷款对象仍然看它是否享有有力的政治保护伞,而不是经济竞争能力或增长潜力。因为根据经验,拥有政治关系就意味着或明或暗的商业特权,意味着超常收益,即便出现问题也会得到政府的关照和援助。再如大量资金进入房地产和股票市场,用于企业的长期投资或是研究开发项目的资金则少得可怜。有学者认为,在一些东亚经济体中,股票市场的目的不是为固定资本筹集资金,而是为大股东获取短期收益。"其运行越来越像那些有着同样目的的赌场,也就是说,很快地赚钱,而不生产出产品或是提供任何服务。"①在主要依靠国内储蓄进行融资的时期,这些做法虽有缺陷,但其后果是政府可以控制的。它们既不用担心资本抽逃,也不用面对不服管教的投机基金。外资大量涌入之后,传统的保险系数已经不再有效,但政府行为没有调整。对银行和其他金融机构监管松懈,出于政治考虑干预信贷决策,造成严重的坏账,最终拖垮了金融系统和整个国民经济。

---

① 〔英〕斯蒂芬·维恩斯:《危机年代:从经济危机到新千年》,第179—180页。

第九节 改革的努力：欧元诞生

1999年1月,法国、德国、西班牙、荷兰等11个欧洲国家开始了一场举世瞩目的大胆试验。它们按计划经过三年的过渡期,用新的统一货币欧元取代各国原有的货币,并且在独立的欧洲中央银行的指导下实施统一的货币政策。① 这个试验的挑战性是不言而喻的。在经济上,它要求消除参与国之间的结构和周期差异,形成真正的单一市场；在政治上,它要求参与国政府放弃制定货币政策的权力,把这项重要主权上交给跨国机构。是什么原因促使这些欧洲国家下决心接受挑战？欧元区建设的基础何在？有没有失败的风险？它会给全球金融结构带来什么样的影响呢？

从固定汇率到单一货币

欧元的出现有复杂的政治经济背景,而直接催生欧元的是金融货币领域的因素。可以说,创设欧元是欧洲联盟国家针对浮动汇率制度提出的对策。为了消除浮动汇率的不确定性,它们先后采用了蛇形浮动制度和固定汇率的货币体系,冷战结束后又转向单一货币。

在欧洲统一的进程中,实现货币一体化的主张早已出现。1957年的《罗马条约》就已提出建设货币联盟的问题,并且规定了若干货币政策目标。不过当时正值布雷顿森林体系的全盛时期,西欧国家对于固定汇率体系的运作感到满意,所谓货币统一只是停留在口头上,没有什么相应的实际措施。随着布雷顿森林体系缺陷的暴露,西欧国家开始认识到改革的必要性。在和美国商谈如何改革布雷顿森林体系的过程中,它们发现美国在面对特里芬困境时,可能会选择维护自己的国家利益,放弃对固定汇率制度承担的责任。固定汇率体系的危机使西欧国家突然对货币一体化有了紧迫感。1970年欧洲

---

① 2001年1月1日,希腊成为第12个加入欧元区建设的国家。2007年1月1日,斯洛文尼亚加入欧元区。2008年1月1日,塞浦路斯和马耳他加入欧元区。截至2021年,欧元区有19个成员国。

经济共同体推出了维尔纳报告①,准备用十年的时间分三个阶段建立货币联盟,在欧共体成员国之间实行永久的固定汇率,或者使用单一货币。

维尔纳计划可谓生不逢时。它出台不久,美国总统尼克松即单方面宣布布雷顿森林体系瓦解。接着又爆发了第一次石油危机,能源价格上涨动摇了西方的物价基础。西欧国家维护固定汇率的主动出击,很快变成了应付浮动汇率的被动防御。它们被迫改变维尔纳计划第一阶段的设想,试图建立所谓蛇形浮动体制,将欧共体国家货币之间的浮动幅度限制在±2.25%以内,然后联合对美元浮动,对美元的浮动幅度不超过4.5%。但是在国际货币领域的一片混乱当中,英国、丹麦、法国先后退出了联合浮动,对美元的浮动限制也被迫放弃。联邦德国和法国还就经济货币联盟的建设方针发生了争执。法国认为应当首先将汇率固定,联邦德国则主张首先谋求经济政策协调,而当时最重要的是执行协调一致的反通货膨胀政策。到20世纪70年代末,维尔纳计划的失败已不可避免,欧洲国家普遍陷入滞胀危机难以自拔,它们意识到必须另寻出路应付浮动汇率制度。

1978年联邦德国和法国提出联合动议,主张建立欧洲货币体系。参与国相互固定汇率,以各成员国货币组成一个货币篮子,确定欧洲货币单位。经过欧共体理事会的批准,货币体系于次年启动。其建设过程实际上更多地体现了联邦德国的主张,从反通货膨胀入手,逐步协调各国的宏观政策,进而建立稳定的汇率机制。基于联邦德国发挥的核心作用,有些经济学者认为欧洲货币体系实际上是以德国马克为中心的固定汇率体系。② 其他欧洲国家借助马克的坚挺,借助联邦德国中央银行反通货膨胀的信誉度过了滞胀危机,在浮动体系下首次实现了区域性的金融稳定。

如果说欧洲货币体系是布雷顿森林体系的缩影,那么它也会面临与布雷顿森林体系相似的难题,即核心国家——联邦德国的国家利益同体系稳定的

---

① 该报告全称为《关于在欧共体内分阶段实现经济与货币联盟的报告》,由当时的卢森堡首相兼财政部长皮埃尔·维尔纳按照1969年欧共体首脑会议的要求组织小组起草,因而通常称为维尔纳报告。1971年3月,欧共体委员会正式批准该报告。

② 参见〔英〕苏珊·斯特兰奇:《疯狂的金钱》,第82—83页;〔美〕保罗·克鲁格曼、茅瑞斯·奥伯斯法尔德:《国际经济学(第四版)》,第565—570页。

相互冲突。国际关系领域的变革使这个矛盾戏剧性地凸显出来。1990年10月,德国实现了统一。德国政府投入大量资金改造东部地区,同时为了防止物价上涨而不断提高利率,使其在1992年达到历史最高水平。欧洲货币体系的其他成员国被迫跟着提高利率,以至陷入经济衰退。它们要求德国改变利率政策,而德国政府经过权衡认为国家统一和反通胀原则更为重要,决定继续坚持高利率。其他国家本来已经对德国统一后的走向抱有疑虑,此时更感到德国的行为与当年美国的自私自利别无二致,以马克为中心的固定汇率体系难以为继了。

1991年12月,欧共体首脑在荷兰马斯特里赫特签署《欧洲联盟条约》,即《马斯特里赫特条约》(简称《马约》),决定建立统一的经济货币联盟。联盟最终将采用单一的欧洲货币,而不是固定汇率制度,也就一劳永逸地解决了核心国家货币的两难问题。选择单一货币平息了部分国家对德国独大的担心,但也相应地提高了建设联盟的难度。各国必须在通货膨胀、财政赤字和债务、利率、汇率等主要经济指标上全面趋同,使经济结构和周期趋于一致,才有可能使用统一货币。这不仅要求参与国政府自我限制,而且各国民众也要调整经济生活习惯。

《马约》出台的最初几年,欧洲民众对是否有必要做出如此重大而全面的调整认识不一,市场也普遍怀疑单一货币的可行性。1992年6月,丹麦公民投票拒绝批准《马约》。9月,投机者开始对欧洲货币体系中的弱势货币进行攻击,芬兰马克、意大利里拉、英镑、西班牙比塞塔先后贬值。次年8月,法郎在长期的投机压力之下也被迫将浮动范围扩大到±15%。尽管欧共体国家最终全部批准《马约》,欧洲联盟得以在1993年11月成立,但是货币一体化的前景很不明朗。

欧元与最优货币区

由以上的分析可以发现,欧盟国家是被环境变化推动着走向统一货币的。它们创设欧元意在抵抗浮动汇率的风险,平衡美国和德国的影响力。但是必要性和可行性是两回事。欧元能否立足、获得市场的信任,并不由这些外部因素和政治考虑决定,而是要看它是否与欧元区国家的经济状况相适应。最优货币区理论为此提供了重要的判断依据。

最优货币区理论是在与货币主义学派的辩论中形成的。如前所述,弗里德曼抨击布雷顿森林体系,主张浮动汇率制度,认为它可以帮助各国解决内外平衡的问题。罗伯特·蒙代尔(Robert A. Mundell)对此提出异议,指出在某些情况下浮动汇率无助于经济均衡。他的假设是世界上只有两个国家——美国和加拿大,它们从事两个行业的生产——木材和汽车,而两国的经济结构都分为东部区和西部区,东部区生产汽车,西部区生产木材。如果出现需求变化,对汽车的需求减少,对木材的需求上升,那么两国的东部区都会出现失业,而西部区都会面临通货膨胀。这个时候,两国政府利用汇率浮动是无法克服失衡的。如果美元对加元贬值,美国东部的失业可以缓解,但西部的通货膨胀会恶化;同时,加拿大西部的通货膨胀得到控制,但东部的失业会更严重。如果美元对加元升值,则会出现反方向的变化,仍然不能在所有行业和所有地区恢复均衡。由此可见,浮动汇率不一定是最好的选择。对某些国家来说,相互固定汇率可能更合理。蒙代尔强调关键在于生产要素的流动性。如果一个区域内的国家之间要素可以充分流动,各国经济通过商品和服务贸易紧密结合,那么它们就组成了最优货币区,实行固定汇率是区域内国家的最佳选择。因为固定汇率给它们带来的收益超过了成本。

对最优货币区内的国家而言,由于它们的经济高度一体化,固定汇率可以带来的好处是非常明显的。首先,固定汇率可以降低贸易成本,简化贸易结算过程,使频繁和大规模的贸易往来进行得更加顺利。其次,它可以消除投资的不确定性,提供稳定的金融环境,使投资机会得到充分利用。最后,固定汇率为劳动力的跨国流动创造了可靠的基础。设想一个德国人到法国工作,他获得法郎工资,其中一部分需要定期兑换马克以维持他仍在德国的家人的生活。如果汇率变化频繁,他总要考虑汇率调整对自己实际收入的影响,那么在法国工作的吸引力会相应下降。汇率固定之后,收入的稳定性提高,会促使更多的人选择到国外工作。总之,最优货币区内的国家通过固定汇率可以实质性地提高货币效率,获得巨大收益。它们的经济一体化程度越高,生产要素的流动越频繁,这些收益就越明显。

当然,选择固定汇率也要付出相应的代价,主要是经济稳定性的损失。

因为政府失去了调整汇率或者使用货币政策的机会,一旦国内生产和就业出现波动,它抵御干扰的能力将大受影响。也就是说,国家经济的内部均衡更容易受到冲击。不过,最优货币区国家一体化程度越高,其抵抗冲击的能力越强,经济稳定性的损失也会相应缩小。

阅读材料 3-6　固定汇率的成本

假如芬兰是欧洲货币体系(EMS)成员国,并且对芬兰产出的世界需求减少了。如果其他 EMS 国家也面临同样的需求下降,所有 EMS 货币都将相对于区域外的货币贬值。只有当芬兰单独面对世界需求的减少,例如世界对芬兰的一种主要出口产品的需求下降时,它才会面临严重困难。由于其他 EMS 国家没有受到影响(其货币没有贬值压力),芬兰马克的汇率也要保持稳定。只有在商品价格和工人工资暴跌一段时间之后,芬兰才能恢复充分就业。

芬兰与欧盟经济的一体化程度和这场经济衰退的严重程度有什么关系呢?答案是一体化程度越高,经济衰退越小。理由有两个。第一,如果芬兰和 EMS 国家贸易往来很多,芬兰产品价格稍微下降就会使其他 EMS 国家对芬兰产品的需求增加,使芬兰的就业率迅速回升。第二,如果芬兰的要素市场与其 EMS 邻国相互一体化程度高,那么失业的工人就能很容易地到邻国去找工作,国内的资本也能很快转移到国外。这个结论也适用于对芬兰产出的世界需求增加的情况。

同理,当芬兰和 EMS 进行大量贸易的时候,芬兰加入 EMS 后的经济稳定性损失较小。在芬兰进入 EMS 之前,由于从 EMS 的进口商品占了芬兰工人消费的大部分,芬兰马克与欧洲货币单位的汇率变化会很快影响芬兰工人的名义工资。例如,芬兰马克相对于欧洲货币单位贬值,由于芬兰从 EMS 进口量相当大,芬兰人的生活水平会迅速下降,工人会要求增加名义工资以维持原来的生活水平。在这种情况下,芬兰从浮动汇率中能得到的宏观经济稳定性很小,因此,它加入 EMS 固定汇率区的损失也就很小。

资料来源:〔美〕保罗·克鲁格曼、茅瑞斯·奥伯斯法尔德:《国际经济学(第四版)》,第 574 页。经过改写。

综上所述，国家之间是否应当采用固定汇率，取决于它们是否处于最优货币区内。而最优货币区形成的关键在于各国的经济一体化程度。随着一体化程度的提高，固定汇率的成本下降，收益上升。当要素流动和经济联系超过临界点的时候，汇率固定的收益大于成本，最优货币区也就自然形成了。

因此，欧元建设的成败要看欧盟国家是否确实组成了最优货币区，它们的经济是否已经充分一体化。在《马约》出台的时候，对这个问题的答案是不确定的。一方面，欧盟经济一体化成效显著，已经具备最优货币区的许多特点。相关各国从20世纪50年代开始建设关税同盟，从80年代开始建设共同市场，追求人员、资本、劳务、商品的自由流动，经济联系不断加强。以宽泛的标准而言，实行固定汇率制度已经有相当可靠的基础。另一方面，统一货币是固定汇率的极端情况，是最严格且不可逆转的汇率固定方式，它要求的一体化程度自然非同一般，而以这个严格的标准衡量，欧盟还不完全是最优货币区。其内部的要素流动还面临重重障碍，各国经济政策并不协调，内部贸易的程度还需要提高。正因为如此，市场最初对欧元构想能否实现表示怀疑，欧元区建设也是一波三折。在经济货币联盟建设的第一阶段，欧盟国家连续发生货币危机。经济货币联盟的第二阶段原计划在1996年结束，但因为多数成员国不能按时达标，欧洲理事会不得不决定将其延期到1998年完成。

欧元区的运行

在欧元进展不顺利的情况下，欧盟国家的领导人显示了他们的政治决心。1996年12月，根据德国财政部长魏格尔的建议，欧盟国家缔结了《稳定与增长公约》。它们承诺严守财政预算纪律，共同努力促进经济增长和充分就业，违背约定的国家愿自动接受制裁。此举有效地增强了市场对欧元的信心，使欧盟国家的民众看到统一货币的实际好处，从而说服他们支持经济货币联盟。各国的经济趋同取得实质性的进展，欧洲中央银行得以成立，11个欧盟国家开始了经济货币联盟第三阶段的建设，欧元区终于成为现实。

欧元一出现就在国际货币体系中占据举足轻重的地位，因为它拥有的实体经济基础不可小视。首批11个成员国的GDP合计仅次于美国，居世界第二位。而它们占世界出口总值和外汇交易量的份额都超过了美国。乐观的估计是,欧元在国际贸易结算、国际储备、国际金融活动中的影响力将轻易超过日元,直接向美元的首要地位发起挑战。

持谨慎态度的人士则指出,欧元必须首先巩固自己的地位,然后才谈得上影响国际金融市场。欧元区要想成为真正的最优货币区,还需要克服许多障碍。其一,生产要素的跨国流动出现了不平衡。资本和商品已经能够自由穿越国界,而劳动力的流动性仍然很低。在欧元区国家政府的共同努力下,阻碍跨国就业的规章制度已经得到纠正,但各地区的语言和文化差异使劳动力市场难以统一。据统计,美国劳动力每年跨州流动的比例在10%左右,经济结构调整时期还要更高一些,而欧盟国家劳动力跨国流动的比例仅为3%。① 资本与人员流动性的差异引起复杂的社会经济问题,也降低了统一货币的效率和收益。

其二,随着经济和货币一体化的进展,资源重新配置,生产分工调整,欧元区内部的地区差别肯定会扩大。欧盟设计了若干地区平衡政策,建立专门基金,实际上是向发达地区征税,用来扶植经济相对衰落的地区。但相对于欧盟的经济规模而言,欧盟掌握的财政力量明显不足,这种转移支付的规模相当有限。迄今为止,它只是延缓了差别扩大的速度。如果欧盟和欧元区进一步扩大,成员国的竞争力差距更加突出,追求地区经济的平衡发展会更困难。一旦出现不对称冲击,个别成员国单独面对结构调整,欧盟如果不能提供及时和有力的财政支持,该国经济稳定将受到破坏,维持货币联盟的成本上升,可能危及货币一体化的基础。

其三,为了保证如期推出单一货币,欧元区国家同意货币政策的非政治化,同意在制定财政预算时严格地进行自我约束,同意推迟考虑建设社会联盟的问题。也就是说,暂时排除政治和社会因素的干扰。这些安排帮助欧元站稳了脚跟,但也在各国民众当中引起了异议。一些人批评欧元建设不是真正的民主进程,技术官僚掌控一切,各社会集团没有机会维护自己的利益。

---

① 参见 Olivier Jean Blanchard and Lawrence F. Katz, "Regional Evolutions", *Brookings Papers on Economic Activity*, Vol. 23, No. 1, 1992, pp. 67-69; Barry Eichengreen, Maurice Obstfeld and Luigi Spaventa, "One Money for Europe? Lessons from the US Currency Union", *Economic Policy*, Vol. 5, No. 10, 1990, pp. 163-164。

由于欧洲中央银行以抑制通货膨胀为第一要务,欧元区国家普遍面临低增长和高失业局面,助长了民众的怀疑和不满情绪。政治一体化和社会联盟建设需要取得相应的进展,以支持单一货币。

在欧元诞生十周年庆典上,欧元受到了广泛赞誉,对作为欧元区首要管理者的欧洲央行的表现也是好评如潮。在欧元的第一个十年里,欧元区各国平均通胀率仅为1.97%,完美实现了维护价格稳定的首要目标。欧元在国际货币体系中的地位持续提升,在美国金融危机爆发时更是被寄予稳定之锚的期待。但祝贺与赞扬言犹在耳,欧元区的情况就开始急转直下。随着希腊突然陷入主权债务违约的困境,欧洲债务危机爆发。欧洲央行被迫联合欧盟和国际货币基金组织,尝试紧急救援计划,但危机仍然蔓延到爱尔兰、葡萄牙、西班牙、意大利等其他欧元区国家。在危机高潮阶段,甚至出现了让希腊或更多的虚弱经济体离开欧元区的议论,似乎欧元区的存续都成了问题。

2012年7月,欧洲央行行长德拉吉开启了欧元版的量化宽松政策,经过反复努力,终于制止了债务危机的蔓延。受危机冲击的国家先后站稳了脚跟,情况最危急的希腊也保持住了欧元区成员地位,在2015年重返国际债务市场。但欧元区经济也付出了沉重的代价。2015年欧元区国家平均失业率高达11%,扣除通货膨胀因素之后的实际GDP仍未恢复到2007年水平,这意味着2007—2016年间欧元区人均GDP事实上是下降的,法国经济学家托马斯·皮凯蒂指出这是欧元区经济"失去的十年"。[①] 欧元批评者认为,他们所有的悲观预测都不幸成为事实:成员国政府并未遵守财政纪律;汇率风险消除淡化了金融市场风险意识,为盲目借贷打开大门;各国竞争力差距不但没有缩小,反而加速扩大;在危机到来之时,统一货币束缚了各国的政策选择,使区内国家的经济表现远远落后于未选择欧元的欧盟国家。欧元区的支持者则认为,欧元建设与欧盟建设和欧洲一体化进程一致,存在所谓棘轮效应,只能向前推进,而不能后退。他们提出各种改进方案,如建立欧洲议会上院专门处理主权债务问题、建立欧元货币基金、设置金融监管机制等,希望通过

---

① 参见〔法〕托马斯·皮凯蒂:《漫长的危机:欧洲的衰退与复兴》,洪晖、张琛琦译,中信出版社2018年版,第3—7页。

深化合作巩固欧元地位。即便在欧洲债务危机期间,欧元区还在不断扩大,截至2021年成员国已经增加到19个①,这也展示了欧元的吸引力和生命力。

参 考 文 献

〔美〕杰弗里·萨克斯、费利普·拉雷恩:《全球视角的宏观经济学》,费方域等译,上海三联书店、上海人民出版社1997年版。

〔美〕道格拉斯·诺思、罗伯特·托马斯:《西方世界的兴起》,厉以平、蔡磊译,华夏出版社1999年版。

〔美〕史蒂文·K.贝克纳:《格林斯潘——谁在主宰世界金融》,戴建中、赵薇、征庚圣译,江苏人民出版社1999年版。

陈宝森:《美国经济与政府政策——从罗斯福到里根》,世界知识出版社1988年版。

〔美〕保罗·克鲁格曼、茅瑞斯·奥伯斯法尔德:《国际经济学(第四版)》,海闻等译,中国人民大学出版社1998年版。

〔英〕J. F. 佩克:《国际经济关系——1850年以来国际经济体系的演变》,卢明华等译,贵州人民出版社1990年版。

〔美〕马丁·迈耶:《美元的命运》,钟良、赵卫群译,海南出版社、三环出版社2000年版。

〔英〕苏珊·斯特兰奇:《疯狂的金钱》,杨雪冬译,中国社会科学出版社2000年版。

〔德〕马库斯·布伦纳梅尔、〔英〕哈罗德·詹姆斯、〔法〕让-皮埃尔·兰多:《欧元的思想之争》,廖岷、丛阳、许晓骏译,中信出版社2017年版。

---

① 2003—2021年新增欧元区成员为斯洛文尼亚、马耳他、塞浦路斯、斯洛伐克、爱沙尼亚、拉脱维亚、立陶宛。

第四章
国家间的竞争

第一节 竞赛规则与标准

前面两章对国际贸易和国际金融关系进行了介绍和分析。如果说工业革命的开始、金融和贸易理论的出现标志着现代国际经济关系的形成,那么一般认为 1648 年签订的《威斯特伐利亚和约》标志着现代国际政治关系的形成。第一章中已经指出,没有自由市场谈不上世界经济,同样,没有民族国家就谈不上现代意义上的国际政治。《威斯特伐利亚和约》在国际关系史上的意义不仅在于它结束了欧洲三十年战争,更重要的是它标志着民族国家的出现,并且提出了现代国际关系最初的基本原则:一、在国际政治格局中,行为主体是民族主权国家;二、只有国家才拥有完全的法律行为能力,这是由国家拥有主权这一基本属性所决定的;三、主权是不能割让的。[①] 民族国家刚刚登上世界舞台就已经表明,它们将遵循一套前所未有的行为准则。

在此之前,国家间的竞争有如在封闭的角斗场上展开,相对获益是判断胜负的标准;在此之后,国家间的竞争逐渐演变成超长距离的马拉松,绝对获

---

① 参见袁明主编:《国际关系史》,北京大学出版社 2005 年版,第 3 页。

益与相对获益一样成为核心的游戏规则。推动这一变化的是生产方式的革命和生产能力的飞跃。

相对获益与绝对获益

著名的经济史学者安格斯·麦迪逊对公元500年以来的世界经济增长进行数量分析,并得出了以下结论(见表4-1):

表4-1 过去15个世纪的人口增长和人均产量增长

(平均年增长率) 单位:%

	人口	人均产量
农业时期(500—1500)	0.1	0
发达农业时期(1500—1700)	0.2	0.1
商业资本主义时期(1700—1820)	0.4	0.2
资本主义时期(1820—1980)	0.9	1.6

资料来源:转引自〔美〕杰弗里·萨克斯、费利普·拉雷恩:《全球视角的宏观经济学》,费方域等译,上海三联书店、上海人民出版社1997年版,第793页,表18-2。

明显可以看出,18世纪成为前现代与现代的分水岭。在此之前的大部分时间里,世界的人均产出没有变化。即便是实现初步增长的十六七世纪,人口增长率也仍然高于人均产出的增长率。这意味着一个国家只有通过把更多的臣民纳入麾下,才能提高生产能力,积累更多的财富。所以前现代的统治者总是忙于开疆拓土,各国之间的边界基本是不固定的。王朝国家的崛起和灭亡屡见不鲜。统治者之间的往来以礼仪为表,权谋为里,心照不宣的共识即成王败寇,谈不上有什么法理规则。低效率的政治实体被无情地淘汰,能够在组织或军事技术上获得突破的统治者则建立疆域辽阔的帝国,只有在征服的代价超出收益的时候,扩张才会停止。

不过即便在稳定的大帝国里,传统农业生产也无法突破环境和资源的限制,无法逃脱收益递减规律。人口增长迟早会超出环境容纳的极限,使帝国盛极而衰。追求绝对获益,通过不断提高生产能力来获得财富和安全是不可能的。全世界的财富从整体上看增加极为有限,各国的注意力集中在如何瓜分财富上。"一个人、一个家庭或者一个国家只有使他人有所失,自己才能有所得。"①追求相对获益是前现代唯一的逻辑。

工业革命和现代经济的发展彻底改变了人类经济生活的面貌,历史上首次出现持续增长现象,人均产出的增幅开始超越人口增长。特别是在1820年进入工业化现代化时期之后,世界经济整体上实现了高速增长。1998年全球人均收入相当于1820年水平的8.5倍,明显超过了同期世界人口5.6倍的增长,人均GDP的年均增长率同期达到1.21%。② 国家间的竞争也随之出现全新的局面。因为在固定人口和领土的前提下,通过国际分工和自由贸易,也可以不断积聚财富。善于提高经济效率、适应世界市场的国家所聚集和使用的资源,远远超过领土扩张所得。追求绝对获益第一次成为国家的现实选择。

《威斯特伐利亚和约》正是在从前现代向现代过渡的时期出现的,它体现了各国适应新竞赛形式的努力。在其基础上形成的现代国际体系,遵循完全不同以往的竞争规则。第一,参加竞争的应当是民族国家,各国承诺以和平手段解决争端,最低限度是不以消灭对手为目的。而在此之前,竞争者主要是王朝和帝国,掠夺、兼并、征服是可以接受的竞赛方式。第二,民族国家享有不可分割、不可让渡的绝对主权。主权对内以公民权利和财产权为基础,对外以国际法律和条约体系为保障。它成为国民经济持续增长、国家间展开绝对获益竞争的基石。如瑞士国际法学者瓦特尔阐述的,主权原则出现后,即便在战争状态下,经济权益也可能得到维护。"一个主权者同另一个主权者进行战争,至少不是同非武装的人进行战争。战胜者夺取国家的财产、公共的财产,而(战败国的)个人仍保持自己的财产。"③第三,作为主权原则的延伸,国家的领土和边界基本固定,认定公民身份有了严格的程序。只有得到相关国家认可,才能做出调整。扩张领土、掠夺人口从经济上说没有必要,从政治上说代价高昂。

---

① 〔美〕W. W. 罗斯托:《这一切是怎么开始的:现代经济的起源》,黄其祥、纪坚博译,商务印书馆1997年版,第13页。

② 参见〔英〕安格斯·麦迪逊:《世界经济千年史》,伍晓鹰等译,北京大学出版社2003年版,第15—16页。

③ 转引自李家善:《国际法学史新论》,法律出版社1987年版,第127页。

以绝对获益为核心的规则不仅为各国政府所接受,也很快得到各国国民的认同。能否保证国民经济持续增长成为评价执政能力的关键,这是现代经济形成之前所未有的观念。用经济史学家理查德·托尼(Richard H. Tawney)的话说,只是在最近的四百年,人们才习惯了迅速的经济变化,并且以持续的经济进步作为理想。① 在传统社会里,经济繁荣的标准是静止的:轻徭薄役,五谷丰登,路不拾遗,夜不闭户。民众视之为盛世,心满意足,而不会渴望不断、迅速地积累财富。现代经济的出现改变了数千年延续的模式,高速增长的观念日益流行。政府必须保证生产不断扩大,国民福利不断提高。

不过在绝对获益观念流行的同时,相对获益并没有被淡忘,而且从某种意义上讲,它比前现代时期更为普通人所重视,因为市场力量扩大了国家间的贫富差距。美国经济史学者戴维·兰德斯(David S. Landes)指出,18 世纪中期最富和最穷国家的人均收入之比大约是 5∶1,欧洲与东亚或南亚(中国或印度)的人均收入之比约为 1.5∶1 或 2∶1。到了 20 世纪末,最富有的工业国家(如瑞士)和最贫穷的非工业国(如莫桑比克)的人均收入之比是 400∶1。② 以国家总体实力而论,1820 年的十个经济大国中,中国、印度、法国名列前茅。到 20 世纪 80 年代,则是美国、苏联、日本占据三甲。③ 国家间的竞争已经不是淘汰赛,但落后的痛苦要远远大于以往。

现代化的通信手段使公众随时能感受到各国生活水平的差异,促使他们对政府提出更多的要求。不仅要实现绝对获益,而且要实现相对获益;不仅要持续增长,而且要赶超其他国家。结果,在现代国际体系中,因落后而消亡的国家极为罕见,但因为不能达到国民的期望值而失败垮台的政府屡见不鲜。在世界经济整体增长的同时,国家之间的竞争也日益激烈,要分出上下高低。

---

① 参见〔澳〕海因茨·沃尔夫冈·阿恩特:《经济发展思想史》,唐宇华、吴良健译,商务印书馆 1999 年版,第 12 页。
② 转引自〔美〕戴维·S. 兰德斯:《国富国穷》,门洪华等译,新华出版社 2001 年版,引言第 3 页。
③ 参见〔英〕安格斯·麦迪逊:《世界经济千年史》,伍晓鹰等译,北京大学出版社 2003 年版,第 259、261 页。

GNP 与 GDP

既然是竞赛,就应当有竞赛的标准,以辨别领先与落后、成功与失败。对此经济学提供了人们耳熟能详的一对概念:国民生产总值(GNP)和国内生产总值(GDP)。GNP 指的是在给定时期内,某国国民生产的最终商品和服务的价值总量。GDP 指的是在给定时期内,某国领土上最终商品和服务的生产总值。给定时期一般是一个季度或一年,当期产值表明不计算以前生产的产品在这一时期重新交易造成的收支变化,最终产值意味着不计算原材料和中间产品的价值,而只考虑最终产品。

计算最终产值既能够反映国家产出的水平,也可以反映国民收入的总体状况,是因为在消费者和生产者之间存在收入的循环流动,一国的产出和收入实际上是相等的,参见图 4-1:

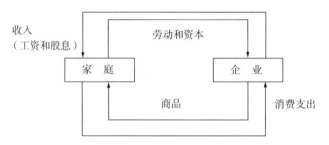

图 4-1 收入产出的循环流

图 4-1 中以家庭代表消费者群体,以企业代表生产者群体。设想家庭中的消费者购买了一台电视机,付给企业 2 000 元。企业会将收入分为四部分支配:500 元支付给提供零件的其他企业,1 000 元支付工人工资,250 元支付贷款利息或股息,剩下 250 元是净得的利润。后两部分其实是资本投入者的所得,它和工资(劳动者所得)一样回到家庭手中,这样消费者在这一轮分配中得到 1 500 元的回流。其余 500 元会被其他企业进行同样的分配,最终 2 000 元全部回到家庭手中。可见,家庭和企业的收支各自应当是平衡的。家庭付出劳动和资本,企业支付工资和股息,图的上半部平衡;家庭提供消费支出,企业提供商品,图的下半部同样达到平衡。所以,只需要计算企业的总产出,就可

以代表国民收入的状况。只统计当期和最终的产值,则是为了避免重复计算。

请注意,图4-1描述的其实是一个完全封闭的国民经济。在这里,消费者购买的都是本国商品,企业使用的都是本国的生产要素。只有在这种情况下,GNP与GDP才是完全相等的。在开放经济当中,则会出现明显的变化,见图4-2:

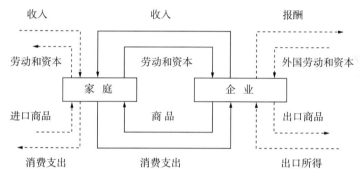

图4-2 开放经济的循环流

此时,本国家庭的劳动和资本部分投向国内外企业,而且消费者既购买本国商品也购买外国商品;本国企业则吸收外国生产要素,它们的产品也分别出售给国内外的消费者。在开放经济的情况下,GDP与GNP的统计重点略有不同。GDP衡量的是在一国边境内生产要素的产值,而不管生产收益由谁获得;GNP统计的是本国居民的收入,而不管收入是来自国内生产还是国外生产。也就是说,GDP收入中可能有一部分为外国人所得,而GNP收入中可能有一部分来自本国公民在国外的生产。只有在封闭经济中,二者的数值才相等。在开放经济的条件下,谁更能反映一国得失,一直没有定论。一般认为,GDP确切表现国家的生产能力,人均GDP高的国家被认为生产能力强大;而GNP适于表现收入变化,人均GNP高的国家福利水平较高。

可持续增长指标

GDP和GNP已被公认为衡量国民经济水平最重要的指标。但GDP和GNP增长率能否准确反映国家的经济发展和社会进步,却在学术界受到越来越强烈的质疑。早期有影响的论述来自美国学者詹姆斯·托宾(James

Tobin)和威廉·诺德豪斯(William Nordhaus)。他们认为 GDP 中既有对社会有益的产出,也有危害社会的产出。后者的典型例子就是香烟。烟草生产和销售确实能够创造众多就业机会,给各级政府带来可观的税收。但烟草消费严重损害人体健康,长期来看肯定会导致工作效率的下降,并扩大医疗保健开支。若干实证研究表明,它给国民经济造成的损失超过它的直接收益。把这种有害产出与有益产出等同计算是不合理的。同时,家庭主妇、社区义工所做的服务性工作又被摒弃在统计之外。可见 GDP 不足以显示社会的进步程度。他们建议把有害社会的产出剔除,这样计算的结果是美国 1940—1968 年的福利净增长只有 GDP 增加额的一半。后来的学者不断提出新的经济成就指标,比较集中的意见是要考虑自然资源损耗,考虑环境污染成本,考虑人力发展指标[①]。

目前比较全面的经济成就统计方法中,影响最大的是可持续发展指标(SDI)。它建立在美国经济学家赫尔曼·戴利(Herman Daly)和约翰·科布(John B. Cobb, Jr.)的研究之上。他们在 1989 年首先发布了一套相当复杂的经济福利可持续发展指数(sustainable economic welfare index),严格区分经济活动中的成本和收益。比如将医疗开支视为社会成本,而不是有益增长;将失业率、犯罪率引入统计,作为增长的代价。同时计算国民收入分配的情况,如果贫富严重不均将被扣分。美、英、德、澳等西方国家的统计机构试验性地使用了他们的计算方法,作为了解社会进步的依据之一。1995 年联合国专门委员会以此为基础,提出了可持续发展指标。其具体内容和计算方法仍在改进当中。

从使用 GNP、GDP 到提出可持续发展指标,反映了人们观念的变化,即衡量国家在世界经济中的成败得失不能只看经济增长的绝对值,还必须考虑增长的质量和结构。只有合理的增长结构,才能保证持续发展,使国家成为真正的赢家。美国麻省理工学院斯隆学院院长莱斯特·瑟罗对比了 1870 年和

[①] 人力发展指标一般包括平均寿命、成人文盲率、儿童入学率、百万人口大学生和工程师人数等。部分国家人力资本发展水平与人均产出水平有明显差异。比如沙特 1997 年 GDP 全球排名第 41 位,人力发展排名为第 75 位。

1988年世界上最富有的20国名单,发现变化甚微。除了阿联酋和科威特因石油资源暴富之外,118年的追赶竞赛中能够后来居上的只有日本一国。他的结论是:如果一个国家不能在一个世纪的时间里保持经济温和增长和人口低速增长,它就不可能加入富国行列。①

显然,其中的关键词是可持续。在日本成功之后,不断有国家得到"中东的日本"(约旦、黎巴嫩)或"非洲的日本"(加纳、津巴布韦、博茨瓦纳)或"拉美的日本"(智利)的称号,因为它们在一段时间内达到了惊人的增长速度,但最终都是昙花一现。联合国开发计划署总结了各国的经验教训,指出有五种经济增长最终只能带来噩运:其一,不能创造就业的增长;其二,不能分享成果的增长;其三,没有发言权的增长,即经济成长的同时,公民参政的权利没有相应扩大;其四,没有文化根基的增长;其五,不考虑未来的经济增长②。

对此,瑟罗做过一个形象的比喻:"经济竞赛不像短程赛跑,而是要求参赛国具有马拉松运动员的技能,可以在百年里保持3%以上的年增长率。"③如何实现国民经济的可持续增长,我们将在下一节中进行讨论。

经济周期与霸权周期

当一个国家实现了稳定增长,它就突破了边际收益递减规律的束缚,从而步入现代经济。但在长期的持续增长过程中,依然存在着加速和减速现象,甚至出现中断现象。研究者发现,现代经济活动的收缩和扩张有相对固定的长度和振幅,而且不断自我重复,即遵循一定的经济周期。即便是成熟稳定的经济也难以摆脱其影响。

迄今为止,得到普遍确认的有四种经济周期。其一,基钦周期。它是由

---

① 参见〔美〕莱斯特·瑟罗:《二十一世纪的角逐——行将到来的日欧美经济战》,张蕴岭等译,社会科学文献出版社1992年版,第174—178页。
② 以印度尼西亚为例,在苏哈托执政期间,曾经在1971—1984年间达到年均7.1%的GDP增长速度,但主要依靠扩大石油和木材出口、消耗资源和破坏环境。有分析家认为扣除环境成本后,其GDP实际增长速度应低于4%,事实上已无法应付迅速膨胀的人口压力。
③ 参见〔美〕莱斯特·瑟罗:《二十一世纪的角逐——行将到来的日欧美经济战》,第176页。

美国学者约瑟夫·基钦(Joseph Kitchin)于 1923 年发现的。他指出,经济完成波峰(即高位转折点)→收缩→波谷(即低位转折点)→扩张整个周期,大约需要 3—5 年。而造成高位转折或低位转折的原因,主要是企业主普遍减少或增加存货投资,因此基钦周期又称为存货周期。其二,朱格拉周期。由法国学者克莱芒·朱格拉(Clèment Juglar)于 1860 年发现。他认为,机器设备投资额的增减造成了低位或高位转折,因此朱格拉周期又称为投资周期,周期长度为 7—11 年。其三,库兹涅茨周期。由美国学者西蒙·库兹涅茨(Simon S. Kuznets)于 1930 年提出。库兹涅茨对转折点的分析强调建筑行业投资的作用,因而又称为建筑周期,长度为 15—25 年。其四,康德拉季耶夫周期。由苏联学者尼古拉·康德拉季耶夫(Nikolai Kondratieff)于 1925 年提出。他以技术发展和大型基本建设投资的增减来解释经济转折,认为一个完整的周期长度为 40—60 年。

美国经济学家约瑟夫·熊彼特(Joseph Schumpeter)主张这些经济周期之间是有关联的。一个康德拉季耶夫周期包含 5—6 个朱格拉周期,而一个朱格拉周期大约包含 3 个基钦周期。它们相互结合,体现了经济增长的长期趋势。他据此把它们分别命名为长波、中程周期和短波。① 但多数经济学者对长波理论持谨慎态度,认为它缺乏足够的实际证据。他们的兴趣和精力集中在对短波和中程周期的研究上。

国际关系学者的态度则恰恰相反。他们最为关注的是康德拉季耶夫周期,因为它有助于解释国际体系中的霸权交替现象。比较流行的一个说法是,在现代国际体系中已经出现了两个霸权时期,即 1814—1914 年的英国霸权阶段和 1945 年以来的美国霸权阶段。在这两个时期内,掌握霸权的国家在政治、经济、军事、文化各个领域拥有全球性的影响力,左右着国际规则的制定和实施。它们无论是在国际贸易、金融、生产分工,还是军事和外交联盟当中,都居中心地位。沃勒斯坦和特伦斯·霍普金斯(Terrence Hopkins)据此认定,在国际关系中存在着霸权周期,包括霸权的上升、胜利、成熟、衰

---

① 参见〔美〕约瑟夫·熊彼特:《经济发展理论——对于利润、资本、信贷、利息和经济周期的考察》,何畏、易家详等译,商务印书馆 1990 年版,第 295—300 页。

退四个阶段。①

以美国和英国的经历来看,霸权的兴衰与经济长波周期存在着相关性。表4-2是比利时学者欧内斯特·曼德尔(Ernest Mandel)总结的康德拉季耶夫周期年表。②

表4-2 康德拉季耶夫周期年表

	上升时期	下降时期
第一个康德拉季耶夫周期	1789—1815/1825	1826—1848
第二个康德拉季耶夫周期	1848—1873	1873—1893
第三个康德拉季耶夫周期	1893—1913	1914—1940
第四个康德拉季耶夫周期	1940/1948—1967	1968—1990?
第五个康德拉季耶夫周期	1990?—	

资料来源:〔比〕欧内斯特·曼德尔:《资本主义发展的长波——马克思主义的解释》,南开大学国际经济研究所译,商务印书馆1998年版,第82页。此书第一版完成于1980年,因而只分析到第四个周期的高位转折点。在中译本依据的1995年修订版中,欧内斯特·曼德尔提出两个假设:20世纪七八十年代为"清除期"(即下降阶段),此后可能开拓加速扩张的新时期(即第五个周期的上升阶段)。本表根据他的思路对最后两个阶段做了补充。

在前两个康德拉季耶夫周期的上升时期,英国战胜了拿破仑统治下的法国,主导建立了第一个相互依存的贸易体系和金本位体系。在第二、三个康德拉季耶夫周期的下降时期,英国的霸权受到了德国等新兴大国的挑战,并最终在大萧条和二战中衰落。美国则是在第三个周期的上升时期成为世界强国,在第四个周期的上升时期确立霸权地位;而在第四周期的下降时期,其霸权地位经受了严重的冲击和考验。

霸权周期与经济长波之间的关联并不难以理解。从根本上讲,霸权的崛起始于经济效率的突破,即一个国家在一种或几种增长要素的使用上独辟蹊径,形成持久的领先能力。凭借这种能力,它获得超众的经济增长业绩,并带

---

① 参见秦亚青:《霸权体系与国际冲突——美国在国际武装冲突中的支持行为(1945—1988)》,上海人民出版社1999年版,第112页。

② 研究长波的经济学者采用各种时间序列总结康德拉季耶夫周期,因而在转折点等具体时间确定上略有不同,但对五个周期的概括基本一致。

动世界经济全面增速。同样是凭借这种能力,它战胜霸权挑战者,获得其他大国的认可,确立和保持霸权地位。

不可否认,由于现代经济和国家体系的确立距今只有两百年左右的时间,无论是政治还是经济的长波周期都缺乏足够的经验证据,还不是完全成熟的理论。但长波理论,特别是它对高位和低位转折点的规律性认识,为考察霸权兴衰、推测国际关系的结构性变化提供了出发点。

第二节 国力盛衰的根源

对于现代国家而言,实现国民经济持续增长的能力是国力的核心部分。国家的军事实力、科研能力、组织效率、文化影响力无不以此为基础。早期的增长理论认为,劳动力、资本、自然资源是保证持续增长的三个要素。随着研究的深入,技术创新、制度因素、社会文化传统在增长过程中的重要性越来越受到关注。并不是所有的国家都能够有效调动和使用这些增长要素。这也造成了当今世界各国的发展水平悬殊。有些国家事实上还处于前现代阶段,有些国家的增长不断出现波动和反复,只有部分国家保持比较稳定的增长,而其中能够保持领先地位的更是屈指可数。长期来看,增长能力的高低决定了一国的国际地位,也决定了国际体系的结构。

人口、资源与资本

在前现代的农业社会里,人口和土地是国家最重要的实力基础。其他自然资源无足轻重,商业活动能积累一定的资金,但不能转化为生产投资。统治者大多认为商业兴旺弊大于利,不约而同地采取重农抑商的政策。资本对经济活动的影响十分有限。仅依赖于人口和土地的经济发展无法逃脱边际收益递减规律,英国学者托马斯·马尔萨斯(Thomas Malthus)对此做了著名的阐述。他认为在土地和人口达到最佳结合的时候,国民的生活水平才会日益提高,从而推动人口增长。由于劳动力投入增加,而土地规模不变,每个劳动力可使用的土地资源会下降,劳动力的边际产出递减。所以总体的粮食增产速度肯定要落后于人口增长,使经济发展达到极限。此时,只有罪恶——指瘟疫、战争、饥荒和贫困——才能使经济恢复平衡。经济的盛衰对应着政治上的治世和乱世，传统的王朝和帝国无不处于这种循环当中。有些国家通过制度和文化传统抑制大众的生活需求，人为地延长了循环的周期，于是成为时人向往的富庶之邦。其实它们依然处于马尔萨斯描绘的怪圈当中。

阅读材料 4-1　传统帝国的兴衰周期

传统帝国理论上的兴衰周期是随着意志坚强的行政管理在比较大的地区确立了政治秩序而开始的。这种行政管理能够把帝国绝大部分力量和资源集中用于国内。它通常是在上一周期的衰落时期取得政权的，那时战争和瘟疫造成人口下降，田地荒芜，贸易断绝。从这种特殊意义来说，那时存在着有待开发的潜力。

在和平和安定的环境中，农业复苏了；国内贸易（有时还有国际贸易）的渠道开放或重新开放了，而且保持开放不衰；凡是条件合适的地方，灌溉工程得以兴建或重建，而且得到维护。农业产量增加了，……在这样的环境中，妇女们结婚提早了；她们的孩子安全度过多病婴儿期而存活的人数更多了，政府的妥善筹谋加上合理有效的运输，使歉收地区也能收获粮食，这样一来，人口增加了。

然而，长此下去，有三种因素会限制经济的进步：第一，人口增加给好耕地带来压力；第二，要长期保持效率高、廉洁和意志坚强的行政管理有它内在的困难；第三，国家有可能卷入战争，而战争的代价超过了在战争中扩大贸易、缴获战利品或夺得良好耕地所得到的补偿。到了某个阶段，这些因素可能造成土地耕种过度而歉收、赋税过重、瘟疫流行、农民反叛或其他形式的内乱以及中央政府的腐败。

从直接或间接的方面来看，这种没落是由财政危机造成的：政府征收的税款不能满足政府所承担的维护安全和提供福利责任的需要，而且这种责任在日益增强。政府本身处理这种局面的做法也许会使资源和目标之间失去平衡，从而加剧潜在的固有危机。

到达向上的转折点之后,经济、社会和政治生活后退到比较狭窄的范围内。生产不很景气,仅能维持自给。整个社会就是在这样的基础上运行的。通常伴随这一进程的,是人口的下降。

资料来源:〔美〕W. W. 罗斯托:《这一切是怎么开始的:现代经济的起源》,第7—9页。

资本成为新的增长要素之后,打破了收益递减规律的束缚。生产的利润通过资本市场集中到投资者手中,再经过他们的选择交给少数企业家支配,从而使生产要素的配置趋向合理化,扩大了国民经济的整体产出。于是如表4-1所展示的,自16世纪开始世界的人均产出有了持续的增长,并在工业革命之后最终超过了人口的增长速度。英国经济学家阿瑟·刘易斯曾经简单估算,成熟经济体资本与产出的边际比率为3∶1到4∶1,即投资100英镑,国民收入每年平均增加25到33英镑。在稳定回报的鼓励下,发达国家习惯于将10%—15%扣除折旧后的国民收入用于投资,而保持每年3%—4%的增长。①

早期的增长分析普遍认为,人口、资源、资本的投入保证了现代经济增长,其中资本起着最重要的作用。资本因素使用得当,可以弥补其他两个要素的不足。缺乏自然资源的国家,如日本、韩国、新加坡等,可以通过进口原材料、出口制成品,实现惊人的增长业绩;人口增长率不断下降的西北欧国家,也可以通过加大人力资本投入,提高劳动力素质,保持领先的经济地位。与此形成对照的是,一些拥有丰富自然资源或庞大人口数量的国家,由于资本市场落后,难以实现稳定增长,国家实力衰落不振。

因此,早期的增长理论将资本要素置于核心地位②,关注的焦点是如何加速资本的形成。公认的选择:一是提高资本积累率,二是提高资本使用效率。而在发展中国家的执政者看来,有效使用资本涉及技术力量培训、基础设施

---

① 参见〔英〕阿瑟·刘易斯:《经济增长理论》,周师铭、沈丙杰、沈伯根译,商务印书馆1999年版,第245页。
② 如颇具影响力的哈罗德-多马增长模型,$n=s/c$,即均衡状态下的经济增长率(n)等于储蓄率(s)与资本产出率(c)之比。也就是说,认为增长主要由资本投入的数量和质量决定。

配套等复杂问题,不易在短期内解决。他们将主要精力放在提高积累上面。在封闭经济中,投资来自国民储蓄;在经济开放的条件下,还可以使用国际投资弥补本国的资金缺口。于是,鼓励储蓄、吸引外资被视为促进经济增长、提升国力的关键。在储蓄和投资观念尚未深入人心的情况下,某些国家甚至以强制政策抑制消费,集中生产剩余,以提高积累比率。

技术创新

1956年,麻省理工学院的经济学家罗伯特·索洛(Robert M. Solow)建立了新的经济增长模型,对以资本要素为核心的增长思想提出挑战。他论证说,如果没有技术进步,仅靠增加储蓄、提高资本积累和投入,不能实现经济的持续增长。在缺乏技术突破的情况下,增长率存在上限。如果技术进步长期低于资本积累率,在达到一定的国民收入水平之后,资本报酬递减将导致经济减速,甚至可能出现经济停滞。第二年,索洛利用美国1909—1949年间的经济统计资料验证了自己的理论,并提出了全面解释经济增长的框架:$Q = Q(K, L, T)$。其中 Q 是一国的产出,K 代表资本投入,L 代表劳动力投入,T 指技术因素。也就是说,产出的增加取决于:(1)劳动投入的增长;(2)资本投入的增长;(3)技术进步。索洛分析发现在这40年里,美国人均每小时的总产出翻了一番,其中人均资本增加的贡献率只有12.5%,而技术进步的贡献率达到87.5%。这个令人吃惊的数据表明,技术创新才是经济成长、国力提高的核心。

根据索洛最初的解释,技术进步不仅包括通常意义上的生产技术的提高以及生产和商业组织的改进,而且应当包括教育普及带来的劳动力素质提升。[1] 相对于劳动力和资本要素,这些技术要素是难以测定和进行量化分析的。这也是它们此前被忽略的原因。索洛的增长框架实际上是用排除法定义技术进步,即技术变化等于人均产出增长中扣除人均资本变化后剩余的部分,由此定义的技术因素又称为索洛剩余。

---

[1] 参见罗伯特·M.索洛:《技术变化与总量生产函数》,载〔美〕罗伯特·M.索洛等:《经济增长因素分析》,史清琪等选译,商务印书馆1991年版,第2页。

后来的研究发现,发展中国家的经济成长中,索洛剩余约为40%,也就是说资本贡献率大于技术进步,与发达国家的情况恰好相反。① 这说明了发展中经济与发达经济的差距之所在。仅依赖提高资本积累,短期内可以提高增长速度,但一段时间后就会碰到玻璃天花板,难以实现稳定增长。苏联和东欧国家的经历再次证实了这一点。它们在计划体制下可以达到极高的资本积累率,但由于技术发展滞后,终于在一定收入水平上陷入停滞状态。而长期停滞必然导致国力衰落,并危及其国际地位。随着经验证据的积累,越来越多的国家接受了新的观念:实现技术进步比增加资本投入更重要。

于是,在增长过程中调动和使用技术要素成为新的关注焦点。一般认为,技术进步过程包括相互联系的三个阶段:基础科学研究、科技发明和创新开发。如果以诺贝尔奖中自然科学项目的获奖人数代表国家的基础研究水平,以每年申请的专利数量代表国家的科技发明水平,很容易就可以发现,目前世界上只有很少的国家具备了自主实现技术进步全过程的能力,即通常所说的自主研发能力。创新开发水平估测起来比较困难②,但据美国国家科学基金会支持的研究分析,在1953—1973年引进市场的1 242项创新中,可称之为基本创新的仅为7项,属于根本创新的有29项,两者合计约占2.9%。相对集中度不亚于纯科学研究与技术发明。③

大多数国家依靠引进技术改善经济增长的结构,而它们的引进效率差异明显。造成差异的主要原因是对技术引进的认识和态度。在引进成功率低下的国家里,技术引进每每遭到曲解和歧视,被认为是投入人力和资金就可以完成的简单任务;而缺乏自主研发能力被看作阻碍发展的关键。事实上,引进和使用技术的能力并非自然形成,引进成功需要各种条件的配合。其中最重要的几项包括:(1)真正开放的经济体系,允许人员和思想的自由交流,并且提供足够规模的市场,使创新能够获得充分的收益。(2)科技专家和企

---

① 参见〔美〕杰弗里·萨克斯、费利普·拉雷恩:《全球视角的宏观经济学》,第800页。
② 这里使用的是熊彼特定义的创新概念,包括新物品的采用、新生产方式的采用、新市场的开辟、原材料或半制成品的新供给来源的获得、行业新组织的实现,"简而言之,在经济生活领域所从事的任何不同事情"。参见〔美〕约瑟夫·熊彼特:《经济发展理论》,第2章。
③ 参见〔荷〕范·杜因:《经济长波与创新》,刘守英、罗靖译,上海译文出版社1993年版,第105页,表6-1。

业家之间形成畅通的联系渠道,使科研人员能够充分探索革新发明的可能性,企业家能够在各种可能性中间根据市场需求做出开发决定。(3)灵活、健全的教育体系,特别是职业培训体制,保障技术创新运用于实际生产过程。(4)能够承受创造性破坏的社会体制。因为新技术的应用往往需要重新组合生产要素,被淘汰的小到一条流水线,大到一个行业,都需要社会的扶助以度过调整时期。

其实,这些也是自主研发所需要的基本条件。正因为如此,具备自主研发能力的国家,同时也拥有成熟的引进能力,它们相互学习和借鉴的积极性丝毫不逊于自主开发的热情。从这个意义上讲,技术引进是拥有自主创新能力的有益准备。如果一个技术落后的国家通过引进和学习,能够利用引进的科学理论进行自主发明,利用引进的发明进行创新开发,能够在根本性创新的基础上进行改进,那么科技要素对其增长的贡献率肯定可以显著提高,它也就逐渐具备了自主研发的潜力。

不过,要使这种潜力变为现实,还必须具备一个关键的条件——恰当的制度环境。

制度环境

如前所述,在当今世界上只有少数国家拥有自主研发能力,许多国家甚至不具备引进技术的基本能力,国家科研水平的差距远远超过人均收入的差距。可以说,技术要素对经济成长的贡献率差异,造成了各国增长能力高下悬殊、国家实力和国际地位不平等。那么,各国的科技水平是由什么决定的呢?经济史研究提供了有说服力的解答。

经济史和科学史学界曾经围绕一个相似的问题进行长期的讨论:为什么科学革命和产业革命没有发生在中国?如英国学者马克·埃尔文(Mark Elvin)指出的,"被历史学家通常看作对西北欧工业革命起过主要推动作用的每一个因素,在中国几乎也曾存在过……中国人……本来可能很容易地根据王祯所描述的原始模型制造出高效的纺纱机。……制造蒸汽机会困难一些,但是对于在宋朝就已经造出双向活塞喷火器的民族来说,这不会成为不可克服的困难。关键问题是没有人尝试去做。农业是个重要例外,在基本科学知识的贫乏成为严重障碍之前,中国大部分领域的技术早已停止前进了"①。英国学者李约瑟对此的解释是,由于中国商人没有掌握国家权力,他们无法支持技术革新。但多数学者认为商人在各个国家都不是引发科技革命的力量。沃尔特·罗斯托(Walt W. Rostow)则提出,十七八世纪的中国人缺少"一种不断增长的对科学、哲学、发明和革新的激情",阻碍了科技进步。② 但这个解释显然失之肤浅,只能引发更多的问题:为什么同时期的西欧人有这样的激情,而中国人却没有呢?

相比之下,美国学者诺思和托马斯的分析真正击中了要害:制度环境是造成科学革命发生于西欧而未发生于中国的关键因素。技术创新只有在适宜的制度下才会出现,这些制度保证了创新者的私人收益率接近于因创新而产生的社会收益率。因为潜在的创新者在投身研究之前会从个人的角度考虑成本—收益问题。研发成本由他自己先期承担,而新技术一旦诞生,收益属于全社会,创新者个人在其中所占的比例并不确定。第三方可能不经同意就使用技术并享受收益,"白搭车"的第三方占有的收益越多,创新者的收益越少。当创新者估计最终的收益低于他付出的成本时,他就不会投入研究,即便那是社会急需的技术。诺思和托马斯举了航海计时钟的发明经过作为例子。

阅读材料 4-2　航海计时钟的发明

航运者不能确定他们的实际位置是海洋运输和国际贸易发展的主要障碍。这需要有两个坐标即经度和纬度的知识。确定纬度的能力较早便具备了,……不过,测定经度就比较困难了,因为需要一台在远洋期间保持精确度的计时钟。西班牙的菲利普二世为发明这个计时钟悬赏 1 000 金克朗。荷兰把赏金提到 10 万弗罗林,而英国最后悬出的赏金依大文钟的精确度定为 1 万至 2 万英镑不等。这笔奖金一直悬赏到 18 世纪,最后由约翰·哈里森获得,他为了解决这个问题耗尽了半生精力。精确测定轮船位置给社会带来的收

---

① 转引自〔美〕W. W. 罗斯托:《这一切是怎么开始的:现代经济的起源》,第 22 页。
② 参见上书,第 21 页。

益,按减少了轮船的损失和降低了贸易成本来衡量是巨大的。突破究竟发生得多早,在于有没有所有权来保证发明者收入因节省了轮船和时间而增加。(当然他也要承担研究的高成本和发现一项成果的不确定性。)付给数学家报酬和提供奖金是刺激努力出成果的人为办法,而一项专为包括新思想、发明和创新在内的知识所有权而制定的法律则可以提供更为经常的刺激。没有这种所有权,便没有人会为社会利益而拿私人财产冒险。

资料来源:〔美〕道格拉斯·诺思、罗伯特·托马斯:《西方世界的兴起》,厉以平、蔡磊译,华夏出版社1999年版,第7—8页。

他们最后的断言略嫌绝对。在人类社会中,总有为真理魅力倾倒的科学家和热衷于技术改进的发明家,他们会不计成败利钝地进行探索,这是前现代社会科技成果的主要来源。但是,信奉利他主义哲学的人毕竟是极少数,所以古代发明活动规模很小,技术与科学缺乏沟通,科技成果是孤立和不连续的。而孤立的新技术同样会遭遇收益递减规律,无法推动持续增长。只有建立适宜的制度,提高私人收益率到接近社会收益率的水平,才能激发普遍的热情,使人们大规模地投身科学、发明和创新活动,基础知识的存量得以扩张,科学和技术得以结合,于是发生我们熟知的科学革命和产业革命。

至此可以得出结论:制度环境决定了国家的科技水平,制度因素是经济增长和国力盛衰的关键。这里所说的制度,是指用来建立生产、交换与分配基础的基本的政治、社会和法律规则。[①] 就促进技术创新而言,最重要的制度环境是知识产权概念、专利法、商业秘密法、商标、版权的确立和实施。它们明确了技术创新的所有权原则,发明者可以在一段时间内排他性地享受发明的收益,从而保证其收益率接近社会收益率。其他相关制度包括:实现规模经济的安排,如股份公司、企业;提高要素市场的效率的安排,如废除农奴制、汇票;减少市场不完善性的安排,如保险公司。[②]

[①] 参见兰斯·戴维斯、道格拉斯·托马斯:《制度变迁的理论:概念与原因》,载〔美〕罗纳德·科斯等:《财产权利与制度变迁:产权学派与新制度学派译文集》,上海三联书店1991年版。

[②] 参见〔美〕道格拉斯·诺思、罗伯特·托马斯:《西方世界的兴起》,第10页。

国家是否具备自主研发能力,主要不是取决于资金投入、技术存量、人员素质,而是是否建立了鼓励科学、发明、创新的制度。拥有成熟的制度环境,国力增长的结构和质量就得到了保证,就能够在国际体系中占据优势地位。

文化与经济模式

由于国家间的竞争日趋激烈,各国都有充分的积极性去借鉴和模仿别国行之有效的制度,以改善自己的制度环境。但是我们很容易发现,形式基本相同的制度在不同国家或地区实施的效果相去甚远。制度变迁的成效与社会结构和历史文化传统密切相关,这就是所谓路径依赖现象。

美国学者罗伯特·帕特南对此做了出色的实证分析。他观察了意大利自1970年开始的地方分权改革,即放弃中央控制体系,建立地区代议制度的过程。他发现在改革进行二十多年之后,新制度在意大利南部和北部的绩效迥然不同。在相同的政府结构、法律体系、财政资源条件下,北部地区政府运作稳定而有效率,南部地区政府则低效甚至腐败。地区经济差距不能很好地解释绩效差别,"那不勒斯周围的坎帕尼亚区在经济上比处在经济发展水平底层的莫塞利区和巴西利卡塔区更发达,但是后两个区的政府明显比坎帕尼亚区政府更有效率"①。帕特南研究证明,最关键的因素是各地区公共精神的差异,一个地区的公民程度越高,地区政府就越有效率。而意大利南部与北部公民文化的不同是历史传统造成的,其根源可以一直追溯到中世纪的公共生活遗产。他的结论是:"制度——我们愿意再加上制约其运转的社会背景——是在历史中演进的。"

阅读材料 4-3　理性选择与历史选择

在剔除那些阻碍进步、鼓励集体非理性的社会习俗和惯例方面,历史并不总是有效率的。我们也无法以某种方式把历史的这种惰性归因于个人的非理性。个人是以理性的方式对历史所赋予的社会环境做出反应,而正是这

---

① 〔美〕罗伯特·D.帕特南:《使民主运转起来——现代意大利的公民传统》,王列、赖海榕译,江西人民出版社2001年版,第98页。

些个人加深了社会的病变。

经济史学家为社会体系的这一特性起了个名字,叫作"路径依赖":你能到哪儿,取决于你从哪儿来,有些目的地,你从这里根本就无法到达。路径依赖会在两个社会之间产生持久的绩效差距,即便这两个社会的正式制度、资源、相对价格和个人偏好相差无几。……

对个人来说,去适应现有的博弈规则,几乎永远都比试图改变规则要容易。实际上,这些规则会诱使那些因规则无效力而得益的组织和团体兴起。……一旦发展被置入了一个特定的轨道,组织化的学习、文化习俗和社会世界精神模式就会强化它的轨迹。如此一来,合作或逃避变得根深蒂固了。非正式规范和文化的变化,要比正式规则慢得多,而且它们往往会重新塑造这些正式规则,因此,由外部置入一套同样的正式规则,会导致极为不同的后果。

资料来源:〔美〕罗伯特·D.帕特南:《使民主运转起来——现代意大利的公民传统》,第210—211页。

也就是说,在国家调动和使用人口、资源、资本、技术、制度种种增长因素的过程中,社会文化传统始终作为历久不变的背景而存在着,特别对制度功能的发挥起着至关重要的作用。正是基于这个原因,兰德斯指出:造成国家贫富差距的原因在于价值准则、风俗习惯和民族传统的不同,民族心理比物质基础更重要。也可以说,实现国力持续增长的基本条件是固定的,而各国达到目标的方式会带有明显的政治文化色彩,因此形成了各自不同的经济模式。

最早分析经济与文化关系的学者是马克斯·韦伯(Max Weber),他把新教徒的宗教背景同新教国家的资本主义发展联系起来。后人又归纳出了以德国为代表的莱茵模式、以英美为代表的盎格鲁-撒克逊模式、日本模式、瑞典模式等。而在我们看来,这些模式存在基本的共通之处,都属于自由市场式的经济成长道路。真正与它们存在根本区别的是以苏联为首的东方阵营国家一度推行的计划经济和发展中国家不断探索的追赶发展之路。这些增长体制和模式之间的竞争,是20世纪国际关系不可忽视的基本内容,也是本章以下各节重点讨论的对象。

第三节 计划经济体制

计划经济的运作与弊病

计划经济体制在全盛时期影响着全球约1/4人口的生活,部分采用计划体制的印度等国还不计算在内。在这种体制下,所有企业和生产要素都是国家所有,政府控制着从就业、生产到价格、工资等几乎所有宏观和微观的经济决定。各级计划管理者制订五年的长期计划和每年的短期计划,规定企业的生产指标和商家的销售指标,厂商和劳动者的主要角色是想方设法完成上级下达的任务。

阅读材料4-4　苏联的生产计划过程

在工业部门,主要有两种计划,即五年计划和年度计划。五年计划给出经济发展的主要方向的总体观,年度计划以五年计划的长期指导路线为基础,为企业提供生产什么、如何生产的详细指令。

计划过程的第一阶段是,在前一计划年度的春季,政府在国家计委的协助下为年度内国民经济的发展制定一条基本指导路线。这条指导路线将说明国民收入的计划增长率、国民收入中消费和投资的比例、劳动生产率和生产的增长幅度、外贸事业的发展,等等。然后,指导路线顺序往下传达到计划登记制度的所有层次。各个部、总局、工业联合体,最后是生产企业,开始为各自的生产领域制定大体规划。

计划过程的第二阶段是,在总局或部一级水平上把工业联合体及企业的大体产出规划汇总,并同部局的初步规划进行比较。如果企业规划的总和看上去没有达到部里的目标,部一级的计划者就会与企业经理们协商,使之制定出更高的目标。但有时也会考虑部里的目标并降低之。各部在八九月份左右呈交报告，报告它们统一了的大致产出规划和为取得这些产出所需要的投入。

计划过程的第三阶段是，国家计委审查各部门的大体规划，看它们是否协调一致，是否与中央指导路线一致。各部设有专门的司局管理所有产出和投入的货物，它们直接与国家计委有关主管局发生联系。计委主管局整理出所谓"物资平衡表"，最终目标当然是尽量使所有的物资平衡表平衡，也就是说，使总体计划协调。从10月份开始，计委与各部及有关企业多次谈判、反复计划，直到完成看上去协调一致的关于所有重要投入和产出的国民经济计划，然后呈送政府。

当政府收到国家计委的建议后，计划过程就进入了它的艰难的第四个阶段。整套总体计划这时要详细分割，以使单个的企业能从中得到完成和贯彻计划所必需的行动指令。计划的最后样本要在12月份呈送最高苏维埃批准。

资料来源：〔瑞典〕罗夫·艾登姆、斯塔芬·威奥第：《经济体制：资源是怎样分配的》，王逸舟译，生活·读书·新知三联书店1987年版，第64—70页。经过改写。

消费品市场同生产过程一样受到严格控制。中央计划者根据需求和社会目标调节市场价格。全部消费品分成若干大类，在各个地区之间分配，再通过国营零售商店到达公众手中。

从理论上讲，国家主导的计划体制可以克服自由市场的盲目性，能够比资本主义更有效地配置资源，使经济"有计划按比例地发展"。但它在实践中却遇到了几个难题。一是如何准确及时地传递经济信号，即所谓信息问题。如阅读材料4-4所总结的，每年经济计划的制订是充满谈判、平衡的复杂过程，有可能出现各种信息失真现象。比如，地方当局可能出于自身利益考虑歪曲信号；平衡出来的计划指标可能反映各部门对政策的影响力而不是经济需要；中央计划者有充分理由保持供不应求的局面，因为这能够为他带来大量有形无形的利益；计划完成时的经济状况可能已经与收集信号时大不相同，计划执行过程中经济状况也可能会发生种种波动；等等。结果生产指标往往是不切实际的。而且经济越发展，经济结构越复杂，官僚机构越无法处理纷繁芜杂的经济信号。生产的产品无人需要，消费者需要的产品无人生产的情况越来越严重。正如冯-米瑟斯和哈耶克所指出的,因为缺乏市场机制,要及时制订并调整计划,满足千万个家庭的消费需求和千万个企业的生产需求,除非有"超级瞬时处理计算机"的协助,否则必将因成本过高而不可行。①

二是计划指标有时得不到生产者的理解和支持,也可以称之为动力问题。自上而下决定的生产指标不切实际,生产者对它能否实现漠不关心。国有企业的管理者没有积极性将利润最大化。政府往往要借助政治力量,把完成计划当作政治任务来要求。如此一来,生产指标也许可以达到,但产品质量就难以保障。下游企业因为不胜其苦,各自建立独立的供应体系。其他厂商、机构也都发现依赖计划安排不如依赖自己,于是单位制大行其道。每个单位都自设食堂、宿舍、医院、托儿所、车队等,企图自己解决所有问题。这当然会导致低效率和资源浪费,加剧政府计划与经济现实的差距。

三是全面计划一定程度上抑制了创新精神。如新制度经济学指出的,创新只有在私人收益接近社会收益的制度下才可能大规模地发生。而计划体制既不承认私人所有权,又对利润和产出进行严格控制,在这样的制度环境下个人普遍缺乏技术创新的热情,尤其是缺乏改进生产组织的企业家精神。计划体制旨在消除所谓的盲目性,大多是管理者、发明者、思想者自发进行的探索和试错活动。没有这些活动提供的广泛基础,科学和技术的发展缺乏活力。计划体制固然可以就个别科研课题提供特别激励,集中力量进行攻关,但其代价是失去众多潜在的创新机会。而且真正的科技突破和根本性创新不可能是被计划出来的。

除了计划经济固有的缺陷之外,由于种种原因,苏联阵营建立了与西方隔绝的平行体系,使其经济发展陷入更困难的境地。苏联和东欧国家无法同西方进行技术交流,生产技能普遍落后。它们无法选择最合理的贸易伙伴,而被迫扩大相互之间的贸易,交易价格经常受政治因素左右。如 20 世纪 70 年代石油危机后,世界油价翻了几倍,但苏联仍以低廉的价格向东欧国家供应石油,以稳定东欧的社会局势,保持它们对自己主导能力的信任。

---

① 参见〔奥〕路德维希·冯-米瑟斯:《自由与繁荣的国度》,韩光明等译,中国社会科学出版社 1995 年版;〔英〕弗雷德里希·奥古斯特·冯·哈耶克:《通往奴役之路》,王明毅等译,中国社会科学出版社 1997 年版。

经济转轨

长期实行计划经济的结果相似:国家保证充分就业和相当平均的收入分配,但企业生产效率普遍低下,供需失衡随处可见,价格严重扭曲,经济发展停滞不前。20世纪70年代末,中国首先开始进行改革。20世纪90年代,在苏联解体、冷战体系瓦解之后,原属苏联阵营的国家也开始了由计划经济向市场经济的转变。这些国家的出发点和目的地都相当一致,其最终目标都是要建立能够实现持续增长的市场经济体制,融入全球经济活动当中。因此它们也被通称为转轨经济或转型经济。

全方位的经济体制改造头绪极其复杂,不过一般都包括三个方面的举措。第一,产权改革,即改变由国家掌控一切经济要素的做法,重新确定各种资源的所有权。只有在所有权明晰的基础上,才可能由市场力量合理地配置资源,并通过合理的制度设计,降低交易成本,提高资本使用效率,鼓励技术创新。第二,价格改革,允许市场根据需求和供给的状况自由决定物价水平。与此相配套,国家放弃对生产和流通领域的严密控制,提高对外贸易和金融活动的自由度。第三,改变宏观调控方式。计划经济长期积累的结构失衡一旦爆发,其力量是毁灭性的。要使经济转型获得成功,政府必须设法保持宏观经济环境的稳定,但又不能继续采取全面管制的做法,而是要学习配合使用财政和货币政策,达到自己期望的效果。

转型国家都希望市场机制尽快成熟,同时也希望尽量减轻社会承受的痛苦。当这两个目标相互冲突的时候,它们的解决方案大相径庭。一些国家以建立市场机制为优先,选择了高速转轨(又称激进改革)的道路。其中以波兰和捷克最为典型。[①] 它们一方面迅速和全面地推行价格自由化,几乎同时放开所有管制,放开价格、就业、福利、对外贸易和资本流动,让市场力量寻找合理的价格水平;另一方面进行大规模的私有化,或者以分配证券的方式将国有资产出售给全国民众,或者以配股方式将国有企业出售给企业职工。

---

① 波罗的海三国均采用激进改革方案,且成绩显著。但因其经济规模小、国际环境特殊,不具有代表性。

与此同时,政府以财政和货币双紧缩的政策,保持宏观稳定。激进改革短期内的代价是惊人的。经济很快跌入低谷,生产大幅度滑坡,失业率和通货膨胀率猛涨,因此它又以休克疗法知名。它的好处是可以立即停止低效率的生产和分配,同时保持财政收支和国际收支的平衡,为经济迅速恢复增长奠定了基础。

另一些国家则选择了中速转轨(又称渐进改革)的道路,以严格控制改革的社会成本为准则。1990—1995年的匈牙利是其代表。在此期间,匈牙利政府对私有化进程态度审慎,避开了证券分配的方式,坚持对金融、石化、电信等基础部门的国家控制,对外资参与私有化事实上予以排斥。结果私有化速度缓慢,规模有限。政府虽然推行了价格改革,但计划时代建立的社会福利制度没有受到什么触动。宏观稳定的要求让位于政治考虑,政府为刺激增长和缓和社会痛苦而大搞扩张型财政政策和货币政策。渐进改革有效地避免了生产的迅速下滑,从而降低了社会成本,有助于形成支持转轨的共识,降低改革的政治风险。它的代价是要忍受长时间的经济低效率和制度扭曲。匈牙利在渐进改革阶段逐渐呈现增长乏力的趋势,同时财政赤字攀升,国际收支状况恶化。而所谓双轨制制度化的问题也日益引人注目,即同一竞争领域存在两套基本规则:一是市场准则,二是政治考虑下产生的例外规定。政府在双轨制下的角色极为复杂。按照市场要求,政府只应是公正的仲裁者;而按照政治过程的要求,政府还应当是规则制定者和参赛者。政府的多重身份使竞争者对其缺乏信任,竞争秩序不容易维持,不公正、不确定、不透明的问题随处可见。如在私有化过程中就发生了广泛的"自发私有化"现象,即以资产重组为借口,任意低估国有资产价值,以便转入企业或个人名下。大约有上百个国有企业、300—400家公司卷入其中,涉及资产超过1.5亿—1.7亿福林。① 这种现象的起因就是匈牙利政府对待私有化问题的双重政策。可见渐进改革对政府的控制能力要求很高,只有不断及时调适才能将短期稳定转化为长期增长。

除了比较常见的激进转轨和渐进转轨方式,还有少数国家的转型速度极其缓慢,基本上还处于国家全面统制经济的状态,例如白俄罗斯、哈萨克斯

---

① 参见金雁、秦晖:《经济转轨与社会公正》,河南人民出版社2002年版,第172页。

坦、土库曼斯坦。它们进两步退一步的变化勉强可以称之为低速转轨。

　　国际经济学界对渐进转轨的评价似乎好于激进转轨方式。但是由于经济转型进程仍未结束,经验证据还在不断积累,因此也不能说就两种方案的优劣形成了最后的结论。可以肯定的是,低速转轨只能陷入经济停滞,像20世纪90年代的俄罗斯那样在激进与渐进方案之间徘徊瞻顾也是失败的。转轨初期各类国家的经济实绩见表4-3。

表4-3　转轨初期各类国家的经济实绩

国家	转轨类型	开始转轨时间	年份	通货膨胀率(%)	GDP增长率(%)	失业率(%)	经常项目余额(占GDP%)
波兰	高速	1990年1月	1990	585.8	-11.6	6.1	1.1
			1991	70.3	-7.6	11.8	-2.8
			1992	43.0	1.5	13.6	-0.3
			1993	35.3	4.0	15.7	-2.7
			1994	33.3	5.0	16.0	—
			1995	27.8	7.0	—	—
匈牙利	中速	1990年中期	1991	34.2	-11.9	7.5	0.9
			1992	22.9	-4.3	12.3	0.9
			1993	22.5	-2.3	12.1	-9.6
			1994	18.9	2.0	12.1	-9.5
			1995	28.2	2.0	10.4	-5.3
俄罗斯	混合	1992年	1991	92.7	-13	—	—
			1992	1 353.0	-19	4.8	—
			1993	896.0	-12	5.5	-0.5
			1994	302.0	-15	7.1	-0.9
			1995	109.0	-4	7.4	-0.4
哈萨克斯坦	低速	1993年11月	1991	90.9	-13	—	-1.9
			1992	1 381.0	-14	0.5	-2.8
			1993	1 662.0	-12	9.3	2.2
			1994	1 880.0	-25	11.0	-4.1
			1995	180.0	-12	—	—

说明:俄罗斯与哈萨克斯坦经常项目余额为当年该国与非原苏联贸易伙伴国的收支余额。

资料来源:〔英〕帕德玛·德赛主编:《走向全球化:从计划向市场的过渡》,牛飞亮等译,新华出版社1999年版,第14—20页,表1.1。部分引用。

第四节　发展战略与发展体制

第三世界国家林林总总,政策倾向千差万别,不可能存在统一的第三世界经济体制。但发展中国家的关注焦点和政策目标是一致的,就是要以超过发达国家的速度发展经济,最终脱贫致富。基于这个原因,发展成了第三世界国家谋求持续增长能力的专有名词。

在第二次世界大战之前,第三世界的概念尚未出现,也不存在针对经济落后地区提出的专门的发展战略。发展经济理论是在战后形势的急剧变化中应运而生的。首先是主权国家体系的迅速扩大。亚非国家纷纷走向独立,以联合国为代表的国际组织对它们的政治经济权益给予前所未有的肯定和支持。其次是不发达问题出现长期化趋势,拉美国家的遭遇尤为引人注目。在 19 世纪获得独立之后,它们的经济发展一直比较顺利。但进入 20 世纪,拉美经济与发达国家的差距又重新扩大,并被新独立的澳大利亚、加拿大等国超越。不发达地区开始怀疑自然发展的可能性。再者,研究长期增长此时在经济学界蔚然成风。在形成增长理论的同时,学者们也认识到不发达国家的增长面临特殊问题,需要特别的解决方案。发展经济理论中最有影响的是现代化理论和依附论。这两个学派对不发达的根源、赶超的可能性、发展的目标、恰当的发展战略和国际经济政策持截然不同的看法。它们对第三世界国家的经济体制产生了广泛的影响。

现代化理论

现代化理论代表了西方主流经济学界对第三世界国家经济成长的认识。它的基本逻辑是:存在着实现持续增长的一般途径。发达国家找到了这条现代化之路,于是获得了成功;而发展中国家还没有掌握其中的规律,所以仍停留在前现代状态。也就是说,不发达的根源在于发展中国家自身,在于传统体制成为增长的桎梏。发展中国家只要借鉴发达国家的经验,调动和支持现代的增长要素改造传统体制,就可以实现发展。而发达国家和国际组织可以帮助发展中国家克服要素配置的困难,加快它们的现代化进程。

现代化战略的设计者们对何为应当改造的传统体制、何为应当保留发扬的人文遗产看法不一。不过,他们一致认为发展中国家与发达国家的经济联系对实现现代化必不可少。因为发展的主要障碍是传统经济成分,发展中国家的现代经济部门需要借助发达国家的力量改造传统部门。贸易、投资和跨国公司的进入可以带来资金和技术,文化交流可以帮助现代观念的传播。

现代化改造成功有许多标志,其中最关键的被认为是城市化的速度。因为城市化将导致需求的集中,从而促进规模经济效益的出现,对企业的活动产生强大的刺激。同时,现代城市需要大量公共物品,特别是基础设施的供给和维护,这样就推动了公共管理水平的提升。此外,城市化还意味着人口自由流动、宗教世俗化、鼓励科学突破和技术创新、社会生活多样化、信息渠道通畅等优点。

现代化理论主张的发展战略随着增长理论的进展而不断调整。[①] 最初,它提倡优先发展工业,注重资本积累,认为国内储蓄不足是发展的主要障碍。为此,它主张发达国家通过国际组织提供资金援助,并呼吁发展中国家政府改革收入分配政策,刺激储蓄和积累。接着,技术进步和人力资源被视为发展的关键。现代化战略的设计者要求发展中国家制订系统培养技术人才的计划,发达国家的援助重点转向技术培训,呼吁双方合作解决第三世界国家"智力外流"的问题。而后,国际贸易又被称为增长的发动机。它认为发展中国家应当极力扩大出口能力,通过比较优势的发挥解决资金和技术问题,并最终实现现代化。

阅读材料 4-5 　新古典主义的发展战略

科登的分析列举了贸易在增长中的五个可能的效应。一是影响效应:如静态收益,这会导致收入的增加。二是资本积累效应:收入的一部分用于投资,而资本积累的增加又使收入不断上升。三是替代效应:由于投资品主要依赖进口,贸易会导致投资品相对价格降低和导致投资替代消费。四是收入分配效应:这对用于出口生产的要素有利,如果出口的是资本密集型产品,储

[①] 参见〔澳〕海因茨·沃尔夫冈·阿恩特:《经济发展思想史》,第55—98页。

蓄倾向会上升,资本积累率会上升。五是要素权重效应:如果产出增长是资本和劳动供应增加的加权平均数,而且如果出口主要使用高速增长的要素,那么出口对增长和收入有倍增效应。……

这类分析进一步引发了新古典贸易理论更多的动态研究,特别是对比较优势"阶段"方面的研究。这些研究认为,由于国家的资源和要素随时间而改变,比较优势和专业化的模式也不断变化。其典型结果是,当剩余劳动力被吸收、实际工资提高时,比较优势即从劳动密集型商品转向技术密集型商品,再到物质资本密集型商品和更高技术的商品,最终转向知识和人力资本密集型的商品。

资料来源:〔美〕C. P. 欧曼、G. 韦格纳拉加:《战后发展理论》,吴正章、张琦译,中国发展出版社 2000 年版,第 54—55 页。

依附论

依附论的发起者是 20 世纪四五十年代在联合国拉美经济委员会工作的一批学者,核心人物是劳尔·普雷维什(Raúl Prebisch)。他们从拉美国家的经历出发,对发展中国家能够仿效欧美实现发展的说法表示怀疑。拉美国家已经独立百余年,并在 19 世纪末取得引人注目的经济成就。1895 年阿根廷的人均收入与德国、荷兰、比利时不相上下,且高于意大利、西班牙、瑞典、瑞士。但进入 20 世纪后,拉美国家重新被甩在后面。到 1989 年,西班牙的人均产出是阿根廷的 4 倍,瑞士的人均收入比阿根廷高出 14 倍。[①] 依附论者质问:为什么发展中国家始终追求现代化,但始终远远落后于西方强国?

他们的解释是:发展中国家发展的障碍不在于内部,而在于外部,在于不平等的国际结构。资本主义的扩展造成了世界性的两极分化:一边是发达的先进的"北方中心国家",另一边是贫穷的依附的"南方边缘国家"。双方的矛盾不在于谁增长较快,谁增长较慢,而是中心国家剥削边缘国家的财富、控制它们的发展。对此论述最尖锐和激烈的是保罗·巴兰(Paul Baran)和安德

---

① 参见〔美〕杰弗里·萨克斯、费利普·拉雷恩:《全球视角的宏观经济学》,第 790—792 页。

烈·弗兰克(Andre Frank)。弗兰克断言,"经济发达和不发达是同一个硬币的两面",不发达的含义是"我使你不发达"①。欧美通过坚船利炮制造出不发达的第三世界,而后想方设法阻止它摆脱不发达状态。

现代化理论推崇的贸易、资本、跨国生产、文化交流在依附论者看来都是压制南方国家的工具,不但不能促进发展,反而会加深依赖。他们指责:国际贸易是垂直分工,发展中国家以低附加值的原料换取发达国家的昂贵制成品;跨国公司剥削第三世界的廉价劳动力和资源,操纵第三世界政局;西方的音像制品是文化侵略;等等。总的看来,发展中国家与世界体系结合得越紧密,发展就越困难。埃及学者萨米尔·阿明举了泰国的例子来说明这种观点。"由于泰国逃脱了直接的殖民主义控制,它在一个长时间里是一个落后的但并非不发达的国家,它有能力恢复,并通过'开明专制主义',而达成比其他地方更为紧密和坚实的民族团结和国家现代化。只是在第二次世界大战以后,随着它结合进世界体系,泰国的不发达进程才加快了。"②

依附论者批评现代化理论以西方文化为中心,把南方国家的文化遗产统统归入需要改造的传统部门,造成民族特性的消亡。而20世纪的世界经济与工业革命时期已经大不相同,试图重复欧美国家的起飞路线只能是死路一条。他们的论断得到瑞典社会经济学者贡纳尔·默达尔的有力支持。缪尔达尔在《富裕国家与贫穷国家》一书中声称,欲实现世界经济繁荣,贫穷国家必须独立策划自己的经济道路,而决不能一味模仿富裕国家。③

依附论者设计的发展战略五花八门,其中三条最有影响。一是内向型发展,或称脱钩(delink),主张摆脱资本主义世界体系的束缚,建立独立自主的工业体系,掌握自主研发能力。二是联合抗争或称集体谈判策略(collective bargaining strategy),即成立各种原料生产组织和关税、贸易同盟,改变发展中国家的贸易条件和投资环境。三是推行国有化,通过国有企业控制资源开

---

① 〔澳〕海因茨·沃尔夫冈·阿恩特:《经济发展思想史》,第147页。
② 〔埃及〕萨米尔·阿明:《不平等的发展:论外围资产阶级的社会形态》,高铦译,商务印书馆1990年版,第254页。
③ 参见 Gunnar Myrdal, *Rich Lands and Poor: The Road to World Prosperity*, New York: Harper, 1957.

发,既改变内部经济关系,又可以摆脱西方跨国公司的控制。①

依附论在20世纪五六十年代盛极一时,左右了很多第三世界国家的战略选择,影响到各个国际组织的政策方向,同时也引起极大的争议。很多经济学者认为依附论在选择经验证据时以偏概全,导致逻辑上存在明显漏洞。比如,加拿大严重依赖美国,澳大利亚和新西兰长期依赖英国,但它们都进入了富国行列。所以依附与不发达之间是不能简单画等号的。再如,美国、澳大利亚等发达国家是农产品出口大国,东南亚地区的发展中国家则大量出口制成品,与依附论者描述的垂直分工模式恰好相反。至于跨国生产问题就更为复杂。跨国公司固然使西方投资者获益,但也给接受投资的南方国家提供了获取技术、管理经验和贸易渠道的机会。而且跨国公司在运行过程中也面对公司发展与总部所在国利益的冲突,其决定并没有想当然的倾向性。

阅读材料4-6　跨国公司的利益冲突

跨国公司之间也存在着差异,它们抱有不同的目标,在这里依然存在紧张状况。对某些跨国公司特别是美国公司来说,满足股东的要求往往是它们至高无上的目标,而甚少关心公司职工以及公司所在的社区。然而,另外一些公司,如日本公司,却把为职工和其国家谋福利作为自己的长远目标,与政府的目标十分接近,所以相对比较容易地建立一种(政企)合作关系。

跨国公司的全球利益与公司总部所在的全国性或地区性利益之间存在着矛盾。例如:1988年至1990年,位于荷兰的飞利浦公司获得了荷兰政府给本国制造业提供的援助中最大的一个份额,共计12亿欧洲货币单位(ECU)(约15亿美元),荷兰政府希望飞利浦公司利用这笔资金扩大它在荷兰的业务,同时为荷兰工人提供良好的就业机会和较高的工资待遇。但是,飞利浦公司却感到必须增加它在美国、亚洲及其他地方的承诺,以维护它在世界上的竞争能力。

---

① 参见 Thomas D. Lairson and David Skidmore, *International Political Economy: The Struggle for Power and Wealth*, Orlando, Florida: Holt, Rinehart and Winston Inc., 1993, p.193。

同样,美国税收方面的鼓励政策目的在于推动企业的研究与开发,最终让美国的纳税人受益,然而,这些"节省下来"的钱却用到了国外,这并没有给公司雇员或广大公众带来好处,唯一受益的是公司的股东。

资料来源:〔美〕乔治·洛奇:《全球化的管理——相互依存时代的全球化趋势》,胡延泓译,上海译文出版社1998年版,第22—23页。

现在看来,依附论的主要战略设想在实践中效果不佳。内向型经济和国有化运动导致经济效率低下、腐败蔓延。在20世纪90年代之前,第三世界国家的联合行动中只有石油输出国组织等极少数个案成功,大部分地区和行业合作组织都流于形式,全球范围的南南合作同样缺乏实际行动。依附论遭遇的最大挑战是所谓四小龙的出现。继日本之后,东亚新兴工业化经济体依托世界经济体系获得成功的发展,依附论的说法受到质疑。

东亚模式

随着经验证据的积累,制度因素和文化传统在第三世界发展中的作用逐渐凸显。人们注意到,同样的经济措施(如进口替代、重工业优先、出口替代)运用于不同的经济体,产生了完全不同的效果。在某些经济体中,各种发展政策总能获得良好效果;而在另一些经济体中,几乎所有的尝试都失败。可见纯粹的经济发展方案是不存在的,制度环境和文化背景使第三世界的发展有不同的倾向性,也使它们的发展水平出现了明显的差距。其中公认处于领先地位的是部分东亚经济体,它们组合增长要素的方式也被称为东亚模式。

20世纪70年代,美国学者塞缪尔·亨廷顿(Samuel P. Huntington)与琼·纳尔逊(Joan M. Nelson)提出,发展中国家在追赶发展阶段面临经济发展与扩大政治参与的双重任务,而这两个目标是相互矛盾的。执政者如果以经济发展优先,则进入专家治国模式;如果以政治参与优先,则进入民粹模式。他们认为这两种解决办法都将以失败告终。

选择专家治国模式(参见图4-3),意味着压制民主要求、集中精力发展经济。但这样的经济发展往往导致分配不公、扩大社会不平等,遭受损失的社会阶层会更强烈地要求参政权利,官僚集团不得不以更严厉的手段进行控制。反复循环下来,终究会出现政治参与要求再也难以压制,民主参政要求集中爆发的局面。其典型例子是巴列维时代的伊朗。

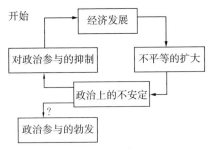

图 4-3 专家治国模式

资料来源:转引自〔日〕大野健一、樱井宏二郎:《东亚发展经济学》,史念译,民族出版社 1999 年版,第 183 页。

选择民粹模式(参见图 4-4),意味着先满足民众的参政要求,社会阶层平等化,那么将出现各个利益集团相互争斗的混乱局面,虽然利益分配会相对公正,但难以制定和推行有效的发展政策,导致经济停滞,整体收益减少,各集团为逃避损失争斗更激烈。如此反复循环,直至政治体系崩溃。巴西、阿根廷等拉美国家是其代表。①

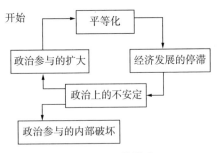

图 4-4 民粹模式

资料来源:转引自〔日〕大野健一、樱井宏二郎:《东亚发展经济学》,第 183 页。

亨廷顿与纳尔逊最初的分析是以中南美洲国家为基础的。到了 20 世纪 90 年代,部分东亚经济体的经验似乎打破了他们的悲观结论,引起学术界的

---

① 参见〔美〕塞缪尔·亨廷顿、琼·纳尔逊:《难以抉择——发展中国家的政治参与》,汪晓寿等译,华夏出版社 1989 年版。

广泛兴趣。它们在现代化开始阶段的确建立了集权甚至是独裁政权,压制民众的政治参与,而以经济发展为最高目标,属于典型的专家治理模式。但在模式循环的过程中,它们虽然曾经面临危机,却没有陷入崩溃境地,最终成功地实现了进入发达行列的目标。

论者普遍认为,这些东亚经济体的成功源于两个关键性改造。一是在模式循环当中实现了均富。即阻止特权阶层膨胀,保证财富分配的相对公平,使大多数民众都能从发展中获益。这等于开辟了一条捷径,绕过不平等扩大的陷阱,也就抑制了政治动荡局面。(关于东亚模式,参见图4-5。)在冷战时期的第三世界里,东亚经济体一直以财富分配平均而引人注目。1970年,韩国的基尼系数为0.362,而象牙海岸当时的基尼系数为0.493,巴西为0.519,秘鲁为0.557。[1] 如果做不到均富,东亚经济体恐怕也难逃伊朗的命运,政治经济体制很可能在实现现代化目标前就瓦解了。

它们的另一个创新是找到了模式"溶解"的方法。即以恰当的外部压力与内部牵引相配合,顺利转向新体制,而不引起社会动荡。

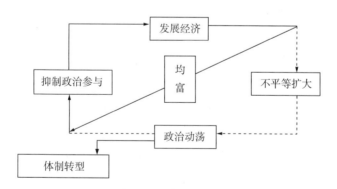

图 4-5 东亚模式

这些东亚经济体在两个关键环节上的突破,反映了其政府的制度能力,而这种制度能力得到了东亚地区儒家文化传统的有力支持。以韩国的均富水平为例,它得以确立和维持主要有三个原因。一是土地改革成功,推动了

---

[1] 参见〔美〕马尔科姆·吉利斯等:《发展经济学》,李荣昌等译,经济科学出版社1989年版,第100页。

农业现代化和城市化进程,使农村和城市的收入水平接近。二是平等的教育机会,使劳动者普遍受到良好训练,保障了基本工资水平。三是政府鼓励劳动密集型企业的发展,扩大了就业机会。[①] 不过土地改革、教育投入、扶植中小企业同样是许多其他发展中国家政府的政策口号,为什么其实践效果远不如韩国呢?历史文化的差异可以提供有说服力的解释。受儒家文化的长期影响,韩国社会重视权威和秩序,重视教育,鼓励节俭和储蓄,政府和企业之间有建设性合作的传统。当政府推行的制度与这些传统观念相一致的时候,各种社会资源自然予以配合与支持,从而提高了制度的效率。因此,韩国政府在土地政策和产业政策上克服了利益集团的干扰,而韩国民众对于子女教育的大量投入弥补了政府资金的不足。

总之,这些东亚经济体建立的独特发展模式立足于它们的制度基础和社会文化传统,从这个意义上讲,它是不可复制的。东亚模式对于其他发展中国家的价值在于,它显示了一种可能性,即依靠历史文化传统进行制度创新。毕竟成功的发展依赖于成熟的经济模式,而成熟的模式当中,有活力的制度和文化是不可或缺的部分。

第五节 自由市场体制——莱茵模式

人们谈论西方国家的竞争时,经常使用日美欧三足鼎立的说法。但事实上并不存在与美国模式、日本模式并立的欧洲模式。即便欧洲经济一体化的进程不断加速,商品、人员、资本在西欧国家之间自由流动,形成统一的欧洲经济模式也仍然遥不可及。因为如前文反复强调的,经济模式的产生与各国的文化背景、历史传统密切相关。欧洲各国经济联合并不意味着文化整合,在千差万别的文化传统下,欧洲依然保持着多样化的增长模式。如果以国家和市场力量的对比排列,英国的经济制度中市场力量最强,比较接近美国,显示了共同的盎格鲁-撒克逊文化渊源;意大利模式以家族经济闻名,中小企业

---

① 参见世界银行:《东亚奇迹——经济增长与公共政策》,财政部世界银行业务司,中国财政经济出版社 1994 年版。

非常活跃,国家政府也是软弱无力;在北欧模式(也称斯堪的纳维亚模式)当中,国家掌握巨额税收,包办社会福利,但不干预企业生产;法国和西班牙的经济生活中,国家干预的痕迹随处可见,国家机构远远强于其他所有社会机构,国家以维护社会正义为名严格控制市场,包括建立和维护庞大的国有企业。戴高乐时代的名言是:"凡是私有的——私有企业、私人所有制、私人倡议——便注定要与恶为一谈,而凡是公共的,就等同于善。"①

模式特点

按照法国学者米歇尔·阿尔贝尔的评价,莱茵模式介乎北欧模式和法国模式之间。聚集在它旗下的有德国、瑞士、荷兰、奥地利,总之是历史上处于德国直接影响之下的地区。不过,这里的德国指的是二战后重生的新德国。它诞生于波恩,而不是柏林;来自莱茵河,而不是普鲁士。② 莱茵模式是战后欧洲最成功的增长模式,德国又是欧洲联盟的火车头,所以姑且以它为欧洲经济的代表。

莱茵模式最突出的特点是其中无所不在的新合作主义精神③,即强调不同利益的协商和协调,主张通过妥协让步而不是冲突斗争做出决定。在宏观经济政策层面,它左右着德国联邦政府和州政府的关系。德国各州各城市保持着相对独立的地位,掌握相当广泛的权力。如20世纪90年代初,联邦预算额约2 800亿马克,各州预算总额2 700亿马克,各城市预算总额1 800亿马克,各级政府财力均衡。但地方政府的强大并未造成分裂和隔绝,各级政府在决策时都会制订协商计划,达成共同方案。三方有大致的政策分工:联邦负责行政管理支出、福利补贴、国防外交开支,州政府负责教育和公共安全,市镇负责资助体育、文化设施和社区服务。在执行决策时,三方相互配合。

在经济界,新合作主义表现为银行主导的利益网络。直到20世纪90年

---

① 〔法〕米歇尔·阿尔贝尔:《资本主义反对资本主义》,杨祖功等译,社会科学文献出版社1999年版,第214页。
② 同上书,第14—16页。
③ 美国学者阿尔蒙德、小鲍威尔提出这个概念,并予以定义。参见〔美〕阿尔蒙德、小鲍威尔主编:《当代比较政治学——世界展望》,朱曾汶、林铮译,商务印书馆1993年版,第414—415页。

代前半期,德国企业融资的主要渠道还是银行,而不是股票交易所。德国贝塔斯曼公司是欧洲最大的传媒出版集团,但竟然不曾挂牌上市。法兰克福股票市场的规模不到伦敦股市的 1/3,资本化程度只相当于纽约或东京股市的 1/9。股市的低姿态衬托出银行的强大。德国银行不仅向企业提供各种工商信息服务,而且往往是企业的大股东,可以直接参与企业决策。比如德意志银行就分别掌握着奔驰公司、霍尔茨曼公司(德国最大的建筑商)、卡尔斯塔公司(德国最大的批发商)1/4 的股份。这种交叉控股制度与日本的做法很相似。它保证德国企业不受短期收购的威胁,可以实施长远的发展战略。

在企业运作的微观层面上,新合作主义体现为著名的共同参与决定制度(也称共同负责制)。小股东与经理层有固定的沟通渠道,共同决策;普通员工也要参与企业决策。1976 年,联邦德国曾通过共同决定法,规定员工 2 000 人以上的公司必须设立监督委员会,其成员一半出自工人,一半出自股东,人力资源主管必须出席会议,答复质询。而所有 5 人以上的企业都必须成立工人会议,管理者与员工就有关培训、工作时间、劳动组织、工资支付方式等问题例行性地交换意见,而且双方一般会争取达成相互谅解的协议。

莱茵模式的第二个特点是强调个人和集体的相互信赖。德国企业并不把职工当作随时流动的生产要素看待,而是投入大量资金对他们进行培训,德国政府也把支持技术培训当成优先目标。长期坚持的结果是,德国拥有世界一流的员工队伍。因为劳动效率高,德国人在发达国家中工作时间最短,工资最高,还能保持出口商品的竞争力,拥有巨额贸易顺差。企业给予职工安全感,职工则回报以忠诚。德国的工会组织实力强大,而德国因罢工损失的工作时间在西方国家中却是最少的。20 世纪 80 年代末,德国一年因罢工损失的工时合计为 2.8 万个工作日,同期法国为 56.8 万个工作日,英国为 192 万个工作日,美国为 1 221.5 万个工作日。[①] 20 世纪 70 年代应付石油危机、90 年代迎接统一挑战,工会都主动与经理、业主、政府配合,降低权益要求。莱茵模式当中的利益集团经常起稳定作用,而非引发冲突。

---

① 参见〔法〕米歇尔·阿尔贝尔:《资本主义反对资本主义》,第 104 页。

莱茵模式的第三个特点可以表述为有限的商品观念。的确,现实中不存在什么都不要钱的社会主义社会,也不存在什么都要钱的资本主义社会。恐怕在所有的经济当中,都是既存在大量的商品,也存在友谊、宽容、公正等绝对的非卖品。区别在于,有些国家非商品的范围较宽,另一些国家商品的范围大,当然还存在商品与非商品之间的中间地带。与盎格鲁-撒克逊模式相比,莱茵模式把商品的范围划得更狭窄。比如住房、公共交通、新闻媒介被美国人视为当然的商品,应当完全由市场调控。德国则勉强把住房划入中间地带,公共交通和新闻媒体则介乎非商品与中间地带之间,主张由国家和市场对它们进行共同管理。20世纪80年代以来,美国一直在推动医疗保健、高等教育、法律服务的进一步商品化,而德国人对这种做法深表怀疑。他们认为这些领域属于典型的中间地带,市场力量和公共权力必须同时存在,互相监督。如果医院、大学、律师行都以赢利为首要目的,社会秩序将土崩瓦解。

莱茵模式的第四个特点是拥有稳定的优势产业。比如德国始终在精密机械、运输业和化工业保持领先地位,瑞士的钟表业水准独占鳌头。它不像盎格鲁-撒克逊经济那样起伏波动,也不像日本不断开拓新的优势产业,而是专注于传统的优势产业。莱茵模式的竞争优势来自国民的高储蓄率、高投资率、一流的技术培训制度和巨额的研发投入。而投资、培训、研发都会向所谓"杠杆支点产业"(fulcrum industries)倾斜,这些产业不仅长期稳定,而且基本都集中在制造业领域。结果,德国在制造方面的能力在发达国家中也是最突出的。据经济合作与发展组织统计,德国40%的GDP来自制造业,而英国为36%,法国为31%,美国为28.5%。如果扣除石油冶炼,德国的制造业比重会超过其他国家更多。①

莱茵模式的面貌是由德国的文化传统和德国人的历史经验共同塑造的。德国在20世纪前半期的惨痛经历在其中起着尤为重要的作用。

---

① 参见〔英〕查尔斯·汉普登-特纳、〔荷〕阿尔方斯·特龙佩纳斯:《国家竞争力——创造财富的价值体系》,徐联恩译,海南出版社1997年版,第204页。

阅读材料 4-7　德国人的金钱观念

（德国人曾经经历口袋里的钱在数周或几天内变得一文不值的惨痛经验。对通货膨胀的恐惧深入德国人的肺腑。）1922 年 6 月，官方汇率是 350 马克兑换 1 美元，到 1923 年 1 月，7 525 马克兑换 1 美元，8 月 100 万马克兑换 1 美元，……12 月则是 42 亿 1 000 万马克才能兑换 1 美元。……好几百万购买战争债券的人随之破产。唯独细心设计与制造的产品，以及制造产品的机器，仍然有价值。人只能相信自己或他人花劳力所制造的东西，金钱本身是没价值的。……

不幸的是，1945 年到 1948 年的同盟国占领时期，德国人再一次经历类似的浩劫。一直到 1948 年，马克货币改革成功，德国人才最终脱离通货膨胀的梦魇。……但是德国人对金钱的恐惧始终挥之不去。…………

这些创伤对德国企业文化的影响极为深远。……时至今日，德国人对金钱的可能丧失仍然心存恐惧。德国经济体中金融部门的比重仍小。德国人不愿负债的习惯，可以从 1987 年信用卡普及率只有人口的 2% 见一斑。或许，更严重的是德国人厌恶风险与投机行为，甚至包括创业。德国对股市交易课税，造成个人股东很少。服务部门也不发达，因为德国人认为，看不见实体的产品，缺乏真的价值和实质意义。法律严格规定商店的营业时间，以确保生产活动多于消费活动，企业的利润不高。人们认为，追求完美技术和生产耐久产品以服务社会，比获取利润更有价值。

（在作者设计的测试①中，）德国主管除了仅次于西班牙外，比任何其他国家都更不强调金钱报酬。德国人认为员工应该为工作而工作，不是为了金钱才工作。对德国主管而言，金钱是手段，不是目的；是工业化的润滑剂，不是工业化的一部分；金钱是用以促进工作，并不应危及工作。

资料来源：〔英〕查尔斯·汉普登-特纳、〔荷〕阿尔方斯·特龙佩纳斯：《国家竞争力——创造财富的价值体系》，第 208—212 页。

---

① 作者的测试是在 1986—1993 年荷兰 CIBS 中心举办的研讨会学员中进行的，被调查者为西方发达国家的中层管理人员，人数总计超过 15 000 人。关于"是否认为公司给加班的合理报酬就是金钱"，公布的调查结果反映了 10 个国家的经理的看法，其中瑞典的赞同率最高，为 87.8%，日本为 85.9%，美国为 70.9%，德国为 41.9%。

挑战与革新

莱茵模式受到欧洲学者的普遍推崇。阿尔贝尔称它是最好的资本主义制度,认为北欧模式和日本模式都是它的变种。如果这种说法成立,那么二战后西方出现的经济奇迹几乎都源于此。但冷战之后,莱茵模式似乎失去了夺目的光芒。德国经济增长缓慢,失业率居高不下。它没有如预期的那样带动欧洲联盟伙伴加速发展,反而以其高利率阻碍了其他国家振兴经济的步伐。

对莱茵模式遇到的困难有多种解释。比较乐观的人认为它只是科尔政府选择的两德统一方式造成的。为了抓住时机迅速统一,科尔政府承诺两德马克1∶1兑换,承诺给予东部无歧视的工资、福利待遇,承诺由联邦政府主导东部的私有化。它使德国财政在统一后的前5年每年付出超过1 000亿马克的代价,使1990年的马克供给猛然增加了29.7%。[①] 为防止通货膨胀,德意志联邦银行推行严厉的紧缩政策;联邦政府也提高税收,以压缩财政赤字,导致税收占私人收入的比例在20世纪90年代增加了近3个百分点。同时,联邦政府推行紧缩型财政和货币政策,使德国经济在1990—1993年出现负增长,1994—1996年接近零增长。短期内的困难还可以说在联邦德国政要的意料当中,他们做好了用40年积累的财力赎回东部的准备。而当时很多人认为这笔交易很合算,民主德国毕竟是苏联阵营中最发达的国家,其劳动生产率最接近西方水平。因此有估计称,联邦德国把东部盘活后将如虎添翼,有成为世界头号经济大国的希望。

但事实证明,西方情报机构在冷战期间对东方阵营的经济实力估计过高,东部的实际生产率只有西部的30%左右。为维护政治稳定,德国政府必须兑现自己的承诺。结果是东部工人工资增加的速度远远超过其劳动生产率提高的速度。1990—1995年,东部工资从相当于西部的30%增加到74%,同期东部生产率从相当于西部的30%提高到50%。这使得德国整体的实际劳动成本上升,在1990—1996年间共增长22%,而同期美国的实际劳动成本

---

① 参见〔美〕保罗·克鲁格曼、茅瑞斯·奥伯斯法尔德:《国际经济学(第四版)》,海闻等译,中国人民大学出版社1998年版,第547页。

下降10%。此消彼长的结果,使德国的国际竞争能力受到打击。形象地说,科尔政府在统一时过于心急,造成消化不良。

乐观人士认为尽管改造东部需要的时间比预期的长,德国最终还是可以依靠自己的力量完成东西部的一体化,前途依然光明。比较悲观的人则不相信经济低迷只是统一造成的,他们企图从更深的层次寻找原因,直至怀疑莱茵模式的合理性。曾经让德国人自豪的经济管理方式都被拿来重新评价,其中受批评最多的是固守传统优势、对新兴产业态度保守。目前在德国的出口收入中,服务业只占21%,相比之下,美国和英国的服务业出口比例都占到27%。德国出口过于依赖传统工业,导致它在20世纪90年代的对外贸易连年出现逆差。

为了刺激经济增长,德国政界和企业界领导尝试借鉴盎格鲁-撒克逊模式,调整经营习惯。1999年上台执政的施罗德总理与英国首相布莱尔联合发表了名为"欧盟社会民主党未来的道路"的宣言,被称为施罗德-布莱尔文件。文件中承认过去低估了市场的自我调节能力,对市场的弱点干预过多,同时又过度伸张政府责任,公共开支相对于国家收入达到了不可接受的水平。① 文件代表了欧洲左翼的历史反思和对所谓第三条道路的展望,也为莱茵模式的调整选择了方向。1999年,德国联邦议院批准了税制改革方案,模仿美国里根政府的减税政策,在4年内削减150亿马克的税收,以鼓励消费和投资。2000年5月,法兰克福证券市场宣布与伦敦交易市场合并,将自己的管理框架向英美标准靠拢,并且将经营重点转向高科技股。

施罗德改革中真正的大手笔是"2010议程",也是此次调整最著名也是最富争议的部分。该计划2003年3月由德国议会批准执行,旨在通过深度变革降低社会成本,使德国经济到2010年建立全球领先的竞争力地位。计划的核心是改革劳动力市场的"哈茨方案"②,内容包括:削减雇主为员工提供的福利与保障;提高企业解雇员工与雇用临时工的自由度;提高退休年龄,引导个人

---

① 参见〔法〕纪尧姆·杜瓦尔:《德国模式为什么看起来更成功》,杨凌艺译,人民邮电出版社2016年版,第125页。

② 该方案以施罗德地方执政时的盟友、德国大众汽车公司人力资源部部长彼得·哈茨命名,由四部分组成。

退休储蓄基金入市;等等。与政府财政支出削减和公共教育考试要求提升配合起来,德国的社会保障体系经历了多年来最急剧的调整。批评者指责施罗德破坏了社会市场经济这一基本共识,支持者则赞扬其重塑竞争力的决心。

客观评价,施罗德改革确实使德国社会经济付出了痛苦的代价,而且调整成本主要由劳动阶层承担,以社会道义而言是不够公正的。但是政策实施的结果也确如预期的那样削减了劳动成本,降低了失业率,明显提高了德国产品在全球市场的出口优势。德国年度贸易盈余自2004年起突破1 000亿美元的水平且不断攀升,德国企业顺利抓住了中国入世和欧盟东扩的机会,及时占据了全球价值链中的理想位置。2008年金融危机爆发,德国相比其他欧洲国家有更大的应对空间,不仅自己能够快速反弹,而且有余力帮助欧盟伙伴应对冲击。

2011年的汉诺威工业展上,德国人创造性地提出了"工业4.0"的概念,再次展示了莱茵模式守正出奇的优势。按照世界经济论坛创始人克劳斯·施瓦布的解读,"工业4.0"设想通过推动智能工厂和智能物流的发展,在全球范围实现虚拟和实体生产体系的灵活协作,推动全球价值链的变革。[①] 通过这个概念框架,德国人希望将自己擅长的机械设备制造与自己表现不佳的信息技术创新结合起来,为自己引以为傲的中小企业"隐形冠军"[②]提供更多的连接世界市场的途径。这一设想获得德国政府支持之后,在世界各国引起普遍兴趣,带动了整合升级全球生产链和价值链的风潮,可以说是德国经济在全球化浪潮中的高光时刻。

第六节　自由市场体制——盎格鲁-撒克逊模式

基本观念

属于盎格鲁-撒克逊增长模式的,包括美国、英国和历史上受英国影响的

[①] 参见〔德〕克劳斯·施瓦布:《第四次工业革命》,李菁译,中信出版社2016年版,第5页。

[②] 此概念为赫尔曼·西蒙提出,狭义定义指公司产品品牌位于世界前三名,或者是所在大洲的领先生产商,但年度销售额不超过50亿欧元的优秀中小企业。参见 Hermann Simon, *The Hidden Champions of Germany*, Boston: Harvard Business School Press, 1996.

加拿大、澳大利亚、新西兰等国。它们在人文精神和政治组织上虽然各有特点,但核心的社会经济观念基本相似。

其一,重视个人价值。这是盎格鲁-撒克逊模式与东亚模式和莱茵模式最格格不入的地方。亚洲价值观主张个人的成就感来自对集体的服务和奉献。莱茵模式强调集体协商、相互支持、所得分配平均,社会秩序井然被认为是理想境界。盎格鲁-撒克逊文化则推崇独立奋斗的进取精神,认为个人是所有成功的源头,而完美的社会就是让个人美梦成真的社会。从发明家爱迪生到生产组织者福特、艾柯卡,再到20世纪90年代的数字英雄,个性和首创精神改变社会命运的神话层出不穷。这种文化最担心个性被集体抹杀,而强调个人决心不应被外部力量所左右。美国人更是不分胜败地尊重所有个人奋斗者,赞成胜者全得,对失利的人相当宽容,保守和无所作为则会遭轻视。结果,美国社会收入差距特别明显。一方面,技术创新中的领先者迅速致富,获利以亿万计;另一方面,美国存在西欧国家和日本无法想象的下层社会——陷入贫困而无力自拔的贫民阶层。

其二,强调开放和流动性。遵循移民国家的传统,美国对外国劳动力、商品、资本的开放程度首屈一指,加拿大和澳大利亚与其相似。通畅的交流渠道使美国成为人才、观念、思想汇聚的地方,而知识的发展遵循规模报酬递增的规律,聚集智力资源的国家必将拥有最多的创新机会,美国因而保持着超群的增长能力。相比之下,欧洲大陆国家接纳的土耳其和北非国家移民无论是绝对数量还是相对数量都不算多,但已经不断引起社会的普遍疑惧,排外风潮频发,极右政党借题发挥,扩张势力。至于日本更是以排外著名,不仅限制移民和入籍,而且对外来商品和服务设立层层壁垒。在内部经济关系上,盎格鲁-撒克逊模式同样鼓励要素的自由流动,无论是在地区之间还是在行业、企业之间。普通美国人用脚做出的选择,如二战后从东部向西部、从锈带向阳光地带的流动,被视为美国经济顺利调整结构、摆脱衰退的法宝之一。同理,频繁调换工作乃至更换职业在盎格鲁-撒克逊文化中是正常的,甚至被看作能力的展现。这又是强调对企业忠诚的德国或日本所无法认同的。

其三,坚持有限政府观念。大部分采用盎格鲁-撒克逊模式的国家是前殖民地,立国传统中多少有抵制宗主国控制这一条,美国人这种情绪最强烈。

反映到经济活动中,它表现为警惕各级政府对市场和社会生活的控制,对行政官僚主导的政策、计划总是充满怀疑。只有事实证明企业确实做不好的事才交给政府管理,而一有可能就重新交给市场解决。20世纪80年代共和党总统连续执政,将小政府、大市场的观念推向极致。美国经济中的国有成分降到历史最低的15%以下,铁路、航空、金融、电信等各种领域都推行了私有化,甚至尝试将监狱和消防队交给私人企业经营。在共和党国会的主持下,解除规章管制的活动也进行得轰轰烈烈。

其四,鼓励竞争性的利益集团。东亚模式根本不鼓励利益集团的存在,而强调照顾大局的沟通合作,于是出现日本式的政官民三位一体。莱茵模式内有众多的利益集团,但习惯以合作和沟通为自己的任务。盎格鲁-撒克逊模式中的利益集团最为活跃,而且最初的定位就与欧洲大陆的社团不同。处于少数地位的美国公民之所以结社,首先是为了显示自己的力量和削弱多数的道义力量,其次是为了联合起来进行竞争。① 它们习惯于壁垒分明,各自捍卫本方的立场,争相在决策过程中显示力量。像德国工会那样考虑到统一政策而自动降低提薪幅度,对美国人来说是不可想象的。

新经济现象

在20世纪七八十年代西方经济文化的比较研究中,盎格鲁-撒克逊模式饱受批评,特别被认为是美国由盛而衰的祸根。当时的美国面临巨额财政赤字、贸易赤字,天文数字的公私债务,劳动生产率增长缓慢,在关键产业的竞争中普遍失去优势。② 欧洲和日本都有知名人士抨击美国社会经济的弊端,美国自己则在寻找替罪羊,指责日本搭便车,指责新兴工业化国家不公平竞争。很少有人料到美国经济会迅速地重整旗鼓,在整个20世纪90年代保持高速稳定的增长,重新奠定世界领先地位。

美国20世纪90年代的经济表现不仅出乎多数人的意料,而且这一轮增长中的种种现象与西方经济学的经典理论不相符。分析人士大惑不解之余,

---

① 参见〔法〕托克维尔:《论美国的民主》上卷,董果良译,商务印书馆1988年版,第218页。
② 参见〔美〕莱斯特·瑟罗:《二十一世纪的角逐——行将到来的日欧美经济战》,第132—137、150—172页。

纷纷推测是出现了不同以往的新型经济。受到挑战的经济理论主要包括[①]：(1) 削减赤字＝紧缩财政＝经济萧条。这是大萧条之后西方学者总结出的主要教训，胡佛总统的失败是其明证。但克林顿总统在其任期内彻底消灭了超过 2 000 亿美元的联邦预算赤字，同时实现了年均 3% 以上的经济增长。(2) 低于自然失业率＝过分就业＝通货膨胀。自然失业率概念是弗里德曼极力主张的，简单地说，他认为不可能达到完全就业或传统意义上的充分就业，每个国家的社会经济结构决定了它有一个自然的失业规模。失业率高于这个水平，通货紧缩，经济增长受到遏制；如果达到这个水平后，政府人为地继续扩大就业，只能引起通货膨胀，像美国 20 世纪 60 年代后半期经历的那样。其他经济学家运用他的理论推算出美国的自然失业率在 6%—6.5% 之间，20 世纪 80 年代又调整到 5.5%。但是在 20 世纪 90 年代的经济增长中，美国的失业率一直低于 5%，而同时通货膨胀率一直控制在 2% 甚至更低。(3) 股票价格＝市盈率＝收益期望值。道琼斯指数从 1993 年年底的 3 500 点一路上升到 2000 年年初的 11 722 点。而以平均收益和长期利率推算的合理股价 1999 年 10 月应为 7 886 点。标准普尔 500 种指数市盈率已经超过 44.3，在 1995—1999 年间上涨 5 倍。[②] 同时，大量资金涌入亏损严重的电子商务企业，无论是美国联邦储备委员会官员还是评论家、学者的警告都无济于事。(4) 从世界经济的角度看，还有一个奇特现象：美国作为全球最大的债务国、贸易逆差国，其经济蒸蒸日上；而最大的债权国、贸易顺差国日本却陷入困境，经济停滞不前。所有这些现象在传统经济理论看来都是咄咄怪事。

对于新经济现象出现了各种诠释和评价。它们都试图回答两个问题：其一，新经济新在哪里？也就是说，它凭借什么力量超越了传统经济？其二，新经济新到什么程度？也就是说，它对经济运行的长期影响如何？

我们先来讨论第一个问题。对此比较一致的看法是：信息技术的力量创

---

① 参见 Sylvia Nasar, "Ideas and Trends: Chaos Theory; Unlearning the Lessons of Econ 101," *The New York Times*, May 3, 1998, https://www.nytimes.com/1998/05/03/weekinreview/ideas-trends-chaos-theory-unlearning-the-lessons-of-econ-101.html?searchResultPosition=13，2021 年 4 月 6 日访问。

② 参见杉浦哲郎「いまさら人に聞けない『アメリカ経済の実力』」、『The21』17(2)、2000 年 2 月、52—55 頁。

造了美国的新经济,也改变了发达国家的竞争趋势。① 有估算说,20世纪90年代信息产业对美国经济增长的贡献率为35%,广义上的信息产业(包括通信、媒体等)的就业人数占到劳动力总数的60%左右,计算机和通信产业占GDP的比例在1998年已经达到8.2%,成为超过汽车业、建筑业的第一大产业。② 因此也有人把与信息产业有关或成功地引进了信息技术的部门称为新经济部门,谈论新经济与旧经济孰优孰劣。其实所谓旧经济部门同样可以运用新技术而获益,以经济行业而论不存在绝对的新旧之分。

那么,信息技术究竟如何改变了经济过程呢？首先,它改变了成本—产出规律。信息产品是典型的边际成本递减、收益递增。传统经济以资本、劳动、资源为主要投入,基本遵循边际产出递减的规律,产品仍然是物以稀为贵。而信息产业以技术、知识为主要投入,这些资源不仅损耗小,而且可能越用越多,实现边际产出递增。像软件、书籍、CD这样的产品,总是开发时投入的固定成本很高,复制生产所需的边际成本极低；产品流通越广,其价值越高。规模经济效应的重要性将日益突出。

其次,它改变了竞争方式。在收益递增的基础上,信息技术在各行业中导致正反馈效应。如果一种产品在竞争中领先,对它的需求将被迅速放大；而需求增加使生产者能够进一步提高效率,从而降低产品价格；价格下降又可以创造更多的需求。如此循环很快可以产生雪崩式的效果,该产品成为市场的标准,使生产者在市场中获得近乎垄断的地位。最典型的例子就是JAVA语言的流行。当太阳—微软系统推出JAVA的时候,它有竞争对手。不过,由于各种微软软件的支持,JAVA的普及率超过其他网络程序语言。一开始没有选择JAVA的使用者发现因特网上大量可以下载的软件都用JAVA语言编写,于是他们也给自己的计算机装上JAVA以便沟通。JAVA的普及率进一步提高,并促使更多的使用者接受它。很快,JAVA成为网络程序的标准语言。太阳公司和微软公司因而获得极高的市场份额和销售利润。总之,信息技术优势产生的正反馈效应,使垄断竞争成为市场的主角。

---

① 此外,有学者将新经济解释为知识经济,或将其称为虚拟经济,以同传统的实体经济相区别。从信息技术应用的角度得出的是比较狭义但也是比较明确的解释。

② 参见江齐平:《中国网络股没有戏吗？》,《南方周末》1999年6月25日。

阅读材料 4-8　正反馈效应与垄断竞争

（新经济的）这些特性对于商业和整体经济的动作都具有关键性的意义。

举例而言，它意味着生产任何商品的唯一诱因是为了取得暂时的垄断力量，因为缺乏这种力量，价格将会被压低至边际成本，而无法弥补高昂的初期固定成本。于是，不断追求这种垄断力量成为新经济的核心动力。这种动力所导致的创造性毁灭，成为经济成长的主要刺激。就此而言，若说农业与工业经济属于斯密学派，则新经济属于熊彼特学派。

这些特性也意味着，工程师口中所称的正面回馈，哲学家所称的自我实现预言，以及其他人所称的滚雪球效应，将日益重要。

旧经济是一种负向回馈经济。就古典斯密模型而言，当小麦价格上涨时，农夫种的更多，消费者买的更少，当需求水准下降时，便会恢复平衡。相比之下，信息经济将逐渐成为正向回馈经济……

另外一种了解差异的方式是，传统工业经济是牛顿式的制衡系统，亦即发生供需失衡之后，只能通过调整价格来恢复平衡。不过，新经济的正确隐喻相对属于达尔文式，意味着适者生存，胜者全得。而就现代达尔文派的了解，历史以外的时间总会遗留漫长而重大的阴影。

资料来源：《美国财长萨默斯演讲词 新经济须建筑在旧价值上》，《参考消息》2000年5月23日，https://new.zlck.com/ckxx/news/i1EujHEE.html，2021年5月27日访问。

再次，信息技术改变了生产组织形式，要求其更民主、更灵活，以鼓励创新。美国进入新经济时经历了相当长的一段"无就业增长"，原因就是企业中的中层管理人员被大量裁减。从福特制建立开始，传统企业组织形式强调等级和细致分工，最终导致了走下坡路。美国企业一方面合并成许多超大型机构，另一方面大机构内部在简化等级，组成小而灵活的单位。这是信息传递方便带来的好处，也是需求多样化、产品加速更新的压力造成的。它要求企业随时准备接受新项目，随时调整人员、生产材料和压缩库存。

最后，与以往的新技术相同，信息技术的应用使经济运行更有效率。以美国航空业管理为例,网络普及使多数旅客可以直接向航空公司订电子机票,这样旅客订票成本可以降低85%,因为"是你的电脑与航空公司的电脑在对话,根本不用人来办理";各航空公司也降低了开支,因为它们不用再分给旅行社10%的票款。而且航空公司追求满员起飞的夙愿终于可以实现。比如,全美航空公司(US Airways)1996年每周发出2万份电子邮件向常客折扣推销本周的空位,1999年此项服务已经增加到200万份。于是航班的满乘率也明显上升。①

在了解新经济动力的基础上,才可以回答第二个问题:新经济究竟在多大程度上突破了传统规律?对此的争论一直很激烈。而新经济在20世纪90年代的表现使悲观论者瞠目结舌,进入21世纪后它又使乐观论者大为紧张。经过这些波折之后,人们对于信息技术能够做到什么、不能够做到什么有了更确切的认识。一方面,它的确能够提高劳动生产率,降低对能源和材料的依赖,从而抑制通货膨胀,提高持续增长能力。成功应用信息技术的国家也能够享受规模报酬递增的好处,在世界市场上占据优势地位。另一方面,信息技术并不能消灭经济周期,或者消灭通货膨胀,也不能改变股市的收益规律。新经济的运行仍然要遵守传统的商业准则,依赖于健全的政策和制度。和过去的关键技术创新一样,信息技术既具备改造经济的能力,但也存在局限。而且不能忽视的是,制度和社会环境直接影响它发挥作用。

大衰退

在信息技术产业创新的引领之下,美国成为经济全球化阶段获益最丰厚的大国之一,但亮眼的成绩单背后也始终存在隐忧。世纪之交互联网泡沫的破裂已经发出早期预警,到2007年年底随着次贷危机失控引发房地产泡沫破裂,美国经济的核心枢纽——金融产业突然陷入严重混乱,进而将美国乃至世界经济整体拖入萧条。

2007年7月,华尔街五大投资银行之一的贝尔斯登集团旗下的两家次级

---

① 参见《网络经济系列报道(1):商业新纪元微露晨曦》,《参考消息》1999年6月28日,https://new.zlck.com/ckxx/news/GtpGHWxx.html,2021年4月6日访问。

贷款基金宣布破产,拉开了金融海啸的序幕。随着该集团一次次整顿自救努力宣告失败,所谓金融巨无霸外强中干的资产质量暴露无遗,疑虑和恐慌情绪开始在资本市场蔓延。到 2008 年 3 月,贝尔斯登的金融同行已经拒绝与它进行日常交易,短期回购市场继而将其清出门外,导致其流动性资产接近枯竭。美联储被迫通过摩根大通银行向贝尔斯登紧急提供 130 亿美元贷款,以避免其突然倒闭引发金融市场动荡。这一紧急救助措施不仅法律和政治合理性存疑,而且只能支撑极短的时间。为了从根本上解决问题,美国监管部门出面协调摩根大通银行并购贝尔斯登。但在审理账目期间,贝尔斯登此前隐瞒的约 300 亿美元次贷问题资产被发现,自己已经次贷乱账缠身的摩根大通临阵退缩,美联储又不得不出面承购 290 亿美元的问题资产,才完成了摩根大通对贝尔斯登的接盘。

贝尔斯登事件只不过是金融多米诺骨牌倒塌的开始。接下来,负责美国房地产贷款二级抵押的房利美和房地美[①]出现经营困难,美国财政部连续注资无效之后,被迫将两家企业纳入托管。2008 年 9 月 15 日,原五大投行的另一家雷曼兄弟公司同样陷入流动性危机,在寻求并购无果后宣布破产,震动了整个世界金融体系。全球历史最悠久的美国货币市场共同基金股票价格跌到净值 1 美元以下,造成货币基金和商业票据市场崩溃。美国最大的储蓄银行(华盛顿互惠银行)和美国第四大银行(美联银行)先后崩盘。保险业巨头美国国际集团也因资不抵债股价暴跌,最终被国有化收购。美林证券为避免破产,被迫出售给美国银行。高盛和摩根斯坦利公司为求生存,紧急改组为银行控股公司。至此,原来的华尔街五大投行都已不复存在。

空前猛烈的金融风暴很快影响到美国的整体经济。以经济下滑的危险程度衡量,此次危机明显超越了通常的商业周期经济波动范围,成为自 20 世纪 30 年代大萧条以来最严重的世界经济危机,因而被称为大衰退。大衰退给美国社会经济带来的冲击主要体现在以下几个方面:其一,经济产出剧烈下滑。从 2007 年第四季度到 2009 年第二季度,美国实际 GDP 下降 4.2%。其

---

① 房利美(Fannie Mae)为美国联邦国民抵押贷款协会的简称,房地美(Freddie Mac)为美国联邦住宅贷款抵押公司的简称。

中 2008 年第三季度到 2009 年第二季度出现连续四个季度的负增长,这是美国自 1947 年开始季度经济统计以来唯一的一次。其二,失业率迅速攀升。在 2009 年 10 月危机达到顶峰时,美国失业率已经超过 10%,超出危机爆发前的 2007 年 11 月 4.7% 的水平一倍还多。以年度失业率计算,2009—2014 年连续 6 年失业率均在 6% 以上。更令人惊讶的是,其中长期失业(失去就业超过 6 个月以上)的比率创下历史新高。2010 年 4 月长期失业者占总失业人口的峰值比率达到 45%,且在此后三年都维持在 40% 以上,相比之下,1948—2007 年美国平均长期失业比率仅为 13%。[1] 其三,个人和家庭收入萎缩。由于在房地产泡沫阶段大量借贷,在金融危机冲击下,美国人被迫经历痛苦的去杠杆过程。个人实际收入持续下降,家庭中位收入连续六年下滑,2012 年 8 月的家庭实际收入比 2007 年 12 月减少 7.2%。[2]

面对经济剧烈动荡,美国政府不得不紧急采取大规模干预行动。小布什政府和奥巴马政府先后推出 7 000 亿美元的"问题资产救助计划"和 7 870 亿美元的"复苏与再投资法案",在救助金融机构的同时,提供税收抵免、扩大失业救济、增加基建支出、增加对地方政府的财政支持。这些政策措施在一定程度上缓和了金融海啸的冲击,但刺激经济的总体效果并不明显。美国经济在衰退见底之后,陷入了复苏乏力的困境。实际 GDP 总量到 2011 年第三季度才恢复到 2007 年第四季度的水平,就业岗位数量到 2014 年 5 月才回到 2007 年年底总量,失业率直到 2016 年 5 月才降低到危机爆发前的水平。而同期的生产率增速持续低迷,徘徊在 0.5% 的年率仅为二战后平均增速的四分之一[3],以至于经济学界出现了美国经济陷入长期停滞的说法。

仅次于大萧条的经济收缩加上空前缓慢虚弱的复苏,使大衰退造成的痛

---

[1] 转引自〔美〕艾伦·布林德:《当音乐停止之后:金融危机、应对策略与未来的世界》,巴曙松、徐小乐等译,中国人民大学出版社 2014 年版,第 15 页。

[2] 参见 Jeff Kearns, "U.S. Incomes Fell More In Recovery, Sentier Says", Bloomberg, August 23, 2012, https://www.bloomberg.com/news/2012-08-23/u-s-incomes-feel-more-in-recovery-sentier-says.html, 2019 年 3 月 30 日访问。

[3] 转引自〔美〕乔治·吉尔德:《货币之惑:华尔街复苏与美国萧条的逻辑》,姜井勇译,中信出版社 2019 年版,第 147 页。

苦在美国社会持续蔓延。对政府政策的不满,对金融机构乃至各种大型经济机构管理层的批评,对竞争与分配结构的质疑此起彼伏。左翼进步派认为政经高层的贪婪导致严重的经济不平等,应当为大衰退负责,而政府使用纳税人支付的公共资金挽救私人企业违背经济道德与社会公正,他们发起的占领华尔街运动矛头直指最高收入的1%人群;右翼保守派则对危机期间飙升的联邦财政赤字表示愤慨,指责政府介入甚至临时接管大型企业机构是"社会主义做法",他们发起的茶党运动要求尊重立宪的原初精神、立即停止赤字财政并缩减国家负债。左右两翼的逻辑与诉求南辕北辙,使得美国两党的政治争斗趋向极化,决策效率与合理性受到严重损害,进一步降低了美国民众对政治经济制度的信任,为民粹势力的上升提供了空间。

模式优势与缺点

美国经济在过去30年的经历可以说是盎格鲁-撒克逊模式长期经济表现的缩影。在模式优势得以充分发挥的时段——如新经济十年,可以做到在全球竞争中一马当先,生产与消费相互促进,技术创新与福利水平的提升并行不悖;在模式缺陷充分暴露的时段——如大衰退,则面临增长与分配的全面混乱,甚至有将世界经济带入萧条的风险。毫不奇怪,对盎格鲁-撒克逊模式的评价也相当两极化,将其作为标杆和模板来推崇者有之,视其为害群之马、万恶之源的也不少见。恐怕要排除这些情绪化的议论,才能形成对此模式客观和中肯的认识。

一方面应当承认,新经济发源于美国的确显示了盎格鲁-撒克逊模式的特长,即鼓励根本性创新。在19世纪和20世纪的科技创新浪潮当中,美国和英国的突出表现引人注目。日本和德国在基础创新上的表现则逊色于美英,而且在应用发明领域取得的成绩与美英也有明显差距。这表明莱茵模式和东亚模式的长处在于,集中力量在发展方向已经明确的技术领域夺取和保持领先地位。但面对不确定的挑战,难以找到举国一致的目标,它们的优势无从发挥,贸然投入力量反而会导致失败。著名的例子是,日本通产省为夺取科技制高点在20世纪80年代中期发起了研制第五代计算机的计划,日本的政官民体制发挥威力,投入大量资金,但在起步时判断方向错误,力图向大型化、智能化发展,导致无果而终。与此同时,美国的创新者并没有聚集在单一的框架内,而是在各个方向上不断尝试,最终找到了技术与商业上的成功道路。日本人曾经自问:我们为什么没有比尔·盖茨?现在看来根本的原因在于制度和文化环境,而不是科技基础或资金规模。

对于有志创新的人来说,盎格鲁-撒克逊模式最具吸引力的特点是它对失败者的宽容。在美国创业投资公司所投资的新兴企业里,平均80%以上的公司会在5年之内倒闭。① 美国著名网络企业的总管往往有过破产经历,这通常会成为他们从业经验中最宝贵的部分。经历波折之后,他们才能明确怎样做是对的、怎样做不能见效。而在日本,脱离公司去独立创业已经惊世骇俗,如果再遭遇破产就会被盖棺论定,很难有东山再起的机会。新经济的发展过程中,一家成功的网络公司的背后是众多的破产公司和失败者。在开发全新领域的时候,没有人拿着画好的地图。如果不允许失败,也不会有成功。社会文化的宽容氛围内,美国还为创业者提供了出色的风险资本市场。20世纪80年代,美国政府和企业投入研发的资金只有日本或德国的1/3,开发信息技术的创业者主要依靠风险资本。1980—1993年,美国的风险资本公司每年提供30亿—50亿美元的启动资金。新经济形成后,风险资本市场急剧扩大,1999年已经超过250亿美元,卷入其中的管理基金达到800亿美元,首次上市公司筹得的资金也超过700亿美元。美国整个风险市场比欧洲大一倍有余。② 而且经过多年运行,风险资本市场建立了合理的进入和退出机制。也就是说,让有技术的人能够找到钱,让经营失败的人可以全身而退,至少不要动摇整个风险市场的信心。

此外,盎格鲁-撒克逊模式的另一些特点也帮助了新经济的发展。如经济开放程度高,有足够大的市场规模支持创新收益;下层社会的存在使结构

---

① 参见《领悟新游戏规则 抢占竞争制高点》,《参考消息》2001年4月23日,https://new.zlck.com/ckxx/news/b4UpVLxX.html,2021年4月6日访问。

② 参见《英报文章风险资本市场对美经济功不可没》,《参考消息》2000年2月26日,https://new.zlck.com/ckxx/news/LmJox3Dp.html,2021年4月6日访问。

调整能够相对顺利地进行;等等。正是在这些结构优势的支持下,即便在大衰退阶段,美国经济的创新和转型也并未止步。以 FANG① 为代表的大型科技公司相继崛起,占据了傲视全球的竞争优势地位。页岩革命获得成功,有效地降低了国内能源价格,为美国制造业生产率的提高奠定基础。

另一方面,新经济的成功并未能消除盎格鲁-撒克逊模式中固有的缺陷,也正是这些结构性弊病的积累恶化导致了经济大衰退。其中最为人诟病的是盎格鲁-撒克逊模式过分强调个人的价值和作用,相信市场自我净化和调整的能力,而敌视监督管制,忽视企业的社会责任。美国右翼曾经利用新经济的成绩为这些缺陷辩护,借机摆脱监管制度,极力扩张企业高层管理者的行动自由,反对和抵制所有面向经济平等的再分配政策。其狂热程度使他们被称为市场原教旨主义者。

而金融海啸导致的经济大衰退恰恰证明他们对市场与经济人理性的过度美化与盲目信赖是毫无根据的。在金融全球化和宽松货币政策环境下,美国各类房贷机构为贪婪驱动,设计种类繁多的金融产品引诱不符合资质要求的客户进入房地产市场,在泡沫高潮阶段甚至出现无固定收入、无资产、无保险的所谓"三无"个人能够顺利获得房贷的情况。金融机构不但不认真审核这些借贷合同,反而使用复杂的数学模型设计花样翻新的金融衍生品,将上述有毒资产切割、重组、打包出售,使风险迅速蔓延。大型机构高管的超高薪酬与其主管公司的短期业绩挂钩,刺激他们普遍采用高杠杆、严重依赖短期债务融资的商业运作模式,导致金融泡沫的进一步膨胀,造成美国乃至全球金融体系的整体性脆弱。

在泡沫形成过程中,依靠个人和个别企业机构的自律去抵制获利冲动基本是缘木求鱼。不是没有政府机构尝试推出监管措施,如美国商品期货交易委员会主席布鲁克斯利·博恩曾提出将非传统金融衍生品纳入监管范围,美联储委员爱德华·格兰姆里奇曾经设想对抵押贷款机构进行突击抽查,弄清

---

① FANG 为脸书(Facebook)、亚马逊(Amazon)、奈飞(Netflix)、谷歌(Google)四家公司首字母合成。

次级贷款质量的真实情况。① 但在质疑政府作用、极力伸张市场自由度的风气下,少数官员的努力无疾而终。

当危机爆发、衰退来临,对于利益集团相互竞争的过分强调,又导致政治极化与决策僵局,无法达成关键的政策共识来解决问题。自我纠错能力的下降,可以说是盎格鲁-撒克逊模式当前面临的最严峻的挑战。

参 考 文 献

〔美〕杰弗里·萨克斯、费利普·拉雷恩:《全球视角的宏观经济学》,费方域等译,上海三联书店、上海人民出版社1997年版。

〔美〕W. W. 罗斯托:《这一切是怎么开始的:现代经济的起源》,黄其祥、纪坚博译,商务印书馆1997年版。

〔美〕罗伯特·吉尔平:《世界政治中的战争与变革》,武军等译,中国人民大学出版社1994年版。

〔澳〕海因茨·沃尔夫冈·阿恩特:《经济发展思想史》,唐宇华、吴良健译,商务印书馆1999年版。

〔美〕戴维·S. 兰德斯:《国富国穷》,门洪华等译,新华出版社2001年版。

〔美〕约瑟夫·熊彼特:《经济发展理论——对于利润、资本、信贷、利息和经济周期的考察》,何畏、易家详等译,商务印书馆1990年版。

〔美〕罗伯特·D. 帕特南:《使民主运转起来——现代意大利的公民传统》,王列、赖海榕译,江西人民出版社2001年版。

金雁、秦晖:《经济转轨与社会公正》,河南人民出版社2002年版。

〔美〕C. P. 欧曼、G. 韦格纳拉加:《战后发展理论》,吴正章、张琦译,中国发展出版社2000年版。

〔日〕大野健一、樱井宏二郎:《东亚发展经济学》,史念译,民族出版社1999年版。

〔美〕塞缪尔·亨廷顿、琼·纳尔逊:《难以抉择——发展中国家的政治参与》,汪晓寿等译,华夏出版社1989年版。

---

① 参见〔美〕塞巴斯蒂安·马拉比:《格林斯潘传》,巴曙松等译,浙江人民出版社2019年版,第485—489、568—573页。

〔法〕米歇尔·阿尔贝尔:《资本主义反对资本主义》,杨祖功等译,社会科学文献出版社 1999 年版。

〔美〕斯蒂芬·哈格德:《亚洲金融危机的政治经济学》,刘丰译,吉林出版集团有限责任公司 2009 年版。

〔美〕艾伦·布林德:《当音乐停止之后:金融危机、应对策略与未来的世界》,巴曙松、徐小乐等译,中国人民大学出版社 2014 年版。

第五章
国家间的合作

第一节　国际社会与国际合作

从无政府状态到国际社会

长期以来,国际关系学界有一个普遍的看法:国际关系最鲜明的特点是其无政府状态,它造成了国际政治与国内政治过程的本质区别。美国政治学家肯尼思·沃尔兹(Kenneth Waltz)对此做了经典的阐述。

阅读材料 5-1　国际政治的无政府状态

国内政治体系的组成部分之间是上下级关系。某些部分有指挥权,其他部分要服从。国内体系是集中的和等级制的。国际政治体系的组成部分之间是同等的关系。在形式上,每一个国家与其他所有国家都是平等的。谁也无权指挥;谁也不用服从谁。国际政治体系是分散的和无政府主义的。两种结构的排列原则迥然不同,甚至是相反的。国内政治结构有相应的政府机构和政府机关。相比之下,国际政治则被称为"没有政府的政治"。

……………

说一个国家拥有主权意味着它自己决定如何处理它自己的内政外交难题，包括是否要从他人那里寻找帮助，并通过对它们承担义务而限制自己的自由。国家确定自己的战略，制定自己的路线，并就如何满足它们所感受的任何需要和产生的任何愿望做出自己的决策。……每个国家，像其他任何国家一样，是一个自主的政治实体。

……………

人们经常说，身处各国当中的任何一国，都是在暴力的阴影下处理本国事务的。因为一些国家任何时候都会使用武力，所以，所有国家必须准备动武。否则，只好听任军事力量较强的邻国的摆布，以求得生存。在国与国之间，原始状态就是战争状态。这不是说战争经常发生，而是说，在由各国自己决定是否动武的情况下，战争随时都会爆发。……在国内进行的、旨在取得和维护权力、建立秩序和树立某种正义的斗争，可能比国与国之间的战争更加血淋淋。国内政治和国际政治的区别，不在于武力的使用，而在于两者处理暴力的组织方式不同。一个按某种合法准则进行统治的政府，妄称自己有使用武力的权利，……公民不必随时准备保护自己。公共机构替他们做了。国内系统并不是自助系统，而国际系统却是自助系统。

资料来源：〔美〕肯尼思·沃尔兹：《国际政治理论》，胡少华、王红缨译，中国人民公安大学出版社1992年版，第104、114、120、122页。

显而易见，国际关系中始终不曾存在至高无上的世界政府。所以称国际政治处于无政府状态很容易被接受，不过也很容易导致一些似是而非的推论。因为在人们心目中，无政府状态一般意味着混乱、无序和所谓的无法无天。于是经常可以听到一些谈论，认为国际事务说到底是遵循丛林规则，弱肉强食，强权即公理，国家落后就要挨打，等等。它们所描述的是一幅国家各自为战、不断冲突的场景。

但是这幅场景与17世纪以来出现的现代国际体系并不完全吻合。一方面，各个主权国家的竞争日益激烈，冲突与战争的后果空前残酷；而另一方面,国与国之间的联系日益密切,跨越国家边界的合作与协调一直在迅速发展。这首先表现为国际组织数量的增加。1909 年,全世界共有 37 个政府间组织(IGO)和 176 个非政府组织(NGO);到 1951 年,政府间组织增加到 123 个,非政府组织增加到 832 个;到 2001 年,政府间组织和非政府组织的数量爆炸性地增加到 7 080 和 48 202 个。① 到 2019 年,政府间组织和非政府组织数量分别超过 7 800 个和 65 000 个。② 其次,国际会议的数量也在迅速增加。1838—1860 年间,每年召开的国际会议不过 2—3 次;进入 20 世纪后,平均每年召开约 200 次国际会议;到了 20 世纪 70 年代,每年召开的会议已经超过 3 000 次;2001 年,国际会议的次数达到了 9 259 次。③ 2019 年,仅国际大会与会议协会(ICCA)认证的会议数量就达 13 254 次。④ 与此同时,国际条约的数量也呈现惊人的增长。据统计,1946—1955 年,有 6 351 个双边条约生效;1956—1965 年,新出现的双边条约为 10 456 个;1966—1975 年,新增条约达到 14 061 个。⑤ 根据联合国条约汇编统计,截至 2021 年年中,联合国法律办公室收录的条约数量已经超过 25 万。⑥

这些变化,尤其是第二次世界大战之后的经验表明,国际体系越是趋向成熟,它距离传统观念中的无政府状态就越远。国际体系中虽然不存在世界政府,但并不缺乏规范国际关系的法律、制度和规则。主权国家并非置身于原始丛林,而是被正式或非正式的国际合作网络包围。因此,更准确的说

---

① 参见 Union of International Associations, ed., *Yearbook of International Organizations*(2002 - 2003), Munchen, Germany: K. G. Saur, 2002, p. 3。
② Union of International Associations, ed., *Yearbook of International Organizations*(2020 - 2021), p. 27, https://ybio.brillonline.com/system/files/pdf/v5/2020/2_1.pdf,2021 年 3 月 1 日访问。
③ 同上。
④ International Congress and Convention Association, *ICCA Statistics Report 2019*, p. 11, Figure 2: Total Number of International Association Meetings 1963 - 2019, https://www.iccaworld.org/dcps/doc.cfm?docid=2396,2021 年 6 月 1 日访问。
⑤ 参见马克·赞奇:《威斯特伐利亚神殿的支柱正在朽化》,载〔美〕詹姆斯·罗西瑙主编:《没有政府的治理:世界政治中的秩序与变革》,张胜军等译,江西人民出版社 2001 年版,第 69—70 页。
⑥ 参见"Overview", https://treaties.un.org/Pages/Overview.aspx? path = overview/faq/page1_en.xml,2021 年 6 月 1 日访问。

法是,现代的主权国家组成了一个无政府社会,也就是通常所说的国际社会。①

国际社会拥有若干鲜明的特征,使它脱离了原始的无政府状态。第一,国际社会成员有资格限制。只有认同最基本的行为规则,并且为原有的成员国接受,才能够成为国际社会的一员。主权国家仍然掌握着决定政策的权力,但在国际社会中其选择受到一定的限制。第二,国际社会成员享有初步的安全保障。比之古代各种形式的国家,现代主权国家被征服或武力吞并的可能性大大降低。自18世纪以来,新生的主权国家超过100个,国际社会原有成员国自愿合并或分裂的情况间或有之,但纯粹因外来干涉而消失的国家屈指可数。② 第三,国际社会中有一些行之有效的互助安排。成员国可以借助它们维护自己的利益,而不是仅仅依靠自身的实力解决争端。显而易见,弱小国家从中获益匪浅。总之,国际社会存在基本的秩序和稳定性。它们当然不是出于世界政府的安排,而是各国合作的产物。

国际合作的利益基础

严格说来,各国合作的出发点是为了更好地维护本国的国家利益,促进和平、维护正义等崇高目标是第二位的,并不能起到决定性的作用。一国的政治领导,无论他本人的道德追求如何,都会以国家的现实利益为标准来决定政策,以不负国民的委托或维持自己的权力地位。所以,国际合作是自我为中心的主权国家理性选择的结果。在特定的环境中,国家政府会自愿限制政策自主权,接受国际合作的安排。以下讨论两种最典型的国际合作产生的途径。

其一,追求共同利益。假设A、B两个国家就某个问题选择政策,它们各自拥有两个政策方案:A1、A2 和 B1、B2。它们独立决定政策,但政策的后果相互影响(参见表5-1)。

---

① 赫德利·布尔首先提出了无政府社会的概念。参见 Hedley Bull, *The Anarchical Society: A Study of Order in World Politics*, New York: Columbia University Press, 1977。

② 参见 K. J. 霍尔斯蒂:《没有政府的治理:19世纪欧洲国际政治中的多头政治》,载〔美〕詹姆斯·罗西瑙主编:《没有政府的治理:世界政治中的秩序与变革》,第33页。

表 5-1　保证博弈

		B 国	
		B1	B2
A 国	A1	4,4	1,3
	A2	3,1	2,2

很明显，A1、B1 对两国而言是共同的最佳结果。但在两国独立决策的情况下，它们无法预测对方将如何行动。如果自己选择方案一，而对方乘机选择方案二，己方将面临最糟的结果。在这种情况下，两国更有可能以避免最差结局为主导策略，于是 A2、B2 成为均衡结果，而这个结果双方都不会感到满意。此时，合作的愿望就有了产生的可能性。两国通过交流信息和相互提供保证，达到双方都满意的结果。国际引渡协议可以作为很好的实例。在没有相关约定的情况下，两国都担心自己单方面交出对方通缉的罪犯而对方拒绝互惠行动，结果对方轻易达成愿望而本国毫无收获。于是两国都拒绝交出罪犯，但这并不符合它们的利益。通过签订引渡协议，两国的执法能力都可以提高，管辖范围也相应扩大。

不过在保证博弈的情况下，两国不存在主导策略，所以它们容易就合作方案形成一致意见。如果追求共同利益要求两国放弃既有的主导策略，它们的合作难度就会明显提高（参见表 5-2）。在囚徒困境中，如果两国独立选择，A 国将以 A2 为主导策略，B 国将以 B2 为主导策略，其均衡结果为 A2、B2。这个结果对 A、B 两国来说都不是最坏的，但也远非最佳。A1、B1 是两国都能够接受也完全可以实现的更好的结局。但是在两国完全独立决策的情况下，这个上佳结果不会出现，因为双方都担心如果自己一厢情愿地选择方案一，对方会乘机获取最大利益，而自己的利益严重受损。在这种情况下，两国只有放弃自己的主导策略，充分地信任对方，才可能实现 A1、B1 的结果。国际军备竞赛就是典型的例子。各国的自然倾向是依赖自己的力量维护安全，而相互攀比的军费水平必然损害各国的福利。任何一个国家如果单独削减军费，都会面临极大的安全风险。只有各国接受集体安全观念，达成普遍性的制度安排，共同削减军费，才能达到共同获益的目标。

表 5-2　囚徒困境

		B 国	
		B1	B2
A 国	A1	3,3	1,4
	A2	4,1	2,2

其二，避免共同损失。在表 5-3 描述的情况下，A 国和 B 国都没有固定的主导战略，对它们来说达到 A1、B1 或 A2、B2 的结果都可以接受，但最重要的是两国都希望避免 A2、B1 或 A1、B2 的结果。但是如果两国独立决定政策，无法保证避免它们所不希望的结果。两国自然会产生协调的愿望，而且由于它们在选择均衡结果的问题上不存在利益分歧，协调过程会相当顺利。交通、通信领域的众多国际协议就是此类协调合作的成果。举一个最简单的例子，对于海上航行的船只而言，在航道中靠左或靠右行驶都无所谓，关键是要在狭窄航道中相遇时避免碰撞或堵塞。因此，只要在国际海运协定中统一规定航行规则，无论是左行还是右行，各国船只都可以获益。

表 5-3　协调博弈 I

		B 国	
		B1	B2
A 国	A1	1,1	0,0
	A2	0,0	1,1

不过，如果情况略有变化，两国在避免某个特定结果的问题上仍然看法一致，但在均衡结果上出现利益分歧，它们合作成功的难度会明显提高（参见表 5-4）。在这种情况下，两国仍然希望避免 A2、B2 或 A1、B1 的结果，但 A 国打算代之以 A2、B1，B 国则会争取 A1、B2。还是以国际海运为例，假设 A 国主要依赖一条东西向航线，B 国主要依赖一条南北向航线，两条航线的交汇点恰好是只容单船通过的狭窄水道，应当是东西向的船只先行，还是南北向的船只先行呢？两国当然都会努力为本国船只争取优先权。但两国的谈判者也会认识到，即便是不令人满意的协定也比没有航行协定要好。所以协调合作的势头还是会占上风。

表 5-4　协调博弈 Ⅱ

		B 国	
		B1	B2
A 国	A1	2,2	3,4
	A2	4,3	1,1

从以上的分析中可以看出，在没有世界政府居中协调的前提下，国际合作也会发生。国家之间决定合作不必依赖于领导人的远见，或是国家之间的善意。各国完全从自我利益出发，也可能做出谋求合作的决定。也就是说，国际合作是主权国家理性选择的结果。

国际合作还有另外两个值得注意的特点。第一，它不同于传统意义上的国家联盟。国家为了保证自己的安全，或是维持地缘政治均势，决定与他国结为盟友，这种情况自古有之。战略联盟最主要的特点是它有明确的敌国，两国合作是建立在对第三方的恐惧或是觊觎上面。它往往是与国际冲突联系在一起的。联盟只是摩擦和冲突的间歇，或者干脆就是下一次冲突的导火索。因为结盟的基础是针对第三方，两国间的利益或政策协调反而是第二位的，外部环境的变化随时会对联盟产生影响，所以联盟是不稳定和多变的。如果战略同盟也算作国际合作的一种形式的话，随着国际社会的发展和成熟，它的规模和影响力明显削弱。主流的国际合作模式重在内部协调，而不是针对外部敌人。

第二，国际合作并不是各国利益和谐一致的产物，它甚至不要求各国的共同利益压倒利益纷争。如基欧汉所指出的，如果各国处于完全和谐的状态，没有任何利益冲突，反倒没有合作的需要了（参见表 5-5）。在这种状态下，A 国的主导战略为 A1，B 国的主导战略为 B1。它们独立决策的结果就是双方都可以获得最大收益的均衡结果 A1、B1。双方都对此感到满意，也没有任何必要进行协商和沟通。只有当独立决策不能自动达到最佳结果的时候，国家之间才有必要进行政策协调。从这个意义上讲，利益纠葛是国际合作的动力。

表 5-5　和谐状态

		B 国	
		B1	B2
A 国	A1	4,4	3,2
	A2	1,3	2,1

国际合作的制度环境

现代国际体系中的国家合作有一个重要的特点,就是它的制度化。国际体系越是趋向成熟,双边的、偶发的、随意性的合作越少,在一系列原则、规范、规则引导和限制下进行的合作越普遍。这些原则和规范逐步累积,已经形成了相当有效的合作制度,为各国政府所遵循。

乍看起来,有约束力的合作制度与主权国家独立自主的天然倾向是矛盾的。国家作为完全独立的行为体,理应本能地绕开制度建设和集体行动,追求个别谈判和协调。如罗纳德·科斯(Ronald H. Coase)所阐述的,自助体系中的个别协商也可以达成有效的安排。

阅读材料 5-2　科斯定理

科斯在 1960 年发表的经典论文中对经济学的传统观点提出了挑战。这篇论文的主要结论通常被称为科斯定理,即在不存在交易成本和谈判成本的条件下,受外部性影响的各方将会就资源配置达成一致意见,使这种资源配置既是帕累托最优[①],又独立于任何事先的产权安排。

科斯的论点可以通过具体案例说明。假设 A 是一个生产涂料的工厂,其副产品是烟尘;而 C 是一个洗衣店,正处于工厂的下风,A 排放的烟尘使 C 无法再在庭院晾晒衣服,因而遭受 40 000 美元的损失。传统的想法是需要政府权威出面,向工厂主征收 40 000 美元污染税,以弥补 C 的损失。但其效果未

[①] 此概念为意大利经济学家维尔弗雷多·帕累托(Vilfredo Pareto, 1848—1923)提出,指生产资源的配置达到这样一种状态:任何重新改变资源配置的方法已经不可能在不使任何一人的处境变坏的前提下,使任何一人的处境更好,即资源配置已经使得集体福利达到最大值。这种状态后被命名为帕累托最优。

必是帕累托最优的。假设政府袖手旁观,而有两个办法可以解决污染问题,要么洗衣店花 20 000 美元安装室内烘干设备,要么工厂安装价值 10 000 美元的消烟装置以清除污染,洗衣店主将选择付给工厂主多于 10 000 美元但少于 20 000 美元的钱,让后者安装消烟装置。显然,工厂主也会接受对方的提议。这样的安排从经济效率上看甚至优于征收污染税。

资料来源:〔美〕丹尼斯·C.缪勒:《公共选择理论》,中国社会科学出版社 1999 年版,杨春学等译,第 37 页;〔美〕罗伯特·基欧汉:《霸权之后:世界政治经济中的合作与纷争》,苏长和、信强、何曜译,上海人民出版社 2001 年版,第 105—106 页。经过改写。

国际社会中不存在权威性的世界政府,似乎适用科斯定理。但科斯定理的成立需要三个前提条件:零交易成本,即制定和实施协议的成本近乎无;零谈判成本,即信息充分流动;当事方责任和地位明确。而这些恰恰是国际关系所缺乏的。第一,国家间的外交活动通常要耗费可观的人力和物力,达成国际协议颇费周折,执行协议以及对不遵守协议的企图进行惩罚则是难上加难。其交易成本始终是居高不下。第二,国家政府习惯于对自己的政策意图保守秘密,国际交往中普遍存在着低透明度和高不确定性,远远谈不上信息完全。第三,国际法律框架既不完整,又相当脆弱。主权国家之间的纠纷往往责权不明,对人类共同利益的损害更难以界定,当事者可以轻易推卸责任。目前围绕全球变暖的争论就是一个典型的例子。因为不具备必要的条件,国家之间随机的协商合作成功概率并不高。

一方面,各国出于自身利益的考虑,有协调合作的愿望;另一方面,由于环境条件的限制,国家间的合作又难以自然发生。为了冲破这个困境,国际制度应运而生。基欧汉称之为"科斯定理的倒置"。[①] 即国际制度的创设意在克服无政府社会的固有缺陷,解决交易成本过高、信息不完全、国家责任不明确的问题,为国际合作创造条件。在此意义上,可以说是先有可靠的制度,然后才可能进行成功的合作。

首先,我们讨论一下国际制度的存在是如何降低交易成本的。显而易

---

① 参见〔美〕罗伯特·基欧汉:《霸权之后:世界政治经济中的合作与纷争》,第 107 页。

见,既定制度的出现可以降低外交谈判的事务性成本。国际组织和国际会议提供了定期会晤的机会,减少频繁互访的负担,它们的专职秘书人员也可以为外交谈判提供帮助。进一步说,制度形成后扩展合作的边际成本也被有效地降低了。围绕某议题的谈判一旦成功,追加相关的问题就会容易很多,因为已经形成的原则和规范可以被运用到新领域、新议题上。这就是功能主义者所谓的溢出效应。弱小国家从中获益匪浅,它们发起全新倡议的能力有限,所以更注重溢出效应。联合国一系列资本援助机构的设立就是很好的例子。

案例 5-1 联合国官方资本转移制度

从 1949 年起,欠发达国家就开始施压,要求通过联合国直接获取资本援助。20 世纪 50 年代,在发展中国家的支持下,通过了设立联合国信托基金的提案,准备向不能达到世界银行贷款标准的非流动项目提供资源。该提案在多数发达国家的质疑下从未正式运作,但它反映了第三世界国家的制度要求:它们不仅要得到更多资源,还要对这些资源进行有效控制。

1965 年,联合国开发计划署成立,标志着第三世界的努力取得了相当大的进展。联合国开发计划署由联合国信托基金和扩展技术援助计划合并而成,其规则和规范反映了南方国家的态度。它们在联合国开发计划署理事会中拥有多数席位。在它们的推动下,联合国开发计划署于 1970 年决定把资金用于资助国家规划,资金以 5 年为周期循环发放,受援国因而有很大的选择余地来充分利用这些资本。联合国开发计划署的援助具体用于什么样的项目由受援国自己决定,计划署不得干预受援国的宏观经济政策。

1973 年,联大通过决议,将长期没有正常运作的联合国资本开发基金用于最不发达国家的小规模项目。像开发计划署的设立一样,这次改造也获得了成功。基金的认缴额明显增加,活动范围得以扩大。此后,联大又投票设立了自然资源周转基金、科技基金、内陆发展中国家特别基金、援助殖民地国家人民信托基金等资本援助机构。

资料来源:〔美〕斯蒂芬·克莱斯勒:《结构冲突:第三世界对抗全球自由主义》,李小华译,浙江人民出版社 2001 年版,第 161—168 页。经过改写。

从更为根本的意义上说,国际制度的存在使外交谈判由一次博弈转变为多次重复博弈,极大地提高了形成国际合作的可能性。罗伯特·阿克塞尔罗德(Robert Axelrod)清楚地说明,摆脱囚徒困境最有效的途径就是重复博弈。众多的实验都证明,游戏者在评估未来的风险和机会以后,会采取"投桃报李,以牙还牙"战略。即先尝试一下合作,观察对方的反应,对方予以配合则保持互惠,对方选择欺诈则进行报复。在只有一次博弈机会的情况下,游戏者并不愿冒这样的风险。重复博弈事实上改变了游戏者对未来的预期。经过多次博弈,游戏双方往往结成默契而稳定的战略同盟。在国际交往中,两国就个别问题的单独谈判类似于一次博弈,而国际组织和会议制度将多个国家、多个议题聚集在一起,提供了重复博弈的机会。外交家们拥有更大的回旋余地,频繁用某方面的让步换取另一方面的收益,可以更容易地达成协议。

其次,我们讨论国际制度如何通过沟通信息而促进合作。在协调合作过程中,信息和利益是同样关键的因素。是否存在充分信息直接影响到当事者的行为方式。一个简单的例子即所谓承诺(pre-commitment)博弈。假设 A、B 两人同时来到狭窄的门前,可能发生以下 4 种情况(见表 5-6):

表 5-6 承诺博弈

		B	
		B 先	B 后
A	A 先	-1,-1	2,1
	A 后	1,2	-1,-1

为避免尴尬局面,各个文化发展出不同的行为规范,如东方的尊长先行和西方的女士先行。在规范不适用的情况下,可能是先下手为强,两人中坚持抢先的先通过,仍然可以达到均衡。但如果 A、B 都是盲人,根本无从判断对方的意图,甚至不知对方的存在,在门前发生碰撞的概率就会迅速上升。可见,充分的信息交流是促进制度形成、避免冲突的前提。

但是在国际社会中,信息不充分是普遍存在的现象。一是如前面已经提到的,各国政府的保密倾向造成信息匮乏。二是强大和弱小的国家掌握的信息严重不对称。于是前者可能控制信息的发布以谋求私利,后者在不了解情况的时候则倾向采取不合作的态度。三是欺诈的诱惑力很高。国家既享有至高无上的主权,又对自身安全承担完全责任,欺诈成功可给予对手致命打击,即使失败也有种种逃避责任的途径,以至于在十八九世纪的欧洲,外交官被堂而皇之地称为为了国家利益而说谎的老实人。信任是合作的基础,而国家之间的相互猜疑成为国际合作的最大障碍。

　　国际合作制度对解决信息不充分问题、促进各国之间的沟通贡献良多。随着国际制度日益完备,不仅信息的数量呈几何级数增长,而且质量明显提高,信息在国家间的分配也更加公正。例如,联合国海洋法会议就使许多还无力开发深海资源的南方国家了解相关情况,为维护自己未来的权益提出要求。最重要的是,国际制度的存在对外交规范产生了潜移默化的影响。传统外交对机密性极为重视,不能严守秘密就不能进入实质性的谈判。现在,国际关系中则更强调政策的公开性和透明度。如果一国政府决策程序高深莫测,各级官员拒绝与外界沟通,国家的各项统计数据秘不示人,它的真实意图往往会受到普遍怀疑,被认为是不可靠的合作伙伴,获得谈判成果的可能性随之降低。一旦信息公开成为各国接受的准则,国际合作的成功率自然就会得到提升。

　　最后,我们讨论国际制度如何处理合作过程中的责任与合法性问题。禁止商业捕鲸问题是个有代表性的事例。

案例 5-2　商业捕鲸问题

　　1946 年,各主要捕鲸国家通过谈判达成了《捕鲸管理国际公约》。各国承认大型鲸类数量急剧下降,约定在最大限度合理产量的基础上降低对鲸类资源的消耗。由于公约条款措辞含混,其保护自然资源的效果不明显。到 20 世纪 60 年代,许多大型鲸类已被列入濒危物种名单。

　　1977 年,联合国人类环境大会"呼吁在 10 年内暂停商业捕鲸活动"。众多不捕鲸的国家也加入了 1946 年公约,力图运用其公约成员国地位阻止商业捕鲸。世界主要捕鲸国(如冰岛、日本、苏联)很快在公约会员国中成了被包围的少数力量。1982 年,国际捕鲸委员会响应大多数国家的意见,表决通过实施商业捕鲸暂停期,自 1986 年始为期 5 年(南极地区自 1985 年年底开始)。

日本和苏联立即表示反对这一决议。但在强大的国际压力面前,苏联于1985年宣布同意停止商业捕鲸。日本也宣布愿自1988年起遵守国际捕鲸委员会规定的暂停期。①

资料来源:奥兰·杨:《国际制度的有效性:棘手案例与关键因素》,载〔美〕詹姆斯·罗西瑙主编:《没有政府的治理:世界政治中的秩序与变量》,第194—195页。

在这个例子中,国际合作制度——国际捕鲸委员会的存在对暂停商业捕鲸的成功起了至关重要的作用。尽管它最初是特权俱乐部(只包括捕鲸国家),其基本规则更倾向于保护商业利益而不是渔业资源,但关心捕鲸问题的众多国家利用这个既有制度机构推行自己的主张,明确了谁应当为大型鲸类濒危承担责任,剥夺了商业捕鲸行为的合法性。如果缺乏合作制度,就很难设想能够取得如此具有实质性的成果。

基于国家主权的特殊地位,在国际社会中建立刚性的法律制度困难重重,国际制度更多地体现为由各种原则、规范、惯例组成的软约束。表面上看,它们只是空洞的言辞,既无力惩罚违章行事的国家,也不会给遵守规章的国家带来实际的好处。但它们对观念和舆论的影响力绝对不容忽视,而且经验一再证明,观念和舆论的变化往往是政策调整的先导。例如联大曾通过决议,呼吁发达国家将本国国民生产总值的0.7%用于援助发展中国家,以修正国际经济秩序中的不公。这些决议对发达国家政府并没有约束力,但日本和西欧多数国家都相应提高了对外援助比例,0.7%逐渐成为富裕国家是否积极承担国际义务的标志之一。与此类似,反对恐怖主义、反对种族歧视、制止核扩散、控制人口增长等都是先形成国际舆论,而后进入国际合作的议程,并且逐步改变各国政府的行为。

国际组织与国际机制

如果将国际合作活动比喻为电脑的运作,那么国际机制就是它的软件,国际组织机构则是它所需要的硬件。

---

① 2019年6月30日,日本正式退出国际捕鲸委员会,并于7月1日重新开始商业捕鲸。

根据《国际组织年鉴》的定义,国际组织是由两个以上的国家组成的一种国家联盟或国家联合体,由其成员国政府通过符合国际法的协议而成立,具有常设体系或一套机构,其宗旨是依靠成员国的合作来谋求符合其共同利益的目标。① 这里使用的是国际组织的狭义概念,专指政府间组织。到2020年,全球的政府间组织约有7 800个。它们大多设有独立的执行机构和秘书服务机构,其财政开支除依赖成员国缴纳的会费之外,也有其他经费来源。

这样就引发了一个疑问:政府间组织究竟是国际关系中的独立行为体,还是各主权国家的附庸?从实际来看,国际组织的地位可能介乎二者之间。就法理而言,国际组织的权力来自主权国家的委托。这就决定了它们不能凌驾于国家主权之上,在依照协议开展活动的时候需经常征求相关国家的意见,成员国政府对国际组织官员的决定有最终的否决权。但是在完成成员国委托执行的任务过程中,国际组织的官员又有相当的自主性。国际组织负责人自行改革官僚机构和改变工作重点的事例时有所闻。罗伯特·麦克纳马拉对世界银行的改革可能是其中最著名的。

案例5-3 麦克纳马拉与世界银行

世界银行设立初期对支持南方国家的经济开发态度保守。世界银行官员重视对基础设施项目的贷款,对受援国的宏观经济环境要求苛刻,拒绝由世界银行创设开发项目。

1967年,罗伯特·麦克纳马拉成为世界银行行长,并立即发起对世界银行的改革。他主张世界银行不仅是一家银行,而且是国际发展机构,应当帮助南方国家提高经济增长速度。他要求世界银行官员在5年内将贷款规模扩大一倍,使世界银行进入每一个发展中国家。世界银行的贷款重点转向满足人类的基本需要,协助南方国家克服饥荒、人口爆炸、文盲率居高不下、绝对贫困等问题,不再根据短期回报率否决对教育、农业、民居等项目的贷款。世界银

---

① 参见 Union of International Associations, ed., *Yearbook of International Organizations* (2002-2003), p. 3.

行官员开始在发展中国家倡议发起各种开发项目,鼓励最贫困的国家申请贷款。世界银行贷款的数额和规模迅速扩张,成为国际发展领域的积极行动者。

资料来源:〔美〕德博拉·沙普利:《承诺与权力:麦克纳马拉的生活和时代》,李建波等译,江苏人民出版社1999年版,第553—642页。经过改写。

从广义上讲,活跃在全球舞台上的合作机构除政府间组织之外,还有日益引人注目的非政府组织。如前所述,据国际协会联盟统计,目前国际性非政府组织的数量大约是政府间国际组织的8.3倍。这些组织对自己的定位强调非政府、非营利两点,希望能够成为与国家政府体系和市场经济体系并立的第三种力量。国际非政府组织与主权国家的关系更为微妙。它们既然不是政府设立的,也就没有代表整个国家行事的义务,不受官方立场、外交规则、历史包袱的局限,所以开展活动更加灵活,发表意见也更直截了当。正因为如此,它们在一些热门问题上表现得比国家政府或政府间国际组织还活跃,20世纪90年代后期开始的反全球化示威就充分展示了非政府组织的号召力,其中一些参与者更以国家政府的反对派自居。不过绝大多数非政府组织并不是反政府组织,它们并不想取得政权而只是要影响政策,从政府机构获得资金支持也是常见的事情。

接下来,简单分析一下国际合作的软件——国际机制。1975年,美国学者约翰·鲁杰首次提出了国际机制的概念,很快引起国际关系学界的广泛兴趣。经过一段时间的讨论,产生了对国际机制的权威定义:国际机制是一系列隐含或明示的原则、规范、规则和决策程序,它们聚集在某个国际关系领域内,行为体围绕它们形成相互预期。这里面的行为体指的是国际关系中各种政府和非政府行为主体。它们既是机制的创造者,也受到机制的制约。机制中的原则反映了行为体的观念和信仰,规范是指以权利和义务方式确立的行为标准,规则是对某些行为的专门禁止,决策程序是指决定和执行共同政策的习惯做法。[1]

---

[1] 参见 Stephen Krasner, ed., *International Regimes*, Ithaca: Cornell University Press, 1983, p. 2。

国际机制概念的提出促使研究者把视野扩大到国际法律之外,一些没有载入公约或协定甚至可意会而不可言传的游戏规则也同样得到了关注。例如在区域性开发银行,无论最初章程是如何规定的,事实上发展中国家都掌握了远远超出其资金份额的投票权。在泛美开发银行,发展中国家实际提供了11%的资金,而得到53.5%的投票权;在亚洲开发银行,发展中国家以3.9%的实际捐助额,换取了44.8%的投票权;在非洲开发银行,发展中国家经济捐助的比例是11%,掌握的投票份额是55%。[①] 以上数据显示了这些机构在处理南北关系问题上的自我定位。认识此类机制,才有可能正确概括国际合作的模式。

第二节　国际合作的成功与失败

成功合作的案例——欧洲联盟

从欧洲经济共同体到欧洲联盟,西欧国家的合作一直被视为政府间合作的典范,受到广泛关注。经过几十年的努力,它所取得的成果相当惊人。参与合作的国家从数百年争斗不休的宿敌变成密不可分的伙伴,创立了民族国家概念的西欧各国又决定把部分主权让渡给联盟框架下的超国家机构。欧洲联盟成了欧洲最有生命力的国际组织,在东欧和南欧国家的积极参与下,其边界还在不断扩展。

当然,欧洲国家的合作并不是一路高歌猛进。尽管欧洲统一的理想早已在欧洲知识界广为流传,对于实际操作的各国政府而言,推进一体化还是充满艰辛的学习过程。每一个关键决定都经过复杂微妙的外交活动,有时候是经过公开争执而做出的。它们是进两步退一步,曲曲折折地完成了从经济共同体到经济政治联盟的制度创设过程。这其中最引人注目的是四次重大的突破和三次严重的挫折。

突破一:成立欧洲煤钢联营(1950—1952)。欧洲煤钢联营(亦称欧洲煤

---

① 参见〔美〕斯蒂芬·D.克莱斯勒:《结构冲突:第三世界对抗全球自由主义》,李小华译,浙江人民出版社2001年版,第151、155、159页。

钢共同体,European Coal and Steel Community)是欧洲第一个具有超国家性质的一体化机构。尽管在它之前已经出现了欧洲经济合作组织(即经济合作与发展组织的前身)、北大西洋公约组织、欧洲委员会等国际组织,但它们还只是传统的政府间的松散合作。欧洲煤钢联营则远远超越了常规的合作制度。它以独立的高级机构(High Authority)为决策和执行机关,其工作人员主要是技术专家和行政官僚,拥有不受各国国内政治影响、独立做出决定的权力,其决定由派驻各成员国的经济代表处直接执行,不需要获得驻在国政府的批准。同时,设立欧洲法院,负责就联营过程中可能出现的法律争执做出裁决;设立共同大会(Common Assembly),代表成员国议会监督高级机构的工作;设立部长理事会,在成员国政府与高级机构之间起联络作用。总之,煤钢联营的主要机构在政治上独立于各国政府,而它们将协调和控制各国经济的核心部门。这样的设计的确具有突破主权限制的重大意义。

如人们所熟知的,欧洲煤钢联营的建设始于1950年5月出台的舒曼计划,该计划的实际设计者是让·莫内。舒曼和莫内是当时活跃于西欧各国政坛的"欧洲派"的代言人。这些人力主欧洲联合,一是痛感两次世界大战对欧洲文明的打击,希望谋求实质性的集体安全;二是对欧洲经济复兴缓慢感到不满,希望通过协调资源配置建立强大的基础工业;三是希望在美苏两极对峙的局面下联合自强。对于如何达到一体化的目标,他们的设想并不一致。制度主义者主张首先起草欧洲宪法,选举欧洲议会,然后在这个制度框架内填充实质内容。莫内则属于功能主义者一派,主张争取"有限的,但却具有决定意义"的成果①,从解决具体的技术性问题入手,逐步向其他问题领域扩展。煤钢联营是功能主义者的得意之作,是他们为欧洲统一奠定的稳固基石。

煤钢联营计划能够在法国政府内获得支持,是因为舒曼和莫内把它解释为控制德国复兴的工具。联邦德国认为舒曼计划表明法国改变了态度,不再猜疑联邦德国而愿意选择合作,因而立即表示赞同。比利时、荷兰、卢森堡正在积极讨论经济联合,意大利则急于获得与战胜国平等的政治地位,所以它

---

① 参见〔英〕约翰·平德编:《联盟的大厦:欧洲共同体》,潘琪译,辽宁教育出版社1998年版,第3页。

们都纷纷表态欢迎联营计划。尽管各国相关的经济部门对煤钢市场统一存在疑问,但政治意愿压制了它们的异议。法、德、意、荷、比、卢六国组成了欧洲煤钢共同体,成为欧洲联合的先行者。

挫折一:欧洲防务共同体计划流产(1952—1954)。舒曼计划获得的成功使欧洲派人士大受鼓舞。在其他经济领域开展合作的倡议接连出现,莫内更大胆提议将共同体安排运用到安全领域,以解决重新武装联邦德国的棘手问题。他本来的设想是一体化先在关键的煤钢工业方面获得突破,然后扩展到其他经济技术领域,而后谋求政治合作和制度安排,军事安全问题是放在最后阶段的。但朝鲜战争爆发后,东西方关系日趋紧张,西欧亟待美国协防,美国又不愿过分分散兵力,坚持重建联邦德国军事力量以分担责任。法国人从心理上还无法接受独立的德国军队,莫内以为在此种情况下也只有孤注一掷,超前实施防务一体化。

根据莫内的设计,法国总理勒内·普利文提出了建设"欧洲军"的倡议。这支军队将由各国兵员混编组成,受一位欧洲防务部长的指挥,受欧洲议会的控制,由共同的军事预算支持。普利文计划触及国家主权的核心部分,北约的欧洲成员国大多对其持保留态度。只有法国在煤钢联营中的合作伙伴接受了邀请,参加正式谈判。荷、比、卢在谈判中表示担心丧失防卫自主权,坚决反对设立欧洲防务部长。比利时还反对设立统一的军事预算。最终形成的欧洲防务共同体(European Defense Community)条约大大削弱了普利文计划的超国家色彩,只规定了最低程度的军事一体化措施,并以部长理事会作为共同体的决策机构,规定在重大问题上理事会成员需取得一致意见。

法国、联邦德国、意大利、比利时、荷兰和卢森堡六国在1952年5月签署了《欧洲防务共同体条约》。将其提交各国议会批准时,引起了空前激烈的辩论。到1954年4月,德、荷、比、卢四国历尽周折完成了批准程序,意大利众议院也批准了条约。但出人意料的是,条约在法国议会搁浅。法国左翼政党和民族主义者指责防务共同体意在解除法国武装、重新武装德国。戴高乐发表了措辞激烈的声明,称法国"将把它的人员、武器和财力乱七八糟地与被战败的德国和意大利一起投入一个无国籍的大杂烩。这是以权力平等的名义让它蒙受如此的屈辱,以便让联邦德国在重新组织它的军事力量的同时,又得到没有军队的好名声。当然,在当今所有拥有自己军队的大国中,法国将是唯一失去它的军队的国家"①。为缓和国内的批评,法国政府接连提出一些"解释性议定书",修正条约的规定,保证对法国军队的控制权。已经离开政府的舒曼撰文称,法国的要求使"条约只剩下了一个空的躯壳"②。其他五个成员国接受了一些保证条款之后,终于失去耐心。而且在它们的议会已经批准条约的情况下,再进行实质性修改会出现非常复杂的问题。法国政府无法再争取国际妥协,即于1954年8月组织议会投票。多数议员赞同无限期推迟批准防务条约。这样,欧洲防务共同体计划夭折了。

突破二:建立欧洲经济共同体(1955—1957)。防务共同体建设失败使欧洲联合刚起步就转入低潮。政治合作的计划无疾而终,众多经济合作磋商也都没有进展。莫内对此深感忧虑,他决定提出新的倡议,促使一体化进程重新启动。他秉承自己最初的思路,谋求在关键的基础经济部门取得突破。这次他选定了原子能问题,认为原子能将和煤钢一样为未来的工业提供食粮。因为法国在防务问题上的表现严重损害了自己在欧洲联合进程中的主导地位,莫内与比利时外交大臣保罗-亨利·斯巴克联络,由后者出面发起官方外交活动。

斯巴克的提议得到热烈回应。1955年6月煤钢联营六国外长在墨西拿举行会议,一致同意"在欧洲建设的道路上进入一个新阶段的时刻已经来临",并指定斯巴克主持进一步的谈判。荷、比、卢三国认为联合不应仅限于原子能领域,而应当全面建设共同市场。荷兰外交大臣提出"成立一个超国家的共同体,其任务是实现一般意义上的欧洲经济一体化,通过关税同盟实现经济同盟"③。联邦德国全力支持它们的主张。但法国对此却充满疑虑。在煤钢联营六国中,联邦德国、荷兰倾向自由贸易政策,法国和意大利则有深厚的保护主义传统。法、意两国的经济界担心内部统一关税,会使联邦德国企业抢占它们的市场;而对外部的关税如果定得过低,又会限制它们对世界

---

① 〔法〕皮埃尔·热尔贝:《欧洲统一的历史与现实》,丁一凡、程小林、沈雁南译,中国社会科学出版社1989年版,第145—146页。
② 同上书,第154页。
③ 同上书,第171页。

市场的出口。

斯巴克委员会设计了种种方案来平衡各方的利益。在建设关税同盟时允许存在过渡期,在12—15年内逐步取消成员国之间的贸易限制,对外统一关税也可以在过渡期内分三个阶段进行。在农业政策上接受法国的要求,设立事实上的保护主义体系。为防止防务共同体条约失败的一幕再现,委员会坚持将共同市场建设与原子能联营问题挂钩。如果法国想实现核能合作,保持自己在核技术上的优势,它就必须接受经济共同体计划。

1957年3月,六国成功地完成了谈判,签订了建立欧洲经济共同体和欧洲原子能联营的《罗马条约》。欧洲经济共同体的机构设置与煤钢联营类似。但其执行机构改称委员会,独立决策和执行的权力明显削弱;部长理事会的地位则得到提升,显示各国政府对超国家机构的控制权。欧洲联合在小挫之后,很快又跨进了一大步。

挫折二:空椅子危机(1965—1966)。《罗马条约》签订后,欧洲联合进入了漫长的深化阶段。支持一体化的人士希望在条约基础上加强超国家机构的职权,逐步靠近欧洲联邦的目标;国家主义者则认为一体化走得太远,希望重申国家主权至高无上的地位,明确共同体仍是政府间合作的性质。1965年,六国决议将煤钢联营、经济共同体和原子能联营合并。在新的欧共体内,是以共同体委员会、欧洲议会这些超国家机构为主,还是由体现国家意志的部长理事会掌握权力,欧洲联邦主义者和国家主义者对此相持不下,终于围绕着共同农业政策问题演变成公开的争执。

1965年4月,欧共体委员会主席瓦尔特·哈尔斯坦提出了解决农业和财政问题的一揽子方案:提前建成统一的农业和工业市场,用其产生的农产品差额税和工业品关税支持共同农业政策。该方案的关键是这笔税收不经过各国预算,直接由欧洲议会控制使用。在时任法国总统戴高乐看来,哈尔斯坦方案企图公然剥夺国家权力,将其转交给共同体机构支配。哈尔斯坦在提出方案前没有与各国驻共同体代表联系,而是先向欧洲议会介绍方案,然后才将其提交部长理事会。戴高乐认为这不是简单的程序问题,而是有象征意义的姿态,即共同体机构的位置在成员国政府之前,对国家主义者来说这是绝对不能容忍的。法国于7月1日召回了它在欧共体的常驻代表,停止参加共同体各个分支机构的工作,迫使欧共体的各项活动陷于停顿,引发了所谓"空椅子危机"。

当时的欧洲舆论把这场危机比喻为历史上的教皇与皇帝之争。危机初期,代表国家利益的"皇帝"戴高乐占据上风。欧共体委员会一再修改,最后事实上放弃了自己的方案。戴高乐则乘胜前进,将矛头直指《罗马条约》下的体制安排,要求限制共同体委员会的作用,部长理事会仍采取一致通过原则,而不像条约设计的转向少数服从多数的规则。法国政府的态度使其他五个成员国感到震惊,它们表示愿意考虑法国的要求,但坚持应在《罗马条约》框架下解决问题。很多法国人也担心戴高乐的做法会搞垮欧共体。1965年年底的总统选举中,戴高乐未能在第一轮获得绝对多数票。看到国内外政治气氛的变化,戴高乐缓和了自己的态度。

1966年1月,六国部长达成"卢森堡妥协"。一方面,重申《罗马条约》的精神,维护共同体机构的独立性和多数决定原则;另一方面,向法国让步,允许在"利益攸关问题"上保留否决权,强调共同体委员会在提出政策建议前应知会各国代表,建议未提交部长理事会前不得公开。持续6个月的"空椅子危机"结束,对峙双方互有胜负。共同体机构没有演变成欧洲政府,国家主义者也未能修改《罗马条约》。共同体机制在危机中显示了其调整适应能力,但代价是在多数决定原则上含糊其辞,使一体化进程长期迟滞。

突破三:单一市场计划(1985—1986)。20世纪70年代到80年代前半期,欧共体的规模虽然从6国扩大到12国,但经济一体化缺乏实质性的进展。西欧经济在石油危机、金融动荡等不利因素的影响下增长乏力,各国政府纷纷树立各种非关税壁垒,以保护本国的就业机会。经济共同体名不副实,西欧经济的竞争力明显落后于日本和美国。

西欧国家普遍认识到一体化与经济发展之间的关联性。随着经济的复苏,为一体化提速的呼声高涨。在1992年之前建立单一大市场的计划应运而生,要求拆除成员国之间有形和无形的边界,实现人员、资本、劳务和商品的自由流动。这个计划是共同体机构和各国政府密切合作的产物。欧洲议会以压倒多数通过决议,呼吁建立欧洲联盟。法国和联邦德国推动部长理事会,确定了限时建成单一市场的目标。欧共体委员会制订了详尽的实施计划,包括近 300 个立法项目。各成员国在 1986 年 2 月达成了著名的《单一欧洲文件》,又译为《单一欧洲法令》(Single European Act),全盘接受了委员会的建议,并突破"卢森堡妥协",明确规定对大部分单一市场议案实行特定多数表决的制度。一贯对欧洲联合态度谨慎的英国、丹麦也赞同单一市场建设。英国首相撒切尔夫人将四大自由流动理解为解除管制措施,与她倡导的市场化改革一致,因而表示支持。统一市场的建设进行得相当顺利。

突破四:创立经济货币联盟与政治联盟(1991)。如果说单一市场计划建立在经济竞争的逻辑上,那么接踵而来的经济货币联盟计划则主要是对国际政治变革的反应。欧洲的冷战体系以令人目不暇接的速度崩溃,如何为新德国和新欧洲定位的问题突然出现了。法国总统密特朗和英国首相撒切尔夫人曾试图延缓德国统一的步伐,但未能成功。英法两国对与统一的德国相处不无担心,其他较小的欧洲国家就更是如此。一个顺理成章的选择是用更紧密的联合机制来束缚这个庞然大物。

在此背景下,1989 年欧共体发表的《德洛尔报告》提出的经济货币联盟一下由模糊的远景设计变成了实际的行动规划。经济联盟即在统一大市场的基础上,添加协调的宏观经济政策、共同的区域及结构政策;货币联盟则包括单一货币和单一中央银行。经济货币联盟设想触及国家主权的核心部分,刚提出时曾遭到英国政府的严厉抨击。而 1991 年 12 月,欧共体国家领导人却在马斯特里赫特达成协议,决定在 1999 年之前完成经济货币联盟建设。不仅如此,《马斯特里赫特条约》还添加了建设政治联盟的计划,决定实行共同的安全和外交政策,并在司法和内政事务中深入合作。

挫折三:欧洲货币体系危机与丹麦否决(1992)。《马斯特里赫特条约》是向高度一体化目标前进的一次强行军,是在所谓密特朗-科尔轴心的督促下完成的。法国急于巩固自己在欧洲国际秩序中的主导地位,德国则刻意表现自己在统一之后仍然是欧洲的好公民。法德政府的高调盖过了其他国家的不同意见,也抑制了法德两国内部怀疑派的声音。但这次一体化行动的范围实在太广,目标也实在太高,所以疑问和不满并没有因为条约的达成而消失,反而迅速地爆发出来。

1992 年 6 月,《马斯特里赫特条约》在丹麦的全民公决中被否决,显示了普通民众对加速一体化的不信任情绪。法国政府本来不准备组织对条约的公民投票,此时匆忙改弦易辙,希望展现法国人对条约的热情,以推动其他国家的批准过程。但法国公决的结果是51.05%对48.95%,条约支持者仅获得极其微弱的多数,反而证明了丹麦否决的普遍意义,欧洲民众担心一体化走得太快太远了。

与此同时,市场也以自己的方式对《马斯特里赫特条约》投了不信任票。1992年9月金融危机爆发,除马克之外的所有共同体国家货币都受到冲击。英国和意大利政府宣布退出欧洲货币体系,西班牙和葡萄牙则决定让货币贬值。建设货币联盟的时间表立刻被打乱。

《马斯特里赫特条约》引起的反弹对主导一体化进程的政治和商业精英们来说无异于清醒剂,促使技术官僚重视民众的意向,大国重视小国的意见,核心欧洲重视大西洋派的主张。

条约接下来的审议批准过程得以顺利完成,1993年11月欧洲联盟正式宣告成立。1995年,随着《申根协定》生效,欧盟各国公民得以跨越国界自由流动。在经济全球化的推动下,建设货币联盟的计划经过调整也如期实现,1999年欧元区成立,三年之后欧元正式取代之前的各成员国货币进入流通。欧洲一体化的梦想在欧盟旗帜下逐步成为现实。

依托欧洲联盟的框架,欧洲各国仍在不断探索区域合作的新高度。一方面,欧盟成员国持续增加,涵盖范围一再向东欧和东南欧扩大。[①] 另一方面,欧盟管理机制的建设也日益完整。以欧盟委员会、欧洲议会、欧洲法院为主体的组织机构使超国家层面的决策和执行落到实处,一度被诟病群龙无首的外交政策领域也由新设立的欧盟外交和安全政策高级代表全面负责。欧盟国家还发起了雄心勃勃的制宪活动,形成欧盟宪法条约提交各国批准。但在法国和荷兰进行的全民公决中,该提案未获通过。各国领导人采用实用主义态度,制定了缩水版的《里斯本条约》取代宪法条约,并于2007年顺利获得所有成员国的批准,为欧盟的进一步强化建立了虽不理想但尚称稳固

---

① 2004年5月1日,波兰、捷克、匈牙利、斯洛伐克、斯洛文尼亚、塞浦路斯、马耳他、拉脱维亚、立陶宛、爱沙尼亚正式加入欧盟。2007年1月1日,保加利亚和罗马尼亚正式成为欧盟成员国。2013年7月1日,克罗地亚正式成为欧盟的第28个成员国。(2020年1月31日起,英国脱离欧盟。)

的基础。

2008年金融危机爆发后,全球化进程遭遇逆风,欧盟的合作努力也面临严峻挑战。欧洲债务危机爆发,欧元的地位和价值受到冲击质疑;克里米亚事件与东乌克兰危机相继发生,欧盟的扩展进程遇阻,地缘安全环境的挑战凸显;叙利亚难民大量涌入欧洲,对欧盟的移民和难民政策构成考验;2016年6月,英国就是否留在欧盟进行全民公决,主张退出欧盟的一方令人震惊地获胜,对欧盟的稳定和团结造成空前严重的打击。但是,正如欧共体之父让·莫内所说的,"欧洲将通过危机而建立,欧洲……将是危机解决途径的总和"①。习惯于利用危机推动合作的欧洲联盟不可能因此放弃一体化的追求,其未来的发展仍值得期待。

失败合作的案例——经济互助委员会

经济互助委员会(简称经互会)是苏联主导下东方阵营国家的经济合作组织。苏联、保加利亚、匈牙利、波兰、罗马尼亚、捷克斯洛伐克六国为最初的会员国。后来阿尔巴尼亚、民主德国、蒙古、古巴和越南陆续加入。不过一般认为经互会的八个欧洲会员国是其完全的成员,其他几个亚非国家没有加入重要的合作项目,主要是从苏联接受经济援助。经互会于1949年成立,1993年解散。其44年的历史大致可以分为以下五个发展阶段。

第一阶段:1949—1956年,属于经互会的草创时期。 苏联发起成立经互会主要出于两个考虑:一是同美国主持的马歇尔计划竞争,二是确保东欧国家不会出现第二个铁托。所以在创建初期的安排致力于按照斯大林模式改造东欧各国经济,切断东西欧之间的传统经济纽带,代之以经互会成员国之间的贸易关系。作为东西方冷战的一环,这些措施效果显著。经互会建立前成员国之间的贸易约占其贸易总额的15%,到1953年这一比例已猛增到80%。②

---

① 转引自〔德〕马库斯·布伦纳梅尔、〔英〕哈罗德·詹姆斯、〔法〕让-皮埃尔·兰多:《欧元的思想之争》,廖岷、丛阳、许晓骏译,中信出版社2017年版,第407页。
② 参见〔英〕J. F. 佩克:《国际经济关系——1850年以来国际经济体系的演变》,卢明华等译,贵州人民出版社1990年版,第286页。

苏联居于经互会贸易网的核心,事实上将东欧国家视为自己的第六个工业规划区,对苏联西部地区的工业化起辅助作用。其他国家的权益在经互会的安排中得不到保障。以苏波关系为例,苏联要求波兰参加德国对苏联的战争赔偿。因波兰经济尚未从战争损失中恢复,无力支付赔款,波兰政府被迫同意按专门规定的低价向苏联出口煤炭以折合赔款。按照经互会协议,苏联向波兰提供了折合 10 亿美元的贷款,而贷款被指定用于从苏联进口原料和机器设备。苏联提供的成套设备技术并不先进,造成波兰工厂的生产能力实际下降。例如,1955 年波兰矿工人均产煤量与 1949 年相比减少了 12.4%,与 1938 年相比则减少了 36%。东欧国家对自己在经互会中的处境极其不满。①

第二阶段:1956—1961 年,经互会以自主平等原则调整成员国之间的合作关系。导致这一变化的是 1956 年爆发的波兰和匈牙利事件。在波匈两国的群众抗议运动中,苏联在经互会中唯我独尊的做法受到猛烈批评。当年 10 月 30 日,苏联政府发表宣言,承认存在有损社会主义国家之间的关系平等的原则的侵害和错误,同意与东欧国家协商经济合作的新原则。按照这个精神,苏联对此前东欧国家在经互会往来中遭受的损失进行了一些补偿。例如,取消波兰欠苏方的 5 亿美元债务,以弥补波兰向苏联低价出口煤炭造成的亏损。在谈判新的经济合作协议过程中,苏方也有意识地体现互惠互利的精神。苏联与东欧国家的不平等关系有所调整,经互会内部的紧张气氛大为缓和。

第三阶段:1961—1969 年,苏联在经互会内大力推行"国际分工原则"。国际分工原则是在 1961 年 12 月经互会理事会全体会议上提出的。它体现了在中苏分裂日益公开化的背景下,苏联决心加强对东欧控制的意图。按照这个原则,东欧国家被要求根据自然条件和历史传统实施生产专业化。而在经互会范围内,某种重要产品应当争取在一个国家内集中生产。② 为此要改革经互会机构,设立副总理级的执行委员会和若干专门委员会,扩大经互会会

---

① 参见〔南斯拉夫〕德拉戈留伯·米利伏耶维奇:《波兰在十字路口》,王洛林、寇滨译,世界知识出版社 1981 年版,第 55、60 页。
② 参见中国人民大学苏联东欧研究所编译:《经济互助委员会重要文件选编》,中国人民大学出版社 1980 年版,第 146—155 页。

议的决策权力。苏联领导人赫鲁晓夫甚至提出建立"代表所有国家的单一的计划机构"的目标。①

苏联声称国际分工可以合理配置经互会国家的生产力,但东欧各国却担心专业化分工会使自己的国民经济畸形发展,进而完全依附于苏联。工业化水平较低的罗马尼亚和保加利亚疑虑更重,唯恐被固定在农业专业化的方向上。罗马尼亚想方设法抵制苏联的计划,波兰和匈牙利也委婉地表示推行单一经济计划的条件远未成熟。交涉的结果是,经互会机构的权力并无实质性的扩大,单一计划构想也被搁置了。但在苏联方面的压力之下,东欧各国还是按照专业化的方向调整了经济计划,形成了相当奇特的生产地理集中。比如,东欧的大部分拖拉机产于波兰的一家拖拉机厂,而大部分公共汽车都来自匈牙利的一家工厂。②

第四阶段:1969—1980年,实施"经济一体化综合纲要"。此纲要是在1969年经互会特别会议上出台的,其目的主要是使经互会适应东西方缓和局面的出现。苏联政府意识到东西方经济关系将有明显恢复,它不希望经互会内部经济联系受到冲击,主张通过一体化进程解决这个问题。此举也是针对西欧国家经济一体化的对应措施。纲要提出在15—20年内分阶段实现成员国生产、科技、外贸和货币金融的全面一体化,并设立了一系列共同建设项目和国际联合公司来推动这一工程。③ 尽管有此准备,随着缓和进程的发展,经互会成员国与西方国家经济往来的热情还是明显超过了它们对内部一体化的关注。各国政府都急于购买西方技术和设备,提高工艺水平,同时进口消费品以满足国内需求。它们无法在经互会内部贸易中获得硬通货,就依赖原料出口或大胆从西方银行贷款。在这种情况下,一体化进程没有什么实质性进展。

第五阶段:1980—1993年,经济合作停滞并最终瓦解。这段时间里,经互

---

① 转引自〔美〕罗宾·艾莉森·雷明顿:《华沙条约》,上海师范大学历史系世界史翻译组译,上海人民出版社1976年版,第77页。
② 参见〔美〕保罗·克鲁格曼、茅瑞斯·奥伯斯法尔德:《国际经济学(第四版)》,海闻等译,中国人民大学出版社1998年版,第664页。
③ 参见中国人民大学苏联东欧研究所编译:《经济互助委员会重要文件选编》,第166—257页。

会国家社会经济中长期积累的矛盾全面爆发。各国经济增长乏术,原有的贸易安排难以维持,即便是苏联也自顾不暇,不愿再为政治和战略考虑牺牲经贸收益。在东欧国家和苏联的政治体制改变之后,经互会完全失去了存在的依据,终于消亡。

从表面上看,经互会体制促成了成员国之间超乎寻常的密切经济联系。以1984年的数字看,实行市场经济的发展中国家出口额占GDP的比例约为25%,而东欧国家的比例超过27%。[1] 其中大部分贸易是在组织内进行的,这意味着经互会国家之间的经济依存度相当高。但它们之间经济合作的质量之低下却令人惊讶。首先,经互会国家间的贸易形式以双边易货贸易为主,只有大约5%的内部贸易是在多边基础上进行的。[2] 这是因为它们的内部贸易缺乏结算手段。经互会国家的货币相互之间不能自由兑换,又不能兑换成国际硬通货,而且都实行国家垄断外贸的制度。假设波兰向匈牙利出售了货物,它并不能用这笔货款在匈牙利国内选择合意的商品,而必须通过匈牙利的外贸部门购买,这种情况下它得到的商品往往是质次价高的。所以各国都不愿意拥有贸易顺差,而是尽量达成易货交易,以保证交换的商品价值平衡。

其次,经互会机构始终松散软弱,无力推动各国的经济一体化。这与欧洲经济共同体的成长发展形成了鲜明的对比。《经济互助委员会宪章》规定,所有国家享有相同的投票权,任何一国都可以对超国家机构的议案行使否决权。因此,无论是经互会会议,还是后来成立的执行委员会,都缺乏足够的权威。经互会设立的共同货币(转账卢布)和多边结算银行根本没有起到促进多边贸易的作用。各国的合作关系主要是通过双边协定确立,缺乏全局性的计划协调。

再就当事者的感受而言,经互会成员国——无论是强大的苏联,还是相对弱小的东欧国家——都抱怨自己在合作中付出的代价远超过收益。苏联人反复强调自己为其他国家供应低价能源,提供贷款,提供技术。如1979年

---

[1] 参见〔美〕保罗·克鲁格曼、茅瑞斯·奥伯斯法尔德:《国际经济学(第四版)》,第664页。
[2] 参见〔美〕保罗·R.格雷戈里、罗伯特·C.斯图尔特:《比较经济制度学》,葛奇、许强译,知识出版社1988年版,第324页。

和1980年,苏联为东欧提供的贸易补贴分别达到104亿美元和217亿美元。①东欧国家则认为,正是苏联政府强制推行国际分工原则,扭曲了它们的经济结构,迫使它们的进出口高度依赖苏联市场。而苏联的肉类、蔬菜、水果进口总额的50%—70%来自东欧国家,服装和鞋类进口的70%—80%及医药品的70%以上都是从东欧国家进口。②没有东欧的支持,苏联重积累、轻消费的发展模式早就难以持续下去了。

分析经互会国家的合作机制时,应当始终注意它是建立在计划经济的基础之上的。正因为如此,经互会国家的经贸往来、专业分工并不体现它们各自的比较优势,而是各国官员依照陈旧和不完善的信息主观划定的。一个有代表性的例子是,经互会各国商品交易的价格一般参照过去世界市场价格的平均数确定。如1971—1974年使用的是1965—1969年的世界市场价格平均数。③这很难反映进出口商品的真实价值,根本无法保证交易的公平。难怪出口厂家和进口商品销售商彼此不满,事实上它们只能和本国的外贸部门打交道,连直接接触和交涉的机会都没有。结果贸易量的增加反而刺激了各国相互之间的不信任情绪。脱离实际的经贸活动只是依靠政治和安全考虑勉强维持,一旦政治环境发生变化,经济合作自然难以为继。

决定成败的关键因素

在以上两个案例的基础上,我们来讨论一下是哪些因素影响了国际合作的结局。

收益与付出的平衡

一方面,国际合作安排都是要追求共同利益,这些利益是单个国家无法创造的。即便是以失败告终的经互会,也为成员国提供了实在的收益,如更大的市场、更稳定的原材料供应等。另一方面,参与合作的国家必须付出代

---

① 参见〔英〕J. F. 佩克:《国际经济关系——1850年以来国际经济体系的演变》,第326页。
② 参见小川和男:《经互会解散对东欧经济的影响》,徐中权译,《黑龙江财专学报》1994年第4期,第103页。
③ 参见〔美〕保罗·R. 格雷戈里、罗伯特·C. 斯图尔特:《比较经济制度学》,第322页。

价才能够享受这些利益。至少在承诺合作之后,国家政府的政策自主性会受到限制。所以参与合作的国家都会衡量本国的付出与回报,来决定是否支持制度安排。1953年的民主德国、1956年的波兰和匈牙利、1968年的捷克正是认为自己失大于得而希望脱离经互会的。

在绝对收益的考虑之外,国家也会考虑相对收益。如果其他国家在合作中的收益远远超过本国,国家可能不会接受合作安排。从这个意义上讲,双边合作成功的可能性要低于多边合作。以欧洲煤钢联营为例,如果莫内建议的仅仅是法德联营,他的计划十有八九会失败。因为两国的得失直接联系在一起,反对者的态度将十分坚决。法国的煤炭公司就认为自己的生产条件比联邦德国同行差,钢铁业也抱怨税收比联邦德国高,让它们在一体化市场上与德方面对面地竞争会遭到极力抵制,法国舆论也会支持它们。而由六国组成的共同体中,获利和受损的关系模糊,各国对于相对获益问题远不会那么敏感。煤钢联营计划得以顺利实施。经互会的失败从反面证明了这一点。它虽有多边合作的面貌,但实际的合作计划都是通过双边协议安排的,而且主要是苏联与各个东欧国家的协议。结果各国怨声载道,都以为自己得不偿失,一体化迟迟不能获得进展。

权力结构

什么样的国际组织更容易获得成功?是成员国实力不对称、少数国家占据优势好,还是成员国实力均衡、地位平等好呢?对这个问题的答案要分为两部分:在制度创建阶段,不对称的权力结构更有利;在制度维护阶段,对称的权力结构更有效率。

以本书介绍的两个例子来看,煤钢联营建立时,法国的政治、经济和军事实力占压倒优势;在经互会国家中,苏联更是无可争议的超级大国。它们的意愿和活动能力对建立合作组织起着关键作用。但接下来它们的超群地位却引起了组织内部的危机。在煤钢联营中,设立防务共同体的条约已经为其他五国批准,却由于在法国议会得不到通过而夭折;苏联的老大哥姿态则引起了波匈的群众抗议运动,几乎导致经互会的解体。

此后,两个组织走上了不同的道路。欧共体国家的实力趋向均衡。戴高乐制造"空椅子危机"时，其他五国已经能够迫使法国缓和态度，维护共同体机构的作用。随着共同体成员的增加，组织内的权力结构进一步平等化。西欧经济一体化能够取得实质成效，这是重要的原因。而苏联虽然发表1956年宣言，注意照顾东欧国家的利益和感受，但它在经互会内一家独大的局面没有实质变化。它试图推动国际分工和一体化的时候，东欧各国只是消极应付，罗马尼亚更是半公开地抵制。经互会合作的质量一直很低。

显然，不对称的权力分布会给合作组织造成两方面的问题：要么超大国家无视规则，小国无法制裁，合作机制失去信誉；要么超大国家主宰规则的制定，小国无法争取自己的权益，对维护规则毫无兴趣，或干脆阻挠规则实施。合作必然是低效率的。

透明度与惩罚机制

合作议题的透明度对合作的成败至关重要。经济领域的议题透明度较高，各国可以确切掌握合作伙伴的作为，了解收益和损失情况，国家政府能够在比较充分的信息基础上达成共识，所以经贸问题的合作成果广泛。相比之下，安全领域的议题透明度低，各国不能确知对方的意图和实力，又难以检查协议的实施情况，一旦被对手欺骗可能将面临生死存亡的选择，所以在谈判中态度谨慎，形成合作的机会自然减少。如西欧国家尽管经济一体化已经达到相当高的水平，但安全防务合作关系仍十分松散。

合作机制要取得成功还必须及时发现和惩罚违规行为，透明度在其中同样起到重要作用。任何一个制度如果完全依靠强制和严惩来推行，都不能长时间维持。国际社会中的制度更是如此。在国家之间采取实质性制裁措施成本高昂，政治上也过于敏感，容易产生副作用。像苏联那样几次出兵控制不服从的东欧国家，显示的不是合作组织的力量，而是其基础的动摇。更通行的惩罚是贬低违规者的国际信誉。因为国际社会的成员国家数量有限，这个看似软弱的制裁措施是能够见效的。有意违反承诺的国家参与其他合作的成本也会上升，乃至失去合作机会。一个领域透明度越高，行为体的责任与权利越明确，惩罚的威慑力就越强，合作的质量也相应提高。

调适能力

因为缺乏明确的合法性来源,调整国际合作制度比调整国内制度要困难得多。相当一部分技术性机制是由传统惯例构成的,很难说它是否合理,不过改变起来困难重重,而任何规则都胜于无规则,所以大家都照做。但是对众多国际组织而言,如果不能随形势的发展调整规则和程序,就无法完成设定的目标,只会逐渐沦为清谈馆。成功的国际组织必须能够自我改造,以保持行动能力。如西欧国家的合作始于煤钢联营,但到了20世纪60年代由于石油普遍使用改变了世界能源消费结构,煤钢联营的经营管理遇到极大困难。基于同样原因,1957年设立的原子能联营也一直不能正常运转。尽管联邦德国和法国分别在这两个机构中享有权益,共同体委员会的意见还是占了上风,煤钢联营和原子能联营被并入欧共体,以实现统一的能源政策。

观念基础

在合作过程中,有时关键并不在于是否存在共同利益或利益冲突,而是在于合作者如何认识和理解它们。因此说观念是制度的基础并非夸张。西欧合作能够成功起步即得益于欧洲统一观念的普及。如果将莫内和舒曼的设计比喻成种子,它之所以迅速成长为参天树木,是因为它被播撒在肥沃的土壤之中,因为欧洲观念的日益成熟给予它有力的支持。同理,《马斯特里赫特条约》受到质疑,一个重要原因是它的官僚气息和精英色彩与20世纪90年代初的流行思潮格格不入。苏联和东欧局势的变化被欧洲人视为民主自由的胜利,信息技术的突破也扩大了民众的沟通渠道,增强了他们监督政府的信心。在国际制度中体现大众民主的呼声已经出现,而《马斯特里赫特条约》的制定过程完全与此不符,因而遭到抨击。

国际制度的观念基础往往是民间交流的产物,知识界在其中扮演主要角色。政府官员因地位所限,经常不能畅所欲言。而且他们在合作中注重的是实际利害得失,很容易只见树木不见森林。民间人士地位超脱,可以大胆创意、深入讨论。他们形成的共识可以为政府间合作开辟道路。1948年成立的欧洲统一运动组织就在西欧国家的合作中起到这样的作用。

外部性问题

外部性是经济学者提出的概念,指的是一种生产活动对他人产生了原非本意的影响。[①] 它可能是正的,比如某人为美化自己的庭院种植花草,路过的行人都可以欣赏;它也可能是负的,比如某人为乘凉在庭院里种树,却遮挡了他邻居的光线。

国际合作活动也会产生外部性问题。比如西欧六国组织煤钢联营,就会对当时欧洲最大的煤钢生产国——英国产生影响。英国的态度也就成了左右煤钢联营走势的因素之一。因为法、德一直表示欢迎英国参与,英国政府并不怀疑煤钢联营有针对自己的意图。英国当时仍坚持英联邦优先、美英特殊关系优先的三环政策,对超国家机构也抱有疑问,所以对西欧联合选择置身事外,但表示乐观其成。另一个受影响的大国——美国认为煤钢联营可以产生正的外部性,即法德合作可以加强西欧的力量,在东西方对峙中分担美国的责任,因而表示积极支持。美英的态度保证了煤钢联营的顺利发展。

而此后欧共体国家建设关税同盟、执行共同农业政策的时候,英美感受的负面影响更加强烈,它们对欧共体的态度也随之变化。英国组织了欧洲自由贸易联盟与欧共体竞争。美国的肯尼迪政府提出"宏伟计划",发起关贸总协定新的谈判回合,要求欧共体国家在消除内部贸易障碍的时候不要竖立对外的关税壁垒。戴高乐力主与英美针锋相对,其他五个欧共体国家则有不同意见。20世纪60年代欧共体一体化步伐日趋缓慢,与其处理外部性问题不力有直接关联。

第三节 世界体系中的霸权与合作

大集团合作的难题

一个不容回避的问题是,如果讨论的范围扩展到极致,在涉及所有国家

[①] 参见〔美〕丹尼斯·缪勒:《公共选择理论》,第33页。

的世界事务当中,以上总结的规律是否仍然有效。较之区域性的有限合作,参与全球合作的国家数量明显增加,目前得到普遍承认的主权国家有190多个。而曼库尔·奥尔森(Mancur Olson)早已指出,合作集团的大小与集体行动的难易之间存在十分明显的联系。换句话说,参与合作的成员越多,合作成功的可能性越小。

奥尔森是从理性选择的逻辑推导出他的结论的。他认为,集体合作的目的是追求公共物品。所谓公共物品即必须对所有成员供给同等数量的物品。它有两个显著特征:供给的连带性,以及排除他人消费的不可能性或无效率。[①] 一个典型的公共物品是放在公共广场上的雕塑。它一旦被竖立在广场上,任何一个行人都可以观赏。增加新的观赏者并不耗费边际成本,而设法防止某些人看到雕塑却是困难且不合算的。公共物品的性质使合作者自然产生搭便车的倾向,即拒绝分担生产公共物品的成本,而仍可以在公共物品出现后分享利益。回到雕像的例子中,当筹划竖立雕像的委员会向公众募捐的时候,就会出现普遍拒绝捐款的现象,因为大家都认为自己不费一文将来也不能被拒绝欣赏雕像,而集体选择的结果是雕像的竖立遥遥无期。越是大的合作集团中,搭便车倾向就越强烈,合作就越困难。

阅读材料 5-3　集体行动的逻辑

这意味着现在有三个独立的但是累积的因素使较大的集团不能增进它们自身的利益。第一,集团越大,增进集团利益的人获得的集团总收益的份额就越小,有利于集团的行动得到的报酬就越少,这样即使集团能够获得一定量的集体物品,其数量也是远远低于最优水平的。第二,由于集团越大,任一个体或集团中成员的任何(绝对)小子集能获得的总收益的份额就越小,他们从集体物品获得的收益就越不足以抵消他们提供哪怕是很小数量的集体物品所支出的成本;换句话说,集团越大,就越不可能出现可以帮助获得集体物品的寡头卖方垄断的相互作用。第三,集团成员的数量越大,组织成本就

---

① 参见〔美〕丹尼斯·缪勒:《公共选择理论》,第15—16页。

越高,这样在获得任何集体物品前需要跨越的障碍就越大。由于这些原因,集团越大,就越不可能提供最优水平的集体物品,而且很大的集团在没有强制或独立的外界激励的条件下,一般不会为自己提供哪怕是最小数量的集体物品。

资料来源:〔美〕曼库尔·奥尔森:《集体行动的逻辑》,陈郁、郭宇峰、李崇新译,上海三联书店、上海人民出版社1995年版,第39—40页。

当然,这并不是说大集团的合作肯定不能取得成功。一个重要的例外是,如果集团内成员实力悬殊,特别是存在某个超大规模的成员的时候,这个特殊成员可能占有合作成果的大部分,因而对生产公共物品的兴趣极大,于是它可能采取措施推动集体的行动。

霸权稳定论

奥尔森的分析为霸权稳定论的产生提供了灵感。金德尔伯格首先将国际金融领域内的秩序归结为霸权国的领导,而后吉尔平又阐述了在国际政治和安全事务中霸权与稳定秩序的密切联系。他们认为世界范围内的合作遵循大集团行动的逻辑。众多弱小国家无力影响大局,于是通常仅考虑维护自己的私利。如果没有超级大国或霸权国的主导,就不会产生世界秩序。金德尔伯格进一步提出:有且仅有一个霸权国发挥领导作用,才能保证世界稳定有序。

阅读材料 5-4　**霸权国领导与金融合作**

光有合作,是不可能产生经济合作与发展组织、十国集团、国际清算银行、国际货币基金组织、世界银行、关税及贸易总协定等一系列机构及其政策的。正如一个熟悉国际货币基金组织内情的人(对一个美国人明白地)指出的那样,如果美国不起领导作用的话,这一切都不会产生。领导也可能会缺少追随的国家,因而愚蠢的建议,或者连通情达理的建议,也有可能由于缺乏支持而遭到挫折。小国提出的极为正当合理的建议,如果没有能力使之落实,又未能得到能这么做的国家的赞助,那么,这些建议是毫无用处的。1933年的世界经济会议,如同1927年的世界经济会议一样,并不缺少各种各样的计划和主张。问题在于有能力承担领导的那个国家被国内问题搞得茫然失措,置身事外而未发挥作用。

合作的一种特殊形式,总是由英国和美国在世界经济事务中共同承担领导责任。经济学家们通常认为,这种做法无论是两家垄断还是双边垄断,都是不稳定的。……由两国共同领导也罢,三驾马车的做法也罢,或者把集体负责制的范围再略微放宽些也罢,上述的那种趋势(互相推诿、逃避责任)是停止不了的。

资料来源:〔美〕查尔斯·P.金德尔伯格:《1929—1939年世界经济萧条》,宋承先、洪文达译,上海译文出版社1986年版,第357—358页。

霸权稳定论者认为,现代国际体系形成后曾两次出现在单一霸权主导下的稳定时期,即所谓19世纪不列颠治下的和平与20世纪后半期美利坚治下的和平。在霸权国占据压倒优势的时候,世界经济和安全领域是和平有序的;而当霸权国实力和控制能力下降的时候,国际关系中则充满冲突和混乱。各国的自利本能会很快导致合作安排的瓦解。简单地概括即有霸则稳,无霸则乱。

他们指出处于巅峰时期的英国和美国都具有如下特征:第一,市场规模相对巨大,这样它选择向谁开放、拒绝谁进入可以轻易产生重大影响。第二,其货币在国际金融体系中居核心地位,因而取得管理国际资本流动的便利。第三,经济竞争能力遥遥领先。用吉尔平的话说:"从长远来说,经济实力既不在于掌握某种垄断权或技术,也不在于经济自给自足,而在于该国经济改造自己以及在全球经济环境中适应变化。"[①]第四,军事实力超群,可以在全球范围内动用武力并改变冲突的结果。第五,在国际政治中掌握最大的发言

[①] 〔美〕罗伯特·吉尔平:《国际关系政治经济学》,杨宇光等译,经济科学出版社1989年版,第93页。

权,其主张可以左右国际舆论,改变合法行为的定义。

因为拥有政治、经济、军事诸方面的绝对优势,霸权国得以发挥几个关键作用:其一,利用自己的影响建立国际制度,"规定合法行为,禁止非法行为",维护公认的原则、规范和决策秩序。其二,提供世界经济的稳定器,包括:负责提供最大的商品市场,以减少各国在消除贸易壁垒时遭受的损失;提供反经济周期的资本支持,为陷入清偿危机的国家提供摆脱困境的机会。有的时候这个稳定器也成为一种发动机,为后发国家提供赶超的机会。其三,提供公共物品,比如无歧视的贸易制度、稳定的国际通货、国际安全、纠纷裁定等。在国内经济中这些商品由政府提供,在国际市场上则由霸权国家主持各国分担公共物品的制造和维护费用。

霸权稳定论批判

霸权稳定论自出现之后一直面对争议和批评。其核心观点——霸权是全球合作和国际秩序的充分必要条件——并不能令人信服。对它的质疑来自实证与理论分析两方面。

从实际情况看,英国和美国是否曾经占据像霸权稳定论者描述的那种绝对优势地位是很值得怀疑的,尤其是在安全领域。19世纪的欧洲通常被视为多个强国主导下的均势体系,而并非英国一家独大的局面。如美国学者霍尔斯蒂所说,"当法国和德国主导着文化和艺术领域时,当俄国成为1815年后最大的军事强国时,当奥地利在维也纳会议之后的头30年中还主导着欧洲外交事务时,无法想象19世纪的欧洲大陆存在单一霸权"[①]。况且欧洲列强已逐步失去对美洲的控制。将当时的英国称为统治全球的霸主未免言过其实。美国在军事领域则始终面临苏联强有力的竞争。其影响力在东方阵营国家近乎零,在第三世界的争夺中也经常处于下风。相比之下,英美在经济领域的优势要明显得多,但保持绝对领先的时间有限。英国在1870年之后竞争能力落后于美国和德国,美国在20世纪七八十年代遭到日本和西欧的挑战。即

---

① K. J. 霍尔斯蒂:《没有政府的治理:19世纪欧洲国际政治中的多头政治》,载〔美〕詹姆斯·罗西瑙主编:《没有政府的治理:世界政治中的秩序与变革》,第36页。

便采用宽松的判断标准,英国和美国的霸权也是不完整和短暂的。

至于霸权的存在是否保证了世界经济的开放秩序,是否保证了全球的普遍安全,就更没有确切的结论了。一些研究显示,英国推动自由贸易原则的努力得失参半。它往往接受不全面开放的规则和制度,事实上它自己也依靠帝国体系消纳落后产品。① 中国学者秦亚青考察了1945—1988年间美国国力的消长和同时期国际冲突的频度,得出的结论是:"国际武装冲突频数与霸权国相对国力之间没有霸权稳定理论所假设的逆相关关系。"② 美国权势熏天的时候,国际冲突并未减少;美国实力下降的时候,国际冲突也没有相应增加。

霸权稳定论的逻辑推导也受到指摘。许多学者都认为,将集体行动理论套用到全球合作问题上是武断的。奥尔森研究的对象是西方社会中的压力集团。他所谓的大集团,其成员数量应以千万计,国际社会中主权国家的数量远不能与之相比。国家政府在全球问题上的合作还是更接近于小集体的行动。再者,即便是全球范围的合作,所提供的也很少是纯粹的公共物品。各国政府还有意识地减少合作成果的连带性,以控制搭便车倾向。例如布雷顿森林体系建立后,世界各国都可以享受固定汇率制度的便利,从这个角度看,它可以被称为公共物品。但一国如果不是国际货币基金组织的成员,就无法得到稳定基金的支持,在面对汇率波动的压力时只能自助。

总之,霸权稳定论者夸大了全球合作的特殊性。全球范围与区域或集团范围的事务的确有所不同,但并不是本质上的差异。世界秩序仍然是合作的产物,而不是依赖霸权建设和维持的。上文总结的合作成败的规律在全球性问题上同样适用,有关权力结构的分析也是如此。在制度建设阶段,合作伙伴的实力存在差异是有利条件。考虑到世界事务的特点,这种实力差距相对大一些更有益于国际协调。但并不是一定要扩大到出现霸权而且是唯一的霸权,制度才能诞生。更重要的是,"国际机制建立以后,合作并不必然需要一个霸权领导者的存在"③。合作制度会生出独立的生命力,完全可以不依赖

---

① 参见〔美〕罗伯特·基欧汉:《霸权之后:世界政治经济中的合作与纷争》,第42—43页。
② 秦亚青:《霸权体系与国际冲突——美国在国际武装冲突中的支持行为(1945—1988)》,上海人民出版社1999年版,第245页。
③ 〔美〕罗伯特·基欧汉:《霸权之后:世界政治经济中的合作与纷争》,第37页。

创造它的权力结构而维持下去。而且如前所述,实力分布趋向平均反而更有利于制度的维护和发展。弱小成员可能无力创建一种制度,但在既成的制度框架内,它们却能够修改规则、影响其发展方向。认为霸权衰落必将导致无序和冲突的看法是缺乏根据的。

全球秩序的发展与其说是与霸权兴衰相联系的周期性过程,不如说是各国不断相互试探、积累经验、建立互信的学习过程。随着政治经济形势变化而出现的危机类似于其中的考试和测验,应对得当则合作进一步发展,应对失措也许合作还能勉强维持,如果各国失去相互信任,合作就会被冲突和战争所打断。如果信息传递准确,学习的经验是可以累积的。而且合作时间越长,相互依存程度越深,相互了解、扩大合作的需要也越会增加,如同知识的增长会扩大求知欲一样。

下面将对国际关系史上三个重要时期的全球合作制度发展进行回顾,考察国际秩序是如何通过合作而形成的,其中的国际组织和机制如何发挥作用,以及它们在多大程度上能够完成预设的任务——促进经济增长、建立政治信任、维护国际安全和稳定。

维也纳体系

维也纳体系可以说是主权国家之间建立合作制度最初的产物。1648 年威斯特伐利亚会议后,欧洲用了近百年的时间才普遍接受了国家主权至高无上的原则,但对于主权国家之间的关系如何处理却毫无头绪。普遍的观念是国家之间也不妨自由竞争,你争我夺之下自然会达到某种势力均衡。在 18 世纪的国际关系史上充斥着尔虞我诈、弱肉强食的记录。直至整个欧洲大陆被拿破仑战争所摇撼,欧洲的政治家终于认识到:"18 世纪的纸牌游戏导致了俄罗斯轮盘赌。于是,他们决定玩和约桥牌。"[①]

1814—1815 年,17 个欧洲国家和 36 个德意志邦国召开了维也纳会议,讨论在战后如何确保欧洲和平。会议进程被牢牢控制在英、俄、普、奥四大国的手中,而法国谈判代表塔列朗凭借高超的外交技巧参与了对实质性问题的讨

---

① 〔美〕詹姆斯·罗西瑙主编:《没有政府的治理:世界政治中的秩序与变革》,第 40 页。

论。维也纳体系即由这五个强国设计和建造,并且是以它们的实力为后盾来维持的。

维也纳体系在建立合作机制方面成果颇丰。首先,它提出调整国家间关系应遵循共同的原则。在奥地利外交大臣梅特涅的坚持下,正统主义被确定为国际秩序的基本原则。这个概念是塔列朗提出的,指国家统治权或国家领土在其合法的所有者宣布放弃之前,不得更改。它与法国大革命所宣扬的民主宪政和民族主义针锋相对,明显违反各国的民意。但梅特涅认为民主共和思想是推动法国向全欧扩张的根源,古老王朝的君主则倾向保守,有利于国内政局的稳定和国际和平。所以反对革命就是反对战争,正统才能带来秩序。

其次,它形成了解决国际问题的实际规则。按照这些规则,大国和小国享受截然不同的待遇。五大国组成所谓欧洲协调(Concert of Europe):在面临国家利益冲突时避免相互威胁和挑衅,争取通过协商解决;在影响整个体系的问题上不要单方面行动,需征得协调集体的认可。1820年奥地利干涉那不勒斯起义之前的外交活动,就是按协调规则行事的例证。

案例 5-4 1820—1821 年的欧洲协调

1820年7月,那不勒斯王国发生由烧炭党领导的起义。起义者迫使国王颁布了具有自由民主色彩的宪法。而根据1815年维也纳条约,那不勒斯国王承诺不在国内实行不同于奥地利控制的意大利各地区的改革。梅特涅指责那不勒斯违约,决定出兵干涉当地的革命,以保护奥地利在亚平宁半岛的权益。

10月,梅特涅邀请欧洲协调的其他国家参加特洛波会议,介绍其干涉决定。其他四国反应不一。俄国和普鲁士支持奥地利出兵,法国和英国认为干涉那不勒斯内政理由牵强。11月19日,奥、俄、普签订了《特洛波议定书》,称一国的宪法改革标新立异以至危及邻国安全,同盟各国可通过谈判交涉迫使其改正,如果交涉无效则有权使用武力。法国有保留地接受了议定书。英国则坚决表示反对,认为将干涉内政合法化是危险的,居心不良的国王有滥用这一权力的可能。比如英帝国内发生改革问题,同盟国就获得了干涉的借口,这是英国政府无法接受的。特洛波会议上五大国未能取得一致意见。

1821年1月,梅特涅又发起了莱巴赫会议,再次争取其他四国的支持。为克服英法两国的反对意见,他同时邀请了意大利诸邦国的君主到会。那不勒斯国王正式请求奥地利帮助镇压革命,意大利邦国君主也全力赞同奥地利出兵。梅特涅将其解释为当事者的呼声,英法改变了态度,默认奥地利的决定。于是奥地利军队占领那不勒斯,镇压起义者。那不勒斯国王随即废除了自由宪法。

大国之间的协调扮演了国际秩序管理者的角色,它们集体决定是否承认新生国家,对王位继承权的纠纷做出裁决,建立了冲突预防机制(如设置中立区、设置非军事化地带、限制对冲突地区的军售等),制定了国际规范(如废除奴隶贸易、确定多瑙河自由航行制度、对莱茵河实行国际共管等)。与此形成对照的是,小国的行事规则被固定为沉默和服从。它们在主要国际问题上没有发言权。大国可以邀请它们旁听欧洲协调的会议,但它们不能参与决策。它们要委托大国保护自己的权益,而当大国以塑造均势的名义要求它们做出牺牲的时候,它们则必须接受。像维也纳会议决定将热那亚共和国并入撒丁王国、将荷兰与比利时合并,都是由四大国按照所谓人口和战略因素做出的领土调整,当事方的意愿无足轻重。

最后,维也纳体系中建立了初具规模的外交程序。其中最著名的是会议外交制度。开展会议外交是英国外交大臣卡斯尔雷的主张,他认为应当通过定期会议增加各国领导人的接触,使他们了解相互的动态,在没有急需解决的争端压力的环境中自由和深入地开展讨论。根据他的提议,1815年的《四国同盟条约》写入了定期会晤原则。欧洲协调的大国之间形成了经常性的会晤制度,五大国在19世纪共进行了6次正式会晤和18次协商,另外还有更多的双边峰会、非正式磋商、大使会谈。以现代的眼光来看,这是增加透明度和积累信誉资本的有效安排。此外,外交事务中的一些技术性问题也在这一时期得到解决。如维也纳会议上通过公约,正式规定了外交使节的级别和外交语言。

维也纳体系在促进安全稳定方面成效显著。霍尔斯蒂的研究表明,在1713—1815年间共发生了32起双边和多边欧洲战争,分别涉及当时11个大国①中的几个或全部。而在1815—1914年间发生了17起欧洲战争,分别涉及8个强国②中的一个或多个国家。两个百年当中,每年每个国家卷入战争的概率值(用欧洲战争的总数除以国家的数量,再按100年均分)有明显变化。前一百年是0.030,后一百年是0.021。也就是说,每个国家的参战概率下降了30%。③ 在相对稳定的国际环境中,欧洲发达国家普遍实现了经济的持续增长,工业化迅速普及,自由主义的国际经济制度也有了突破性的进展。

不过在建立政治信任方面,维也纳体系就相形见绌了。尽管欧洲之家、普遍和平与安宁等动听的词句常被各国领导人挂在嘴边,但欺诈和以强凌弱的行为仍屡见不鲜。各国民众对维也纳体系的抨击更是不绝于耳。其原因也相当明显,维也纳体系奉行的正统主义原则与欧洲的政治潮流背道而驰,它对大国和小国的歧视性待遇则以决策效率为理由否定了平等主权。这两点可以说是它的致命缺陷。再有一个不容忽视的情况是,维也纳体系建立的国际秩序是以欧洲为中心向外扩展,其隐含的前提是欧洲国家对世界其他地区的绝对控制,于是稳定了五大国关系就稳定了欧洲,而稳定了欧洲就稳定了世界。这个逻辑也是很成问题的。在大国之间的欧洲协调尚能顺利运转的时候,美国即提出了门罗主义,新独立的南美国家也拒绝欧洲列强的干预。

维也纳体系中的不合理因素不断侵蚀着它的基础。在它衰落和失效的过程中有两个标志性的事件。一是1853—1856年的克里米亚战争。其间欧洲协调完全崩溃,英法与俄国兵戎相向。此后五大国维持体系秩序的能力和

---

① 除后来的五大国之外,还包括奥斯曼土耳其、西班牙、瑞典、丹麦、荷兰和萨克森。
② 除五大国外,还有奥斯曼土耳其、西班牙和瑞典。
③ 参见K. J. 霍尔斯蒂:《没有政府的治理:19世纪欧洲国际政治中的多头政治》,载〔美〕詹姆斯·罗西瑙主编:《没有政府的治理:世界政治中的秩序与变革》,第49页。

意愿明显下降,在民族主义的挑战面前,重新调整维也纳会议作出的领土安排已势在必行。二是 1871 年德国统一的完成。它不仅改变了欧洲的均势,更重要的是它改变了欧洲秩序的观念基础。俾斯麦的成功使权力政治观念风行一时,战争再次被描述为合理甚至是高尚的。19 世纪末期缔结的各种国际同盟大多针对假想的敌人,它们已经不属于国际合作,而是为冲突和战争做准备了。

凡尔赛体系

　　第一次世界大战使人们再次厌倦了战争,而寄希望于建立世界秩序。1919 年 27 个战胜国在巴黎召开和会,各大洲都有国家与会,其世界范围内的代表性远胜于维也纳会议。但会议从一开始就表明仍坚持将大小国家区别对待。各国的正式代表人数根据它们对战争的贡献分为三等。美、英、法、意、日五国可派出 5 名代表,比利时、波兰等 18 个国家可派出 3 名代表,中国、西班牙等四国可派出 2 名代表。对重大问题的讨论完全在五大国之间进行。因为意大利实力有限,日本关注的利益范围有限,所以实际决定权牢牢掌握在美、英、法三国的手中。由于会议最核心的文件——《国际联盟盟约》和对德和约①——是在巴黎郊外的凡尔赛签署的,因此它建立的秩序被称为凡尔赛体系。

　　凡尔赛体系最引人注目的突破在于它成立了世界性的政府间组织——国际联盟。参加和会的国家为国联的创始国,其他国家或领地、殖民地均可申请加入。在 1920 年 11 月国联召开第一次大会时,其会员国已经增加到 42 个。国联被赋予解决国际争端、维护持久和平的重大使命。而它执行这一使命的主要手段,按照美国总统伍德罗·威尔逊的说明,首先是仰仗全球舆论的道德力量;如果依靠舆论无法解决问题,则依靠经济压力,对行为不当的国家实施贸易制裁、断绝通信联系。② 法国方面对如此软弱的手段感到忧虑,不断要求组织国际部队或设置总参谋部,使国联拥有常设的执法机构,随时准

---

　　① 《国际联盟盟约》于 1919 年 4 月由和会通过,并按会议决定列为对德、奥、保、匈、土和约的第一章。
　　② 参见〔美〕亨利·基辛格:《大外交》,顾淑馨、林添贵译,海南出版社 1998 年版,第 210 页。

备好以武力对抗侵略。威尔逊认为国际联盟的力量在于它能够确立国际关系中的合法性,并且逐步培养各国的相互信任。如果像法国希望的那样,载明军事互助的义务,它和传统的针对假想敌的同盟就没有区别,无法给国际关系带来实质变化。作为国际联盟公认的设计师,威尔逊的主张自然占了上风。

作为一个常设组织,国际联盟每年要例行召开大会。所有的会员国均可派代表出席,在大会决议中实行一国一票制,以体现国家主权的平等。但国联真正的政策是由理事国决定的。国联理事会由五个常任理事国和四个非常任理事国组成。《国际联盟盟约》规定美、英、法、意、日为常任理事国,非常任理事国由大会选出,每届任期3年。国联理事会负责联盟的主要工作——解决国际争端,它下设的一系列机构则在其他技术性较强的领域内主导国际合作,如交通运输、卫生防疫、救灾、文化交流等。它的机构设置和活动方式对后来的世界性组织产生了广泛的影响。

凡尔赛体系遵循的国际秩序原则也具有创新意义。第一,民族自决原则。即在调整领土安排的时候,必须尊重民族利益和意愿,而不能使民族权益成为均势交易的筹码。① 这一原则在确定欧洲政治地图的时候体现得比较充分。奥地利成为拥有650万人口的单一民族国家,波兰则在被瓜分120年之后复国,捷克斯洛伐克也获得了独立。但在处理德国的海外殖民地的时候,五大国却以当地人民缺乏自治能力为理由回避了自决原则,仍然把它们当作战利品来瓜分。日本提议在《国际联盟盟约》中明确支持各民族平等,也因美国的反对而作罢。可见自决原则在体系中的作用是有限的。但自此之后,民族国家为国际关系主体的概念深入人心,民族主义这个强大的力量得到了释放,从而使世界面貌发生了根本性变化。

凡尔赛体系创立的第二个原则为集体安全。即国际联盟成员国共同行动,互相保障领土完整与政治独立。这对于习惯依靠结盟和实现均势保证和平的国家来说是革命性的概念。基辛格对此做了透彻的分析。

---

① 参见王晓德:《梦想与现实:威尔逊理想主义外交研究》,中国社会科学出版社1995年版,第219页。

阅读材料 5-5　集体安全与结盟

基本上,集体安全与结盟是正好相反的两个概念。传统结盟是针对特定的威胁,由特定国家因同样的国家利益或相互的安全考虑而结合在一起,订有明确的权利义务。集体安全不以特定威胁为对象,不保证个别国家的安全,对各国一视同仁。理论上其宗旨在对抗任何可能危及和平的威胁,不论是哪一国发动或威胁的对象是谁。盟约一定有一假想敌;集体安全则是维护抽象的国际法,就如同一国的司法体系维护其刑法一样。它也像国内法一样不会先假设有某个罪犯。对盟约而言,发动战争的理由是其利益或盟国的安全遭到攻击。而集体安全则假定"和平"解决争端的原则符合全世界人民的共同利益,违反这个原则便构成开战的条件。因此军队的集结必须视个案情形,由对"维持和平"(peacekeeping)具共同利益的各国出兵,每一次的组合可能都不一样。

结盟是为了建立比分析国家利益更能预期更为明确的权利义务,集体安全的运作方式完全相反。它是待事情发生后,再视情况决定如何适用其原则,因而无形中十分仰仗当时的气氛及各国的意愿。

唯有在全体国家,至少是与集体防御有关的各国,都对眼前威胁的性质有近乎一致的看法,且均不考虑各自在此问题上的国家利益,而愿依事件本身的是非对错决定使用武力或实施制裁,此时集体安全才能发挥作用。

资料来源:〔美〕亨利·基辛格:《大外交》,第 222—223 页。

集体安全与民族自决原则一样,都是被威尔逊带到巴黎和会上的。它们体现了威尔逊的基本判断,即世界秩序的重建要想获得成功,必须彻底改变旧有的原则和传统。而他提出的新原则遵循的是理想主义的逻辑,即人性本善,国家之间并无不可调和的利益冲突,世界大战的发生是由于民族主义要求得不到满足,战争的延续则是因为经济巨头乐于从中获利。如果实现民族自决和国内的民主决策,战争的根源自然消失,各国是可以团结一致维护和平的。所以他并不认为集体安全安排软弱无力。

凡尔赛体系同时引入了一些新的规则和规范。如限制和裁减军备。《国际联盟盟约》呼吁各国裁军、公开军备状况、控制军火交易，并设立专门委员会研究裁军方案。国联主持的普遍裁军活动未获实际成果，但区域性的军备控制谈判取得了成绩，其中最著名的是1921年在华盛顿达成的《关于限制海军军备条约》。再如开展国际援助。国联分别提供贷款970万英镑和250万英镑，帮助希腊和保加利亚解决了难民安置问题。20世纪20年代初的金融动荡中，国联财政委员会又帮助奥地利和匈牙利在金融市场融资，辅以整顿计划，稳定了两国的经济形势。在此阶段，禁止贩卖妇女儿童、禁止贩卖鸦片、保障劳工权利也都成为国际公认的准则。

尽管凡尔赛体系遵循这些合理的原则和规范，但它主导下的国际秩序却是脆弱和短命的。在不到二十年的时间里，世界大战再次爆发，世界经济陷入萧条状态，法西斯主义的崛起使一些人类社会的基本信念遭到挑战。凡尔赛体系在政治、经济和安全领域可以说是全面失败。造成这种结果最主要的原因是它严重缺乏权力支持。美、英、法、意、日并列为国际联盟的常任理事国，但意大利和日本在其中得到的是二等待遇，在与三大国交涉时一贯落于下风，两国长期的挫折感使国内的法西斯势力有机可乘，意大利和日本最终转到了挑战秩序的一边。在三大国中，英国国力已难以支撑其遍布全球的海外利益，法国因在战争中牺牲过大，对保证自身安全都没有把握。实际上只有美国有力量承担支持凡尔赛体系的任务，而美国竟没有加入国联，并逐渐退缩到孤立主义状态。凡尔赛体系的原则目标和权力基础之间出现了巨大的差距，使它成为不堪一击的泥足巨人。

除了这个致命缺陷之外，凡尔赛体系还存在三个明显的弱点。第一，它从一开始就为自己树立了强大的敌人。苏联被排斥在体系之外，德国则遭到严厉的惩罚，其实这些做法都违背了集体安全原则。真正的集体安全组织应当是普遍性的，而且并不事先选择敌人。凡尔赛体系以普遍和平为追求目标，但其实际安排却将苏联和德国推到了对立面。更糟的是，它对德国的惩罚措施并不能从根本上削弱德国的实力。如前面所谈到的，国家获得竞争优势的关键不在于人口、资源或资本的多少，而在于其运转良好的制度和多年积累的社会资本。通过战争赔偿和剥夺领土并不能摧垮德国的核心竞争力，而只是助长了民众的仇外心理。同理,国际联盟对苏联的孤立和制裁也难以阻止其发展。第二,民族自决原则对处理复杂的历史遗产而言过于简单化了。在中东欧就很难形成纯粹的民族国家。例如,在捷克斯洛伐克 1 500 万人口中有 300 万德国人、100 万匈牙利人、50 万波兰人。而且捷克人和斯洛伐克人也并非同一民族。巴黎和会以当时的地理和人类学知识去确定民族国家的界线,结果它在解决民族矛盾的同时又制造了新的民族矛盾,形成分歧和冲突的根源。第三,凡尔赛体系中缺少管理世界经济秩序的权威机构。只能在经济秩序发生混乱时临时召开会议,寻找解决办法。1920 年曾应英国的要求召开布鲁塞尔财政会议,讨论战争和赔偿引起的普遍财政危机。会后设立了国联下属的财政委员会。1930 年根据杨格计划又设立了国际清算银行,督促战争债务的清偿,并推动各国中央银行的合作。但这些为应付危机而出现的机构既缺乏明确授权,又没有基本的活动资本,主要扮演着咨询建议的角色。鉴于当时各国政府普遍推崇自由放任的经济思想,出现这种情况不足为奇。只有在经历了前所未有的萧条和战争之后,人们的观念和组织手段才会有所进步。

雅尔塔体系

雅尔塔体系是对第二次世界大战后的世界秩序约定俗成的一种叫法,其实很不准确。对战后世界的安排是美、苏、英、中四国首脑在一系列会议中逐步形成的,雅尔塔会议并不是达成全面或最后协议的峰会,例如对德国和波兰问题的讨论就没有结束,对东南欧的安排则是在此前的英苏莫斯科会谈中敲定的。按照前两个世界体系的标准,大国的意见得到普遍接受方可称为合法的秩序,而建立普遍国际组织的主张是在 1945 年 4 月旧金山会议上得到其他反法西斯盟国的批准的。人们坚持称之为雅尔塔体系,是因为雅尔塔会议充分体现了二战后国际秩序的两个特点:它是由美、英、苏主导决定的;而三巨头之间又存在难以调和的分歧,体系中的分裂和对抗势不可免。

美、英、苏三国在研究战后安排时有一个明确的参照物,即凡尔赛体系。它们一致认为应当接受其中合理的原则和规范,但更重要的是必须弥补其重大缺陷。对于什么是应该继承的、如何做出改进,它们的看法不一。最终通过的改造措施多为妥协的产物。

首先,在新的世界组织联合国中,明确规定了大国的特权地位。三国都觉得国际联盟的失败在于它过分软弱,没有制止侵略的行动能力。美国总统富兰克林·罗斯福率先提出了"四大警察"方案,即解除轴心国武装,普通国家大幅度裁减军备,只有美、苏、英、中四国保持足够的军事力量来维护全球和平。罗斯福设想四大国将成为新的国际组织的执法者,通过合作来实现集体安全。如果某小国内部动荡危及国际稳定,四国负责将其隔离;如果某国的扩张严重威胁和平,四国要坚决将其制服。英国首相温斯顿·丘吉尔信奉传统的均势思想,他将"四大警察"看成欧洲大国协调的现代版,因而表示赞成。苏联也欢迎这个想法,希望自己的大国地位可以借此固定化。但出于对西方国家的戒备心理,苏联方面进一步提出了大国一致的原则,要求在重大问题上只有大国取得完全的共识,才可以做出决定。罗斯福认为大国既然担负超乎寻常的责任,就有理由享有超常的权力,于是有保留地接受了苏联的建议。这样,四大国及后来添加的法国不仅得到联合国安理会常任理事国的席位,而且掌握了对强制性解决争端措施的否决权。

其次,经济开放和自由贸易被确定为新的合作原则。这主要是根据美国和英国的意见。它们对大萧条时期世界经济合作的失败记忆犹新,承认它是导致法西斯上台和世界大战的关键原因,所以主张经济领域的合作必须制度化。在美英首脑首次战时会晤后签署的《大西洋宪章》中,即明确提出要促使所有国家在同等条件下参加世界贸易,并促成它们在经济领域内最充分的合作。但是苏联从一开始就对此持保留态度。苏方认为本国与资本主义国家的社会经济制度之间存在根本差异,双方协调政策是不现实的,只能给西方国家提供向苏联社会渗透的渠道。因此苏联一直坚持将经济社会合作与安全合作分开处理,并声称维护和平应当是联合国唯一的任务。虽然在美英的要求下,苏联同意设立联合国经济及社会理事会,但仍毫不含糊地表示它比安全理事会的地位低得多。苏联虽然参加了布雷顿森林会议,并同意让世界银行和国际货币基金组织成为联合国的分支机构,但最终没有参与两个金融机构的活动。至于关税及贸易总协定,苏联从一开始就置身事外。它决心在经济领域保持行动自由。

最后,在雅尔塔体系中,民族自决原则的适用范围得到扩展。在这个问题上,美苏意见相同,而英国持有异议。在讨论《大西洋宪章》时,罗斯福就明确指出宪章的原则应适用于世界所有地区,包括殖民地在内。他说:"我深信如果我们要达成稳定和平,就必须让落后国家开发起来。我不相信我们能够一方面作战,反抗法西斯奴役,同时却不去努力,让全世界人民自落后的殖民政策中解放出来。"[①]丘吉尔使尽浑身解数抵制美国的压力,坚持宪章不能用于处理大英帝国的内部事务。苏联的加入使英国处于更被动的地位,因为苏联政府一贯主张使殖民地获得完全独立。最终,民族自决被确定为联合国的宗旨。在设立托管机构治理德、意、日的前殖民地的时候,《联合国宪章》亦说明其目标在于促进托管领土的自治和独立发展。

由于做出了这些调整和改进,雅尔塔体系延续的时间和维护国际秩序的效果都超过了凡尔赛体系。最突出的是,在联合国框架内国际合作机构迅速增加,各领域的合作机制更是获得飞跃式的发展。国际规则和制度形成了日益广泛的网络,影响着国家的行为。这在十八九世纪是无法想象的。在雅尔塔体系内,大国之间没有发生全面战争,世界经济从整体上看实现了前所未有的增长。

但是,从设计和建立时就存在的意识形态分歧也严重影响了雅尔塔体系的成效。大国之间虽然没有正面冲突,但它们对第三世界争端的干预使所谓代理人战争在各地蔓延。东西方阵营的武装对峙几乎与体系的存在相始终。冷战没有演变成热战在多大程度上是体系约束和沟通的结果,又在多大程度上应归功于核恐怖平衡的出现,也是难以判断的。世界经济的增长虽快,财富的分配却极不均衡。南方国家依靠联合国机构提出了缩小南北差距的要求,可是收效甚微。所以毫不奇怪,在雅尔塔体系存在期间,各国对其颇多指责,它在促进政治互信方面乏善可陈。

---

① 〔美〕亨利·基辛格:《大外交》,第356页。

参 考 文 献

〔美〕詹姆斯·罗西瑙主编:《没有政府的治理:世界政治中的秩序与变革》,张胜军等译,江西人民出版社 2001 年版。

〔美〕罗伯特·基欧汉:《霸权之后:世界政治经济中的合作与纷争》,苏长和、信强、何曜译,上海人民出版社 2001 年版。

〔美〕斯蒂芬·D. 克莱斯勒:《结构冲突:第三世界对抗全球自由主义》,李小华译,浙江人民出版社 2001 年版。

〔英〕约翰·平德编:《联盟的大厦:欧洲共同体》,潘琪译,辽宁教育出版社 1998 年版。

〔法〕皮埃尔·热尔贝:《欧洲统一的历史与现实》,丁一凡、程小林、沈雁南译,中国社会科学出版社 1989 年版。

〔德〕马库斯·布伦纳梅尔、〔英〕哈罗德·詹姆斯、〔法〕让-皮埃尔·兰多:《欧元的思想之争》,廖岷、丛阳、许晓骏译,中信出版社 2017 年版。

〔美〕曼库尔·奥尔森:《集体行动的逻辑》,陈郁、郭宇峰、李崇新译,上海三联书店、上海人民出版社 1995 年版。

〔美〕亨利·基辛格:《大外交》,顾淑馨、林添贵译,海南出版社 1998 年版。

第六章
全球化时代的经济与政治

第一节　全球化浪潮

何谓全球化

20世纪90年代,全球化这个概念忽然在极短的时间内风行世界。没有人能说清它的出处[①],也没有人能够描述它流传的过程,大家所看到的是,无论在政府还是民间、发达的北方国家还是发展中的南方国家、政治经济还是社会文化的讨论中,全球化都成了热点话题。而晚至20世纪80年代末,这个术语还几乎不为人所知。

全球化概念之所以能够戏剧性地流行,是因为它表达了世界各地的人们对身处时代的共同感受。首先,人们相信自己正置身于深刻而迅速的变

---

① 一般认为,最早使用"全球的"(global)一词的是马歇尔·麦克卢汉。他在1962年出版的《谷登堡的银河系》(Marshall Mcluhan, *The Gutenberg Galaxy: The Making of Typographic Man*, Toronto: University of Toronto Press, 1962)一书中创造了"地球村"(global village)的概念,描述通信技术的突破进展带来的共同时空观念。后来这个术语又被绿色和平主义者借用,以支持其终止核军备竞赛、共同保护地球环境的主张。很明显,他们的侧重点与20世纪90年代的全球化概念是不同的。20世纪80年代前期,开始有一些经济学者使用"全球化"一词,如美国经济学家西奥多·莱维特(Theodore Levitt)。但没有公认的创始者。参见梁展编:《全球化话语》,上海三联书店2002年版。

化过程当中。大家可能对变革的方向、程度、速度有不同的估价,对变革是否合理有截然不同的意见,但无人能够否认政治、经济、技术、文化各个领域发生的巨大变化。这些变化构成了一个统一的进程,不管喜欢不喜欢,人们的生活将被重新塑造。即便是严厉抨击全球化趋势的人也会承认,变革的潮流来势汹汹、无孔不入,是很难抵御的。其次,人们普遍认为此次变革的特点在于突破界限、扩展空间。如詹姆斯·罗西瑙(James Rosenau)所解释的,全球化在政治领域促使权威、政治和利益扩展到领土边界之外,在经济领域促使生产、贸易和投资向原产地以外扩展,在社会和文化领域则将观念、规范和习俗扩大到它们的原生环境之外。① 如果说现代化的特点是时间性,全球化的特色则在于空间性。

不过全球化概念的优势也恰恰成了它的弱点。它能够代表广泛的共识,但作为分析性的术语却失之宽泛。对其确切定义各界人士议论纷纷,莫衷一是。迄今为止,对全球化有一定影响的定义已不下百种,可以大致分为狭义解释和广义解释两类。主张狭义解释的学者大多认为全球化主要发生在经济领域,其他方面的变化可视为经济全球化的连带产物。比较极端的看法甚至称只有经济全球化是切实的进程,其他名目的全球化无法测度,有人为夸大之嫌。因此他们主张从经济角度简单而明确地定义全球化。比如克鲁格曼就提议根据世界贸易增长率和世界生产增长率之间的关系来衡量全球化,如果贸易增长速度持续快于生产增长速度,表明全球化进程存在并发展着。相比之下,经济合作与发展组织使用的定义更全面一些,即全球化意味着产业和服务业行为(如研究和开发投入、生产和分配资源的使用)及跨国界的公司网络(如通过合资和共享资产)的地理扩散。②

主张广义解释的学者则坚持全球化是包罗万象的复杂进程。经济全球化可能是其中最引人注目甚至是最重要的方面,但它绝不能代表变革整体。政治、社会、文化观念的全球化并不只是经济变革的后果,有些学者甚至认为

---

① 参见詹姆斯·罗西瑙:《全球化的复杂性和矛盾》,载王列、杨雪冬编译:《全球化与世界》,中央编译出版社1998年版,第212页。
② 转引自彼得·考克莱尼斯:《农业的全球化》,陈意新译,《新华文摘》2001年第5期,第165—166页。

政治或观念更新先于经济变革发生,是政策调整启动了经济全球化进程。①所以他们主张定义必须具有包容性,而且不能局限于描述表面现象。英国学者安东尼·吉登斯(Antony Giddens)提出的定义因符合这一思路而被广为接受,他认为:"可以把全球化定义为种种全球性社会关系的增强,它使各种本来天各一方的地方性联结在一起,以至此地发生的事情要受到遥远的地方的事情的制约,反之亦然。"②这个解释比较灵活,可以涵盖诸多领域,同时又强调了全球的特色,即其空间性,可称得上是一个比较全面和平衡的定义。

全球化概念

全球化的动力

除了"什么是全球化"之外,人们问得最多的一个问题是"它是怎么发生的"。也就是说,究竟是哪些因素促成了全球化时代的到来。

如同全球化进程自身,推动其发展的因素也是复杂、多侧面的。其中居于首位的是世界市场固有的扩张性。如第一章中已经分析的,扩张和整合是世界市场的本性。它追求的目标始终是超越各种形式的边界,摆脱各种约束,按照经济理性配置资源。1848年发表的《共产党宣言》中已经有这样的描述:"古老的民族工业被消灭了,并且每天都还在被消灭。它们被新的工业排挤掉了,新的工业的建立已经成为一切文明民族的生命攸关的问题;这些工业所加工的,已经不是本地的原料,而是来自极其遥远的地区的原料;它们的产品不仅供本国消费,而且同时供世界各地消费。旧的、靠本国产品来满足的需要,被新的、要靠极其遥远的国家和地带的产品来满足的需要所代替了。过去那种地方的和民族的自给自足和闭关自守状态,被各民族的各方面的互相往来和各方面的互相依赖所代替了。物质的生产是如此,精神的生产也是如此。各民族的精神产品成了公共财产。民族的片面性和局限性日益成为

---

① 如法国学者弗朗索瓦·沙奈即称,"如果没有1979—1981年由撒切尔夫人和里根总统开始实施的自由化、放宽金融管制和私有化经济政策,'资本全球化'也是不可能的"。〔法〕弗朗索瓦·沙奈主编:《金融全球化》,齐建华、胡振良译,中央编译出版社2001年版,中文版前言第5页。

② 转引自〔英〕马丁·阿尔布劳:《全球时代:超越现代性之外的国家和社会》,高湘、冯玲译,商务印书馆2001年版,第154页。

不可能,于是由许多种民族的和地方的文学形成了一种世界的文学。"①60多年前的《大转折》中又有如下的说法:所谓转折,是从国际经济向真正的全球市场经济的转变。前者被认为是运转方式和管理方式各不相同的民族和地方经济的总和,后者则是由统一的规则体系所控制的。②

马克思和恩格斯,或者卡尔·波兰尼(Karl Polanyi),都不是在预言今日的全球化进程。但由于他们准确地剖析了世界市场的特性,于是也就抓住了全球化的实质精神。世界市场向全球扩张的趋势可以说是与生俱来的。不过由于自身实力不足和外部环境的限制,在其萌芽和发展初期,真正的全球市场是可望而不可即的遥远目标。只是到了20世纪末,在通过普遍和持续的增长积累了足够的资本、资源和经验之后,世界市场的扩张要求才得以充分实现。

推动全球化的第二个因素是技术革新,特别是信息技术革命的成功。技术手段的突破性发展对于贸易和金融活动的影响有目共睹,可以说是交通和通信领域的变革为经济全球化插上了双翼。而且如吉登斯指出的,技术革新的影响绝不局限于经济活动,它同时也改变了人们的文化和社会生活方式,促使全球观念在普通民众中间迅速普及。

阅读材料 6-1　技术变革与全球化

全球化是政治的、技术的、文化的,也是经济的。它受到 20 世纪 60 年代末通信系统发展的深远影响。19 世纪中叶,美国马萨诸塞州的肖像画家塞缪尔·莫尔斯(Samuel Morse)以电报传送了第一个信息:"上帝做了些什么?"(What hath God wrought?)他以此开启了世界历史的一个崭新阶段。以前所有的消息都要靠人力传递。而通信卫星的诞生全面突破了传统的联络方式。第一颗商用通信卫星在 1969 年发射升空,到现在环绕地球运行的卫星已经超过 200 个,每一个都携带大量信息。全球范围内远距离即时通信第一次成为

---

① 《马克思恩格斯选集》第 1 卷,人民出版社 1995 年版,第 276 页。
② Karl Polanyi, *The Great Transformation: The Political and Economic Origins of Our Times*, Boston: Beacon Press, 1957.

可能。其他电子通信形式依靠与卫星传送的紧密联系,在近些年迅猛发展。到 20 世纪 50 年代末,横跨大西洋或太平洋的专用电缆才出现,第一条电缆的音轨还不到 100 条。而现在的电缆承载的音轨已超过百万条。

1999 年 2 月 1 日,莫尔斯电码在问世约 150 年后,终于从世界舞台上消失。海洋通信停止使用莫尔斯电码,而代之以卫星技术系统,新系统可以立即确定任何遇险船只的精确位置。大多数国家都提前做了准备,以适应这个变化。如法国在 1997 年便停止在其水域使用莫尔斯电码,并且来了一个法国式的夸张谢幕:"呼叫,全体注意。这是我们在永久沉默前的最后一次呐喊。"

即时电子通信不只是提高了新闻和资讯的传输速度。它的存在改变了我们的生活结构,对穷人和富人来说都是如此。若是我们对纳尔逊·曼德拉的形象比对隔壁邻居的长相更熟悉,那么我们日常经验的本质也已有所改变。

纳尔逊·曼德拉是全球知名人物,而知名人物在很大程度上是新通信技术的产物。每一波技术革新之后,媒体通信技术的覆盖面都会随之扩展。美国的广播业花了 40 年才拥有 5 000 万听众。个人电脑推出 15 年,其使用者就达到了 5 000 万。而互联网只用了不到 4 年就拥有了 5 000 万定期使用者。

认为全球化只与世界金融秩序之类的宏观系统有关,这个想法是错误的。全球化不只是在"别处"发生的、遥远而与个人无关的事情。它也是个"此地"的现象,影响着我们的私人生活。

资料来源:Anthony Giddens, *Runaway World*:*How Globalization Is Reshaping Our Lives*, London:Routledge, 2002, pp. 10—12. 经过改写。

当 19 世纪末一些欧洲自由派知识分子宣称自己是无国界的世界公民的时候,他们其实只能代表极少数能够负担四处游学费用的富家子弟。20 世纪 60 年代兴起的全球主义呼吁采取集体行动解决人类面临的共同问题,不过其民间的支持者也是集中在西方国家。而目前信息技术创造的共同空间覆盖了全球,并且突破了社会阶层界限。如波莉·汤因比形象地描述的,这种全球文化"充斥着'E'的数字",使得"从萨摩亚群岛到西伯利亚再到索马里都是同一种味道"。一个有代表性的例子是,一位旅行者穿越撒哈拉沙漠到达

廷巴克图,他遇见的第一个当地居民竟头戴德士古(Texaco)棒球帽。①

推动全球化发展的第三个因素是冷战的终结。苏联解体和东欧国家政局的变化不仅意味着东西方军事对峙的结束,这个国际政治领域的巨变也使国家计划与市场竞争之间的天平决定性地向后者倾斜。如前所述,斯大林确立的计划体制对内保证国家对市场的全面掌握和控制,对外则维持自给自足的姿态,以建立大而全的独立国民经济体系为理想目标。由于它提供了抵制世界市场的完整方案,而且在前 30 年的时间里取得了不俗的成绩,所以对发展中国家产生了广泛的吸引力,在二战后的新独立国家中出现了各式各样的模拟版本。甚至西方国家也在苏联的制度竞争压力下,或多或少加强了国家对市场活动的监督管理。苏联解体使这种全面计划的思想信誉扫地,国家干预市场的效率受到严厉批评,独立于世界市场之外更被普遍认为是致命的选择。如果说是技术革命帮助经济活动跨越地理界限的话,那么国际关系中的变革则破除了政治樊篱,使各国奉行的规则和制度迅速地趋向一致,趋向有利于世界市场的模式。

这些因素为全球化进程提供了充足的动力,帮助它获得了惊人的进展。全球化浪潮不仅改变了生产、贸易、资本流动等国际经济活动,而且影响到文化领域,并造成了种种全球性问题。本节将继续对这些现象进行讨论。

全球化的动力

全球化生产与跨国公司

如同联合国贸易与发展会议在其世界投资报告中开宗明义地指出的,经济全球化的核心既非贸易全球化,亦非金融全球化,而是一体化的国际生产体系。② 一个被广泛接受的衡量生产国际化的指标,就是全球对外直接投资(FDI)存量和境外分支机构全球销售额。自 20 世纪 90 年代开始,对外直接

---

① 参见波莉·汤因比:《谁害怕全球文化?》,载〔英〕威尔·赫顿、安东尼·吉登斯编:《在边缘:全球资本主义生活》,达巍等译,生活·读书·新知三联书店 2003 年版,第 261—262 页。
② 参见联合国跨国公司中心编:《1995 年世界投资报告:跨国公司与竞争能力》,储祥银等译,对外经济贸易大学出版社 1996 年版,第 1 页。

投资存量的增长速度不仅超过世界总产值的增长速度,而且超过了世界出口的增长速度。截至 2019 年,全球对外直接投资存量已接近 71 万亿美元,全球境外分支机构的年度销售额为 31.288 万亿美元。① 全球化生产明显改变了世界经济的性质。

跨国公司(TNC)无疑是生产全球化进程的主体。1990—2007 年,跨国公司境外雇员数量增加近三倍,到 2019 年已达 8 200 万人。② 跨国公司不仅是国际直接投资的主要使用者,而且开展各种非投资跨国经营活动。如果将此类广义国际化生产也计算在内,全球国际生产的规模更为惊人。跨国公司中最引人注目的是像美国苹果公司、德国大众汽车、韩国三星公司这样的巨人。通过迅速的全球扩张,它们的海外生产和销售比例已经超过母国市场。③

美国学者迈克尔·波特(Michael E. Porter)认为,活跃在世界市场上的跨国公司已经不同于 20 世纪五六十年代盛极一时的多国公司(MNC)。多国公司设立的目的主要是绕开贸易壁垒、接近当地市场。所以它们的分公司的生产不是专门化的,每个分公司成为相对独立的利润中心,分别与母公司发生垂直关系。相比之下,跨国公司执行的是真正的全球战略,以在世界范围内获得最大利润来组织生产的全过程。生产过程——从研究开发、技术革新、投资、生产、上市到最终销售——被分解到世界各地,在哪个国家进行哪个阶段的活动取决于该国的比较优势和物流情况。产品规格在全球范围内是统一的,各个分公司以此为根据进行专门化的生产,然后再通过相互之间的横向联系完成最终产品。接近消费市场仍然是考虑的因素之一,但已经不是决定性的了。也可以说,多国公司进行的是国际化生产,而跨国公司主导的是全球化生产。

如果说多国公司的组织形式是自上而下的金字塔形,跨国公司的组织则

---

① United Nations Conference on Trade and Development, *World Investment Report 2020: International Production Beyond the Pandemic*, p. 22, https://unctad.org/en/PublicationsLibrary/wir2020_en.pdf, 2020 年 8 月 5 日访问。

② 同上。

③ 据统计,2019 年全球百大跨国公司海外资产占其总资产的比例为 58%,海外销售占总销售额的比例为 60%。参见 *World Investment Report 2020: International Production Beyond The Pandemic*, p. 25。

趋向网络化。① 正因为如此,跨国公司的内部贸易额持续增加,其产品越来越无国界化。美国学者罗伯特·赖克曾举过一个著名的例子。

案例 6-1　全球网络中的产品与交易

当一个美国人向通用汽车公司购买一辆庞蒂亚克牌汽车时,他或她便不知不觉地参与了一笔国际交易。在付给通用汽车公司的 2 万美元中,约 6 000 美元流往韩国,支付日常的劳动和装配工作费;3 500 美元流往日本,支付先进的部件(引擎、驱动桥和电子设备)费;1 500 美元流往联邦德国,支付式样和设计工程费;800 美元流往新加坡和日本等地,支付小型部件费;500 美元流往英国,作为广告和销售业务费;大约 100 美元流往爱尔兰和巴巴多斯,作为数据处理费。剩下不到 8 000 美元给底特律的战略家、纽约的律师和银行家、华盛顿的院外活动分子、全美的保险和保健工作人员,以及通用汽车公司的股东——他们之中大多数人生活在美国,但其中外国国民的人数越来越多。

庞蒂亚克牌汽车自豪的新主人当然不知道从海外购买了这么多东西。通用汽车公司是在其全球网络内进行交易的。这种情况具有代表性。到 20 世纪 90 年代,大多数"贸易"不再是一个国家的买主与另一个国家的卖主之间进行的直接交易,而是同一网络内的人们相互间的交易,而且很可能是相互间不断进行的国际交易。

资料来源:〔美〕罗伯特·赖克:《国家的作用——21 世纪的资本主义前景》,上海市政协编译组、东方编译所编译,上海译文出版社 1998 年版,第 113—114 页。

对于今日之跨国公司而言,产品或部件在何处生产并不重要,关键是控制融资渠道、销售网络和知识产权。而这些无形资源更加不受国界的限制,

---

① 〔法〕雅克·阿达:《经济全球化》,何竟、周晓幸译,中央编译出版社 2000 年版,第 107—108 页。

因此它们的生产过程可以相当方便地在全球范围内进行重组。

不过,也有一些学者坚持认为对跨国公司的无国界化生产不应过分强调。他们指出,大多数跨国公司仍然把大部分生产活动集中在母国或临近国家和地区,其余的投资和销售活动则集中在其母国能够施加特殊影响的地区。如德国 FDI 流向东欧,法国 FDI 流向原法属非洲国家,美国 FDI 流向拉美,日本 FDI 流向亚太国家,等等。① 它们仍高度依赖母国的国内制度框架,如参加国内贸易协会、人员培训及国内融资等,以保持核心竞争能力。② 他们认为跨国公司的生产网络还是围绕着固定中心来组织的。

值得注意的是,各国政府,特别是作为投资对象的发展中国家政府,对待跨国公司的态度与以往对待多国公司的态度相比有了明显的变化。在 20 世纪 80 年代之前,多国公司在发展中国家遇到的经常是戒备和抵制。它们被视为当地自然资源的掠夺者,曾犯下剥削廉价劳动力资源、干预受资国内政、迫使南方国家长期处于依附地位的种种恶行。发展中国家要么严格限制多国公司入境,要么干脆将其在当地的子公司收归国有。③ 而 20 世纪 90 年代的跨国公司却受到各国的普遍欢迎和支持。一方面,南方国家政府纷纷修改政策,以吸引跨国公司进入。1991—1994 年间各国有关外国直接投资的 373 个管理规定变化中,368 个都是朝着鼓励投资自由化的方向发展的。④ 各发展中国家竞相提供各种优惠政策吸引直接投资,对于符合其出口导向、技术密集或高附加值产业发展战略的跨国投资者,还会慷慨地给予特别优惠待遇。另一方面,发达国家则推出了各种促进对外直接投资的政策计划,包括向对外投资者提供信息与技术援助、通过基金机构对其提供财政支持、为各公司的海外投资提供投资保险等。跨国公司的全球生产网络正是在这种友善的政策环境中迅速发展起来的。

---

① 参见 Paul Hirst and Grahame Thompson, *Globalization in Question*: *The International Economy and the Possibilities of Governance*, Cambridge, UK: Polity Press, 1996, pp. 95-98。

② 参见琳达·韦斯:《全球化与国家无能的神话》,载王列、杨雪冬编译:《全球化与世界》,第 90 页。

③ 如在 1975 年,来自三十几个国家的八十多家多国公司被宣布无权进入发展中国家。转引自〔法〕雅克·阿达:《经济全球化》,第 142—143 页。

④ 参见联合国跨国公司中心编:《1995 年世界投资报告:跨国公司与竞争能力》,第 3 页。

那么应当如何解释和评价国家政策和跨国生产命运的变化呢？其实无论是多国公司的国际生产活动，还是跨国公司的全球生产活动，都是利弊互现的。它们能够对受资国经济产生正面影响，如带来资本、研究与开发技能、技术革新、组织管理经验等资源，培育和扩大国内外市场，促进当地经济结构调整等。同时，它们也会对受资国的政治经济结构产生消极影响，如过度开发资源、恶化劳资关系、破坏环境等。20世纪五六十年代大批新兴国家出现的时候，更多看到的是多国公司的负面作用，对其防范堵截唯恐不力，难免在倒掉洗澡水的时候也丢掉了婴儿。在国家独立根基稳固、执政经验日益丰富之后，它们对跨国生产和投资活动采取更为自信和平衡的态度是顺理成章的。而且像前文已经谈到的，跨国公司的活动方式较之当年的多国公司也有了明显的变化。除了适应市场环境的调整之外，至少有部分大型跨国公司吸取了多国公司引起当地反感的教训，强调遵守法律规范，尊重民族文化，努力融入当地社会。如殖民时期那种居高临下、横行不法的跋扈行径已经有了明显的收敛。就这一点而言，新兴国家当年的抗争功不可没。

不过也应当承认，一些发展中国家因急于加入国际生产体系，对跨国公司的态度和政策有矫枉过正之嫌。为了吸引跨国公司入境设立分支机构，它们屡屡在税收、劳工政策、环境法规等方面允诺特殊优惠，给予跨国投资者超级国民待遇。这一方面会造成经济和财政代价过高，另一方面又抑制了跨国公司活动的社会补偿效应。实力强大的跨国公司对于当地经济的促进作用本应体现在其溢出效应上，即它们在融资方法、市场开拓、人员培训、技术、技能、革新等方面为地方中小企业提供示范和机会。在理想的情况下，发展中国家付出了财政和管理政策的有形代价，但可以获得这些无形资源，对于优化经济结构是有帮助的。可是如果将跨国公司置于超国民待遇的绿岛之上，会阻碍它们同当地企业之间的联系，使得受资国遭受福利净损失。

贸易全球化

20世纪50年代之后，世界贸易的增长速度一直领先于生产增长速度，国际贸易扮演着经济成长的发动机的角色。但如第二章已经谈到的，20世纪80年代后期，发达国家的贸易保护主义倾向抬头，发展中国家因经济业绩参差不齐而日益分化,以关贸总协定为核心的国际贸易体系经受着沉重的压力。在关贸总协定框架下,出现了一些仅适用于部分成员的协议,使多边和无歧视原则受到质疑,自由贸易安排一度显得前途未卜。一个具有代表性的例子是,1986年开始,原定用四年完成的关贸总协定乌拉圭回合谈判陷入僵局。1990年的布鲁塞尔部长级会议上,美国和西欧国家在农产品问题上的分歧进一步尖锐化,使按期完成谈判的最后一线希望也化为泡影。

全球化浪潮的兴起使国际贸易体系的前途明朗起来。经济转轨国家对加入世界贸易体系表现出强烈兴趣,在政体变革的初期它们大都倾向于选择低关税的自由贸易政策,希望以对外贸易收益缓解旧体制解体期间的社会经济痛苦。① 一些长期在进口替代和出口导向战略之间徘徊的发展中国家,此时也改变了态度,承认进入世界市场的渠道比保护国内市场更重要,愿意修改法律和政策规定,降低关税和非关税壁垒。自由贸易体系有了新的成长空间,对发达国家的生产者和出口商产生极大的诱惑,西方内部自由贸易与保护主义的争论开始向有利于前者的方向变化,各国政府的政策也随之调整。1990年4月,加拿大提议在关贸总协定的基础上组建世界贸易组织,作为促进全球贸易的正式机构。这一建议受到各会员国的普遍欢迎,次年即被写进乌拉圭回合临时协议的综合纲要当中。停滞不前的谈判进程获得了强劲的动力,曾濒于失败边缘的乌拉圭回合最终取得了前所未有的突破性成果。

1994年4月15日,乌拉圭回合最后议定书在摩洛哥的马拉喀什签署。协议文本长达26 000页,内容几乎涉及了全球贸易中每一个重要领域。其中包括:(1)《服务贸易总协定》(GATS)。这是在日益重要的服务贸易领域出现的第一个多边协定,它确定在服务贸易中也应体现国民待遇和最惠国待遇原则,各成员国的相关法律制度、行政决定须公开透明,并决定就基础电信、航空运输、金融服务、自然人流动四个议题进行进一步的谈判,以贯彻自由化原则。(2)《与贸易相关的知识产权协议》(TRIPs)。提出以世界知识产权组织

---

① 参见雅罗斯劳·皮特拉斯:《WTO对经济转型国家的作用》,载〔美〕安妮·O.克鲁格编:《作为国际组织的WTO》,黄理平等译,上海人民出版社2002年版,第486—492页。

公约的规定为起点,促进成员国采纳全面和充分的知识产权保护标准。为此各国政府应调整国内法律体系,发达国家应在 1 年内完成相应的立法工作,发展中国家和一般经济转轨国家清理法规的时限为 5 年,最不发达国家时限为 11 年。① (3)《与贸易有关的投资措施协议》(TRIMs)。认定与《关贸总协定》第 3 条(国民待遇)或第 11 条(禁止数量限制)不符的投资政策措施会限制和扭曲贸易活动,因而要求各国政府公布继而限期取消此类措施,并提议补充关于投资政策和竞争政策的条款。② (4)关于农产品贸易的协议。规定降低农产品关税,削减对农业生产的补贴支持,削减农产品出口补贴。(5)分阶段取消对贸易的所有数量限制的时间表。此外,协议对反倾销、针对进口产品采取紧急措施等棘手问题也做出了规定,并首次涉及环境保护及劳工政策标准。

1995 年 1 月 1 日,世界贸易组织正式成立,取代关贸总协定作为促进全球贸易合作的核心机构。国际贸易管理的最高层次终于有了固定的正式组织。世界贸易组织以成员国代表组成的部长会议为权力和决策机构,正式决定遵循成员国一致同意的原则,在必须投票表决的情况下,则按一国一票的方式操作。世界贸易组织的日常工作由总理事会承担,它同时也是争端解决机构和贸易政策评审机构。各国政府对加入世贸组织表现出很高的热情。世界贸易组织成立 20 个月后,其成员已经达到 122 个。③ 全球范围内的自由贸易在世贸组织的框架下得到了进一步的推动。仅用了两年的时间,服务贸易总协定规定的四个谈判议题,已经有三项达成了协议。④ 世贸组织的争端解决机制也获得了各成员方的信任,其初期接到的投诉是关贸总协定后期接受申请的 2—3 倍,到 2020 年已累计接受 596 件争端诉讼,发布裁决超过 350

---

① 参见钟兴国、林忠、单文华编著:《世界贸易组织——国际贸易新体制》,北京大学出版社 1997 年版,第 41 页。
② 同上书,第 50 页。
③ 截至 2020 年,世界贸易组织正式成员为 164 个,另有 22 个国家在寻求加入。参见"The WTO In Brief",https://www.wto.org/english/thewto_e/whatis_e/inbrief_e/inbr_e.htm,2020 年 8 月 5 日访问。
④ 即 1995 年 7 月达成的金融服务协议、自然人流动协议和 1997 年 2 月达成的电信协议。

份①。20世纪80年代愈演愈烈的以单方面制裁处理贸易纠纷的倾向得到了控制。不仅发达经济体经常使用这一机制,发展中经济体也越来越多地借助这个机制解决贸易争端,到2017年,由发达经济体和发展中经济体发起的诉讼已各占一半,这在关贸总协定时期是罕见的。②

金融全球化

金融与资本市场可以说是全球化趋势发展最迅猛的领域。外汇、股权、债权的交易规模以惊人的速度增长,1986—1996年间,全球债券发行量增加了3倍,股票发行量增长超过10倍,外汇交易量则增长4倍,达到1万亿美元。③ 新式金融工具层出不穷,如所谓金融创新四大发明等④,使国际金融活动日趋复杂和活跃。金融市场的活力对实体经济的影响毋庸置疑,如苏珊·斯特兰奇描述的,由制造业、娱乐业、旅游、运输、采矿、种植以及零售业组成的真实经济的所有方面都和着金融市场的节拍或快或慢地起舞。⑤

直接推动金融全球化的主要是三个因素。除了前面已经讨论过的信息技术革命和国际货币体系变迁之外,还有一个重要的因素,即以解除管制为核心的政策改革。它的主要内容是:在国内消除不同金融机构(如储蓄银行、投资银行)之间的界限,取消对其业务的种种规定和限制,鼓励竞争;对外允许资本自由流动,鼓励跨国外汇、股权、债权交易。⑥

一般认为,这一轮金融政策自由化改革发源于美国。美国1980年通过新的银行法,废除利率上限,引进竞争机制,将金融政策的执行对象由原来

---

① 部分诉讼未进入最终裁决即得到协商解决。参见"Dispute Settlement", https://www.wto.org/english/tratop_e/dispu_e/dispu_e.htm,2020年8月5日访问。
② 参见 Junichi Ihara, "WTO Dispute Settlement Body-Developments in 2017", May 3, 2018, https://www.wto.org/english/tratop_e/dispu_e/ihara_17_e.htm,2020年8月5日访问。
③ 参见〔英〕苏珊·斯特兰奇:《疯狂的金钱》,杨雪冬译,中国社会科学出版社2000年版,第23页。
④ 据十国集团中央银行研究小组总结,这四个最主要的新式金融工具为货币互换和利息互换、期权交易、票据发行便利、远期利率协议。参见胡炳志、储诚忠主编:《世纪末回顾:全球金融大震荡》,武汉大学出版社1998年版,第22—23页。
⑤ 参见〔英〕苏珊·斯特兰奇:《疯狂的金钱》,第221页。
⑥ 参见〔法〕雅克·阿达:《经济全球化》,第120页。

的部分商业银行扩大到整个存款金融机构,提高了金融资产的使用效率。里根政府上台后,继续采取措施清理旧有的管理法规,使金融机构的自由度不断扩大,同时提高了美国金融的国际化程度。1970年,美国居民持有外国资产的数量相当于美国资本存量的6.2%,外国对美国的债权占美国总资本存量的4%。到1993年,美国拥有的国外资产占美国资本的13.2%,在美国的外国资产已经增加到美国资本的15.7%。这些国际化资产的绝对数量相当惊人。美国人持有的外国资产约合2.6兆美元,相当于当年美国国民生产总值的41.7%;而外国人持有的美国资产为3.2兆美元,是美国国民生产总值的49.7%。[1]

继美国之后,英国也在首相撒切尔夫人的主持下为金融机构松绑。1986年10月,伦敦证券交易所进行了著名的"大爆炸"改革,彻底改变了历史悠久的市场结构和交易方式,以灵活性和适应能力取代了保守谨慎的传统。外国资本被允许全资拥有英国经纪公司。伦敦证券交易所的交易费用由改革前高出东京和纽约一倍多,降到了与二者持平甚至略低的水平,伦敦的国际金融中心的地位得到巩固。[2] 在发展中国家里,新加坡最得风气之先,于1986年发起了新加坡版的大爆炸改革,从而一举进入亚洲金融中心城市的行列。自此以后,解除管制的改革在全球蔚然成风,限制跨国金融活动的界限不断消失,各国的金融市场,特别是发达国家的金融市场,迅速趋向一体化。

案例6-2 加拿大投资政策调整

正如加拿大于20世纪70年代发现的那样,当一个国家接受外国投资时,它必然会对本国资源失去部分控制。加拿大的制造业一半以上掌握在美国人手里,美国控制的加拿大自然资源的份额甚至还要大。产品、销售以及工厂关闭等方面的决策往往由美国总部做出,红利的外流影响了加拿大的国际收支,加拿大不得不借更多的外债,结果导致国内利率越来越高,此外还得支

---

[1] 〔美〕保罗·克鲁格曼、茅瑞斯·奥伯斯法尔德:《国际经济学(第四版)》,海闻等译,中国人民大学出版社1998年版,第615—616页。

[2] 参见胡炳志、储诚忠主编:《世纪末回顾:全球金融大震荡》,第99—103页。

付额外的外债利息。

为了从外国人手中解放出来,加拿大于 1973 年①成立了"外国投资评估机构",审查和限制外国投资,鼓励国内投资者。5 年后,政府颁布了"国家能源计划",将外国投资者在加拿大石油工业中的所有权减少到 50%,但为这种自主权付出的代价在政治上却难以承受。作为加拿大经济命脉的外国投资明显减少,失业率上升,加拿大人的生活水平下降,外债增加,加拿大如同掉入陷阱一般。以降低人民的生活水平为代价来维护国家的独立,加拿大政府并没有这样的政治意愿。全球化应运而生了。

为此,加拿大政府不得不改弦易辙,将"外国投资评估机构"更名为"投资在加拿大"。加拿大和美国在资金方面如同连体双胞胎一般生死相连。

资料来源:〔美〕乔治·洛奇:《全球化的管理——相互依存时代的全球化趋势》,胡延泓译,上海译文出版社 1998 年版,第 14—15 页。

资本流动促进了全球范围内的生产重组和技术转移,有效地刺激了实体经济的增长。不过,金融全球化的消极影响也是不容忽视的。首先就是它放大了所谓"兽群效应",使得爆发金融危机的风险上升,资本市场动荡对实体经济的冲击也被扩大了。金融活动的关键因素是市场信心,而在信息不完全的情况下,信心的获得和丧失在很大程度上是非理性的。全球化金融时代交易手段高度发达,政府监管不断放松,便利了正常的金融活动,但也给恐慌情绪的传播提供了畅通的渠道。由于需要在极短的时间内做出决定,所以"心理因素可以重要到哪怕是投资者的偏见就可以左右实质经济,也就是所谓的信则灵"②。刚刚还是精明敏锐的经纪人可能迅速变成非理性兽群中的一员,加入疯狂抛售资产的行列,以逃离他们认为出现风险的市场。而他们的行为实际上是自我强化的,即越是因害怕危机而撤资,越是会加速危机的到来。第三章介绍的 1992—1993 年欧洲货币体系危机和 1997—1998 年亚洲金融危

---

① 原译文为 1993 年,根据上下文更正。
② 〔美〕保罗·克鲁格曼:《萧条经济学的回归》,朱文晖、王玉清译,中国人民大学出版社 1999 年版,第 153 页。

机,都证明了这一点。恐慌心理过后,金融市场因其虚拟性可以比较快地恢复,但实体经济复原要缓慢得多,发展中国家经济从冲击下复苏更是困难重重。

其次,金融资本的全球流动明显不平衡。发达国家的相互投资依然占主导地位。以对外直接投资为例。一方面,发达国家是主要投资来源,在20世纪90年代提供了92%的国际直接流动资本。另一方面,它们也是主要的投资对象,在同期吸收了72%的资本。① 而流向发展中国家的直接投资则呈高度集中趋势。从流量上看,1993年十个最大的引资国获得了投向发展中国家资金的79%;从存量上看,十大引资国占据了67%的资本。② 这意味着其他众多发展中国家并未得到金融全球化提供的机会。更令人不安的是,在全球资本市场迅速膨胀的同时,一些低收入的贫困国家竟陷入了债务陷阱。非洲的高负债贫困国家每年向其主要债权人支付的利息甚至超过它们每年必须用于健康、教育、基本营养的资金。仅支付债务利息就会抵消其出口收入和资本流入,从而剥夺它们实现经济增长的机会。③

文化全球化

除了经济领域的种种全球化趋势之外,人们议论最多的就是全球文化的趋同。丰富多彩、独具地方特色的文化似乎正在被单一的流行文化所取代,贯穿其中的西方价值观念和生活方式则在世界各地大行其道。如前文所举的头戴德士古棒球帽的廷巴克图居民的例子所显示的,文化观念的流行速度和普及程度令人瞠目,在尚未被全球性经济活动触及的角落,却往往可以看到流行文化的影子。越来越多的人在追逐同样的品牌,欣赏同一种音乐,观看同一个影视栏目或同一场体育比赛。在物质流通的基础上,这种四海一家式的文化活动正在创造全球共通的时空观念。

---

① United Nations Conference on Trade and Development, *World Investment Report 2002*: *Transnational Corporations and Export Competitiveness*, https://unctad.org/system/files/official-document/wir2002_en.pdf, pp. 302—303,2021年6月1日访问。
② 参见跨国公司中心编:《1995年世界投资报告:跨国公司与竞争能力》,第56页。
③ 参见〔英〕苏珊·斯特兰奇:《疯狂的金钱》,第138—139页。

在文化全球化的浪潮中,西方传媒巨人起着推波助澜的作用。它们控制了广播、书报、影院、电视台、网络等传播渠道,也掌握着音乐、影视、体育、广告等制造娱乐的行业。它们的规模和影响力之大超乎常人的想象。例如,20世纪 90 年代末,四家音乐公司就占有世界唱片 70% 的销售额①,重大体育赛事——如奥林匹克运动会或足球世界杯——的开幕式动辄吸引数以十亿计的转播观众。而一个无可争议的事实是,在全球化初期大多数传媒巨头都是美国公司。时代华纳、迪士尼、维亚康姆等几家美国企业垄断了娱乐行业的出口市场。在全球电视节目市场中,美国占有 72% 的份额,居第二位的英国仅占 9%。② 美国电影公司的制造和发行能力同样遥遥领先于竞争对手,以至于遭人诟病的好莱坞模式实际上成了商业电影的标准。

这种由西方国家尤其是美国主导的全球文化引起了很多担忧、批评,乃至激烈抵抗。很多人担心它会对历史悠久的传统文化构成毁灭性打击,使我们丧失许多宝贵的文化财富。美国学者本杰明·巴伯(Benjamin Barber)尖锐地指出流行文化全面胜利意味着浅薄取代了精巧的智慧。古老传统与全球娱乐之争就是难与易、慢与快、复杂与简单之间的竞争,前者可以获得令人吃惊的文化成就,而后者只是迎合现代人的冷漠心理、疲惫懒散状态。③ 我们正在经历的是劣胜优汰的荒谬过程。另有学者干脆将文化全球化斥为电子殖民主义,是美国谋求世界霸权的表现。④ 在他们看来,受到压力和冲击的弱势文化起而反抗是必然的,巴伯将其形象地描述为"以圣战对抗米老鼠"。

上述分析对于文化全球化的消极影响有准确的认识,其批评可谓切中要害。不过它对全球文化流行的原因认识片面,在解释其特性的时候就难免失之偏颇,提出的应对措施更是值得推敲的。全球文化能够在 20 世纪末出现,

---

① 这四家公司是百代(Thorn-EMI)、宝丽金(Polygram)、华纳(Warner)、索尼(Sony)。参见波莉·汤因比:《谁害怕全球文化?》,载〔英〕威尔·赫顿、安东尼·吉登斯编:《在边缘:全球资本主义生活》,第 288 页。

② 参见〔英〕威尔·赫顿、安东尼·吉登斯编:《在边缘:全球资本主义生活》,第 282 页。

③ 参见〔德〕汉斯-彼得·马丁、哈拉尔特·舒曼:《全球化陷阱——对民主和福利的进攻》,张世鹏等译,中央编译出版社 1998 年版,第 20 页。

④ 参见阿兰·伯努瓦:《面向全球化》,载王列、杨雪冬编译:《全球化与世界》,第 11—12 页。

主要是以通信手段的飞跃发展为基础的,信息技术革命的成功尤其起到决定性的作用。电视节目的全球化就是一个典型的例子。

案例 6-3　电视全球化的起步

电视节目的全球化从本质上说是电视作为一种传播中介、从容量有限转变到容量充足的必然结果。20世纪的大部分时间里,频率有限决定了电视和广播的频道数量也是有限的。正因为如此,大部分国家都是由国家拥有及经营广播,有时是间接的,比如在日本和英国,有时是直接的。即使是在像美国这种传播业从一开始就是商业性和竞争性产业的国家,该产业也受到重重管制。

供应状态的转变始于美国。由于国家幅员辽阔,而信号传输设备也不享受公共补贴,通过无线传输的电视信号质量比其他发达国家的差。因此多数美国家庭很早就选择收看电缆传输的电视节目。而即便是早期的电缆也能比无线传输容纳更多的频道,结果美国一直拥有比其他国家多的电视频道。

20世纪80年代,多波段电视开始在世界范围内普及。主要原因是发射通信卫星的成本不断下降,苏联和美国用来相互监视的技术成了传输电视信号的实惠手段。最初只有有线电视公司有足够的资金来架设巨型天线,用它来捕捉卫星信号,再通过电缆把信号传输到付费用户家中。20世纪80年代后期微型化技术出现,个人可以使用碟形天线直接接收信号,这些天线小到能够安装在每家的屋顶上。

结果,电视传播的容量迅速扩大。但是用什么内容来填充呢?国营电视公司习惯于为少量的国内频道生产节目,而且它们的节目缺乏创意、近乎乏味。

美国媒体集团则有现成的很不错的频道,比如CNN、Nickelodeon和MTV。它们早已经习惯了为充满竞争的市场生产节目;它们拥有世界上最成功的电影工业;它们也曾创造出大量的卡通片、肥皂剧、经典影片等,现在都成了可以再次开发利用的资源。

在此基础上,媒体集团开始全球拓展,数字电视的出现正在加速这一进程。使用数码压缩技术,使原来只能承载一个模拟频道的容量现在可以包含 8 到 12 个数码频道。先是通信卫星,然后是电缆和通过无线传输,传送电视节目的能力将提高 8 到 12 倍,这次扩容正在进行中。

资料来源:"A World View," *Economist*, Nov. 29,1997, Vol. 345, Issue 8045, pp. 71-72. 这是该杂志"Thinking About Globalization: Popular Myths and Economic Facts"系列文章中的一篇,摘要题目为本书作者所加。

很明显,是技术革新为文化传播和娱乐业提供了新的发展空间,而西方国家,特别是美国的相关企业率先扩张实力、争夺利润,获得了目前的优势地位。所以此次文化全球化浪潮是技术推动的结果,而不是某个文明在文化竞争中获胜的表现。理解这一点是至关重要的。

正因为如此,世纪之交的文化全球化确切地说应当称为消费文化的全球化。声音和图像的大众化传播是信息革命的主要成就。与文字相比较,音像的优势在于简单明确、易于普及,所以它流行的速度快,受众面广,创造出丰厚的商业利润。但它的优势又恰恰是它的弱点,它不太擅长承载深邃的思想或严肃的话题。稍加注意就可以发现,风行全球的是西方的娱乐产品,而不是西方文明的核心理念。喜爱米老鼠、NBA 的非西方人,很可能对多元文化、法制社会、个人主义、政教分离等既不了解,也不感兴趣。他们是作为消费者在选择产品,这与选择文化认同和政治忠诚的对象毕竟不是一回事。如波莉·汤因比所指出的,由于核心价值观念并未趋同,不同文化中的人在观看同一个节目的时候看出的东西也各不相同。"他们描述的剧情,以及他们对于哪些人物是好人、哪些人物是坏人的意见完全不同,仿佛他们看的是完全不同的节目。观众的眼光也的确起到了防止过度的全球趋同的作用。"[1]

---

[1] 波莉·汤因比:《谁害怕全球文化?》,载〔英〕威尔·赫顿、安东尼·吉登斯编:《在边缘:全球资本主义生活》,第 286 页。

严格说来,全球化批评者担心的西方文明一统世界的局面尚未出现。在应对消费文化的全球化的时候,他们提出的抵御冲击的手段多少显得文不对题。文化消费品有一定的特殊性,不过在其生产和贸易中起关键作用的还是经济规律。例如,娱乐业巨头集中在美国主要是基于商业的原因:美国自身文化市场庞大,它们的生产容易获得规模效应;美国倾向于市场的经济模式,文化领域也是自由竞争传统占上风,美国企业积累了丰富的经验;美国移民国家的特色使其文化具有多样性,美国企业习惯于面对趣味各异的消费者;等等。

因此,对待文化产品的全球流动可以比照国际贸易的原则。一方面确认保护主义政策的危害性,另一方面确认垄断的危害性,以自由竞争为最终目标引导相关产业的发展。以文化产业的特殊性为理由过度保护本国市场,会制造出没有观众的电影、枯燥乏味的比赛等怪现象,它们对整体国民福利的损害与其他领域的保护主义措施毫无二致。一些极度膨胀的传媒巨人已经有操纵整个行业的迹象,特别是若干美国娱乐企业集中了过多的资源和市场份额。垄断对于市场效率的长期损害也是得到公认的。对它们加以管制的出发点是为了维护自由竞争,与它们属于哪个文化圈无关。

全球性问题

全球化时代的到来也带来了一些具有普遍性的问题。它们并不是起源于个别国家,其影响也不局限在单个国家的范围内,应对和解决这些问题更需要各个国家和地区的协调合作。

首先是受到广泛关注的环境问题,它事实上是全球化生产的后果之一。日益复杂的经济活动在制造货物、服务的同时,也产生了不受欢迎的副产品。由于各国各地区的分工日趋精细,进出口贸易规模不断扩大,运输过程中消耗的资源越来越多。据估计,一只鸡在被吃掉之前平均要经过 2 000 千米的路程;酸乳酪及其成分加起来总共要旅行 3 500 千米,在销售过程中可能还要再走 4 500 千米。不在本地生产的食品比本地生产的食品要多制造 6—12 倍的二氧化碳。1 千克的食品绕行地球一周会产生 10 千克二氧化碳。① 就具体产品而言,少数生产者和消费者获得利益,生产的环境成本却由广大民众分担,于是形成典型的公共品问题,使得大气污染、温室效应、气候异常、不可再生资源枯竭、物种减少、有毒废弃物增加等危害很难得到治理。与全球贸易和金融领域相比,世界各国在生态环境领域的合作明显缺乏实质性进展。1992 年在巴西里约热内卢举行的"地球首脑会议"曾经制定共同的环境保护行动日程②,但它对各国政府并无约束力,结果在很大程度上流于形式。脆弱的地球生态系统承受着巨大的压力。

其次是国际移民问题,它体现了经济全球化不协调的一面,即生产要素的国际流动是不均衡的,在资本和资源跨国流动趋向自由化的同时,劳动力的流动性依然很低。如世界银行在其调查报告中指出的,相对于人口规模而言,20 世纪 90 年代发展中国家的移民数量与 20 世纪 70 年代持平,即每 1 000 个居民中大约有 1 个移民;同时,工业国家之间的移民呈减少趋势,1970—1990 年从 2.5 个移民/1 000 个居民降至 1.5 个移民/1 000 个居民。③ 而且大部分移民活动还只能说是国际性的,并非全球性的,移民的输出国与输入国存在相当固定的对应关系。比如非洲的大部分移民被同在非洲的科特迪瓦、尼日利亚、南非所吸收,中东国家的移民则大多进入富裕的海湾产油国,西欧各国接受的移民多来自其以前的殖民地,等等。④ 总的来看,移民对经济全球化的贡献度远远低于贸易和资本。这与第一次相互依存体系中的状况形成引人注目的反差。当时劳动力跨国流动的自由度甚至高于资本。典型的例子是,美国在第一次世界大战前的 40 年里,移民占到新增劳动力的 24%。⑤ 造成变化的原因主要是各国移民政策的调整,特别是发达国家日益严格的控

---

① 参见范德纳·希瓦:《处于边缘的世界》,载〔英〕威尔·赫顿、安东尼·吉登斯编:《在边缘:全球资本主义生活》,第 158 页。
② 正式名称为"联合国环境与发展会议",通过的文件为《21 世纪议程》。
③ 参见世界银行《1995 年世界发展报告》编写组编:《1995 年世界发展报告:一体化世界中的劳动者》,毛晓威等译,中国财政经济出版社 1995 年版,第 53 页。
④ 同上书,第 65 页。
⑤ 参见〔美〕丹尼·罗德瑞克:《全球化走得太远了吗?》,熊贤良、何蓉译,北京出版社 2000 年版,第 9 页。

制移民措施。在为资本、资源和商品流动拆除边界的同时,它们对来自发展中国家的劳动力设置了越来越高的门槛。因为合法流动的渠道狭窄,非法移民活动日益猖獗,形成棘手的国际问题。

再有就是有组织的国际犯罪问题。因为技术手段不断革新,而国际合作和管理安排进展迟缓,全球化反而为形形色色的非法活动提供了空间。在贸易领域,存在毒品、非法武器、危险品(如核原料)等黑市交易;在金融领域,则出现与之配套的洗钱业和避税服务,据联合国估算,20世纪90年代末每年得到清洗的非法资金达到4 000亿美元。① 如"9·11"事件显示的,一些犯罪集团甚至拥有了危及国家安全和市场稳定、影响国际秩序的能力。

第二节 新时代的竞争

夹缝中的国家政府

总的来说,全球化浪潮中的种种变革都增强了市场的影响力,而制约了国家政府的行动。在生产、贸易、金融、消费文化活动不断跨越领土边界的过程中,许多此前行之有效的政策安排面临挑战,各国政府管理社会经济的能力明显下降了。

首先,国家政府发现自己难以随心所欲地选择税收标准。由于资本的流动性日益提高,投资者可以在全球范围内选择投资机会,他们的优势地位越来越显著。如果一国政府坚持对企业经营收入征收高额税金,或者对高收入人群征收高额所得税,它很快将面临资本流失的局面。

案例6-4 瑞典税收制度的变革

最初,由于它(瑞典)被奉为榜样的社会福利政策而被人们交口称赞,这个国家努力尽可能实现一个社会公正的资本主义。但是所有这些在今天已经所剩无几。康采恩公司和财富占有者自20世纪80年代末期以来,把越来

---

① 参见〔英〕苏珊·斯特兰奇:《疯狂的金钱》,第152页。

越多的劳动岗位和储蓄资本转移到国外。尽管国家征税收入有所减少,政府还是降低了对高额收入的征税。财政预算赤字日益膨胀,政府被迫对大量社会福利计划进行限制。

然而,这些还不能很快地满足市场要求。1994年夏季,工业大王斯卡尼亚卡车公司的主要股东彼得·瓦伦贝尔格威胁说,如果政府——当时还是一个保守党联盟执政——不把国家赤字降下来,他就要把康采恩中心转移到国外。斯堪的纳维亚最大的保险公司斯堪的亚公司的老板布耶尔恩·沃尔拉特甚至要求联合抵制瑞典的国家债券,直到以欧洲平均利率进行交易为止。第二天,斯德哥尔摩的定息证券就卖不出去了。瑞典克朗的汇率与它的股票价值同时下跌。政府和所有接受瑞典克朗贷款的人,今后对于所借的钱必须以4%的利率进行偿还,这比德国马克的利率还高。这个国家深陷债务之中,大幅度削减预算已不可避免。今天瑞典对穷人①的救济缩减得比德国还要少。

就这样,瑞典走上反社会福利的路线,这个原来被奉为楷模的国家现在又在为一个高值货币和相对优惠汇率而得意洋洋。威胁自然依旧存在。1996年1月社会民主党总理格兰·佩尔松清楚地看到了这种危险。在竞选斗争中他公开建议,把对失业和患病的救济提高到原收入的80%。两天以后,穆迪公司公布了它的报告,据称瑞典国家稳定金融财政的措施是很不够的,它必须"进一步削减社会福利计划"。第二天,定息证券和股票汇率下降30%至100%。瑞典克朗的表面价格也在直线下滑。

资料来源:〔德〕汉斯-彼得·马丁、哈拉特·舒曼:《全球化陷阱:对民主和福利的进攻》,第94—95页。

为了从资本全球流动中获益,各国政府纷纷转向低税收政策。投资者可以享受各式各样的优惠待遇,在全面减税的方案中,高收入人群也往往是优先照顾的对象。税收水平下降的直接后果是国家财政收入的减少。例如在

---

① 原为旁人,根据上下文改正。

1990—1995年间,德国企业利润的税负从33%下降到26%,联邦政府从中得到的财政收入减少了40%。① 财力有限使政府难以完成其承担的社会福利任务,教育、医疗、保险等公共开支随之削减。国家调控宏观经济的能力也受到制约。

其次,各国政府难以制定和维护独立的制度规范。不仅与国际贸易和金融直接相关的法规是如此,在原来被视为纯粹国内社会政策的领域,国家的手脚现在也受到束缚。这主要是生产全球化的进展所造成的。为了保证产品标准和工艺流程、提高利润率,组织生产的跨国公司希望各国的国内生产环境能够尽量一致。为了吸引国际资本和留住工作岗位,各国政府竞相调整劳动保障措施、产业竞争规则、环境保护要求等法规制度,形成所谓政策竞争的局面。许多长期以来的传统制度被修改得面目全非,以至于有学者抱怨说,国家的地位已经降为一个旁观者,就像一名法庭书记员,只负责记录在其他地方做出的决定,而自己无权做任何决定。②

与不断扩张的市场力量相比,国家政府控制的资源份额一度出现明显下降。2003年全球最大公司美国通用电气公司的市值为2 942.06亿美元,超过165个国家和地区的GDP。③ 但另一方面,公众对国家的期待和要求非但没有减弱,反而有所增加。

第一,公众要求国家政府帮助他们抵御全球化进程中的风险。美国学者丹尼·罗德瑞克的研究表明,这类要求有其经济合理性。④ 他分析了政府支出在国民生产总值中的份额与经济开放度之间的关系,证明对外贸易的开放程度越高,国家政府的财政支出规模越大,政府在经济过程中的作用越重要。尤其是在刚刚实行开放政策的时候,政府采取有效的社会保障措施是必要

---

① 参见〔德〕汉斯-彼得·马丁、哈拉尔特·舒曼:《全球化陷阱:对民主和福利的进攻》,第220页。

② 转引自阿兰·伯努瓦:《面向全球化》,载王列、杨雪冬编译:《全球化与世界》,第17—18页。

③ 通用电气数字来自《全球百强公司排名》,"The Global Giants",*Wall Street Journal*-Eastern Edition, Sept. 22, 2003, Vol. 242, Issue 58, p. R9。GDP数字根据世界银行World Development Indicators Database, July 2003。该统计包括182个国家和地区,2002年居第17位的瑞士的GDP为2 680.41亿美元。

④ 〔美〕丹尼·罗德瑞克:《全球化走得太远了吗?》,第58—65页。

的。加入全球化进程往往意味着外部的经济风险取代以往的内部经济波动。从绝对规模上看,风险可能并没有增加,但它的来源更难以捉摸、预警期更短,个人依靠自身的力量难以躲避,因而需要政府的保护。

第二,国家必须应对社会阶层分化的问题,维持政治稳定和国民团结。由于全球化过程中各种经济要素的流动性存在明显差异,不同的要素持有者境遇也是高下分明,以至于出现所谓 20/80 现象。① 大约 20% 的人因为掌握资本、技术或组织技能在全球经济中如鱼得水,他们足以完成所有的生产和服务工作,其收入和消费能力自然不断提高。其余 80% 的人则无法在全球市场中找到自己的位置,特别是低技能的劳动者,是信息社会中被边缘化的人群。他们没有享受到全球化的效益,却面临失去工作岗位、失去社会保障的危险,可能成为绝对的受损者。这种分裂同时威胁着发达的北方国家和发展中的南方国家。

阅读材料 6-2　全球化与社会分裂

全球化对社会的凝聚力进行了双重的打击,一是通过加剧人们在社会组织方面的基本原则上的冲突,二是通过削弱那些将有助于解决这些冲突的力量(通过国内讨论和磋商)。

这些状况正在使面对全球化问题的所有社会感到苦恼,许多发展中国家可能比发达工业国面临更严重的全球化问题。乔治·卡斯特尼德所作的对墨西哥社会的分析很值得广泛引用。他指出,"一条新的正在很快分裂的墨西哥社会的裂缝正在形成"。

"这种分裂将把与美国经济接近的墨西哥人与那些不与美国经济接近的人分开……将那些对政府宏观经济政策非常敏感的人与那些对政府宏观经济政策漠不关心的人分开。将那些相信墨西哥的政治和事件仍然决定他们的命运的人与那些认为华盛顿和纽约所做的决策对他们至关重要的人相区分。将那些即使没有处在墨西哥社会的边缘,但处于全球性资本、商品和服

---

① 〔德〕汉斯-彼得·马丁、哈拉尔特·舒曼:《全球化陷阱:对民主和福利的进攻》,第 5—6 页。

务流动边缘的人,与那些被融入全球性流动的人相区分。墨西哥人中正在增加的亲美人群与其本国的经济困难相脱离,同时又对其本国的政治上的苦难洋洋自得。"

墨西哥人口中有 1/5 至 1/4 以这样的方式与世界经济发生着联系,卡斯特尼德怀疑将发生某种社会爆炸。但是,正如他们强调的,这群人的存在使有意义的改革变得不太可能:"如果没有政治变化上的利害关系,(墨西哥社会中与世界经济联系紧密的人)也没有理由去促进改革。"他的叙述生动地描述了与全球化和社会分裂有关的综合征的一种极端形式。

资料来源:〔美〕丹尼·罗德瑞克:《全球化走得太远了吗?》,第81—82页。

第三,即便在全球时代,国家政府在安全上的角色也还是无法替代的。如英国学者马丁·阿尔布劳所言,"暴力从国家手中脱缰,会导致它在种种派系集团、恐怖主义组织、唯利是图的人和谋杀犯那里落脚"[①]。面对花样翻新的有组织犯罪活动,各国政府跨界行动和应急反应的能力亟待提高。

总之,与市场力量的高歌猛进不同,国家在全球化进程中的地位相当微妙。一方面,各国政府的行动能力受到限制;另一方面,要求它们积极行动的呼声却不绝于耳。如何以有限的资源完成不断更新的任务,成了各国政府的共同课题。

调整竞争模式

全球化时代的到来无疑加强了市场的力量,而削弱了国家的影响。无论在世界体系还是在国内事务中,国家与市场的平衡关系都在向后者倾斜。对于这个变化,各种竞争模式的反应不尽相同。表 6-1 是一个简单的概括和分析。

---

① 〔英〕马丁·阿尔布劳:《全球时代:超越现代性之外的国家和社会》,第275页。

表 6-1　各类国家对全球化的态度

国家类型	调整前的政府作用		调整成本	全球化预期收益	对全球化的热情
	经济	社会			
中低收入发展中国家	弱	弱	低	较高	较高
中东产油国	中	弱	中	较低	中
转型国家	强	强	高	较高	中
拉美新兴工业化国家	较强	中	较高	中	较低
东亚国家	强	中	中	高	较高
西欧国家	较强	强	高	较低	较低
英美模式国家	较弱	中	较低	高	较高

由于全球化竞争的总体要求是国家减少对社会经济生活的干预、给市场充分的自由活动空间，所以政府原来在经济和社会运行中发挥的作用与目前调整的难度是直接相关的。政府很少控制经济和社会活动的国家，付出的调整成本也比较少。比较典型的是低收入国家，它们尚未完成现代化任务，各方面制度不甚健全，使得政府难以有效地发挥作用。再有就是属于英美模式的发达国家，它们的文化和制度传统怀疑政府对市场的干预，国家可以采取比较积极的政策维护社会公平，但其作用依然受到严格限制。与这两类国家形成对照的是，历史上由政府主导经济发展、维护复杂的社会福利体制的国家，如西欧各国和原实行全面计划体制的国家，就面临着高昂的调整代价。

调整成本与参与全球化之后的预期收益相比较，决定了各类国家对全球化的态度。值得注意的是，预期收益的多少与国家的经济发展水平没有密切联系。认为自己能够通过全球化获益的国家也可以分为两类：相信自己在开放经济中有竞争优势的，如遵循出口导向战略的东亚国家；经济发展陷入困境、本已缺乏贸易和投资来源的，如低收入国家和转型国家。对后一类国家而言，原有的世界市场体系给它们带来的是停滞和落后，因此任何变化都是值得欢迎的。

当然，态度并不等于结果。迄今为止，在适应全球化的过程中遇到最大困难的分别是低收入发展中国家和西欧国家,而它们对全球化的态度可谓南辕北辙。低收入国家本来对全球化进程抱有很多期待,希望能够搭上这一轮经济增长的班车。但事实表明,它们在全球化时代被进一步地边缘化了。一方面,它们等待的资本投入、贸易机会和技术转让离它们越来越远。特别是撒哈拉以南的非洲国家,已经"成为经济全球化的死角,成为外国投资的荒漠和国际贸易的空白点"①。另一方面,它们却不能免于全球性问题的困扰,而且因为国力不足、抵御风险的能力低下,它们受到的冲击被成倍地放大了。以环境问题为例,氯氟化合物是制造温室效应的元凶之一,大部分氯氟化合物是由工业化发达国家生产的。如 1991 年,美国一国生产的氯氟化合物即达到 9 万吨,非洲大陆的总产量仅为 1.2 万吨。② 但相对于拥有现代化农业部门的美国而言,非洲国家的农业还基本处于靠天吃饭的自然状态。轻微的气候变化即可能给当地农业造成重大损失,日趋严重的温室效应更使其处于持续萎缩的状态。而农业在大部分非洲国家仍然是最主要的经济部门,农业危机意味着整体经济的停滞乃至倒退。结果,低收入国家在全球化浪潮中成了绝对的受损者。

表 6-2 以人类发展水平分类的人均收入增长

(1965—1995)

	年人均收入增长 (1965—1980)	年人均收入增长 (1980—1995)
高人类发展水平	4.8%	1.4%
中等人类发展水平	3.8%	3.1%
不包括中国	3.2%	0.6%
中国	4.1%	8.6%
低人类发展水平	1.4%	2.0%
不包括印度	1.2%	0.1%
印度	1.5%	3.2%

---

① 〔法〕雅克·阿达:《经济全球化》,第 185 页。
② 参见范德纳·希瓦:《处于边缘的世界》,载〔英〕威尔·赫顿、安东尼·吉登斯编:《在边缘:全球资本主义生活》,第 159 页。

	年人均收入增长 （1965—1980）	年人均收入增长 （1980—1995）
所有发展中国家	3.0%	2.1%
最不发达国家	0.4%	-0.4%
全世界	n.a.	0.9%

注：n.a.代表统计空缺。

资料来源：联合国开发计划署：《1998年人类发展报告》。转引自杰夫·福克斯、拉里·米歇尔：《不平等与全球经济》，载〔英〕威尔·赫顿、安东尼·吉登斯编：《在边缘：全球资本主义生活》，第134页。

西欧国家对全球化则始终充满疑虑，其劳工阶层、中产阶级和左翼知识精英更是激烈地抨击全球化的种种弊端，视之为新自由主义的阴谋。他们认为西欧各国在二战后建立的福利体系找到了国家与市场的平衡点，是同时实现经济增长和社会公正的理想安排。以法国为例，公共健康服务允许病人任意频繁地去看任何一位医生或专家，费用全部由公共健康基金支付；所有公民都可以享受直到大学的免费教育；雇主必须为雇员提供每年5周的假期；贫穷的大家庭可以享受带薪假期，去度假的交通费、所住的公寓、使用洗碗机和洗衣机的费用都可以由公共开支补贴。[①]

这种普遍而且慷慨的福利安排使西欧民众感到满意，全球性经济活动提供的机会对他们来说并没有多么大的诱惑力。而参与全球化意味着变大政府为小政府，缩减公共开支，改变社会政策的走向，这些代价是西欧民众不愿付出的。当执政者强行推进改革的时候，往往引起剧烈的反弹。

案例6-5　1995年法国大罢工

1995年8月底和9月初，法国总理朱佩提出了削减公共部门赤字的计划，主要是增加税收、冻结公共部门工资、改革领取退休金和医疗保险付费方法。

10月10日抗议罢工爆发。来自交通、电力、邮政、通信等公共事业部门的约500万工人参加，使全国公共服务停顿了一天。由于朱佩政府拒绝让步，

---

① 参见〔美〕丹尼·罗德瑞克：《全球化走得太远了吗？》，第49页。

11月下旬铁路和电力工人也举行了全国性罢工。12月2日,在法国工会领袖的号召下,航空公司、电话公司雇员及卡车司机也加入罢工行列。到12月7日,1/3的公共部门雇员参与罢工,法国的交通运输受到严重影响。而民意测验表明,多数法国人支持罢工工人,反对朱佩的改革计划。

12月11日,法国政府首先向铁路工会让步,取消了提高领取退休金年限的决定。这一妥协很快扩展到其他公共部门。法国工会领袖进一步要求取消新税制和医疗费用控制计划,并威胁继续游行罢工。12月21日,朱佩与工会领袖进行对话谈判,同意削减工资税,延期执行其他增税措施,积极创造就业机会。大罢工逐渐平息。

罢工表达了法国多数人不愿为贸易而牺牲社会保障的愿望。工会领袖马克·布朗德里,也是罢工的幕后主要策划者,认为"法国人不想像英国人那样生活"。或者如另一位公民所言:"我认为多数法国人都希望法郎的价值由这种精神来决定,而不是由以赤字和竞争为特征的、遥远的经济顶峰来决定。这就是罢工的寓意。"

资料来源:〔美〕丹尼·罗德瑞克:《全球化走得太远了吗?》,第49—51页。经过改写。

北欧现象

有一些国家在全球化的起步阶段显示出超群的调整和适应能力,在全球性经济活动中表现出色。其中斯堪的纳维亚半岛上的北欧三国——芬兰、瑞典、挪威特别引人注目。

美国咨询公司 IDC 根据四项指标——电脑基础设施、信息基础设施、互联网基础设施和社会基础设施——编制了世界各国的信息化社会指数。北欧三国在2001年的排名中占据了前三位,在信息社会建设上领先全球。在芬兰,每个人都可以拥有一个网站,所有的学校都与互联网连接,电脑和移动电话的普及率达到世界最高水平。[①] 在其西海岸的奥卢设立了信息科技园区,

---

① 参见曼努埃尔·卡斯特利斯:《信息技术和全球资本主义》,载〔英〕威尔·赫顿、安东尼·吉登斯编:《在边缘:全球资本主义生活》,第101页。

培养了优秀的技术人才,包括为芬兰人津津乐道的利努斯·托瓦尔茨。他设计了著名的操作软件 Linux,而且在互联网上免费发送和展示,成为开放软件源代码运动中的传奇人物。瑞典的信息技术园区基斯塔(Kista)则更为著名。该园区位于斯德哥尔摩以北,占地约 200 万平方米,吸引了超过 600 家电信、信息、媒体、娱乐跨国公司入驻,包括微软、太阳、甲骨文在内的众多信息产业巨头都在那里设立研究院,使基斯塔获得"无线谷"和"移动谷"的称号。

在技术优势的基础上,20 世纪 90 年代北欧出现了具有全球影响力的电信巨人,其中最著名的是移动电话制造商诺基亚公司和移动基础设施供应商爱立信公司。以北欧为基地的电子商务、网络咨询、风险投资企业在欧洲确立了领先地位。围绕着这些大公司的是众多活跃的中小企业,历史悠久的传统企业也积极借助信息技术改善经营。北欧国家的总体竞争力因而明显提高。

北欧国家能够取得如此优异的成绩令人颇为惊讶,因为它们无论在资源占有、人口还是市场规模上都不占优势,而且仅仅在 20 世纪 90 年代初的时候,它们的经济发展还面临困境。芬兰长期依赖与苏联的特殊关系,在东欧和西欧之间发挥桥梁作用,而苏联一夜之间瓦解,欧洲的分裂状态结束,使它丧失了传统的经济联系,有沦为欧洲经济边缘国家的危险。瑞典和挪威则是著名的福利国家,其社会保障体系包罗万象,公共支出占 GDP 的比例在全球名列前茅,工会和左翼政党势力强大,被公认为改革难度最大的国家。它们能够在不被看好的情况下脱颖而出,无疑是全球化之功。

北欧现象的产生使人们对全球化时代的认知又前进了一步。其一,全球化浪潮中,创新和自我改造的速度是最关键的指标。全球竞争的赢家不一定规模庞大或占据特殊地位,但灵活反应能力是必不可少的。过去可能是大鱼吃小鱼,全球竞争中则是快鱼吃慢鱼。其二,摧毁福利国家并不是参与经济全球化的前提条件。在北欧国家中,加入全球竞争与改革社会保障制度是同时进行的,在某些阶段,福利改革还要有意识地滞后一些。全球化的效益充分体现之后,削减福利没有损害社会凝聚力。而且迄今为止的改革也没有消除北欧诸国"大政府"的特色,国家虽然放弃了若干传统的政策角色,但又承担了新的社会责任。

第三节 新时代的合作

全球管理

全球时空的形成对国家之间的合作提出了更高的要求。一方面,它们必须面对各种全球性问题。而这些问题产生的根源并不局限于某个国家或地区,单个国家的力量也难以控制和解决它。只有世界各国充分地协调一致,才能够有效地处理。另一方面,由于全球化的收益分配并不公平合理,各国民众对全球化进程的态度不一,国家政府对国际管制的要求也就各不相同:既有呼吁严格管理市场活动、控制全球性风险的,也有坚持自由化原则、提议进一步开放经济的。结果,相对于市场力量的迅猛发展,管理者的反应明显滞后和不充分。在全球层次上尤其如此。

其实全球管理的组织框架早已存在,而且涵盖面相当广泛。在国际贸易领域,有世界贸易组织;在国际金融领域,有国际货币基金组织;在宏观政策协调方面,有七国峰会和经济合作与发展组织;在国际发展领域,有世界银行和联合国经社理事会;在社会经济政策的协调方面,有联合国下设的各个专门机构。但是这些组织机构大多是随雅尔塔体系建立的,在冷战时期逐渐形成了自己的官僚文化和行为模式,面对全球化时代的种种变化,它们的反应往往不能令人满意。其中国际货币基金组织遭到的指责最激烈。

阅读材料6-3 国际卫士还是杀人庸医?

在处理20世纪90年代的几次金融危机过程中,国际货币基金组织坚持使用它的传统对策:要求处于危机的国家接受结构调整方案,立即实行紧缩式的财政和货币政策,关闭经营不善的银行及其他金融机构,然后才能得到该组织筹集的国际贷款。如其批评者指出的,这套方案由于落后于金融全球化的现实,不仅不能有效地解决问题,反而制造了新的问题。

其一,它拒不承认全球时代投机资本的力量在成倍扩大,有些国家被卷入危机并不是由于它的宏观经济结构存在严重缺陷。国际货币基金组织给出的药方对一些基本结构健康的经济(如韩国、泰国)造成不必要的损害,反而使危机延长了。其二,它拒绝考虑危机国家的社会承受能力。而在全球化背景下,金融流动可以给国民经济造成毁灭性的打击,不允许政府作适当的防范是危险的。如在印度尼西亚,国际货币基金组织建议印尼政府关闭部分银行,但在关闭之前没有制订相应的存款保障计划,造成民众的恐慌和普遍的挤兑风潮。在政局动荡和社会失序的情况下,结构调整也是不可能完成的。其三,它扮演的最后贷款人角色在全球金融时代日益缺乏可信度,可能反过来刺激了投机活动。如斯特兰奇指出的,国际货币基金组织在20世纪90年代末拥有的账面资金约为2 000亿美元,但其中半数是成员国缴纳的本国货币,不是真正的国际硬通货。剩下的贷款额只够应付一次地区性危机,如1994年的墨西哥比索危机或是1997—1998年的亚洲金融危机。如果地区性危机同时爆发,国际货币基金组织的资源将很快告罄。

各界对如何改革国际货币基金组织提供了很多方案。比如增强其预防危机的能力,因为应对金融危机的最好方法是在危机萌芽阶段阻止金融泡沫的产生。国际货币基金组织有独立的分析机构来发现危机,如在亚洲金融危机爆发前它就注意到了泰国金融体系的不良症候,但目前的安排使它只能对泰国政府进行软弱无力的提醒。只有在危机爆发、泰国明确请求援助时,它才能介入干预。

资料来源:〔英〕苏珊·斯特兰奇:《疯狂的金钱》,第203页;乔治·索罗斯:《新的全球金融框架》,载〔英〕威尔·赫顿、安东尼·吉登斯编:《在边缘:全球资本主义生活》,第122页。

与国际货币基金组织一样,其他全球管理组织也需要调整规则和行为方式,以适应全球化时代的变化。不过它们的改革必须得到成员国的授权,至少要得到主要国家的支持,才有可能取得实效。世界贸易组织是比较成功的改革例子,但它的作用与贸易全球化的要求还是有一定的距离。其他领域的管理机制改革就更是差强人意。

在制度改革缺乏突破性进展的情况下,加强现有机构的协调和配合多少可以起到弥补的作用。1996年11月,世界贸易组织、国际货币基金组织和世界银行达成了合作协议。根据协议,它们可以以观察员的身份参加对方的会议;对于共同感兴趣的事务,如汇率波动阻碍国际贸易、发达国家的贸易壁垒损害发展中国家的偿债能力等,世界贸易组织秘书处与国际货币基金组织、世界银行的官员将进行磋商;在向发展中国家提供技术援助问题上相互协调。① 议论多年的全球各个经济领域——贸易、金融货币、宏观结构、发展等的管理合作终于取得进步。在此之前,世界银行和国际货币基金组织的执行理事会议是不对外开放的,关贸总协定秘书处从未获准与会。而世界贸易组织宪章也规定,重要的信息交流过程(如对成员国贸易政策的评审)对外保密。因此,三个组织尽管目标一致,具体任务存在重叠之处,但相互之间缺乏沟通,不时出现无意识的矛盾和抵触,影响了政策的有效性。比如20世纪90年代初世界银行向埃及提供结构调整贷款,同时国际货币基金组织也为埃及设计了备用安排,使得埃及的关税不必要地提高,违反了关贸总协定的多项规定。② 合作协议的达成可以设法避免这种情况的出现,在全球经济活动中扩大监管机构的影响力。

区域合作

与全球层次相比,各国政府在区域层次的合作进展顺利、成果丰硕。在欧洲,欧洲联盟一面进行制度建设,着手制定欧盟宪法,一面迅速扩展,于2004年5月和2007年1月分两批接纳12个新成员国。在亚太地区,1989年成立的亚太经济合作组织(APEC)已拥有21个成员③,并一度提出其中的发达国家到2010年、发展中国家到2020年加入区域自由贸易安排的目标;在北美,1993年出现的北美自由贸易区(NAFTA)使加拿大、美国、墨西哥的市场趋

---

① 参见〔美〕安妮·O. 克鲁格主编:《作为国际组织的WTO》,第102—103页。

② 加里·汤晋森:《全球经济决策的更大一致性》,载〔美〕安妮·O. 克鲁格主编:《作为国际组织的WTO》,第370页。

③ 1997年,APEC领导人温哥华非正式会议宣布进入10年巩固期,暂停接纳新成员。2007年悉尼峰会将巩固期延长到2010年。

向一体化,在 5 年之内使三方的贸易增加了 75%①;在拉丁美洲,加勒比共同体开始建设单一市场和单一经济②,南方共同市场(MERCOSUR)③和安第斯共同体(ANDEAN)④则在 2004 年正式合并,成立南美洲国家联盟⑤;甚至陷于边缘化困境的非洲国家也努力行动,于 2002 年 7 月将非洲统一组织改建为非洲联盟,以实现非洲经济复兴为宗旨。

推动国家参与区域合作的主要是以下理由:第一,地区间的竞争。其他地区的合作制度建设取得进展,往往使本地区的国家在看到希望的同时也感到压力,担心自己不能获得类似的好处,而在全球竞争中处于下风。第二,追求经济一体化的效益。通过要素跨越国界的合理配置,获得自由贸易、金融稳定、网络化生产等收益,满足国内的增长需求。第三,培养政治和安全互信。通过制度化的会晤和磋商,增强政策的透明度。在多边谈判的环境里,也有利于纠纷和冲突的解决。第四,为国内改革造势。尤其是在推行触动既得利益、缺乏广泛理解和支持的新政策的时候,国家政府可以以国际制度和准则为借口,避开批评的矛头。

这些理由在全球化时代到来之前也是存在的,不过全球化浪潮的兴起明显地增强了它们的说服力。不仅经济一体化的效益在成倍增长,而且全球竞争日趋激烈,各国政府或多或少地面临政策调整的任务。在安全领域,区域联合、一致对外不再是主要的考虑,控制区域内的摩擦和矛盾成为优先目标。正因为如此,各国政府对于区域合作的态度更加积极,合作的成效显著。即

---

① 塞西利奥·加尔萨·利蒙:《北美自由贸易协定的总评价及其当前形势和前景》,载李明德、宋晓平主编:《一体化:西半球区域经济合作》,世界知识出版社 2001 年版,第 250 页。

② 加勒比共同体成立于 1973 年,一度陷于瘫痪,于 1993 年重新启动。现有成员 15 个,其中 9 个成员参与了 2006 年开始的单一市场建设。

③ 南方共同市场成立于 1995 年,成员国为巴西、阿根廷、巴拉圭、乌拉圭、玻利维亚(未完成全部加入程序)。2003 年委内瑞拉加入(2017 年 8 月因国内局势动荡被无限期终止成员国资格)。

④ 安第斯共同体成立于 1997 年,成员国为委内瑞拉、哥伦比亚、厄瓜多尔、秘鲁、玻利维亚。2006 年委内瑞拉宣布退出。

⑤ 2004 年 10 月,南方共同市场和安第斯共同体签署自由贸易协定;同年 12 月,正式成立南美洲国家共同体。2007 年 4 月,改称南美洲国家联盟,包括 12 个成员国和 2 个观察员国,总部设在厄瓜多尔首都基多。2018 年 8 月,哥伦比亚保守派政府宣布退出联盟;2019 年 3 月,厄瓜多尔宣布因南美洲国家联盟已不具备推进地区一体化进程的能力而正式退盟。另有阿根廷、巴西、智利、巴拉圭和秘鲁 5 国表示考虑退出。

便在全球层次的谈判进展不顺利的时候,地区与次地区一级的合作也仍然势头不减。

于是,一个重要的问题产生了:全球化与区域化之间究竟是什么关系?乐观者认为,二者是天然协调和相互促进的,区域一体化是全球合作的支柱。悲观者认为,区域性合作将产生相互排斥的地区集团,地区合作的进展是以全球化停滞为代价的。

在区域合作的进展中,经济贸易领域的安排占据多数,从国际贸易的相关理论入手有助于我们更清楚地认识这个问题。如第二章分析证明的,自由贸易对各国而言都是最优选择。全球化意味着在最大范围内推动贸易自由,区域安排如果同样促进了自由贸易,它同全球合作就是一致的;相反,如果区域安排阻碍了贸易自由,它就会阻碍全球化进程。那么,判断一个地区合作制度能否促进自由贸易的标准又是什么呢?简单地说,如果它带来的主要是贸易创造,它就有助于自由贸易;如果它带来的主要是贸易转移,它对自由贸易事实上起着破坏作用。

阅读材料 6-4　贸易创造与贸易转移

我们假设有英国、法国和美国三个国家。其中美国是小麦的低成本生产国(每蒲式耳 4 美元),法国是中成本生产国(每蒲式耳 6 美元),而英国是高成本生产国(每蒲式耳 8 美元)。英国和法国都对小麦进口征收关税。如果英国和法国形成关税同盟,那么英国对法国小麦的进口关税就被取消了,但对从美国进口的小麦依旧征税。这对英国来说是好还是坏呢?要回答这一问题得考虑两种情形。

第一,假定英国最初的关税高得足以排除来自美国和法国的小麦,例如对每蒲式耳小麦征 5 美元的关税。那么,从美国进口小麦的成本变为 9 美元,从法国进口的成本变为 11 美元。这样,英国消费者会购买 8 美元的英国小麦。当法国小麦的进口关税被取消后,从法国进口小麦就会取代英国国内的小麦生产。从英国的角度来看,这是一大收益。因为英国国内生产 1 蒲式耳小麦的成本为 8 美元,而现在英国只需要生产出价值 6 美元的出口产品就可购买 1 蒲式耳的法国小麦了。

  第二，假定英国的关税没有那么高，比如说只有每蒲式耳 3 美元。那么，在没有结成关税同盟之前，英国会从美国进口小麦（每蒲式耳小麦对消费者的成本为 7 美元）而不会自己生产小麦。当与法国组成关税同盟之后，消费者自然会购买 6 美元的法国小麦而不是 7 美元的美国小麦。所以，从美国的小麦进口就会终止。但是美国小麦的确比法国小麦便宜。英国消费者支付的 3 美元关税以政府收入的形式返还给了社会，因此这一点对英国社会来说并非净损失。但是，为了从法国进口小麦，英国将不得不投入更多资源来生产出口产品，社会福利则会因此恶化而非改善。

  …………

  我们不难发现，如果组成关税同盟能导致新的贸易——从法国进口小麦取代了英国国内的小麦生产——那么英国从中受益；但是如果关税同盟内的贸易只是取代了原先与同盟外的国家的贸易的话，英国将蒙受损失。

资料来源：〔美〕保罗·克鲁格曼、茅瑞斯·奥伯斯法尔德：《国际经济学（第四版）》，第 225—226 页。

  阅读材料 6-4 中分析的前一种情况就是贸易创造，即通过贸易协定使原有的国内高成本生产被来自合作伙伴的低成本进口所取代，双方都从自由贸易中获益；而后一种情况则是贸易转移，即缔结贸易协定后，从协定成员国的高成本进口取代了原来从非协定成员国的低成本进口，进口国的整体福利受损。值得注意的是，贸易转移并非贸易保护。相对于开放的自由贸易或纯粹的贸易创造来说，它是一个次优的选择。

  在全球层次上，世界贸易组织继承了关贸总协定的实质精神，坚持多边和非歧视地减少贸易壁垒，无疑是贸易创造的典范。而区域性的贸易协议情况要复杂得多。目前的区域贸易安排主要可分为两类，即关税同盟和自由贸易区。关税同盟要求其成员遵守统一的对外关税税率，而商品和服务进入同盟区域之后，则可以在成员国之间自由流动。像欧洲联盟、拉美地区的各个共同体基本属于此类。自由贸易区则规定成员国之间互免关税，但区域之外的关税标准由各成员国自行确定。北美自由贸易区是一个典型的例子，亚太经合组织追求的也是同样的目标。关税同盟和自由贸易区可能同时带来贸易创造和贸易转移。不过一般地说,关税同盟导致贸易转移的可能性更大,而自由贸易区创造贸易的能力更突出。

关贸总协定是允许建立关税同盟和自由贸易区的,但也对它们提出了限制。[①] 在1947—1986年将近40年的时间里,重要的区域性安排成果寥寥[②],多边主义是无可争议的首要原则。全球化进程中区域合作的突飞猛进改变了局面,使不少学者担忧区域主义正在成为国际贸易乃至世界经济中的压倒性趋势。巴格瓦蒂将区域主义定义为在小范围的几个国家(这些国家不必是地理上的邻国)中减少贸易壁垒,但这种优惠安排不向整个世界贸易体系扩散。它的本质特征是带有歧视色彩的自由化。[③]

为了消除这种疑虑,亚太经合组织名人小组创造性地提出了"开放的区域主义"的概念。开放的区域主义倡导非排他性的、开放的地区合作。首先,它要求区域性安排完全与《关贸总协定》第24条相一致,禁止增加外部关税。其次,它要求区域安排不限制成员追求与非成员之间的自由化,允许成员国自行决定外部关税。最后,开放的区域协议既允许又鼓励非成员加入。[④] 如此,区域合作将成为全球合作的基石,而不会导致相互冲突的地区集团。一些经验性研究证明,大部分区域安排带来的贸易创造都明显超过贸易转移,对自由贸易的进展起着促进作用。而且若干国家政府有意识地利用区域协定推动全球层次的合作,特别是在全球谈判陷入僵局的时候,区域合作的进展有助于保持自由贸易的势头。

---

① 相关规定主要体现在《关贸总协定》第24条上。它提出:(1)参与国家之间完全取消关税;(2)免税安排覆盖"基本上所有"贸易;(3)按事先决定的固定时间表建设;(4)同盟或贸易区建成后,对非成员国的贸易壁垒没有增加。符合以上条件,特惠贸易协定(PTA)方被承认。

② 在此期间,根据《关贸总协定》第24条提交的协定有68个,另有根据相关规定提交的6个协定。但到20世纪80年代中期依然存在的只有欧洲经济共同体、欧洲自由贸易联盟和澳大利亚-新西兰协定。T. N. 西尼瓦桑:《区域主义和WTO:非歧视原则过时了吗?》,载〔美〕安妮·O. 克鲁格主编:《作为国际组织的WTO》,第457页。

③ 同上书,第459页。

④ 同上书,第466页。

案例6-6 区域合作与全球合作的双重博弈

在任何一个时期,区域主义都不是美国较好的选择。美国确实在20世纪80年代参与了双边自由贸易协定的谈判,但这部分是因为GATT的缔约方拒绝进行多边谈判。华盛顿用北美自由贸易来吸引那些在日内瓦不愿进行谈判的国家的注意。1986年签署的《美加自由贸易协定》"为美国贸易代表提供了有效的威胁手段,它的签署警告美国的贸易伙伴,美国可能由于国会所迫放弃GATT体系",相应地也不会再进行乌拉圭回合谈判。美国贸易代表卡拉·希尔斯1990年警告说,NAFTA可能会扩展成一个半球范围内的自由贸易协定,会变成美国的"企业"①。此时,进行谈判就成了最紧迫的事。到90年代初,美国的首要大事是NAFTA谈判,而不是乌拉圭回合。

事实上,即使其他谈判者对这些威胁做出反应,NAFTA也不是一个真正可靠的多边关税谈判的替代品。美国在乌拉圭回合中的目标是阻止保护主义渗透,消除欧洲的农业保护,将知识产权与服务贸易融入多边体系,这些目标只有与领先的工业国家进行多边谈判才能实现。对加拿大、墨西哥——更或是对整个西半球——的出口,在美国贸易总额中占的比例太小,与多边自由化相比,不是一个更具吸引力的选择。

据说,在1993年,欧洲的一些政策制定者是受到来自APEC的刺激才在日内瓦做出了新的让步。在1993年的夏天,由于欧洲农民对农业自由化的反对,乌拉圭回合面临搁浅的危险。克林顿总统因此使1993年11月的西雅图APEC部长会议升级为APEC领导人非正式会议。NAFTA已经表明了政府寻求区域路线的意愿,现在的APEC会议又增加了巩固NAFTA成果的可能性。但APEC只是一个结构松散的组织,既无制度基础,又没有拟定一个自由贸易协定的政治意愿。它在世界贸易中所占的比例(40%)比NAFTA多得多,是当时世界贸易总额中增长最快的。当美国总统在众议院投票通过NAFTA的第二天飞往西雅图,与其他13个APEC领导人一起共谋发展前景时,欧洲政策制定者才开始意识到美国又要打地区牌了。结果是,德国向法国施压,欧

---

① 又译为美洲事业。

洲对农业自由化做出了让步。所以,区域活动能够在外围影响 GATT 条款的制定。

资料来源:约翰·奥德尔、巴里·艾肯格林:《美国、国际贸易组织与 WTO:退出的选择、机构的脱节以及总统的领导权》,载〔美〕安妮·O.克鲁格主编:《作为国际组织的 WTO》,第 265—266 页。

总之,对于全球化与区域化的关系,以下解释是可以成立的:第一,区域合作安排存在双重趋向。它既有可能阻碍也有可能推动全球化进程,判断标准是看具体的区域协定是导致自由化收益的转移,还是创造收益。第二,区域化的方向与全球管理的进展是密切相关的。如果全球层次的合作顺利发展,区域安排也会趋向自由开放;反之,如果全球合作遇到阻力,区域合作导致分裂和对抗的一面可能占上风。第三,开放的区域主义可能是平衡全球管理与区域合作的合理选择。

反全球化运动

1999 年 12 月,世界贸易组织在美国西雅图举行年度部长级会议,准备启动新一轮全球自由贸易谈判,并为它挑选了响亮的名字——"千年回合"。就在国际组织和各国政府的高级官员集会的同时,大规模的抗议活动出人意料地爆发了。超过 2 万名示威者占据街道、阻塞交通,并与前来维护秩序的警察发生了冲突。他们言辞激烈地指责与会官员无视民众意愿、强行推进全球化,要求立即停止建立跨国资本主导的世界秩序。抗议游行对世界贸易组织年会的气氛产生了明显的影响,会议没有取得实质性进展即匆匆结束。示威者宣称获得了胜利,并自豪地命名自己为"西雅图人"。这个戏剧性的事件标志着反全球化运动的诞生,也确立了运动的基本模式。自此之后,重要国际会议的会场外,总少不了大规模的示威抗议活动。抗议者以暴力手段表达立场的情况也屡屡出现。

其实自全球化浪潮兴起开始,质疑和反对全球化的声音就没有平息过。只不过在西雅图事件之前,抗议者的活动大多局限在国家范围内,通过传统的政治渠道挑战全球化政策,如美国的"佩罗现象"和"布坎南运动"。亿万富翁罗斯·佩罗和保守派政论家帕特里克·布坎南参加了20世纪90年代的三次总统竞选,他们的共同主张是反对经济全球化,特别是自由贸易,要求保护美国市场,保护美国人的就业机会,严格控制移民。他们都曾经获得相当可观的支持,搅乱了两党竞争的格局。类似的现象在西欧国家也普遍存在,如法国的让-玛丽·勒庞、奥地利的约尔克·海德尔等人,都是以经济民族主义和排外的社会政策为号召,在国家政治舞台上异军突起。① 他们的支持者对全球化进程同样持全盘否定态度。在西雅图,反对全球化的各种势力终于跨越国界,汇合到一起,形成了惊人的声势。具有讽刺意味的是,反全球化运动正是借助了全球性的信息网络才得以成形的。

反全球化运动的参与者形形色色,政见主张十分庞杂。在游行行列里,象征劳工权利的红旗与环境保护主义者的绿旗、无政府主义者的黑旗交相辉映,标语牌上的口号更是从"反对公共服务私有化""反对减少农业补贴"到"立即解禁轻毒品",不一而足。② 其中比较有影响、能够自成一说的主要是三种意见。其一,认为全球化进程中缺乏民主(democratic deficit,又译"民主赤字")。国际组织官员都不是经过民众选举产生,却掌握制定全球通行的规则的权力。各界知名人士定期会晤,通过若干论坛主导世界舆论,底层大众的感受则无从表达。各国政府官员虽然是通过民主选举上台执政,但他们以全球趋势为借口,拒绝履行国家义务。结果,全球化被精英集团所控制,经济自由压倒了社会民主,造成20/80现象的蔓延,全球化的收益被少数人瓜分,全球化的危害则落到多数人头上。其二,认为全球化扩大了南北差距。当时经常被引用的数据是南半球的实际人均国民生产总值只相当于北半球的17%;西方七国人口占世界人口的11%,却拥有2/3的全球国民生产总值;全世界

---

① 让-玛丽·勒庞为法国极右翼国民阵线领导人,在2002年法国总统大选中出人意料地击败社会党候选人、总理若斯潘,进入大选第二轮。其第一轮得票率为17.2%,第二轮虽败给时任总统希拉克,但仍获得17.94%的支持票。约尔克·海德尔为奥地利自由党领导人,以排外和同情纳粹的言论著称。自由党在1994年全国议会选举中获得22.6%的支持率,在1996年的欧洲议会选举中获得27.6%的支持率,2000年2月自由党加入内阁,与人民党联合执政。

② 穆方顺:《走近反全球化运动》,《光明日报》2002年11月29日。

358位百万富翁的财富超过了2.3亿最贫困人口的集体年收入①;等等。众多的发展中国家被排斥在全球化进程之外,难以获得金融资本,也无法进入发达国家的市场,国际组织对这些身处困境的国家态度日趋冷淡。其三,物质财富的生产以高昂的环境成本为代价,全球生态系统受到不可逆转的伤害。而全球流动的资本还在迫使各国政府放弃环保标准。

应当承认,反全球化运动的兴起对踌躇满志的全球管理者是一个及时和有力的警告,迫使他们注意全球化过程中的种种不公,注意全球经济活动对社会和自然的伤害。抗议者得到广泛支持和响应表达了民众的普遍感受,即全球化在促进增长的同时,也在制造问题,这些问题不是市场力量能够有效解决的。国家政府和国际组织不应袖手旁观。

不过,反全球化运动的缺陷和弱点也是显而易见的。首先,运动中的很多主张虽然具有很强的鼓动性,但存在逻辑漏洞,甚至是自相矛盾之处。比如批评全球管理机制缺乏民主,但参与反全球化运动的各个非政府组织又何尝是民主的产物。它们指责国际组织官员是资本的代言人,可是它们也无法证明自己就代表了大多数民众的意见。就世界范围而言,反全球化运动的代表性还不及现有的政府间组织,因为运动的参与者大部分都来自欧美发达国家,发展中国家的意见并没有得到充分和准确的表达。其次,运动中的各种要求是相互冲突、难以协调的。认为全球化损害西方国家劳工利益的一方,赞同保护主义立场,呼吁全面遏制全球化的发展;认为南方国家被边缘化的一方,则呼吁发达国家开放市场、鼓励资本和就业机会流向发展中国家,实际上是希望全球化更平衡地推进。最后,也是最关键的,是反全球化运动不能提出替代的解决方案。因为内部意见分歧,运动的参与者只能就一个问题达成一致:不接受既有的全球化模式。至于理想的模式应该是什么,他们没有现实可行的回答。而仅仅打破现行模式,非但不会使他们关注的问题获得解决,反而会使它们进一步恶化。正因为如此,反全球化运动更像是积极行动的压力集团,而不是成熟的政治反对派。

---

① 阿兰·伯努瓦:《面向全球化》,载王列、杨雪冬编译:《全球化与世界》,第13页。

第四节　全球化遭遇逆风

全球化浪潮将世界各国带入了更紧密的相互依存关系当中。全球化时代的相互依存体系占据了相当高的起点。从广度上看,它令前两个相互依存体系黯然失色,因为它是在真正意义上的全球时空中发展的。各国各地区都自愿加入,希望从经济往来中获益和确立政治合法性。从深度上看,它具有空前雄厚的经济基础,无论是国际贸易、跨国生产还是国际金融活动都达到了惊人的规模和水平。它的思想基础也是稳固的,虽然存在质疑和批评的声音,但并没有被普遍接受的替代方案。它的政治基础略显薄弱,但仍然是前两个体系无法比拟的。冷战后出现的新兴国家大部分被迅速吸收到体系当中,居核心地位的大国之间虽然不时出现摩擦,在面临关键决定的时候却仍然能够保持一致。

不过,历史的经验告诉我们,好的开端并不能保证体系的成功。即便在物质财富迅速积累、文化交流成果丰硕的情况下,全球化进程依然有停滞和逆转的可能,风险主要来自三个方面:(1)经济民族主义思潮。尤其是在增长速度缓慢、失业率居高不下的发达国家,这种思潮的影响力不可小视。它虽然在理论上缺乏支持,但可以借保护劳工利益、维护福利制度、保护生态环境等口号堂而皇之地出现。(2)地缘竞争和文化冲突。尽管各国的经济利益密切相关,但传统的冲突根源并不会自动消亡。特别是在全球化利益分配不均的时候,处于劣势的一方往往感到自己的国际地位和文化传统也受到了威胁,它们完全有可能诉诸激烈的手段来抗争。(3)世界市场的波动。20世纪90年代的历次金融危机显示了资本市场的不稳定,而国际贸易、生产和经济增长过程中也存在着不那么引人注目但同样危险的起伏。与市场的迅速扩展相比,国际协调管理机制的发展严重滞后,抵御风险的能力反而相对下降了。

如果以2008年为此次全球化进程的分界点,在此之前的全球化第一阶段是以市场扩张、财富积累、全球时空意识高涨为特点,而在此之后的第二阶段,全球化的代价和缺陷日益暴露,前期被压抑的风险先后爆发,动荡与分化成为经济政治体系的主题。

全球金融危机

2008年9月15日,美国金融巨头雷曼兄弟公司宣告破产,标志着自美国金融体系爆发的危机扩展到全球范围,加入全球化进程的国家概莫能外。此次全球金融危机主要由相互关联又彼此独立的两部分构成:一是源自美国的金融海啸,二是在欧元区集中爆发的主权债务危机。

在金融海啸或称金融风暴当中,大型跨国金融机构纷纷陷入流动性不足的困境,全球资本市场被恐慌情绪笼罩,仅美国一国居民持有的股票、债券、共同基金等资产价值缩水造成的损失就高达18万亿美元,超过其当时的GDP总量。① 随之而来的混乱和动荡造成世界经济急剧下滑,在危机达到顶点的2009年第一季度,全球71个主要经济体中有59个出现GDP负增长,世界经济面临自20世纪30年代大萧条以来最严重的冲击。

金融风暴在美国酝酿、恶化、爆发的过程在本书第四章第六节进行了回顾。简而言之,美国金融机构在2001—2007年房地产泡沫阶段积累了大量问题资产,通过金融衍生品交易不断放大和扩散,造成全美乃至全球的系统性风险。美国金融危机调查委员会在2011年发表的报告将危机的起因归结为:金融机构内部管理失灵,不负责任的违规操作和交易大行其道;个人和机构被鼓动过度借贷融资,高风险、高杠杆的消费模式和商业模式流行;相关政府部门监管不力,应对措施失当;等等。②

从宏观层面分析,金融风暴的出现还有更深刻的根源。首先是近40年来美国过度放松监管和排斥政府作用的风气。特别是所谓里根革命成功之后,在各行业领域解除管制、限制监管机构介入成为潮流,金融业当然也不例外。经常被提及的代表性案例是美国联邦政府1999年废除《格拉斯-斯蒂格尔法案》,允许商业银行和投资银行混业经营,为巨无霸金融机构的产生打开大门。在缺乏监管的环境中,信息技术革命和金融全球化浪潮催生的金融创新

---

① 参见〔美〕艾伦·布林德:《当音乐停止之后:金融危机、应对策略与未来的世界》,巴曙松、徐小乐等译,中国人民大学出版社2014年版,第323页。
② 参见"Financial Crisis Inquiry Report", March 10, 2011, http://fcic.law.stanford.edu/report/conclusions, 2019年8月1日访问。

迅速成长,带来高额收益的同时也累积了巨大风险。其次是美国社会保障体系变革开启的过度金融化现象。同样是在里根革命当中,新政时期形成的由雇主直接提供保障补贴的做法被改变,在鼓励个人承担责任的口号下,企业和机构雇员纷纷建立医疗储蓄账户、退休储蓄账户和养老储蓄账户,希望通过金融市场保值增值以解决福利保障问题。[1] 金融机构的资金来源明显扩大,金融波动对社会的影响则随之蔓延和深化。究原论始,并不是美国个人和家庭的疏忽或贪婪使他们卷入金融泡沫,他们被推向金融市场寻求保障,最终却成为金融风险的受害者。最后是国际金融体系结构的长期失衡。由于美元特殊地位和美国相对成熟的金融市场的吸引力,国际资本习惯性地向美国市场聚集。长期拥有贸易盈余的国家却仍然保持高储蓄率,将积累的大量资金投入美国市场,助长了美国社会低储蓄、借贷消费、大量进口的偏好。即便在金融危机爆发之后,美国资本市场仍被视为避风港,美国财政部债券和机构证券依然热销。源源不断的海外资本削弱了美国金融机构的风险意识,美元"嚣张的特权"[2]造成国家层面的道德危机。

欧洲债务危机

2009年11月,当世界经济仍在金融海啸的冲击下苦苦挣扎之时,刚刚接任希腊总理的乔治·帕潘德里欧公开承认此前的历届希腊政府向欧盟和欧州中央银行瞒报财政赤字,该国2009年预算赤字不是之前宣称的占GDP 6%,而是将超过12%。欧洲主权债务危机的大幕由此拉开。在全球金融恐慌的情绪下,市场普遍担心希腊的真实债务水平超出其偿债能力,可能迫使该国宣布债务违约。这种悲观预测很快成为自我实现的预言,国际资本竞相逃离,希腊的融资成本节节攀升,其债务规模很快超过4 000亿美元,为当年GDP的120%。

由于希腊是欧元区成员国,而且其10%左右的债务由法国个人和机构持有,希腊一旦倒下,有可能牵连到其他欧洲国家乃至整个欧元区的稳定。曾

---

[1] 参见〔美〕雅各布·哈克:《风险大转移:新经济无保障和美国梦的幻灭(修订版)》,刘杰等译,中国社会科学出版社2013年版。

[2] 参见〔美〕巴里·埃森格林:《嚣张的特权》,陈召强译,中信出版社2011年版。

在拉美债务危机、亚洲金融危机中出现的兽群心理,此时又在欧洲市场肆虐。爱尔兰、西班牙、英国此前曾出现庞大的房地产泡沫,葡萄牙、冰岛、塞浦路斯、意大利的银行系统为金融证券泡沫所困,金融海啸来临时这些国家的金融机构纷纷告急,由政府出面接管大量债务。在希腊陷入困境之后,这些国家的政府同样无力支撑,相继面临主权债务危机。英国和冰岛没有加入欧元区,其他几个欧元区国家因其首字母组合被冠以"欧猪国家"①的恶名,国际评级机构一致将它们的评级降到最低水平,导致其无法通过金融市场融资渡过危机。

在主权债务危机面临失控的局面下,欧盟委员会、欧洲央行联合国际货币基金组织组成所谓三驾马车(the Troika),出面与受危机困扰的各国政府进行谈判,在它们同意整顿财政与金融结构的前提下,向其提供大规模紧急救助。欧盟还单独设立了欧洲金融稳定基金和欧洲金融稳定机制②,帮助遇到财政困难的国家融资。2010—2011年间,三驾马车仅向希腊一国提供的救助资金就高达2 190亿欧元。紧急援助与紧缩措施双管齐下,有效地压低了危机国家财政赤字占GDP的比例,但同时给这些国家的社会经济带来严重冲击。仍以希腊为例,2011年其经济增长率为-6.9%,失业率到2013年年中已经高达27.9%,青年失业率更是逼近62%的惊人水平。③ 巨大的社会痛苦引发抗议示威和政局动荡,一时间希腊等危机国家将不得不退出欧元区、欧元试验宣告失败、欧盟面临生存危机等言论甚嚣尘上。直到欧洲央行行长德拉吉在2012年7月表态"已经准备好不惜一切代价保卫欧元"④,并开启欧元版

---

① 欧猪国家(PIIGS)一般代指葡萄牙(Portugal)、意大利(Italy)、爱尔兰(Ireland)、希腊(Greece)和西班牙(Spain)。

② 欧洲金融稳定基金(European Financial Stability Facility)和欧洲金融稳定机制(European Financial Stabilisation Mechanism)在2010年5月成立,2012年9月合并为欧洲稳定机制(European Stability Mechanism)。

③ 参见"Seasonally Adjusted Unemployment Rate", Google/Eurostat, October 1, 2013, https://www.google.com/publicdata/explore? ds=z8o7pt6rd5uqa6_&ctype=l&strail=false&bcs=d&nselm=h&met_y=unemployment_rate,2019年10月8日访问。

④ "Verbatim of the Remarks Made by Mario Draghi", speech at the Global Investment Conference in London, July 26, 2012, http://www.ecb.int/press/key/date/2012/html/sp120726, 2019年10月1日访问。

量化宽松政策,威胁全欧的主权债务危机才逐步缓解。

欧债危机的起因有一部分与金融危机重合:美国金融泡沫涌入欧洲,对爱尔兰、西班牙等国的房地产泡沫推波助澜;希腊为达到加入欧元区的标准,在资产与财务报表中弄虚作假,将公共债务占 GDP 比重谎报为 60% 以下,其实际操作就是通过美国高盛公司完成的。而欧元和欧盟建设过程中遗留的问题与隐患,则是主权债务危机爆发的独特导火索。如本书第五章所介绍的,欧洲国家为应对冷战体系终结带来的挑战,下决心加速完成经济与货币同盟的建设,但主客观各种复杂因素造成其政治、经济、社会领域的一体化进程明显不同步,从而导致债务危机的爆发与蔓延。

其一,财政与金融政策一体化落后于货币一体化。欧元诞生,欧元区国家的货币政策由欧洲中央银行统一控制;与此同时,各国的财政政策却基本保持了各行其是的传统,欧盟虽然通过了《稳定与增长公约》,但对政策违规缺乏有效的纠正措施;各国的金融机构更是分归母国政府自行管理,统一监管规则与机制的问题长期被忽视。

其二,在货币一体化的情况下,各国竞争力差距没有缩小,反而扩大。在欧元运行的前 10 年里,汇率差异的消失与成员国竞争力差距的扩大同时出现。后来爆发危机的边缘国家依托统一货币降低了借贷成本,其个人与机构的需求被放大,造成长期过度开支消费。德国等贸易顺差国则在统一货币的框架下避免了本币升值的压力,出口竞争力不断提高。各成员国被短期获益所迷惑,更为长期和艰巨的任务,如通过教育与社会政策趋同,推动人力资本与制度要素趋同,因涉及各国文化传统的深度改造,迟迟未获进展。南欧与北欧、边缘国家与核心国家之间的生产和竞争差距日益扩大,无论是欧盟机构还是欧洲央行都没有全面、得力的政策工具来解决这个核心问题。统一货币与分化经济之间的矛盾最终在金融危机冲击下全面暴露。

其三,经济一体化获得突破,政治一体化明显滞后。尽管在一体化进程中创造出巨大的经济收益,欧盟仍然不能赢得各国民众的完全信任,宏观经济政策的决定权始终控制在主权国家政府手中。各国政府为吸引劳动力、技术、资本展开的政策竞争不但没有推动融合互信,反而为猜忌和相互排斥提供了土壤。在债务危机爆发的过程中,政治分裂导致的政策分歧明显阻碍了危机处理。例如,德国和法国在本国选民的舆论压力之下,坚持要求希腊政府接受严厉的经济紧缩计划,被一些学者批评为恶化危机的错误反应。① 再如爱尔兰、西班牙政府应本国私人银行的请求,将原本是这些金融机构不善经营制造的债务转归公共财政负担,被指责"轻率地把银行业危机转化为主权债务危机"②。

经济分化与政治动荡

在经济全球化高歌猛进的第一阶段(1990—2007),各经济体的收益就不尽相同。2008年全球金融危机爆发之后,全球化进入发展相对困难的第二阶段,各经济体的处境进一步出现明显分化。

一方面,新兴经济体虽然与发达经济体同样受到金融海啸的冲击,但经济损失程度比后者要轻。2009—2018年这十年,发达经济体整体的经济增长速度从1999—2008年的年均2.52%下降到1.48%,而新兴经济体增速则从6.16%下降到4.99%。③ 美国和欧盟分别受到金融危机和债务危机的正面打击,发达经济体表现不佳是必然结果。相比之下,新兴经济体虽然增速放缓,但仍然能够借助全球化空间不断改善经济基础。世界经济结构在此升彼降的趋势下发生着微妙的变化。

另一方面,新兴经济体内部则苦乐不均。以金砖国家④为首的新兴大国努力应对金融危机带来的复杂局面,保持着可观的增长势头。一些在全球化第一阶段相对落后的国家,如越南、埃塞俄比亚等国,甚至借助全球资本流动与生产链调整的时机,实现了加速发展。但也有部分发展中经济体沦为金融危机的重灾区,经济下滑,社会动荡,成为地缘政治不稳定的因素。其中最具代表性的国家集中在中东、北非地区。

---

① 参见〔美〕保罗·克鲁格曼:《现在终结萧条》,罗康琳译,中信出版社2012年版,第178—185、197—201页。
② 〔美〕艾伦·布林德:《当音乐停止之后:金融危机、应对策略与未来的世界》,第375页。
③ 参见孙杰:《美联储降息与全球降息潮为何再现》,《中国外汇》2019年第17期。
④ 2001年美国投资银行高盛公司提出"金砖四国"(BRIC)这一概念,包括巴西(Brazil)、俄罗斯(Russia)、印度(India)、中国(China)四个快速增长的新兴经济大国;2010年南非(South Africa)加入后,更名为"金砖国家"(BRICS)。

大中东失去的十年

在金融风暴来临之前,中东、北非地区已经因极端宗教势力肆虐而自外于经济全球化进程。其中富含油气的国家虽然有巨额资源收入支撑,但社会经济不平等现象严重,经济结构扭曲畸形;油气储量有限的国家情况则更加窘迫,根本无力应对全球性危机的冲击。在世界经济下滑的压力之下,中东各国政府纷纷减少财政开支,压缩公共服务,使底层人群的生活更加艰困。埃及2000—2008年间低于贫困线人口的比例从16.7%上升到22%,也门的贫困人口比例在2009年竟达到42.8%。① 2008年,突尼斯适龄人口就业率仅为41%②,约四分之一的青年人处于失业状态,而非农就业人口中近40%只能从事无保障的非正规工作。③

2010年12月,突尼斯首都一名年轻街头商贩因谋生工具被没收而自焚抗议,随即引发全国范围的抗议示威,并迅速蔓延至埃及、利比亚等国,最终演变为地区性的大规模政治动荡。西方媒体很快将其命名为阿拉伯之春,认为它象征着中东地区向自由民主转型的潮流。但事实证明,在制度与文化要素的路径束缚之下,社会抗议与政权更迭根本无法解决根深蒂固的经济结构性问题。利比亚、也门、叙利亚等国先后陷入分裂与内战,以埃及为代表的大多数中东国家也放弃了自由化尝试,地区性的社会经济困局日益固化。根据国际货币基金组织2019年区域报告,中东、北非各国的平均年增长率2018年仅为1.6%,2019年预计将进一步下降到0.5%,远低于同期世界平均水平。④ 2018年阿拉伯国家人口当中约有五分之一处绝对贫困线以下,另有三分之一人口处于贫困或贫困边缘状态。⑤ 与乐观预期相反,动荡之后实际到来的是阿拉伯之冬。

---

① 参见 Maha Yahya,"The Middle East's Lost Decades", *Foreign Affairs*, Vol. 98, No. 6, 2019, p. 51。

② 参见"United Nations Development Programme", *Human Development Report 2010*, p. 189。

③ 参见 Maha Yahya,"The Middle East's Lost Decades", p. 51。

④ 统计标准为实际GDP增长率。该组国家包括阿富汗和巴基斯坦。International Monetary Fund, "Global Developments: Implications for the Middle East and Central Asia Region", *Regional Economic Outlook: Middle East and Central Asia*, October 2019, Ⅺ。

⑤ Maha Yahya, "The Middle East's Lost Decades", p. 51。

英国脱欧

2016年6月23日,英国就是否退出欧洲联盟进行全民公决,投票的结果举世震惊:主张脱离欧盟的一方以51.9%的支持率获胜。一夜之间,欧盟突然面对着此前难以想象的前景——将在三年内失去其第二大经济体、第三人口大国、唯一的世界级金融中心、仅有的两个联合国安理会常任理事国之一、仅有的两个核大国之一。欧洲一体化进程遭到重创,全球化趋势同样受到沉重打击。

部分分析人士将英国意外决定脱欧的原因归结为欧债危机、难民危机、英国疑欧情绪,其实这些只能说是间接发挥作用的次要因素。英国并未加入欧元体系,也并未发生主权债务危机;它不是《申根协定》的完全成员国[①],且由于地理位置,并不在难民潮冲击的第一线;至于其疑欧心理更是由来已久,作为长期历史背景,很难说是戏剧性突然转向的推手。

确切地说,造成英国脱欧的结构性因素是全球化带来的社会经济不平等,短期刺激因素则是英国政府应对全球金融危机举措失当。如埃森格林、克鲁格曼等经济学者指出的[②],2010年5月上台的卡梅伦政府错误地采取了发达经济体中最严厉的财政紧缩政策,大幅裁撤政府机构、削减公共开支,致使刚刚从金融海啸中恢复增长的英国经济从当年第四季度开始再次跌入衰退,出现了罕见的双底衰退局面。直到2014年,英国GDP总量才回升到2007年水平,其复苏缓慢程度在西方七国集团中仅次于意大利。

卡梅伦政府的过度紧缩既不符合英国的财政状况,也不对应英国金融体系的处境。英国当时虽有金融泡沫和财政赤字,但完全在可控范围,英国既非希腊,也非爱尔兰。[③] 推动其错误决策的是政府作用极小化、市场作用极大化的教条保守主义。如本章前文分析的那样,全球化进程本身就有利于市场力量的扩张,同时限制了政府的角色和作用。在其顺利进展的第一阶段,生产和贸易累积的大量财富在英国国内没有得到公正分配,顶层极富人群占有了大部分收益,中产阶级规模收缩,社会底层人群实际收入不升反降。而到

---

① 英国于2000年签署《申根协定》,但保持特殊地位,除与爱尔兰边界之外,仍保留过境检查。
② 参见〔美〕巴里·埃森格林:《镜厅》,何帆等译,中信出版社2016年版,第305—320页;〔美〕保罗·克鲁格曼:《现在终结萧条》,第201—203页。
③ 参见〔美〕巴里·埃森格林:《镜厅》,第310页。

了危机重重的全球化第二阶段,严厉的财政紧缩又把底层可以依靠的公共开支压到新低,使他们感到剧烈的社会痛苦。盎格鲁-撒克逊模式对市场力量的推崇使他们难以辨别真正的痛苦来源,来自中东地区的难民、与欧盟其他国家的恩怨就成了理想的外部替罪羊。由此看来,英国脱欧恰是意料之外、情理之中,可以说是全球化苦乐利弊的集中爆发。

民粹情绪影响下的美国

2016年美国大选,此前毫无从政经历的亿万富豪唐纳德·特朗普一路压倒多个共和党和民主党对手,意外当选美国总统。尽管他在全国普选票数上输给民主党候选人希拉里·克林顿,但却通过煽动美国白人底层反精英、反建制、反全球化的情绪,依靠大湖区摇摆州的选举人票成功入主白宫。在金融海啸8年之后,美国的民粹政治海啸再次震撼全球政治经济体系。

民粹浪潮席卷美国政坛的原因与英国脱欧事件有很多相似之处。日趋恶化的经济与社会不平等是其结构性因素。全球化时代产生的巨额财富被顶层占据,形成所谓1%获益、99%受损的局面。应对金融危机的措施非但没有缓解矛盾,反而进一步扩大了不平等。2009年出现的右翼政治势力茶党,忽视华尔街对危机的直接责任,集中火力抨击政府的救助行动。茶党在控制国会多数之后,不惜采用拒绝提高国债上限、迫使联邦政府关门的极端手段,要求立即削减财政赤字。奥巴马政府无法采用财政手段恢复增长,只能依靠美联储的量化宽松政策刺激经济。但货币政策并不能代替财政政策发挥功能,特别是难以实现有效的经济收益再分配。结果美国经济陷入了漫长的弱复苏,引发祸端的大型金融机构得到及时救助、坐拥大笔资金、高层财富继续膨胀,美国的工薪阶层却没有享受政策扶助、承担了大衰退的主要打击。底层长期积累的被剥夺感在民粹政客的煽动下以仇外作为突破口,反移民、反贸易、反全球化的非理性情绪左右了政策决定过程。

特朗普上台之后,明确提出"美国优先"的口号,对国际合作和基于规则的治理嗤之以鼻。在"未来不属于全球主义者"[①]的鼓噪下,美国先后退出《跨

---

① Remarks by President Trump to the 74th Session of the United Nations General Assembly, September 25, 2019, https://www.whitehouse.gov/briefings-statements/remarks-president-trump-74th-session-united-nations-general-assembly/, 2019年10月8日访问。

太平洋伙伴关系协定》、联合国应对气候变化的《巴黎协定》、《伊朗核问题全面协议》、美苏《中导条约》等重要经济和安全政策框架,对世界贸易组织、国际法院、联合国机构等国际组织的工作横加阻挠,全球治理体系遭遇严峻挑战。同时,特朗普政府滥用关税武器,不断挑起与加拿大、墨西哥、日本、韩国、中国、欧盟国家的贸易冲突,沉重打击国际贸易体系,扰乱全球生产链和价值链,给世界经济发展造成高度不确定性。民粹情绪控制下的美国从全球化的推手变成全球秩序的不安定因素,而且在亚洲、欧洲、拉美各地吸引了若干追随者。金融海啸已经削弱了全球政治经济体系的基础,在民粹浪潮的冲击下,全球秩序更有可能发生根本动摇。

面对突然爆发的新冠疫情冲击,世界各国未能像应对恐怖主义挑战和2008年金融危机那样联手合作,更是给全球化的未来发展蒙上阴影。

参 考 文 献

王列、杨雪冬编译:《全球化与世界》,中央编译出版社1998年版。

〔英〕威尔·赫顿、安东尼·吉登斯编:《在边缘:全球资本主义生活》,达巍等译,生活·读书·新知三联书店2003年版。

〔美〕罗伯特·赖克:《国家的作用——21世纪的资本主义前景》,上海市政协编译组、东方编译所编译,上海译文出版社1998年版。

〔美〕安妮·O.克鲁格编:《作为国际组织的WTO》,黄理平等译,上海人民出版社2002年版。

〔德〕汉斯-彼得·马丁、哈拉尔特·舒曼:《全球化陷阱——对民主和福利的进攻》,张世鹏等译,中央编译出版社1998年版。

〔美〕丹尼·罗德瑞克:《全球化走得太远了吗?》,熊贤良、何蓉译,北京出版社2000年版。

〔美〕杰弗里·弗里登:《20世纪全球资本主义的兴衰》,杨宇光等译,上海人民出版社2016年版。

〔美〕巴里·埃森格林:《镜厅》,何帆等译,中信出版社2016年版。

〔美〕保罗·克鲁格曼:《美国怎么了:一个自由主义者的良知》,刘波译,中信出版社2008年版。

教师反馈及教辅申请表

北京大学出版社本着"教材优先、学术为本"的出版宗旨,竭诚为广大高等院校师生服务。为更有针对性地提供服务,请您认真填写完整以下表格后,拍照发到 ss@ pup.pku.edu.cn,我们将免费为您提供相应的课件,以及在本书内容更新后及时与您联系邮寄样书等事宜。

书名		书号	978-7-301-	作者	
您的姓名				职称、职务	
校/院/系					
您所讲授的课程名称					
每学期学生人数	_____人_____年级			学时	
您准备何时用此书授课					
您的联系地址					
联系电话(必填)				邮编	
E-mail(必填)				QQ	

您对本书的建议:

我们的联系方式:

北京大学出版社社会科学编辑室

北京市海淀区成府路 205 号,100871

联系人:徐少燕

电话:010-62753121 / 62765016

微信公众号:ss_book

新浪微博:@未名社科-北大图书

网址:http://www.pup.cn

更多资源请关注"北大博雅教研"